Inhaltsverzeichnis

Vorwort

Liebe Musiker,
ich begrüße Euch zur [blue]mark Grifftabelle für Gitarre.
Diese ist in 4 Hauptrubriken unterteilt.

1. Akkorde nach den einzelnen Grundtönen sortiert
2. Open Tuning Chords
3. Powerchords
4. Slashchords

Vorweg allerdings, gibt es noch einige Erläuterungen zu den jeweiligen Zeichen und Symbolen, Griffdiagrammen und deren Handhabung.

Zeichen und Symbole:

- D - Daumen
- 1 - Zeigefinger
- 2 - Mittelfinger
- 3 - Ringfinger
- 4 - kleiner Finger

Hier seht Ihr die einzelnen Symbole (Dots - ich nenn die halt so!!) für die jeweiligen Finger. Die Dots werden mit den Zahlen den einzelnen Fingern zugeordnet.

Barré - FingerSatz des 1. Fingers jeweils über

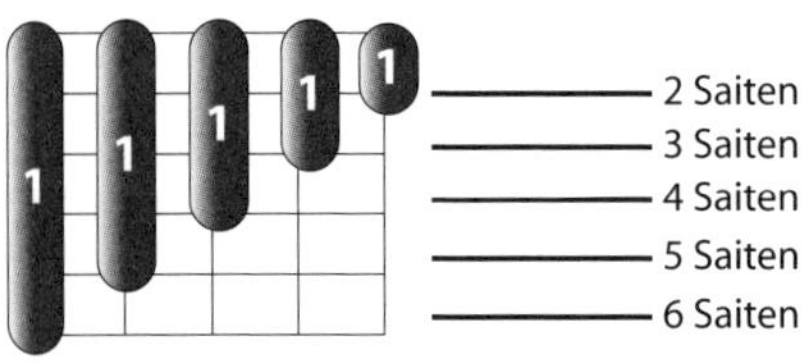

Wenn Ihr diese Symbole seht, bedeutet, daß Ihr den jeweiligen Finger (Zahl = Finger) über die Saiten legen sollt. Bei einigen Akkorden kann es aber auch sein, daß Ihr auch mit dem 3. Finger z.B. über 3 Saiten gehen müsst. Die jeweiligen Fingersätze werden also durch die Breite des „Balken" und die verschiedenen Zahlen gekennzeichnet.

× - Saite wird nicht gespielt

○ - Saite wird leer angeschlagen

Diese beiden Zeichen stehen immer links vor den einzelnen Diagrammen. Somit habt Ihr einen Überblick welche Saiten z.B. nicht oder leer angeschlagen werden.

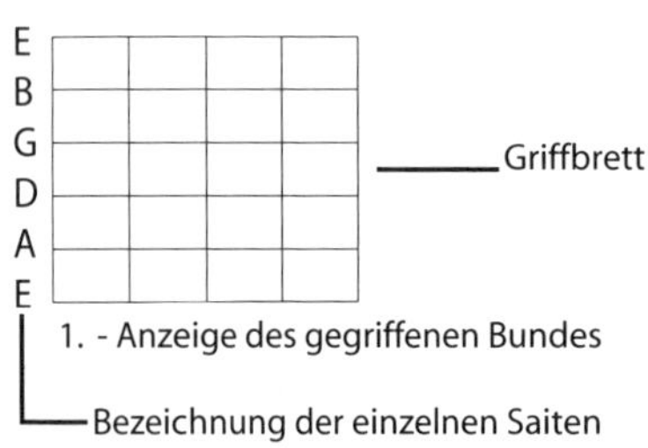

Das eigentliche Griffdiagramm. Die Buchstaben, die die einzelnen Saiten beziffern, habe ich in den Diagrammen allerdings der Übersicht halber weg gelassen. Die Akkorde werden immer von „oben" gelesen, also unten ist immer die tiefe E-Saite und oben immer die hohe E-Saite. Die Zahl unterhalb des Diagramms gibt immer die Bundzahl an, d.h. in welchem Bund der Akkord gegriffen wird.

Deutsche und Internationale Schreibweise:

In der Regel schreiben wir den Ton „H" als „H" und den Halbton darunter als „b". In der internationalen Schreibweise gibt es aber kein „H", sondern nur das „B" und der Halbton darunter wird als „Bb" angegeben. Ich habe mich bei dieser Grifftabelle auch an die internationale Schreibweise angelehnt. Also ein „H" wird man hier vergeblich suchen. :-)

Griffdiagramme und deren Erläuterung

Leersaiten Akkord:

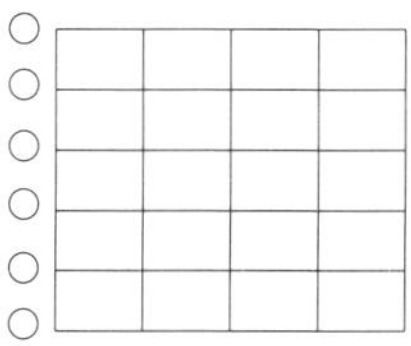

Sollte mal so ein Diagramm auftauchen, bedeutet dies, daß Ihr die einzelnen Saiten alle leer anschlagen sollt. Meist tritt dieser Fall bei den Open Tunings auf, weil da die Saiten so gestimmt sind, daß ein kompletter Dur oder Moll Akkord erklingt. Wenn Ihr allerdings die normale Stimmung der Gitarre benutzt, also E-A-D-G-B-E, wäre das in diesem Fall der Akkord: „Em11"

Bezeichnungen für leer angeschlagene und nicht angeschlagene Saiten:

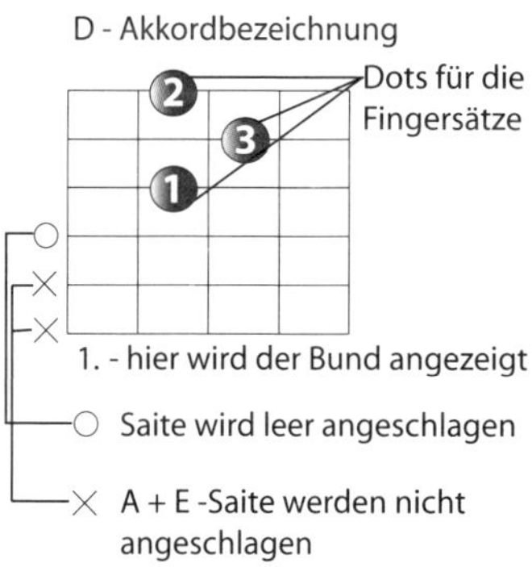

Zuerst steht oben die Akkord-Bezeichnung, also in diesem Falle „D" (D-Dur). Bei Moll-Akkorden findet man hinter der Tonart noch ein „m" (z.B. Dm).
Dann folgen auf dem Griffbrettdiagramm die Anzahl der Dots mit der jeweiligen Fingerbezeichnung und der Bund- und Saitenposition. Links vom Diagramm sehen wir das die 6. +5. Saite also die „E" und „A"-Saite nicht angeschlagen wird, gekennzeichnet durch ein X, und die darauffolgende Saite, also die „D" -Saite wird leer angeschlagen. Diese ist deshalb durch dieses „O" gekennzeichnet. Letztendlich wird unter dem Griffbrettdiagramm noch die genaue Bundangabe angezeigt, also hier der „1". Bund.

Barré - Akkorde

Barré (aus dem Französischen: Schranke, Sperre) oder auch Barrégriff ist die Bezeichnung für eine Grifftechnik, bei der gewöhnlich der Zeigefinger der Griffhand knapp hinter dem Bund einige oder alle Saiten niederdrückt, während Mittelfinger, Ringfinger und kleiner Finger im nächsten oder übernächsten Bund einzelne Saiten greifen. Der Daumen liegt hinter dem Hals und hat eine unterstützende Funktion.

In diesem Beispiel seht Ihr einen F-Dur Akkord im 1. Bund gegriffen. Der 1. Finger überstreckt alle Saiten des 1. Bundes und der Rest der Finger folgen auf den entsprechenden Positionen.

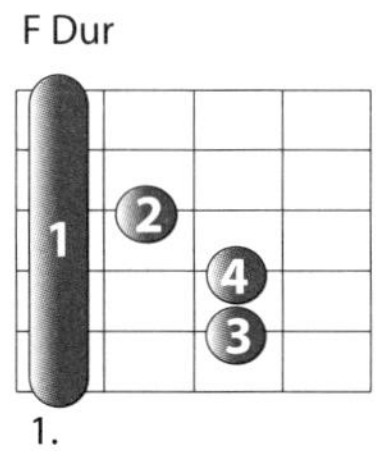

Im nächsten Beispiel sehen wir einen „C6" - Akkord im 3. Bund gegriffen. Der Zeigefinger liegt auf der „A" - Saite im 3. Bund und mit dem Ringfinger werden im 5.Bund die Saiten D G B E niedergedrückt.

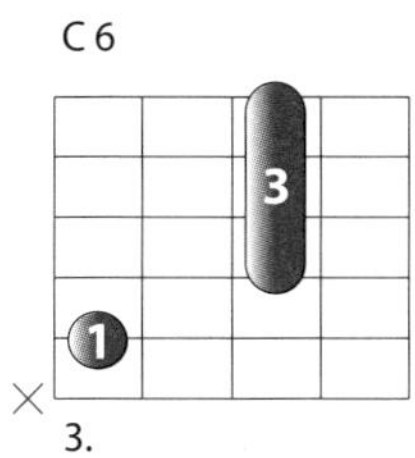

Nach jedem Grundton und deren Akkorden habe ich auf einer Seite noch etwas Platz gelassen um eigene Akkorde einzutragen.

C

Akkorde

C

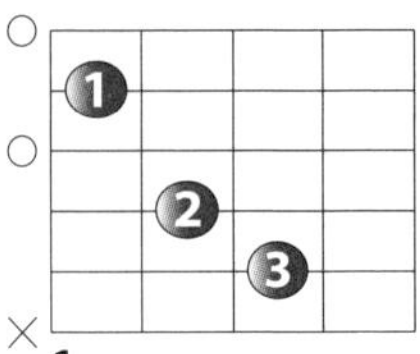

1.

C

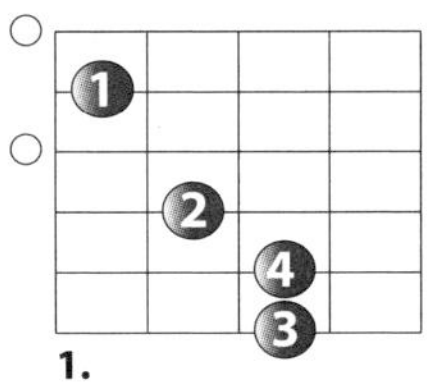

1.

C

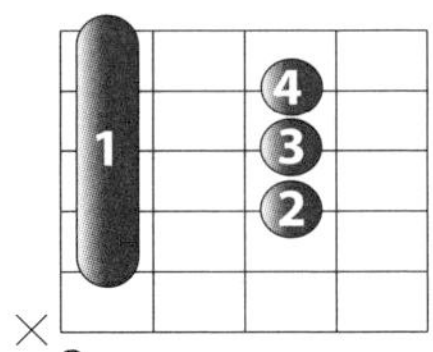

3.

C

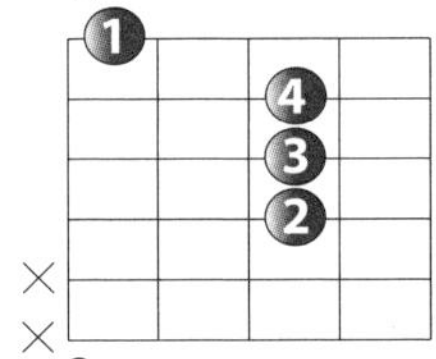

3.

C

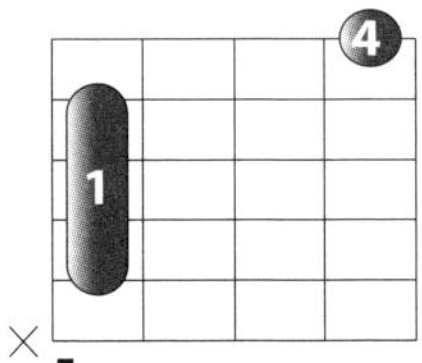

5.

C

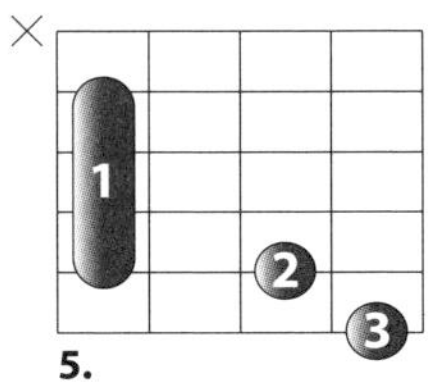

5.

C

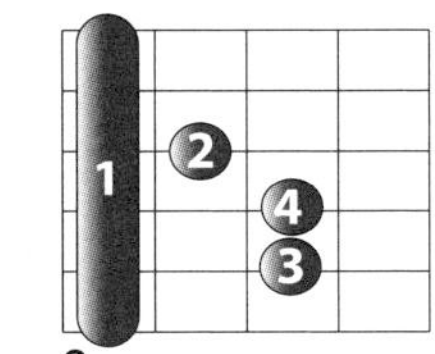

8.

C

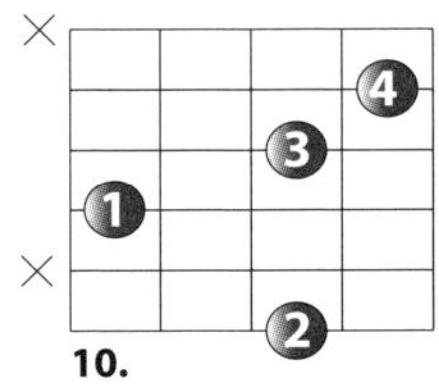

10.

C 5

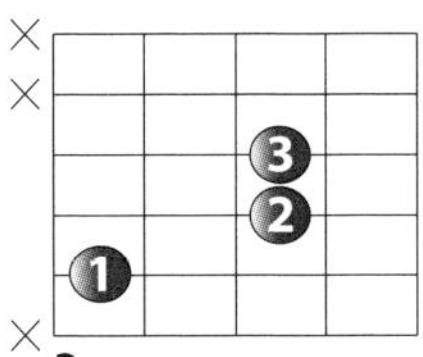

3.

C 5

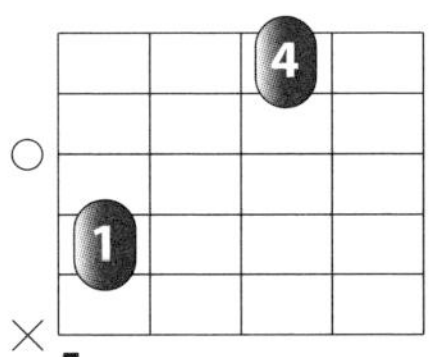

5.

C 5

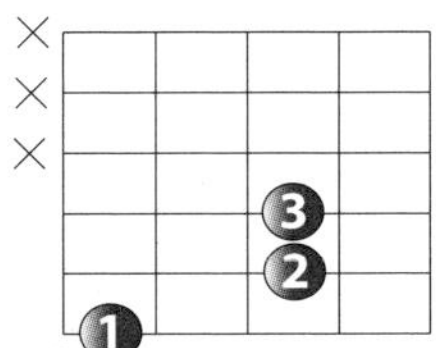

8.

C 5

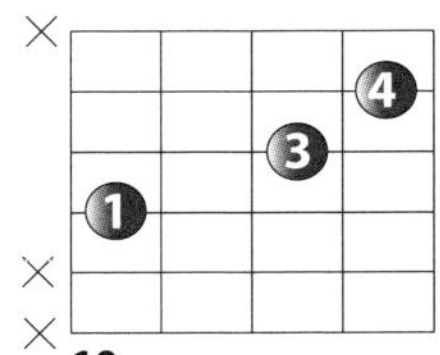

10.

C 6

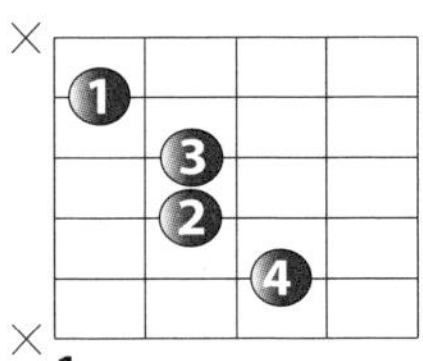

1.

C 6

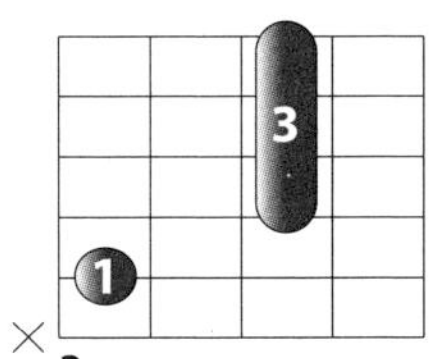

3.

C 6

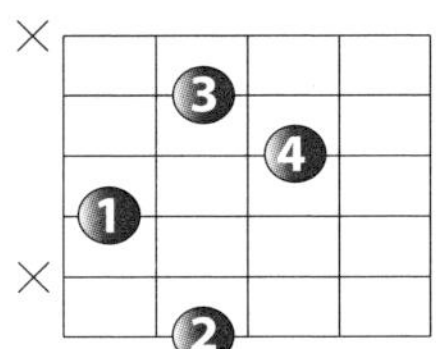

7.

C 6

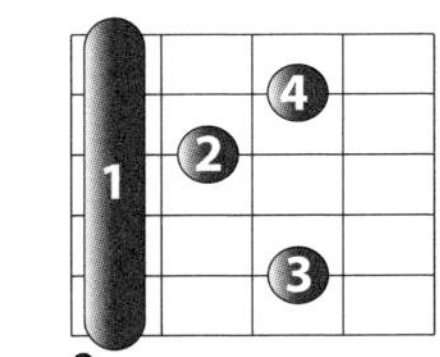

8.

C 7

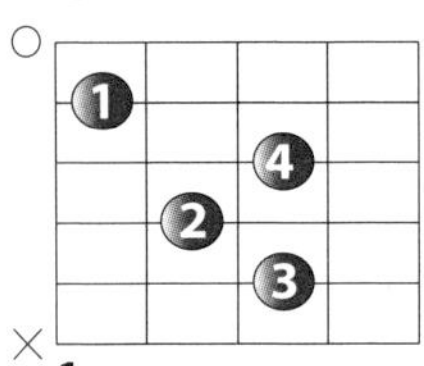

1.

C 7

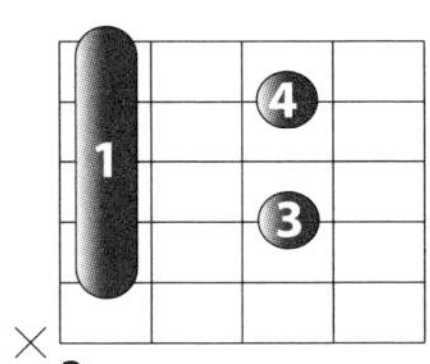

3.

C 7

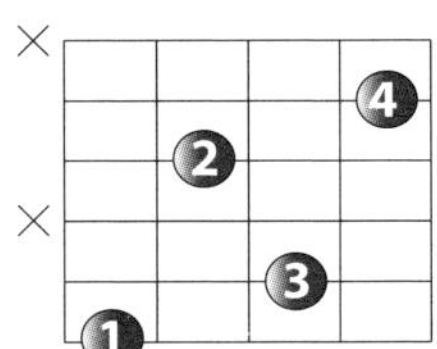

8.

C 7

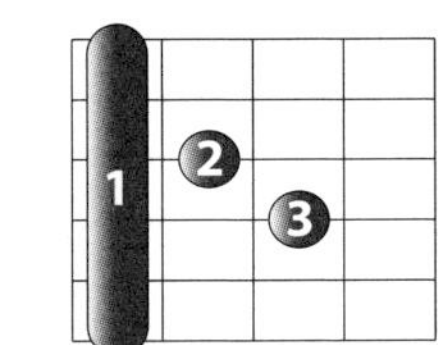

8.

C 7

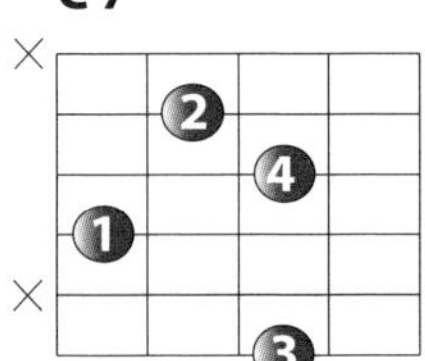

10.

C 7

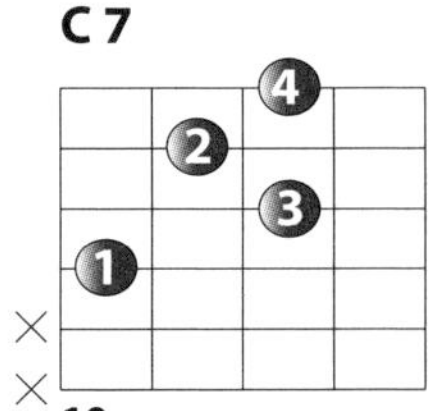

10.

C maj7

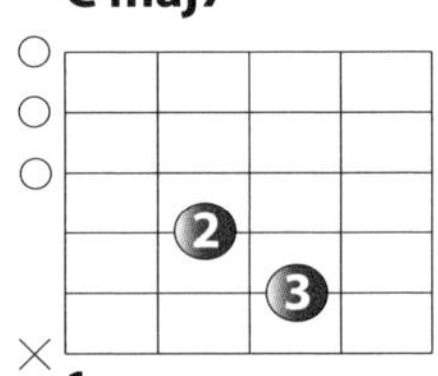

1.

C maj7

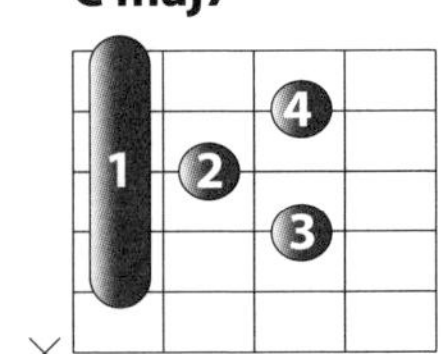

3.

C maj7

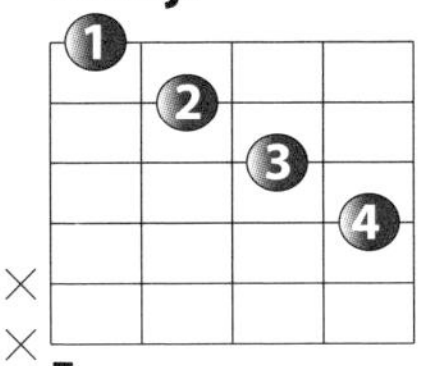

7.

C 9

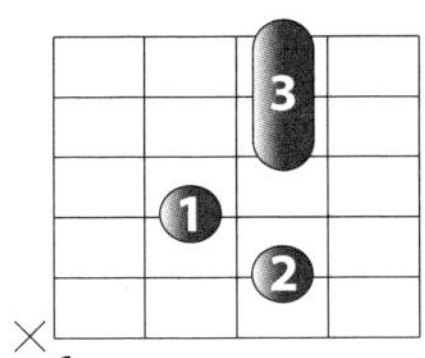

1.

C 9

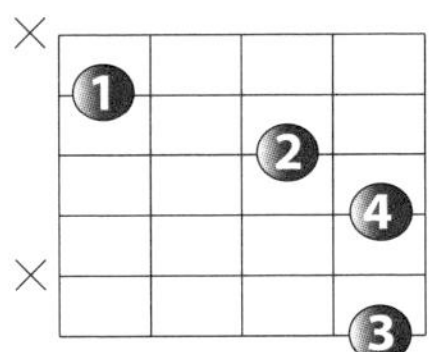

5.

C 9

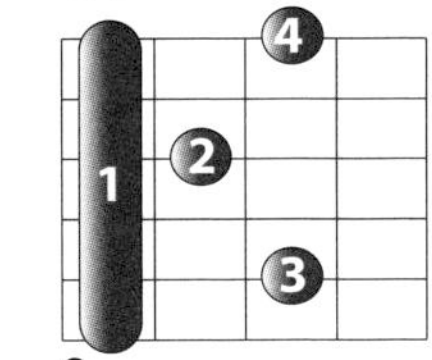

8.

C 9

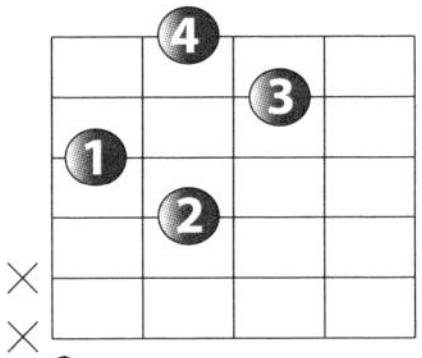

9.

C maj9

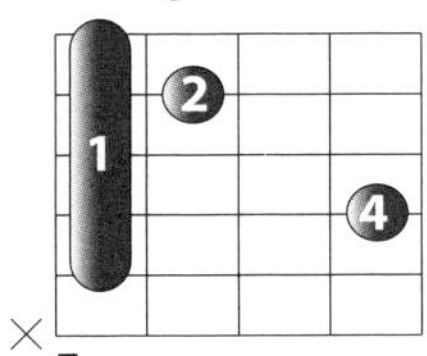

7.

C 11

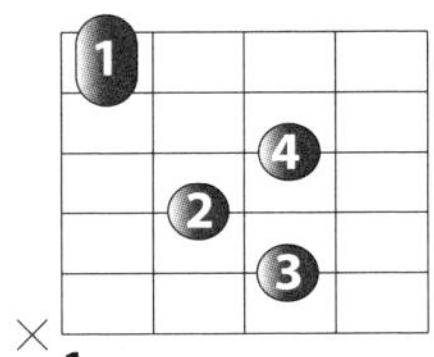

1.

C 11

3.

C 11

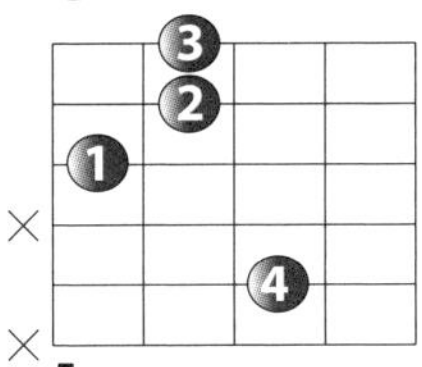

5.

C 11

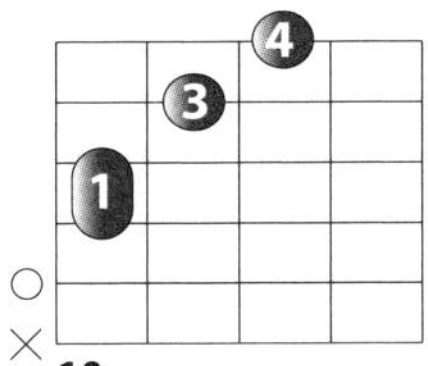

10.

C 13

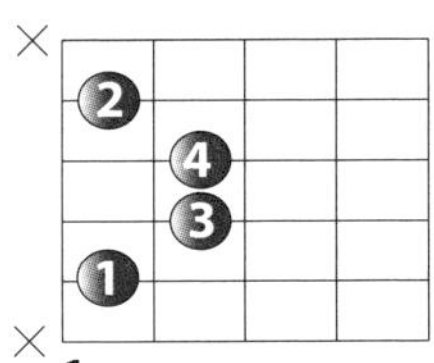

1.

C 13

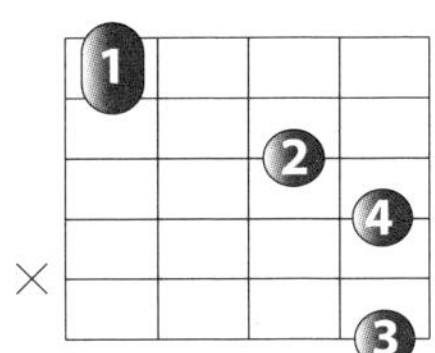

5.

C 13

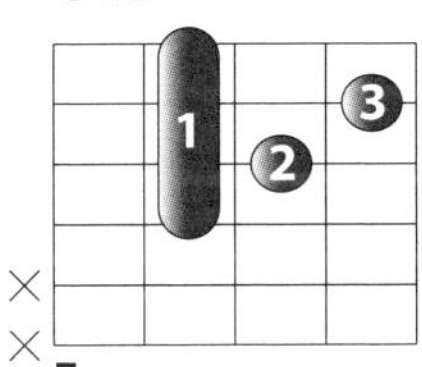

7.

C 13

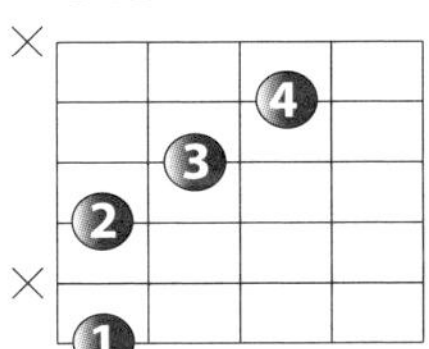

8.

C maj13

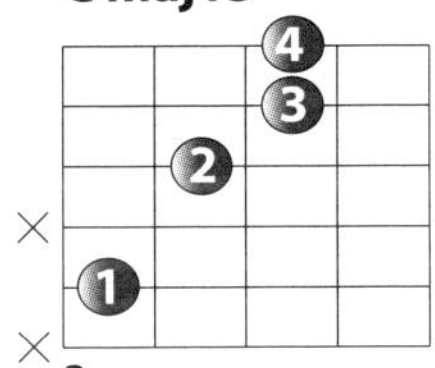

3.

C maj13

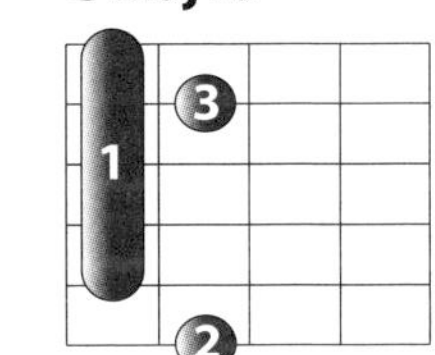

7.

C m

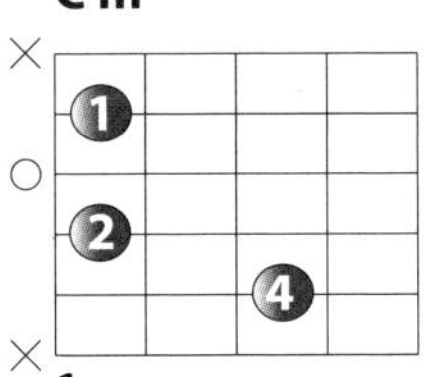

1.

C m

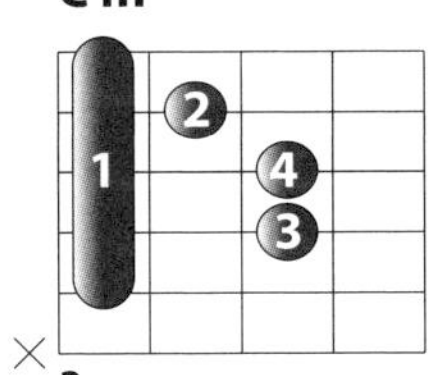

3.

C m

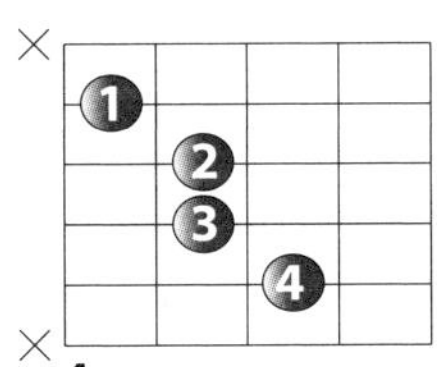

4.

C m

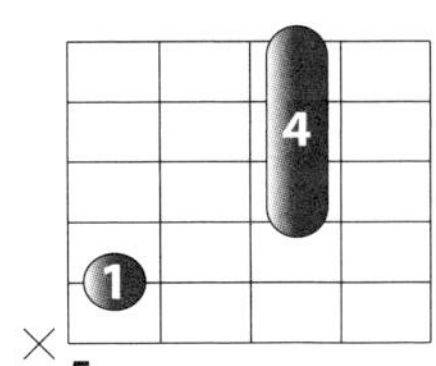

5.

C m

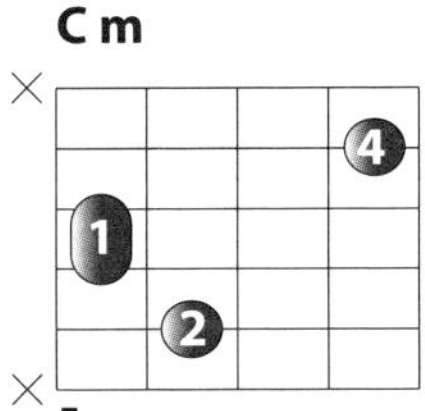

5.

C m

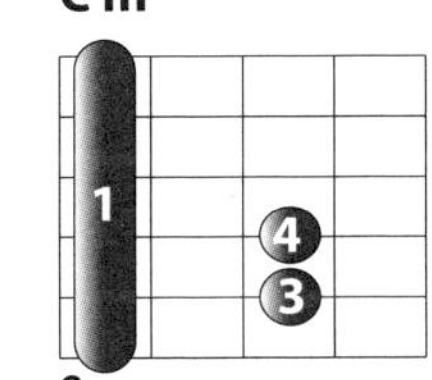

8.

C m

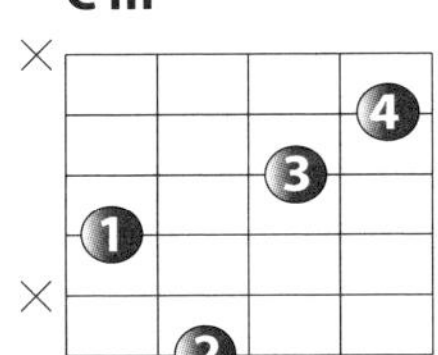

10.

C m6

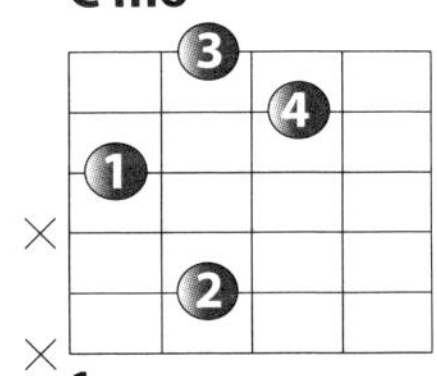

1.

C m6

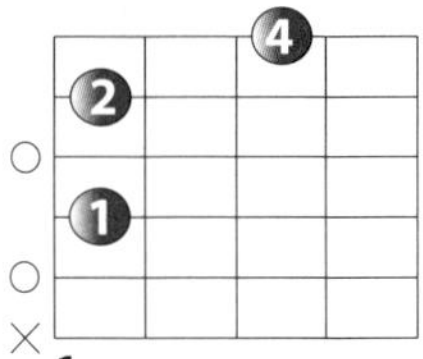

1.

C m6

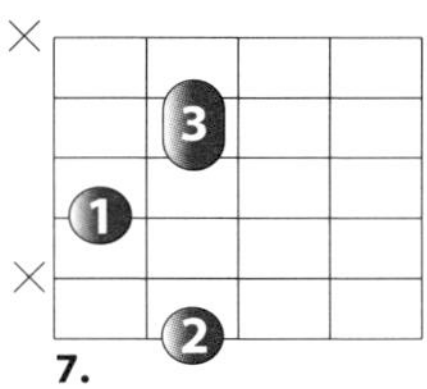

7.

C m6

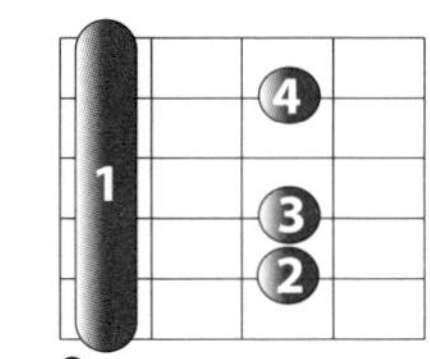

8.

C m6

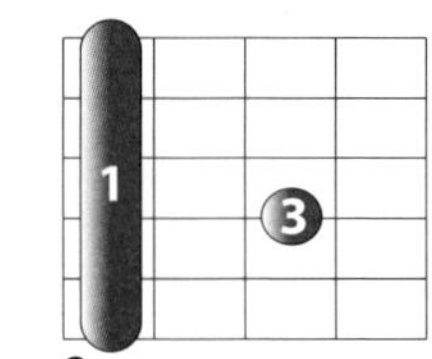

8.

C m7

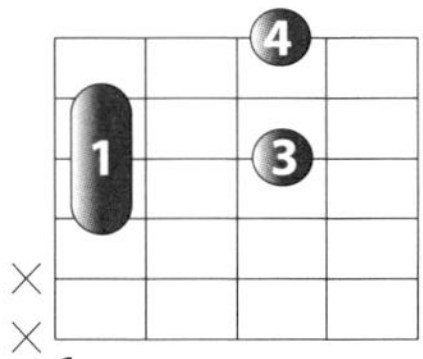

1.

C m7

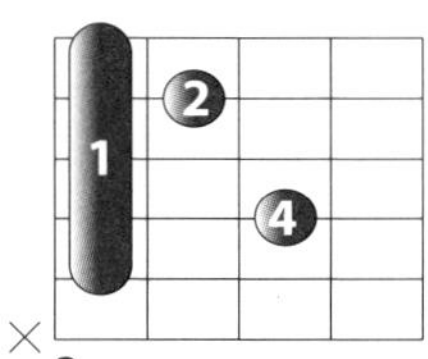

3.

C m7

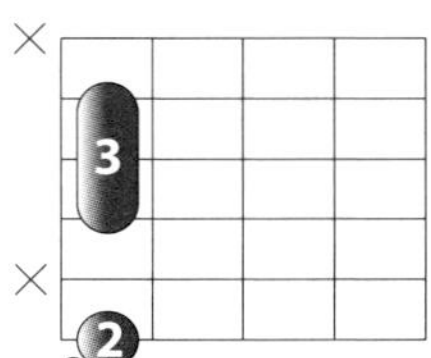

8.

C m7

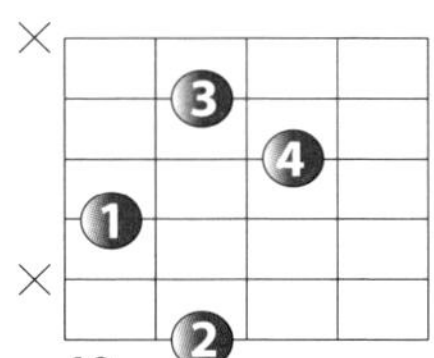

10.

C m9

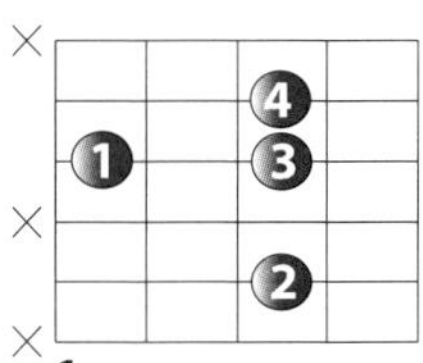

1.

C m9

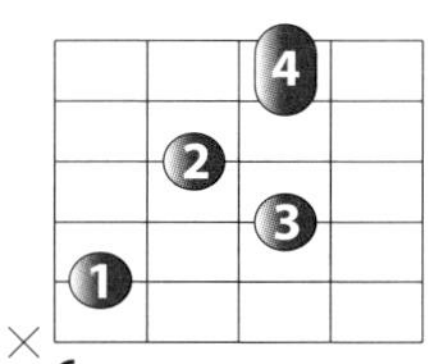

6.

C m11

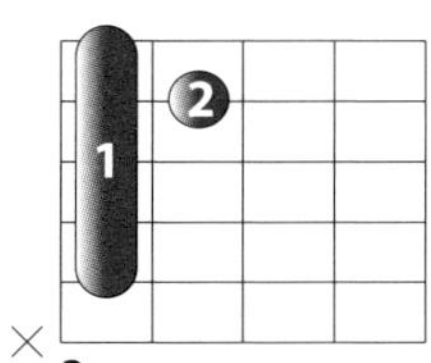

3.

C m11

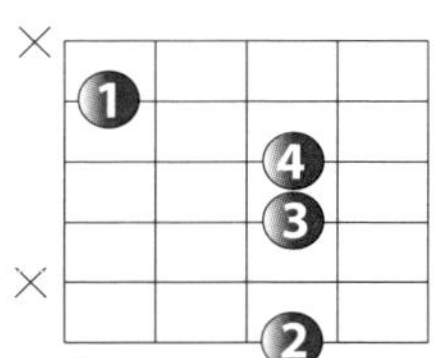

6.

C m13

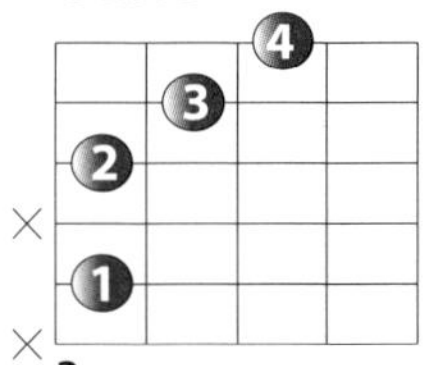

3.

C m13

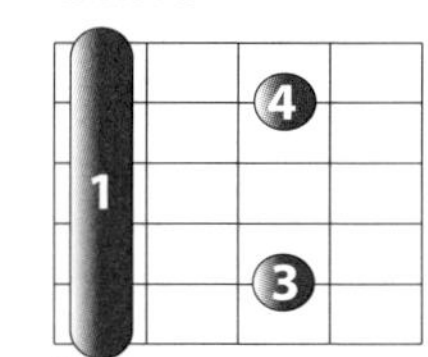

8.

C m(maj7)

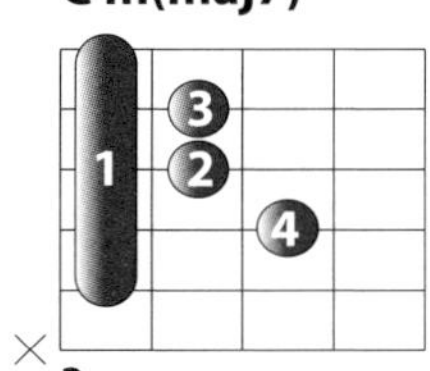

3.

C m(maj7)

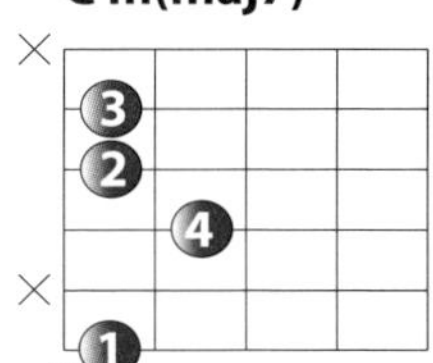

8.

C sus2

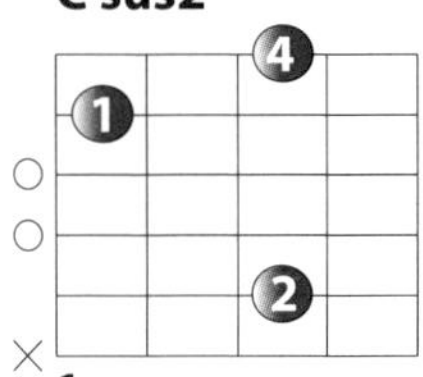

1.

C sus2

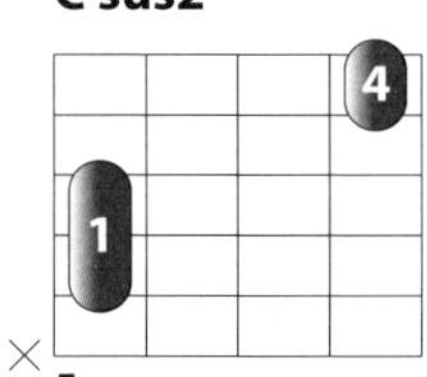

5.

C sus2

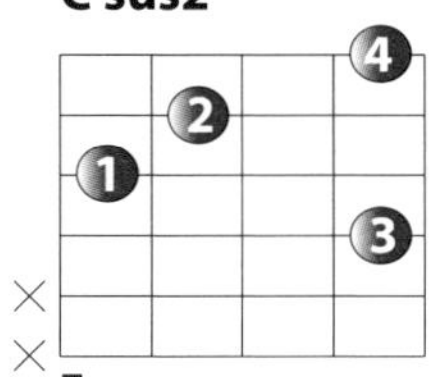

7.

C sus4

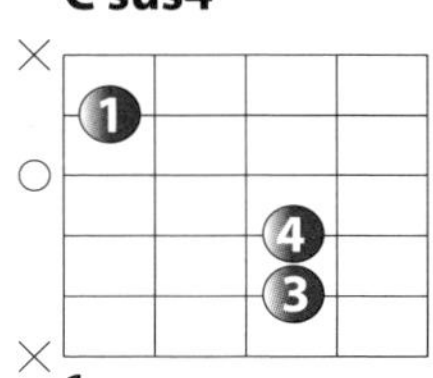

1.

C sus4

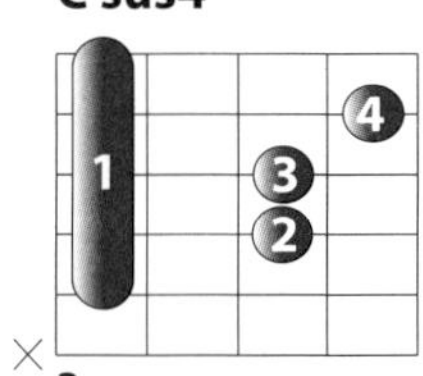

3.

C sus4

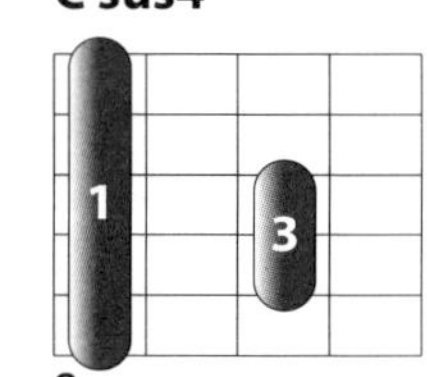

8.

C dim

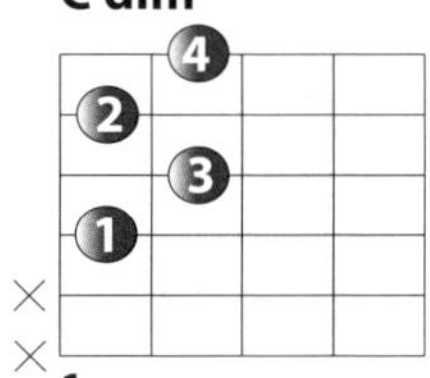

1.

C dim

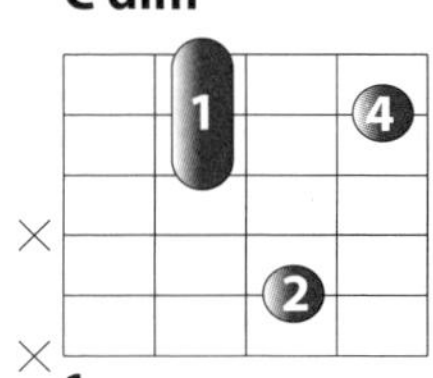

1.

C aug

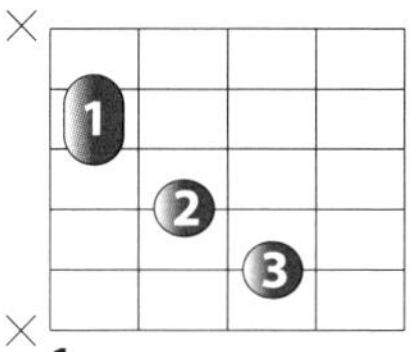

1.

C aug

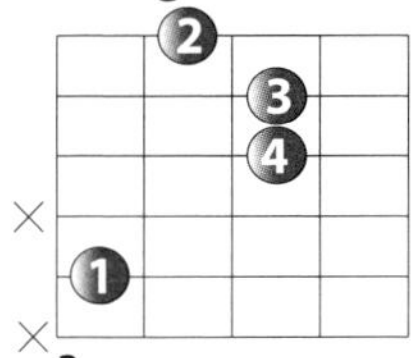

3.

C aug

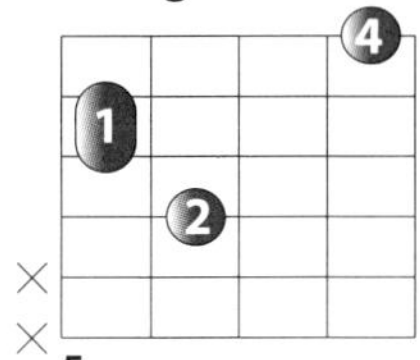

5.

C aug

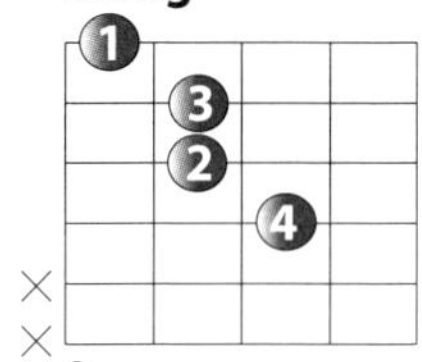

8.

C 6/9

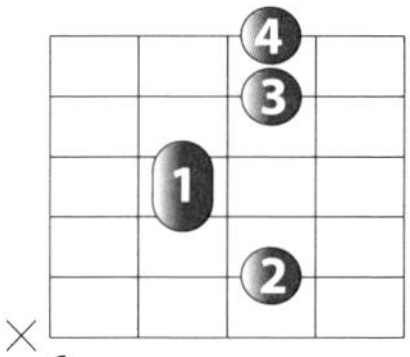

1.

C 6/9

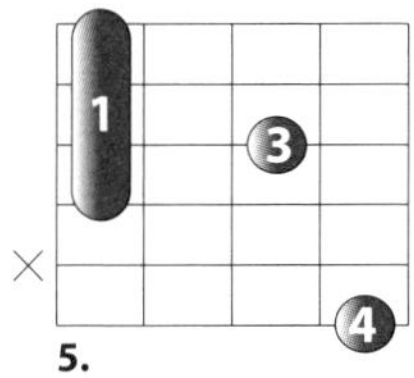

5.

C 6/9

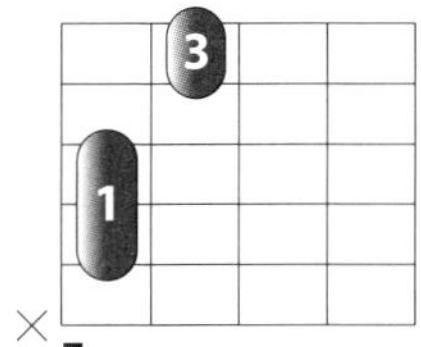

7.

C 6/9

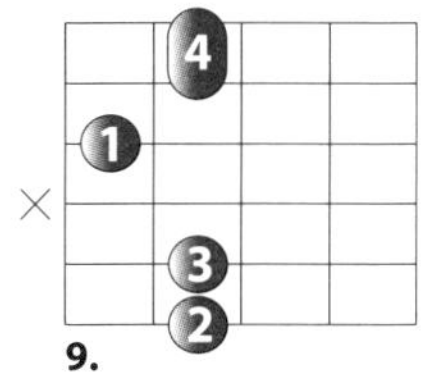

9.

C 7sus4

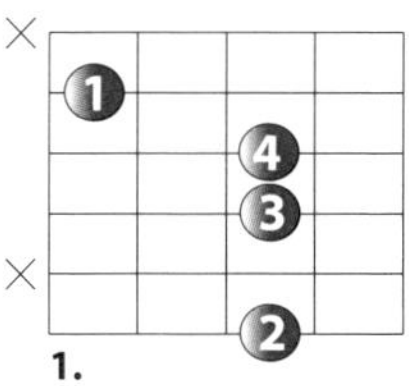

1.

C 7sus4

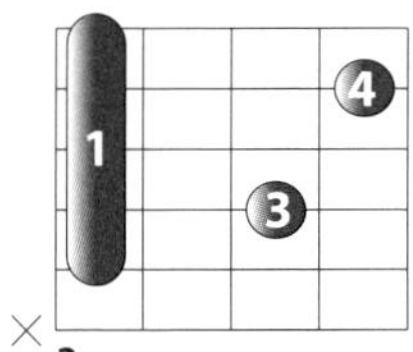

3.

C 7/b5

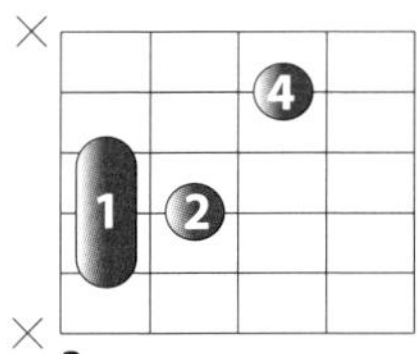

3.

C 7/b5

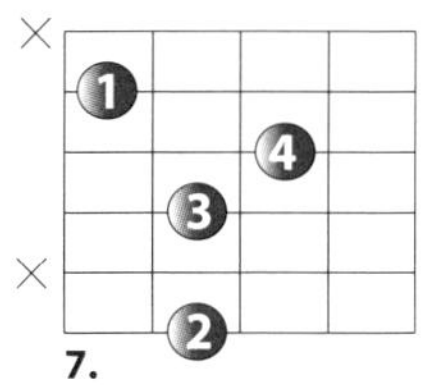

7.

C 7/b9

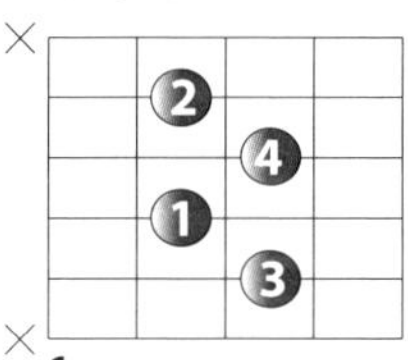

1.

C 7/b9

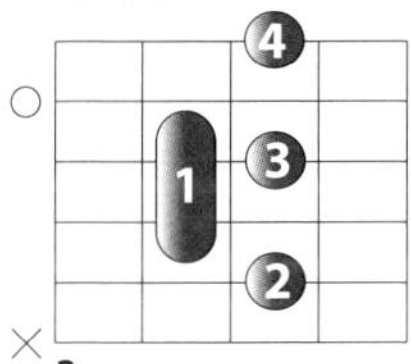

3.

C 7/b9

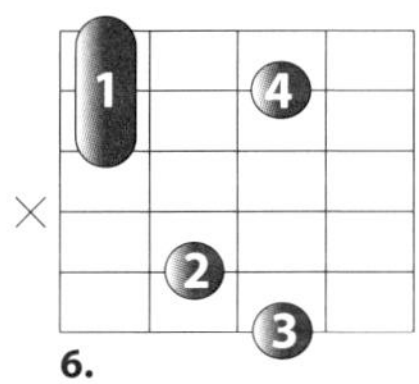

6.

C 7/b9

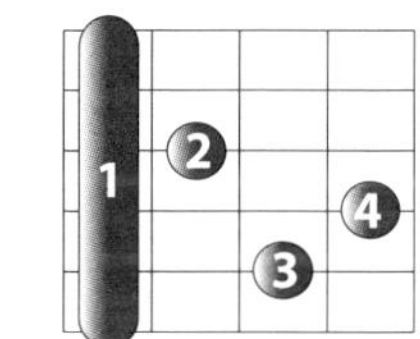

8.

C 7/b9

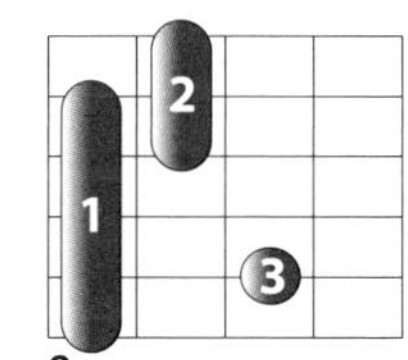

8.

C 7/b9

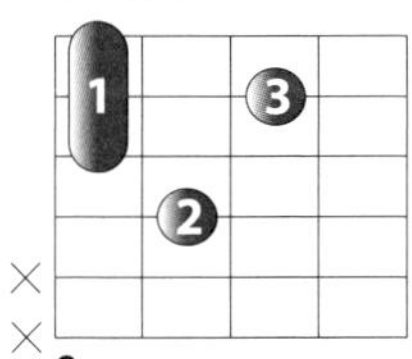

9.

C 9sus4

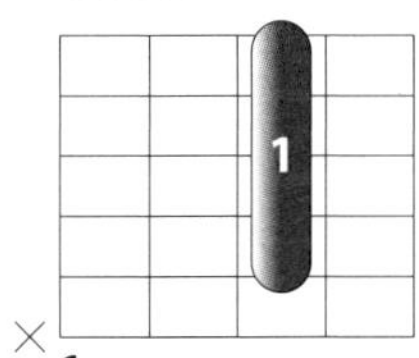

1.

C 9sus4

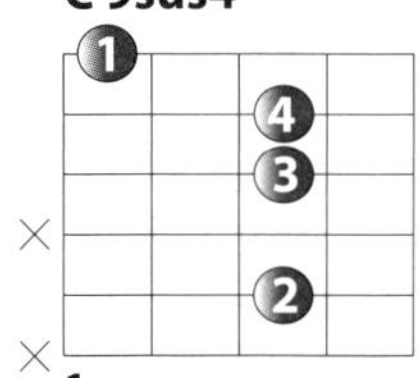

1.

C 9sus4

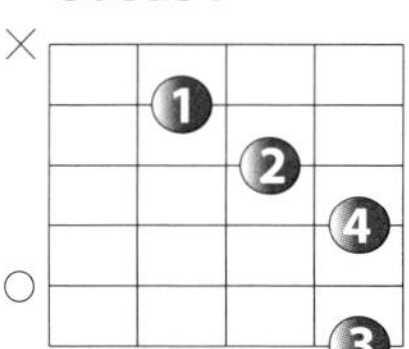

5.

C 9sus4

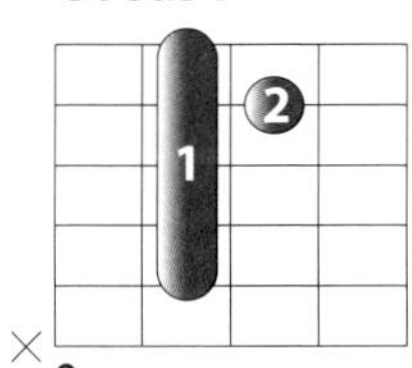

9.

C add9

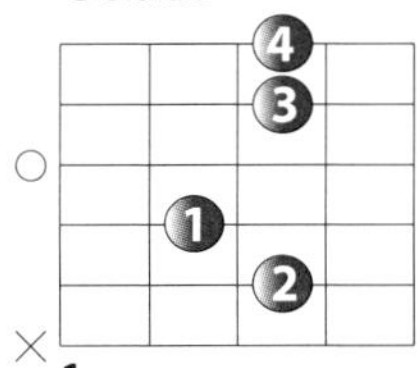

1.

C add9

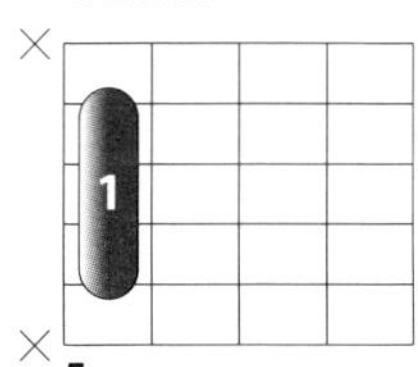

5.

C add9

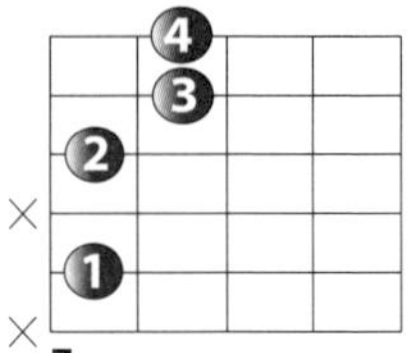

7.

C aug9

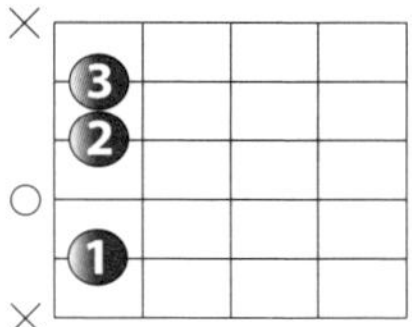

1.

C aug9

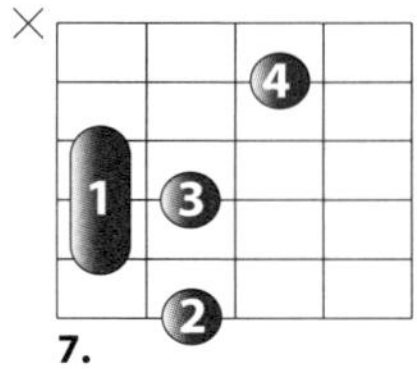

7.

C# Db

Akkorde

C#

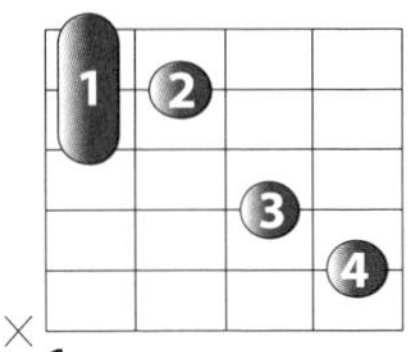

1.

C#

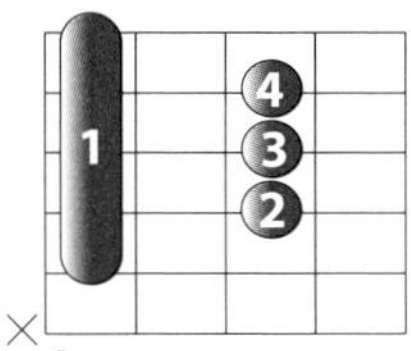

4.

C#

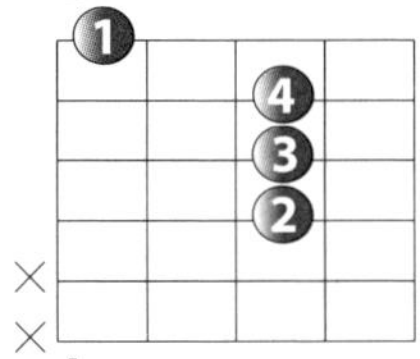

4.

C#

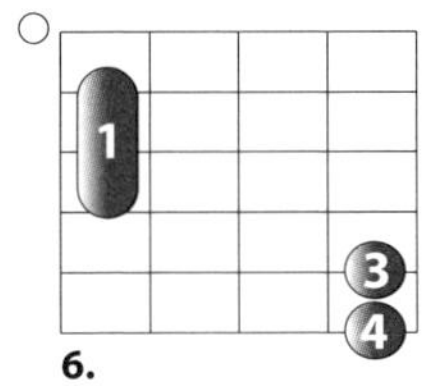

6.

C#

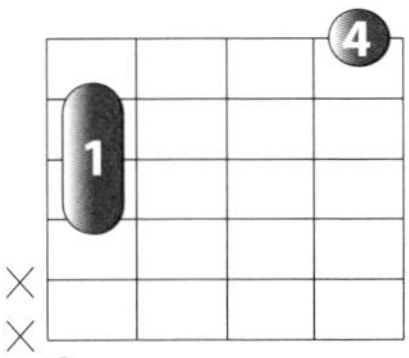

6.

C#

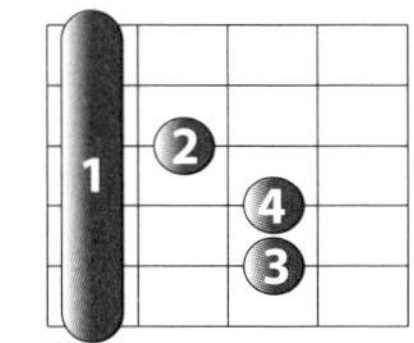

9.

C# 5

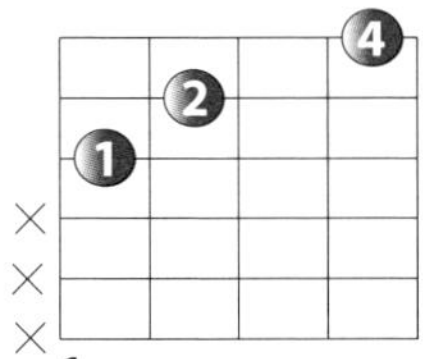

1.

C# 5

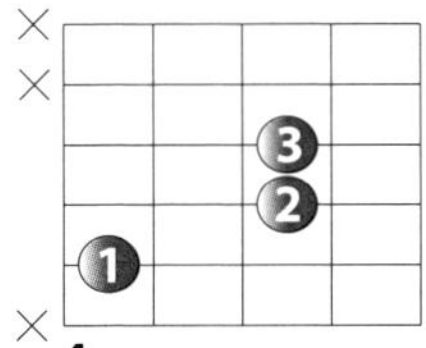

4.

C# 5

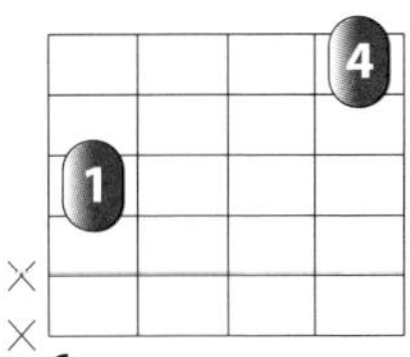

6.

C# 5

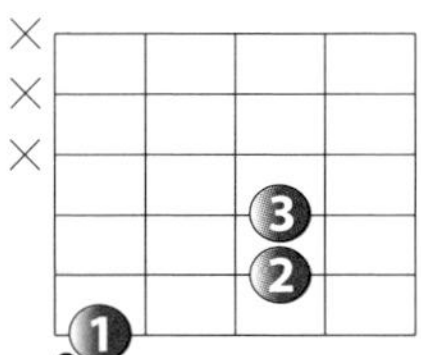

9.

C# 6

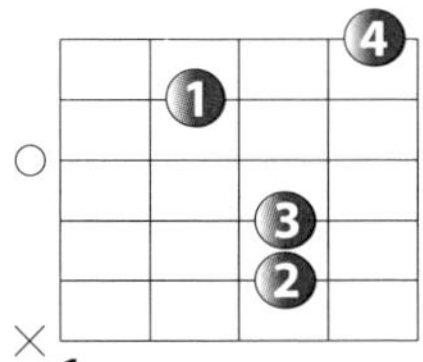

1.

C# 6

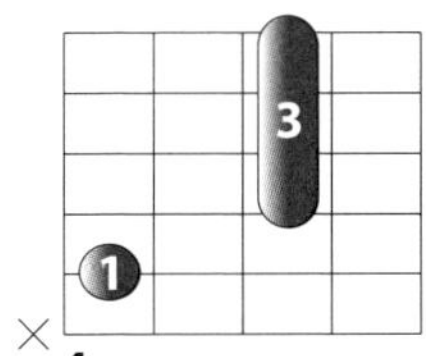

4.

C# 6

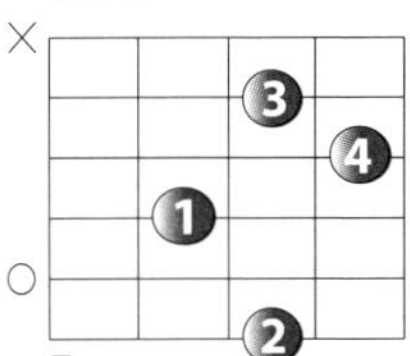

7.

C# 6

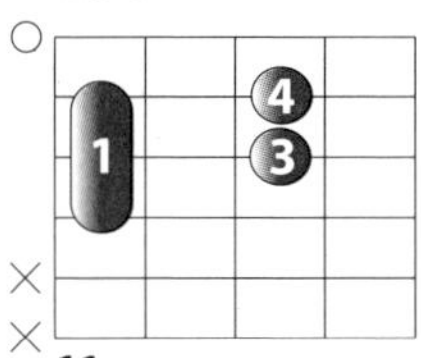

11.

C# 7

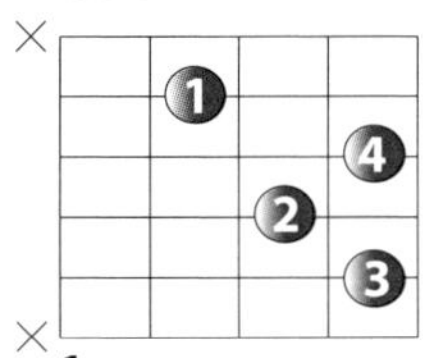

1.

C# 7

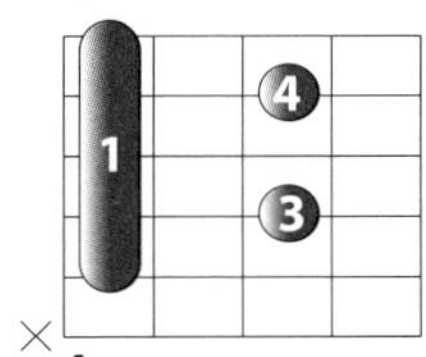

4.

C# 7

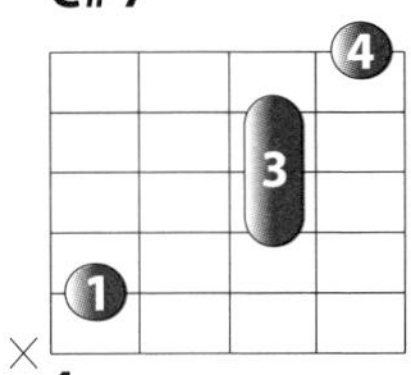

4.

C# 7

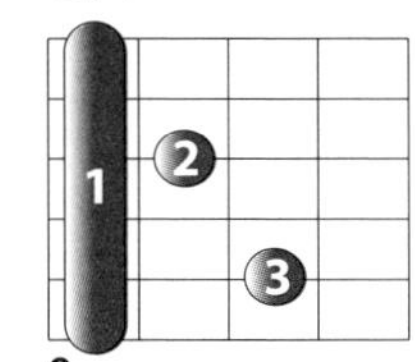

9.

C# maj7

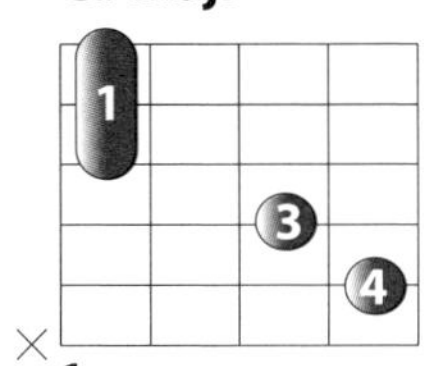

1.

C# maj7

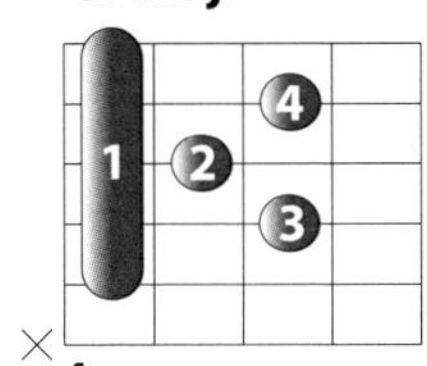

4.

C# maj7

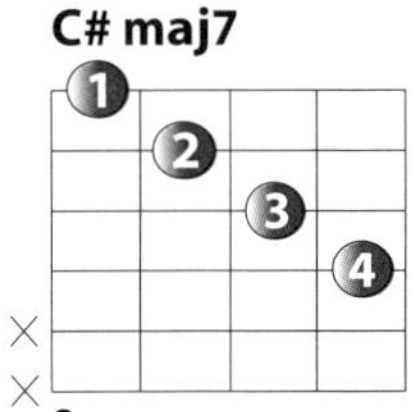

8.

C# maj7

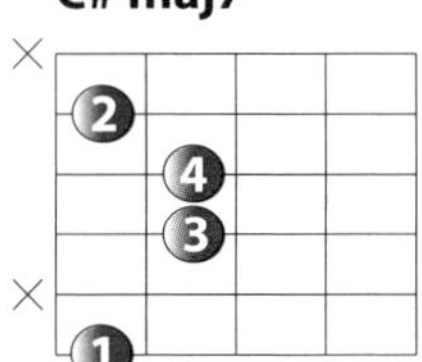

9.

C# 9

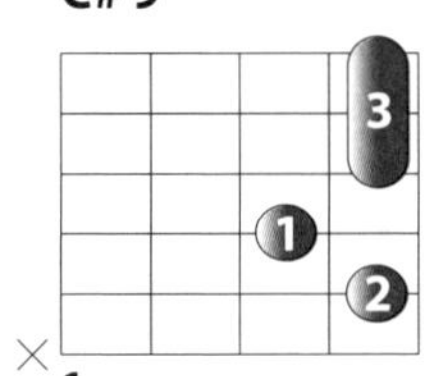

1.

C# 9

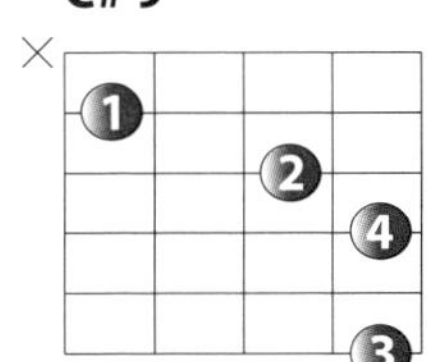

6.

C# 9

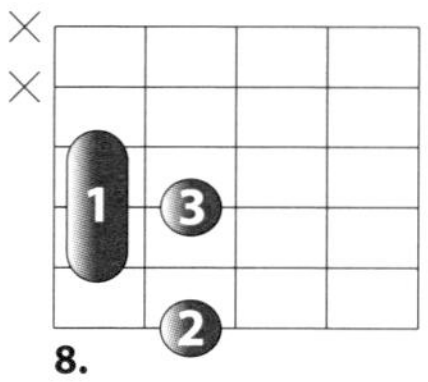

C# 9

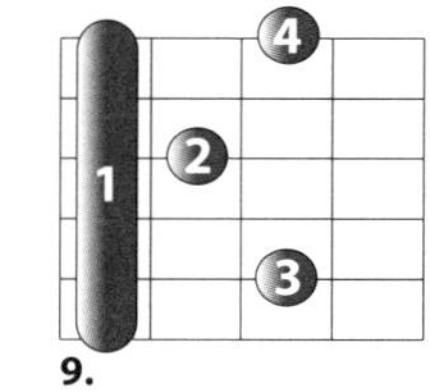

C# maj9

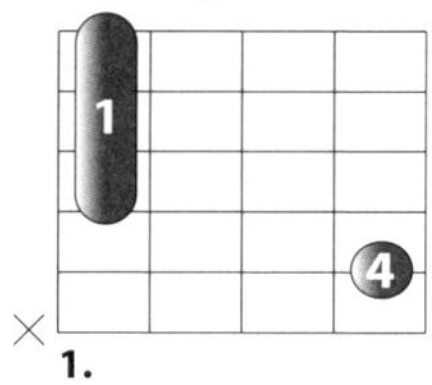

C# maj9

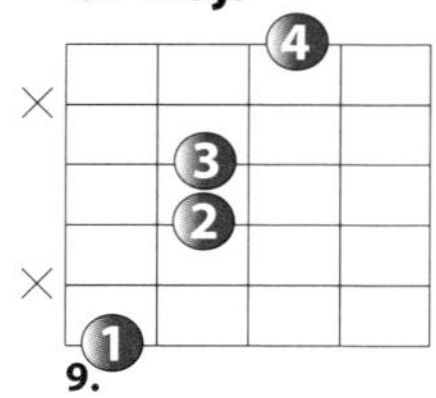

C# 11

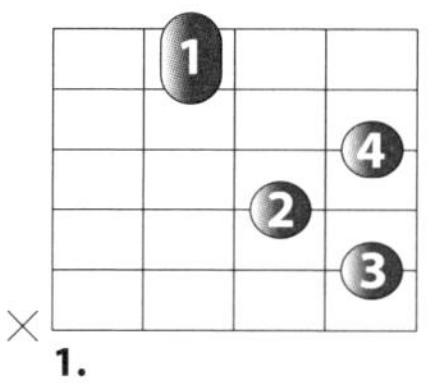

C# 11

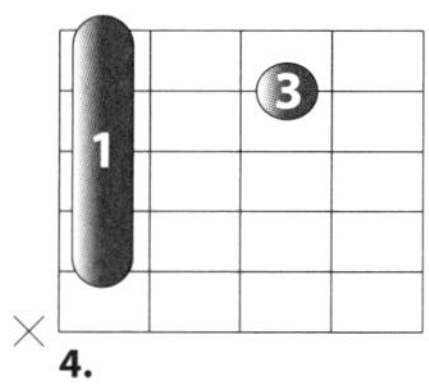

C# 11

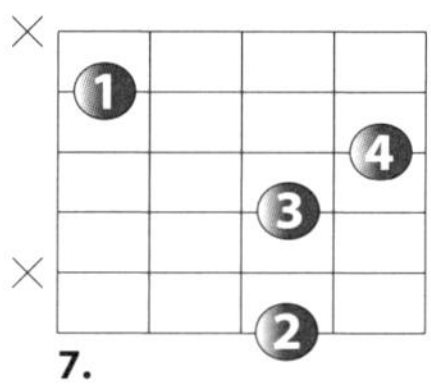

C# 11

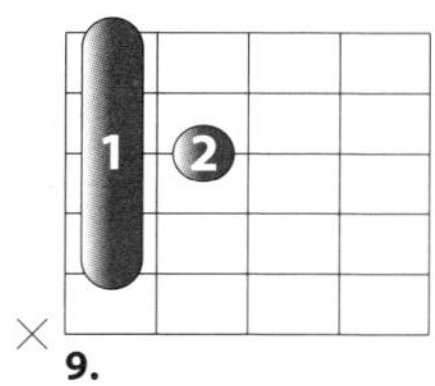

C# 13

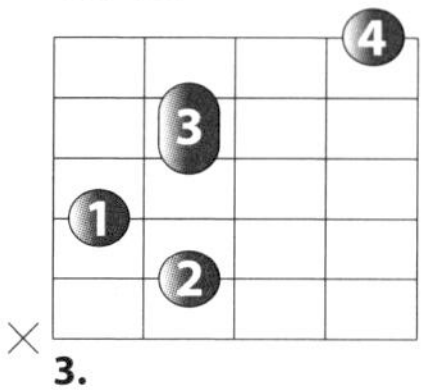

C# 13

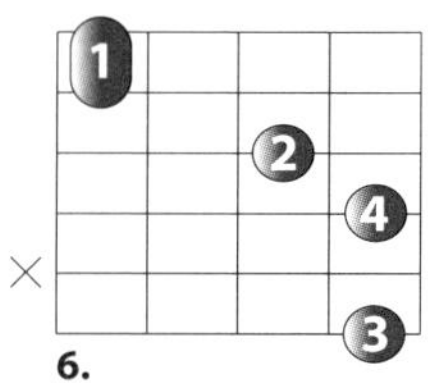

C# 13

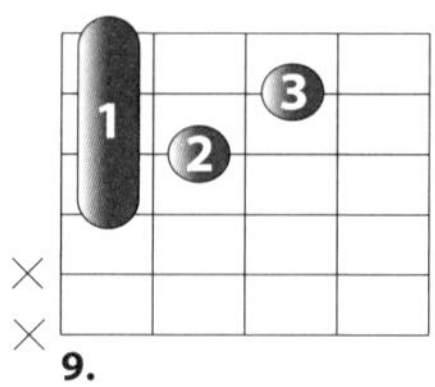

C# 13

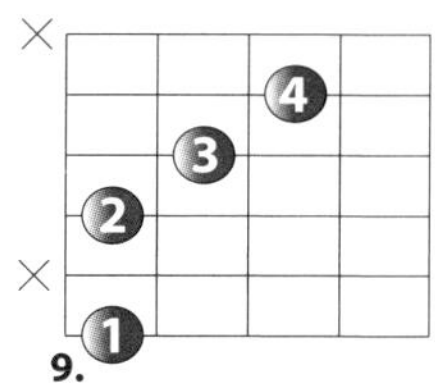

C# maj13

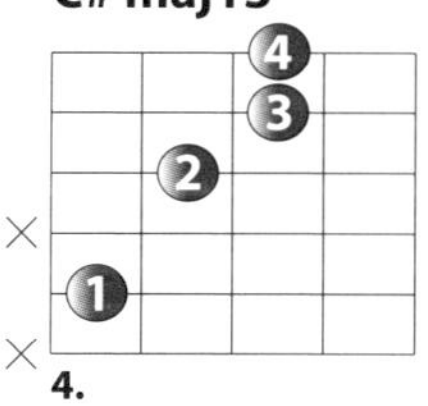

C# maj13

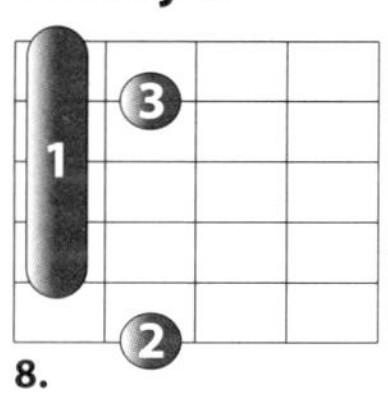

C# m

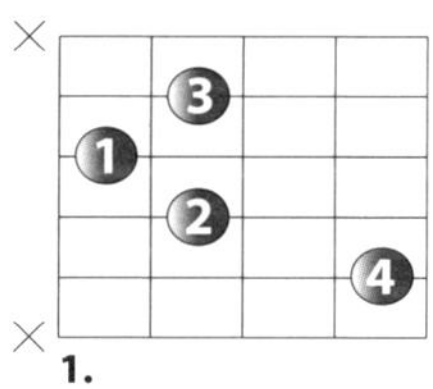

C# m

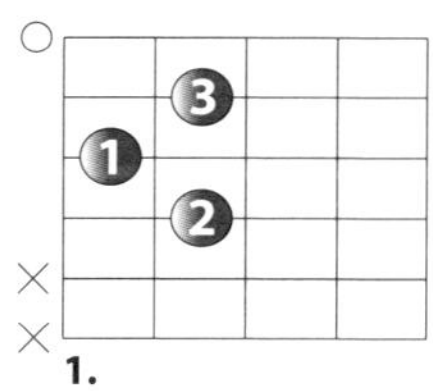

C# m

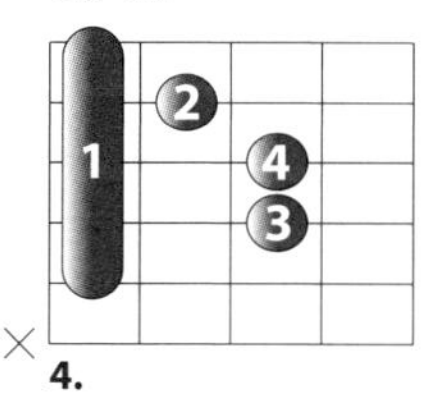

C# m

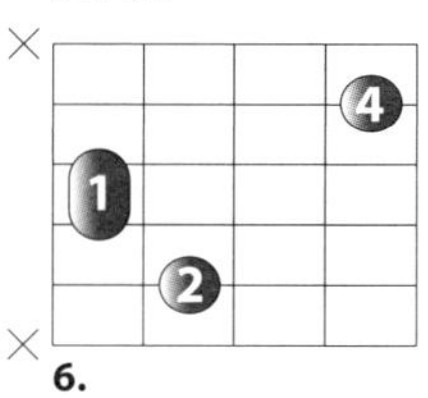

C# m

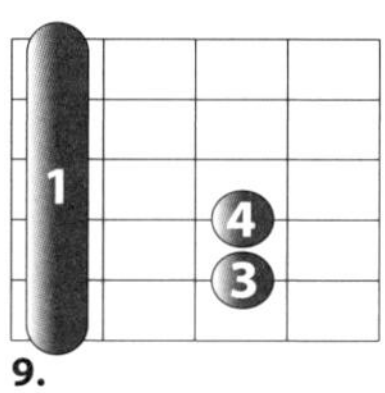

C# m

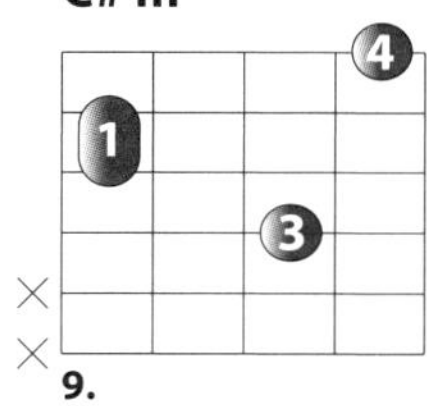

C# m6

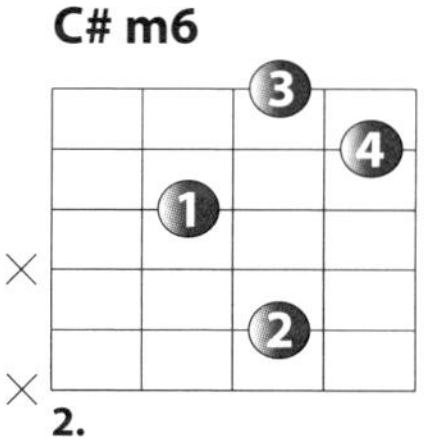

C# m6

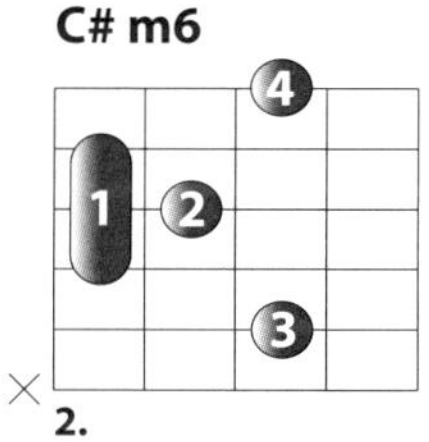

C# m6

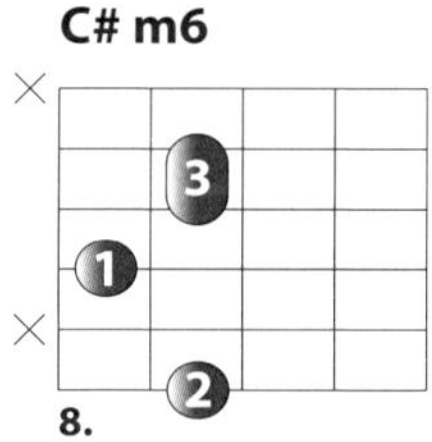

C# m6

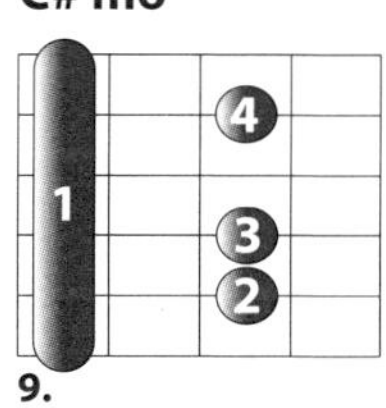

C# m7

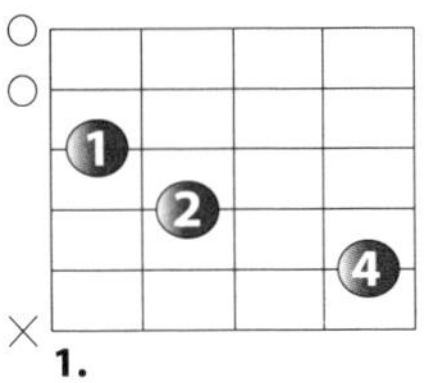

C# m7

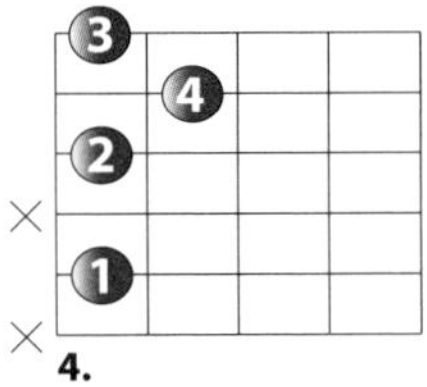

C# m7

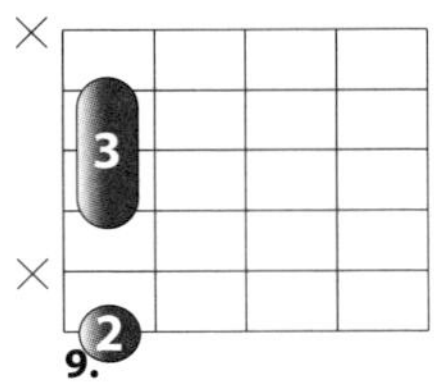

C# m7

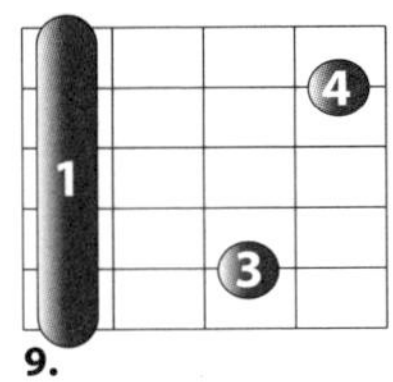

C# m9

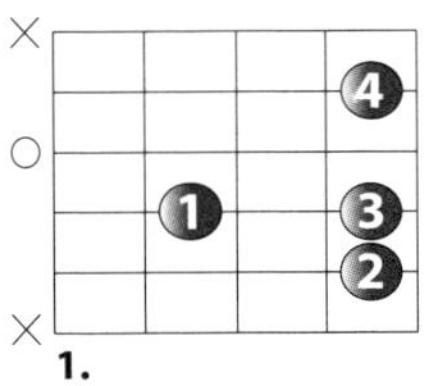

C# m9

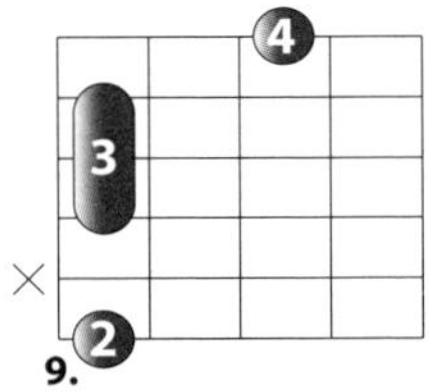

C# m11

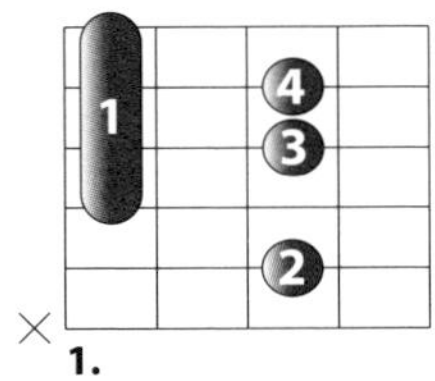

C# m11

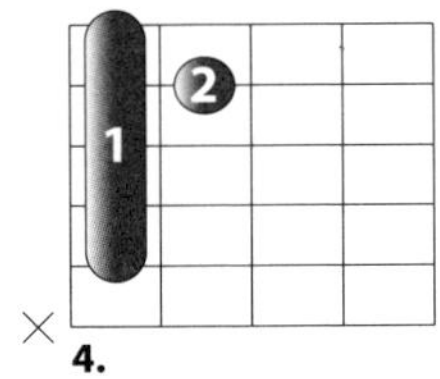

C# m13

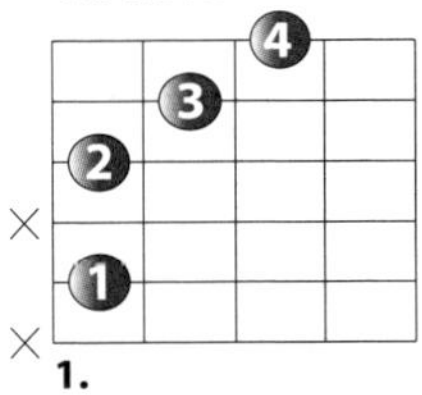

C# m13

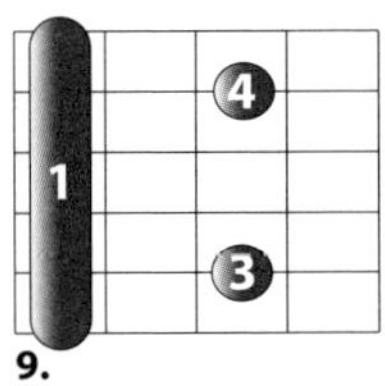

C# m(maj7)

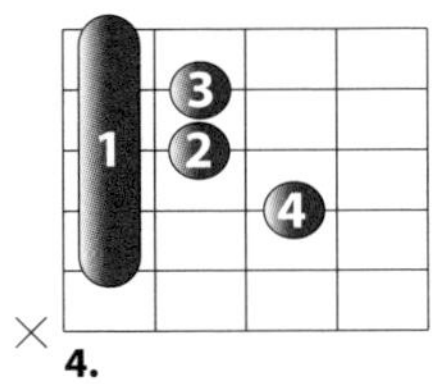

C# m(maj7)3

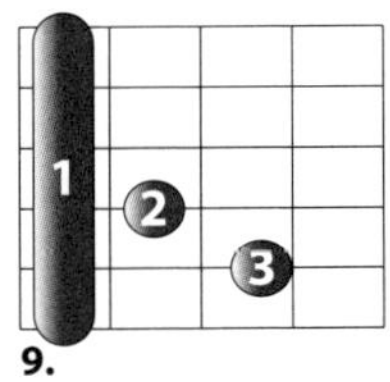

C# sus2

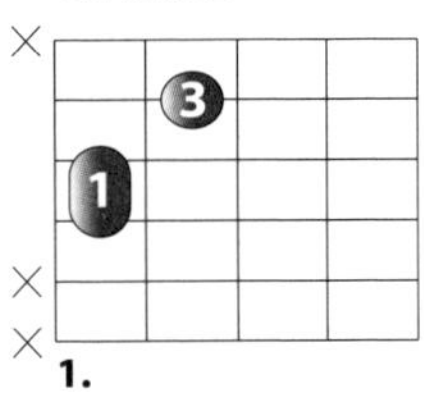

C# sus2

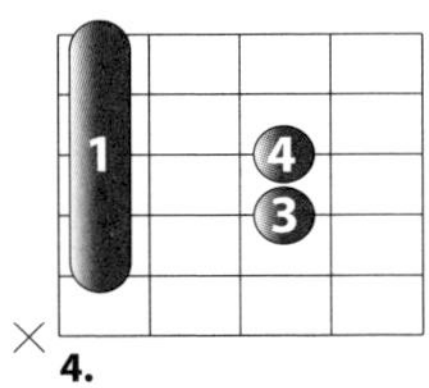

C# sus2

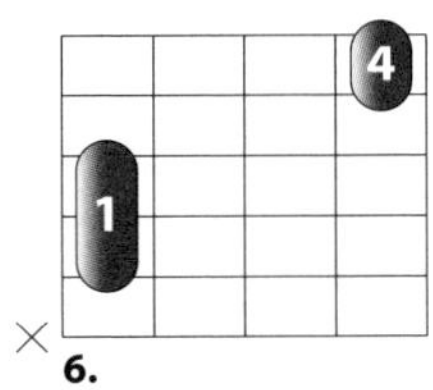

C# sus2

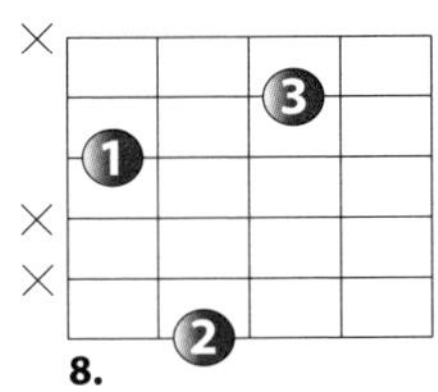

C# sus4

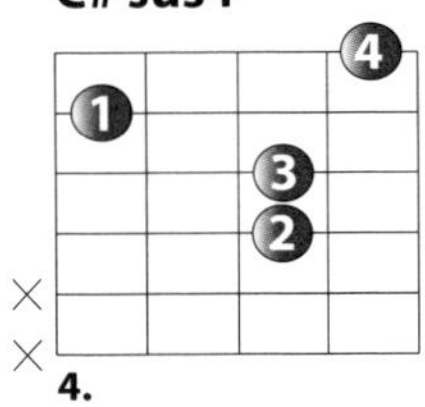

C# sus4

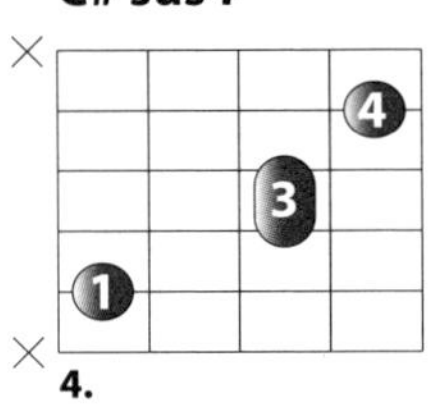

C# sus4

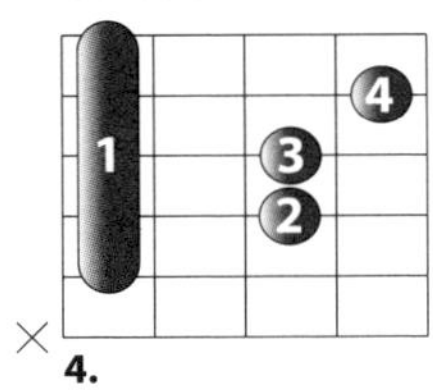

C# sus4

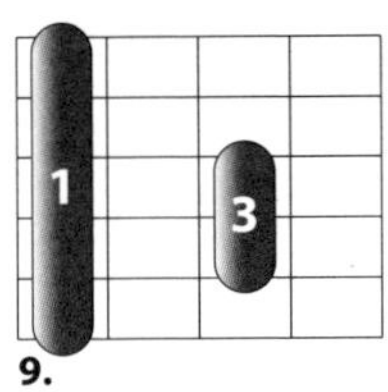

C# dim

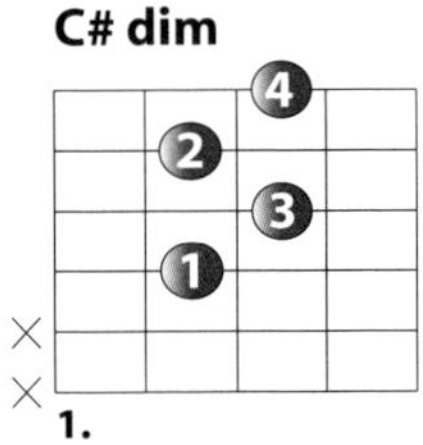

C# dim

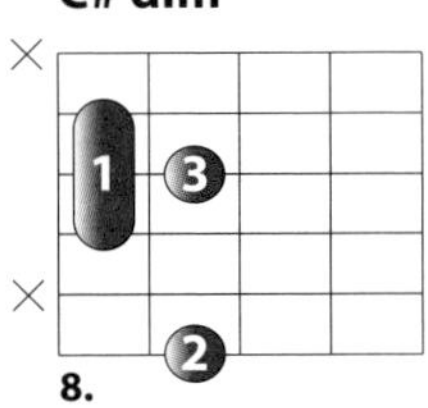

C# aug

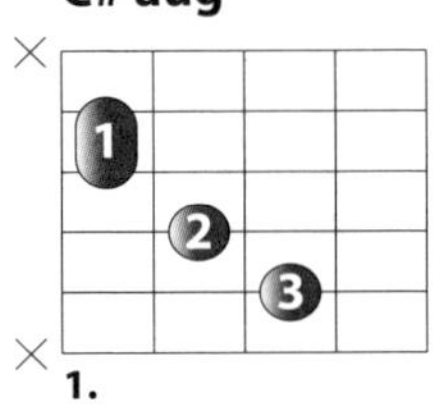

C# aug

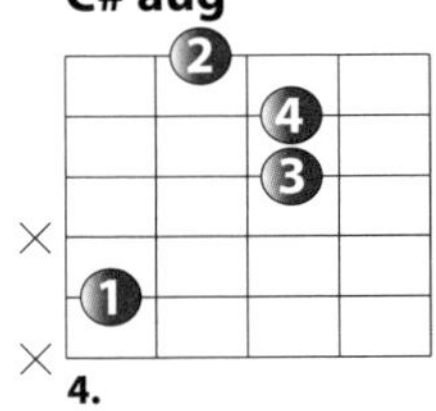

C# aug
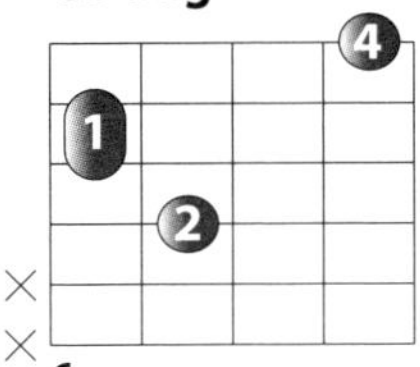
6.

C# aug
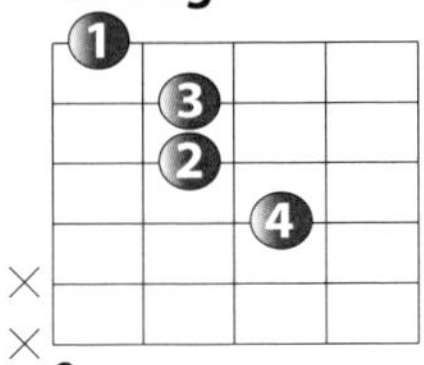
9.

C# 6/9

1.

C# 6/9
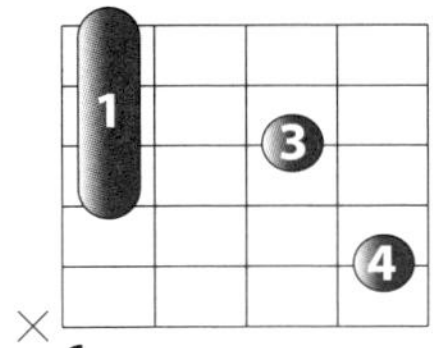
6.

C# 6/9
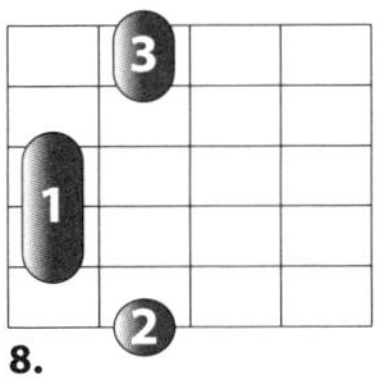
8.

C# 6/9
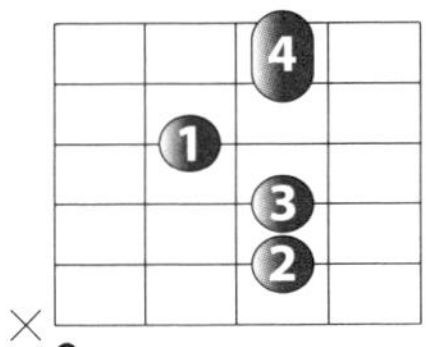
9.

C# 7sus4
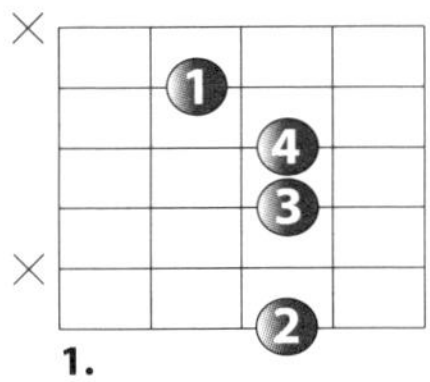
1.

C# 7sus4
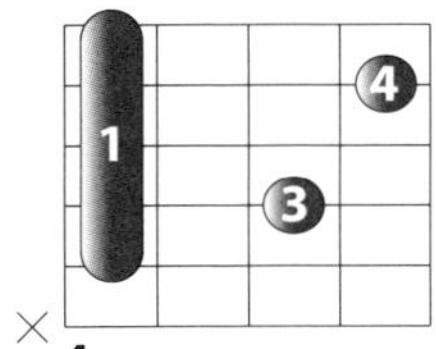
4.

C# 7b5
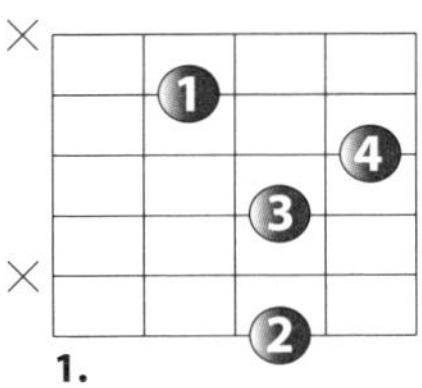
1.

C# 7b5
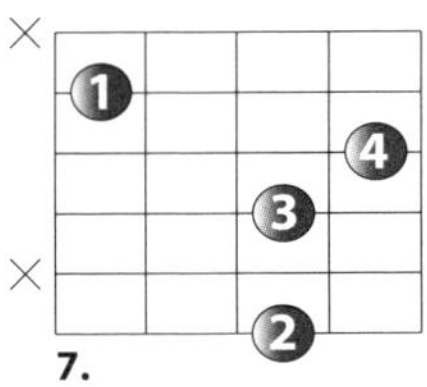
7.

C# 7b9
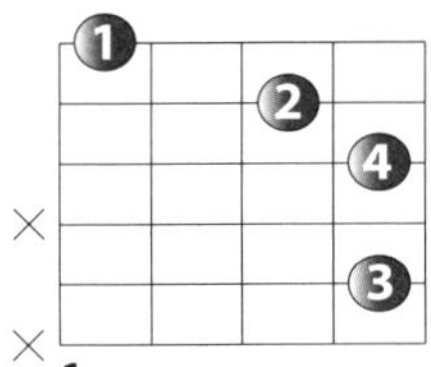
1.

C# 7b9
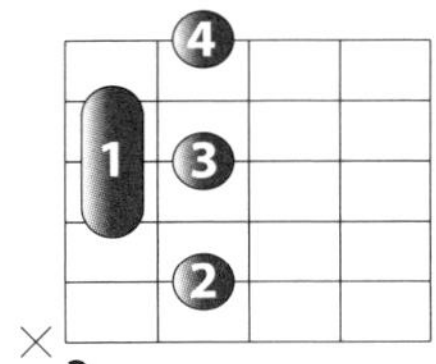
3.

C# 7b9
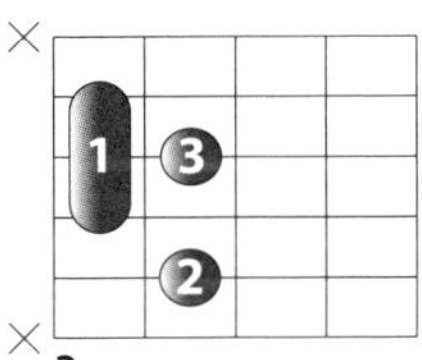
3.

C# 7b9
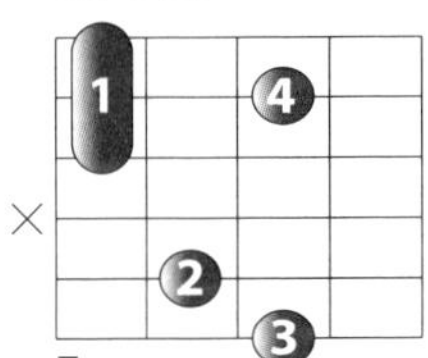
7.

C# 7b9
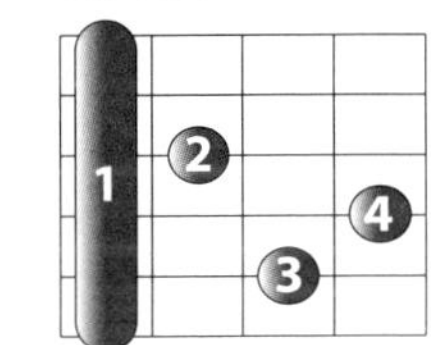
9.

C# 7b9
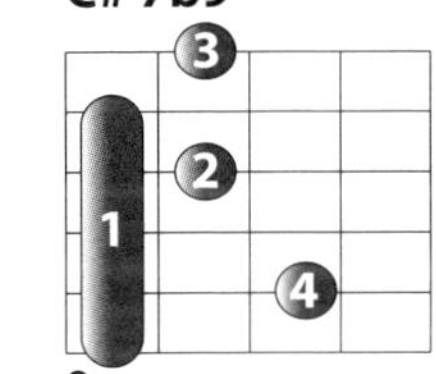
9.

C# 9sus4
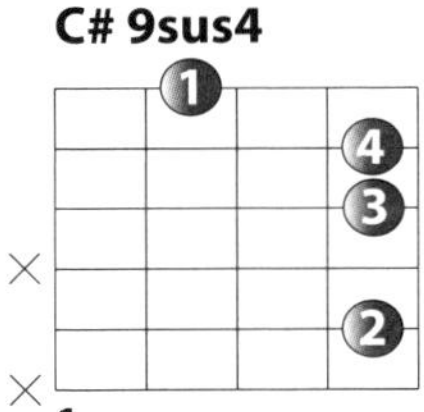
1.

C# 9sus4
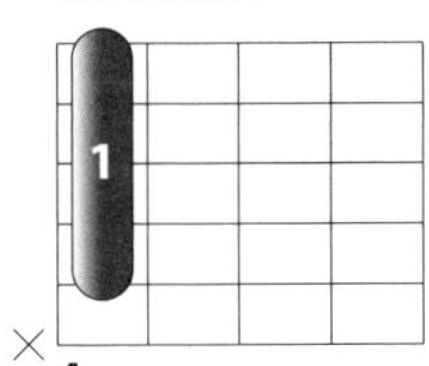
4.

C# 9sus4
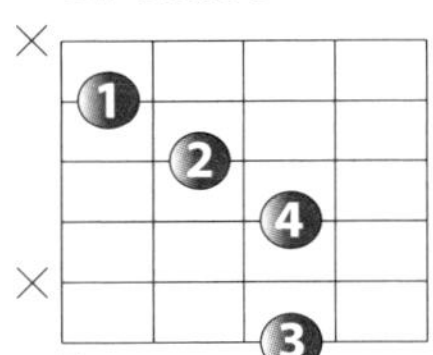
7.

C# 9sus4
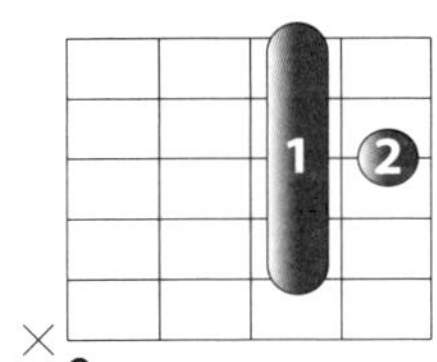
9.

C# add9
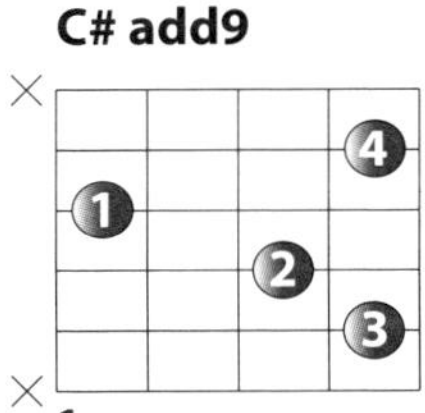
1.

C# add9
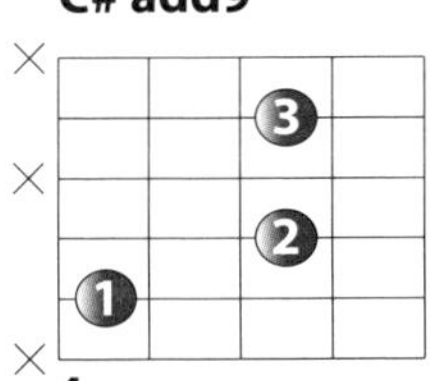
4.

C# add9
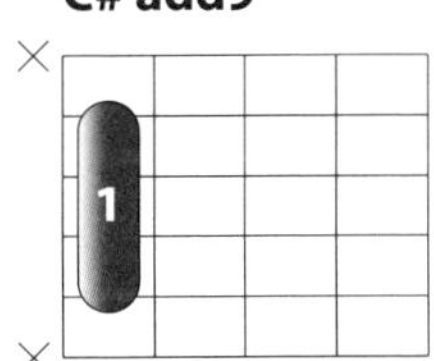
6.

C# add9
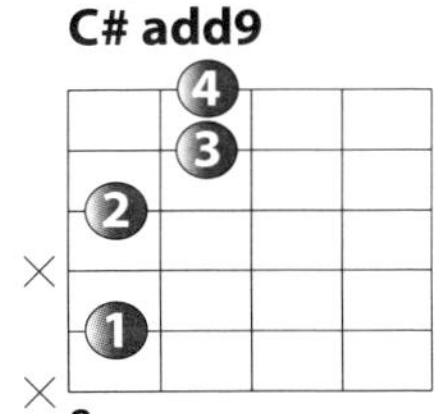
8.

C# aug9

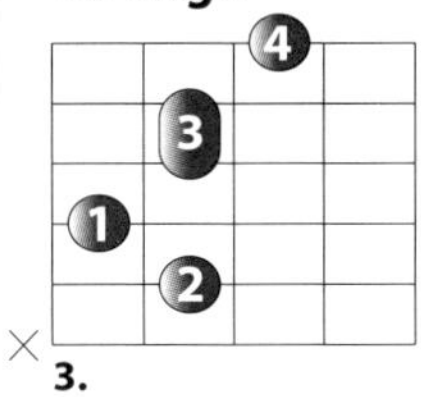

3.

C# aug9

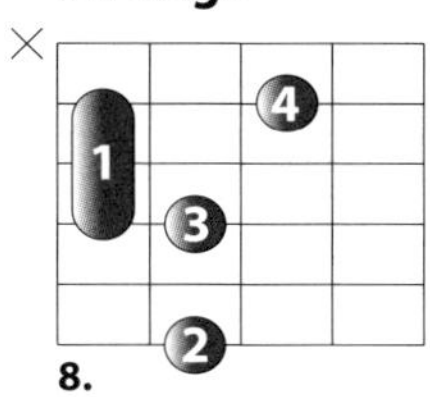

8.

D

Akkorde

D

D

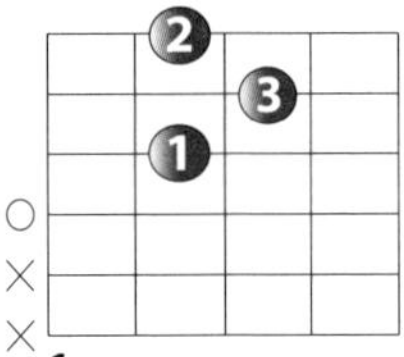

1.

D

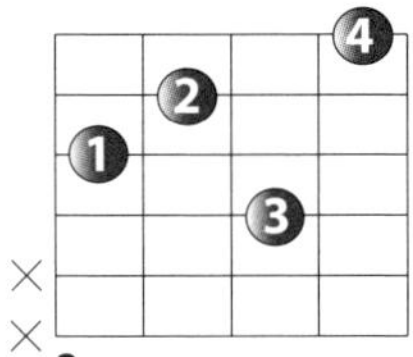

2.

D

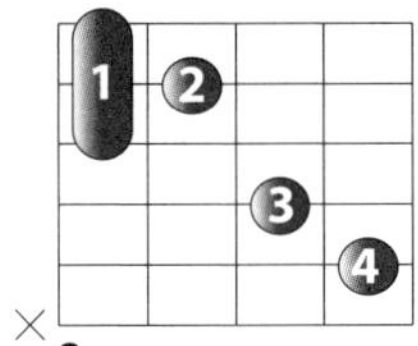

2.

D

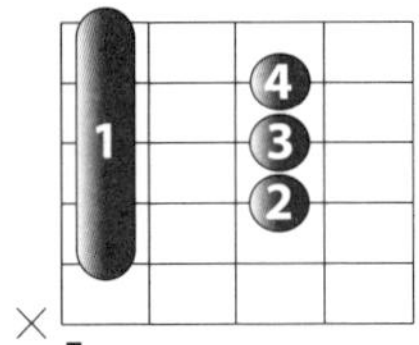

5.

D

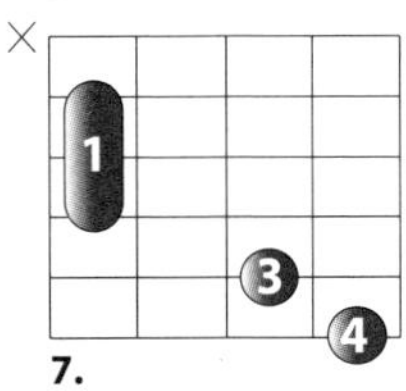

7.

D

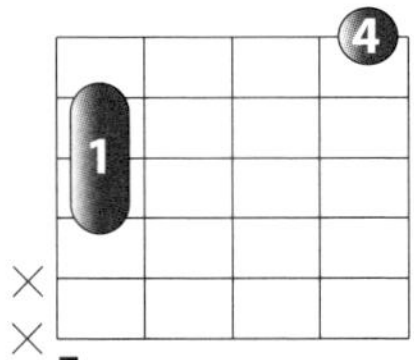

7.

D 5

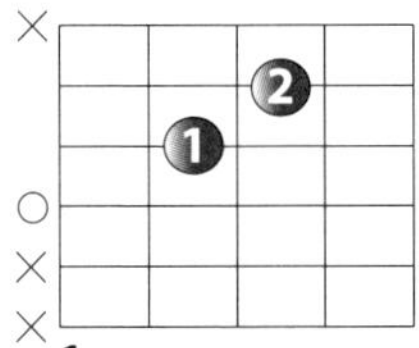

1.

D 5

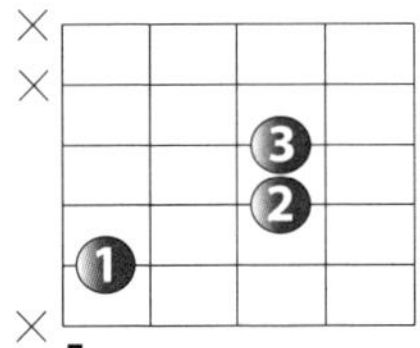

5.

D 5

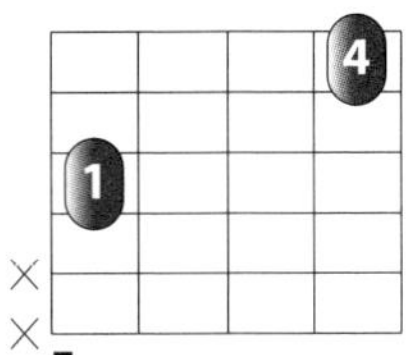

7.

D 5

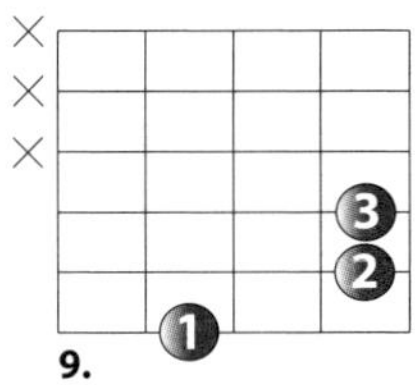

9.

D 6

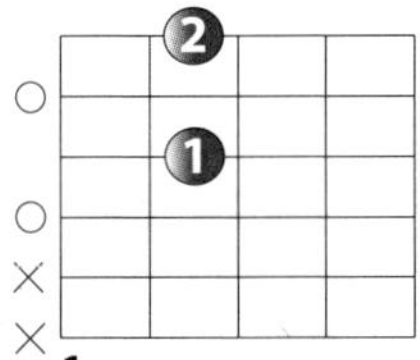

1.

D 6

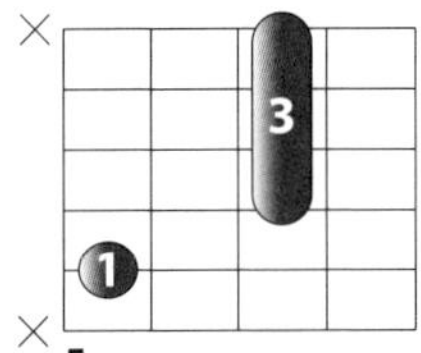

5.

D 6

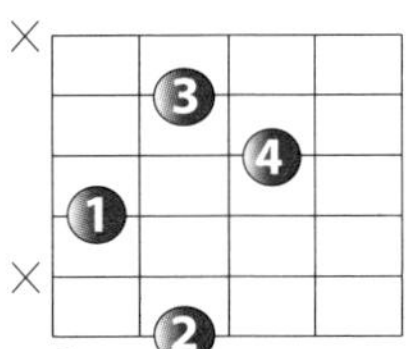

9.

D 6

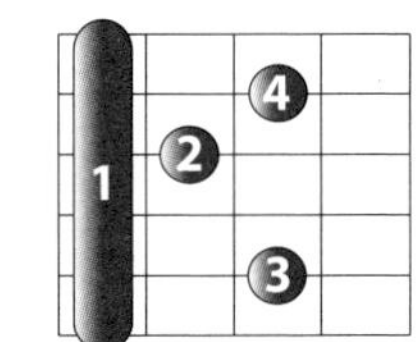

9.

D 7

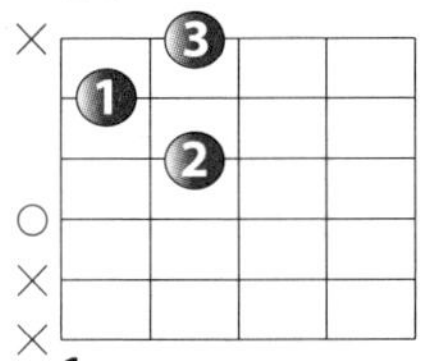

1.

D 7

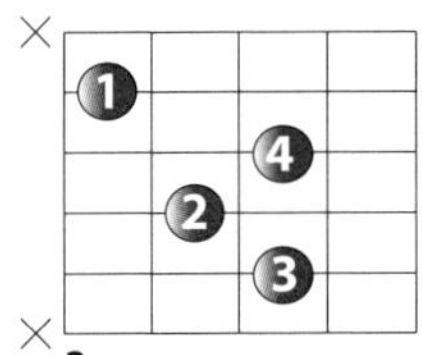

3.

D 7

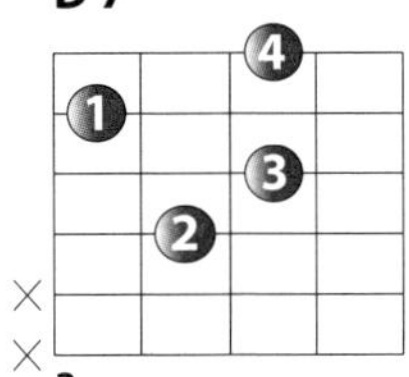

3.

D 7

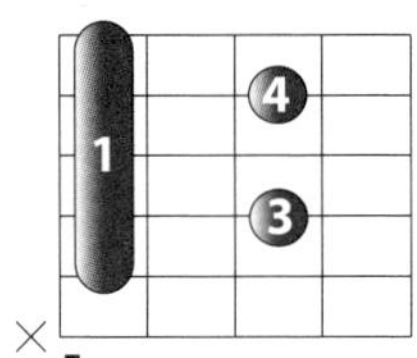

5.

D 7

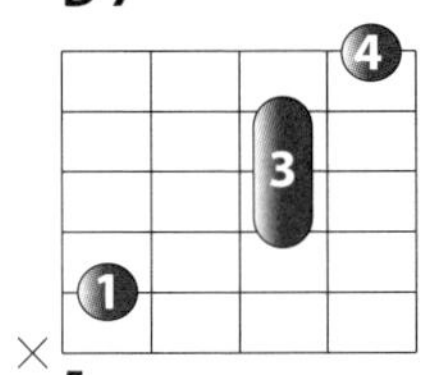

5.

D 7

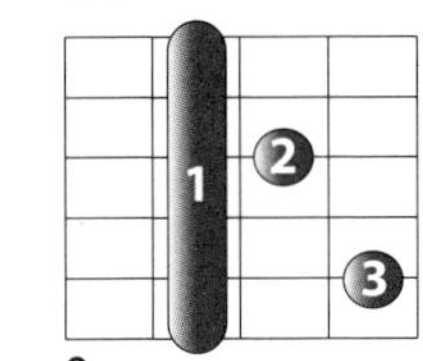

9.

D maj7

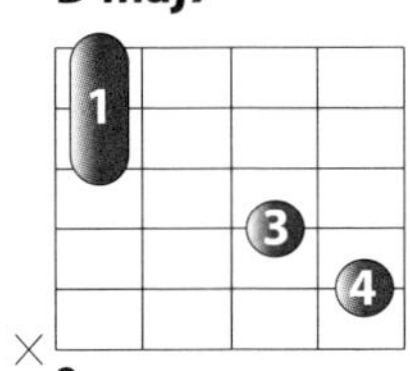

2.

D maj7

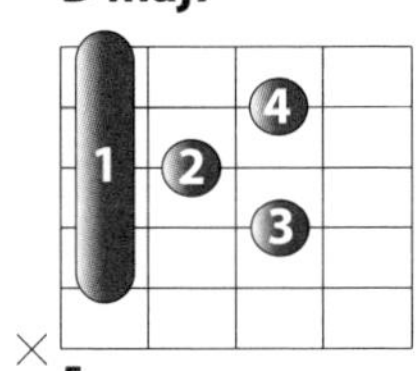

5.

D maj7

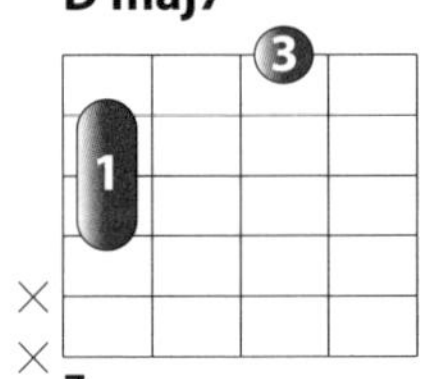

7.

D maj7

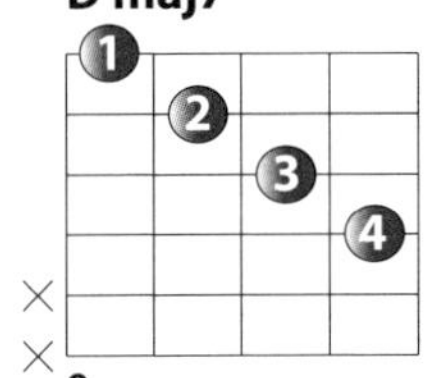

9.

D 9

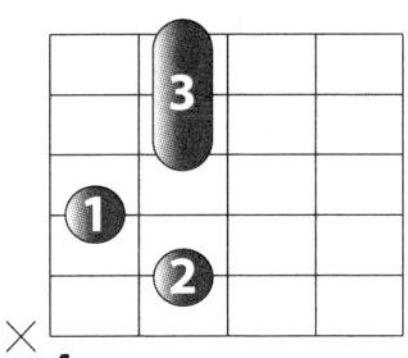

4.

D 9

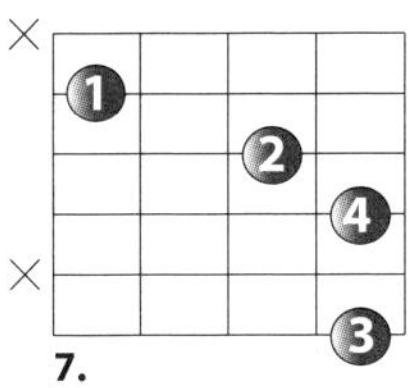

7.

D 9

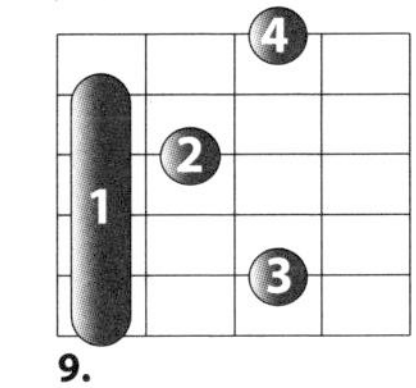

9.

D maj9

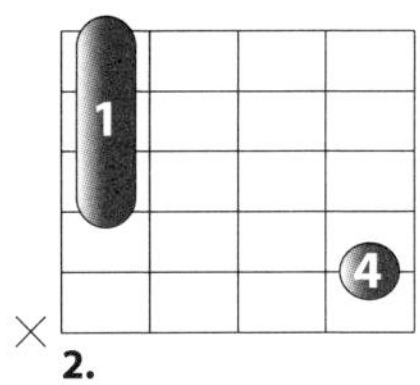

2.

D maj9

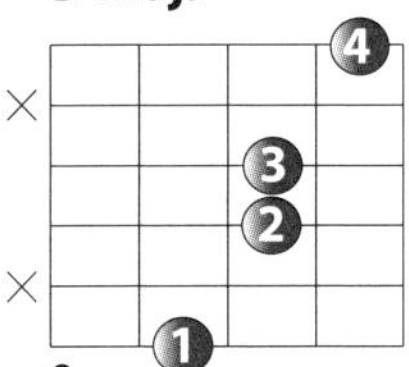

9.

D 11

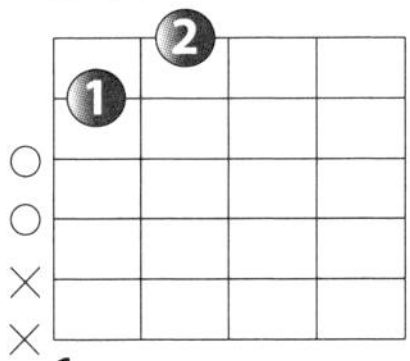

1.

D 11

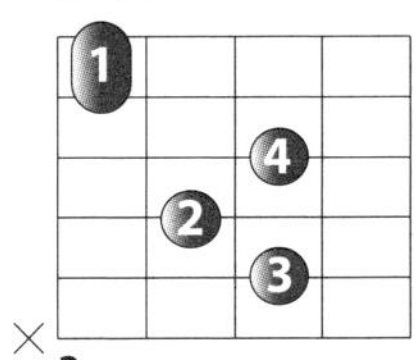

3.

D 11

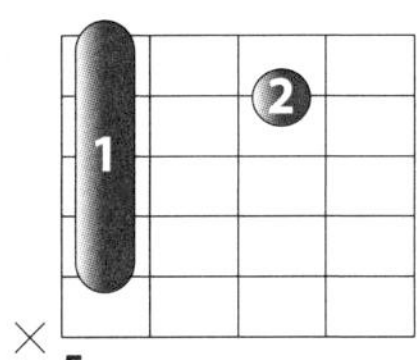

5.

D 11

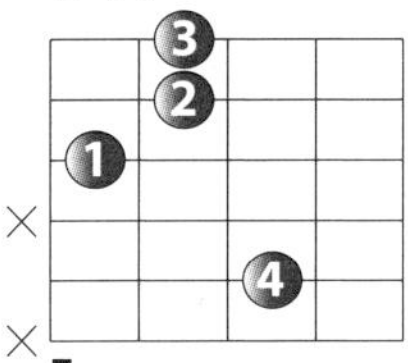

7.

D 13

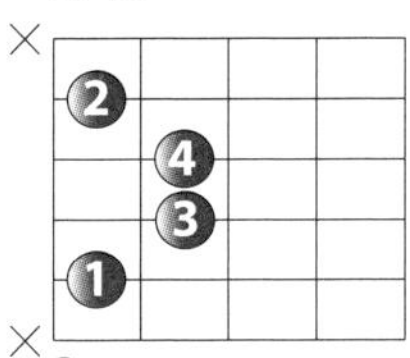

3.

D 13

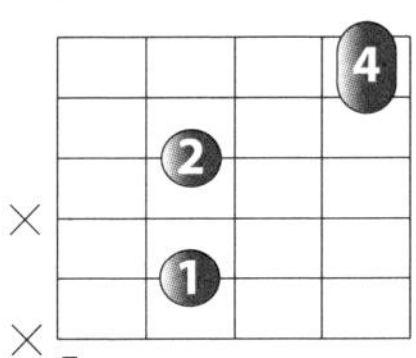

5.

D 13

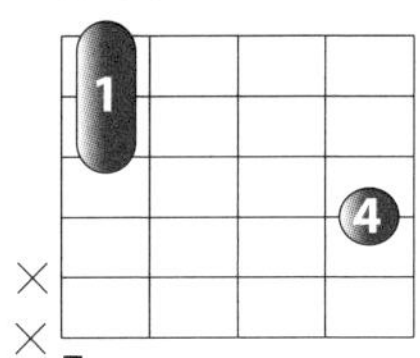

7.

D 13

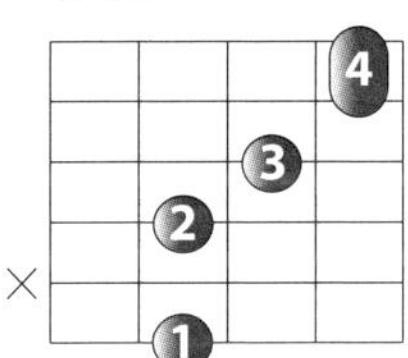

9.

D maj13

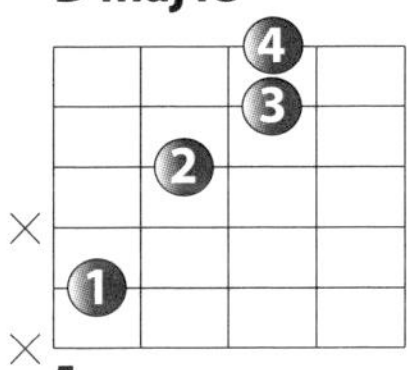

5.

D maj13

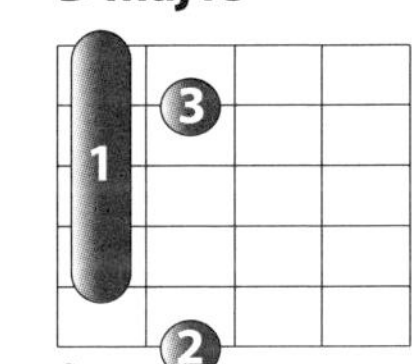

9.

D m

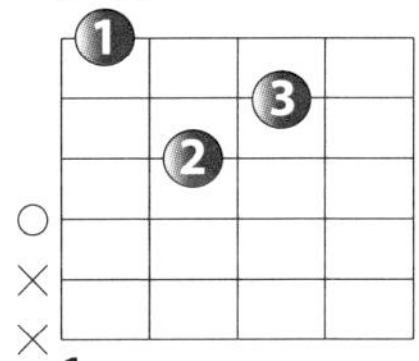

1.

D m

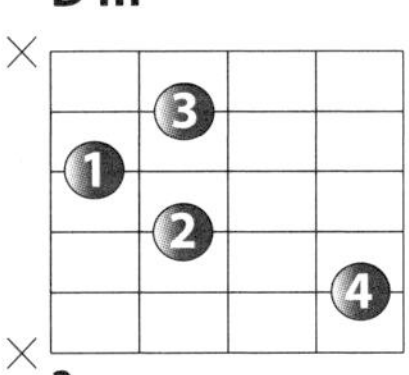

2.

D m

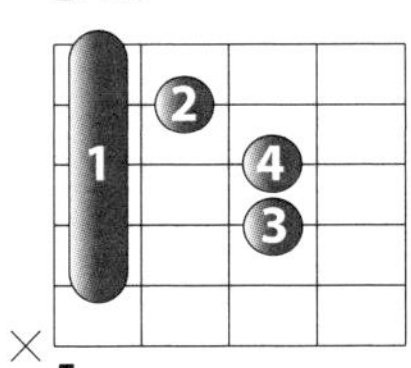

5.

D m

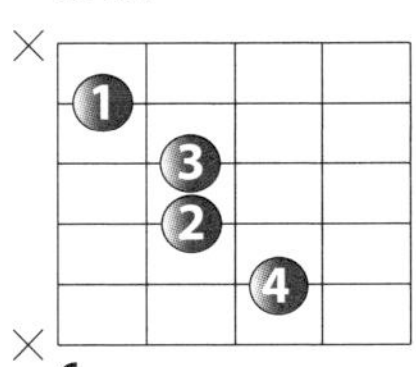

6.

D m

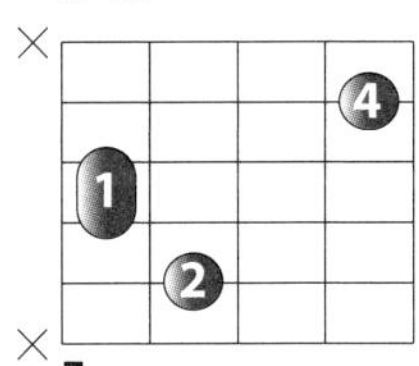

7.

D m

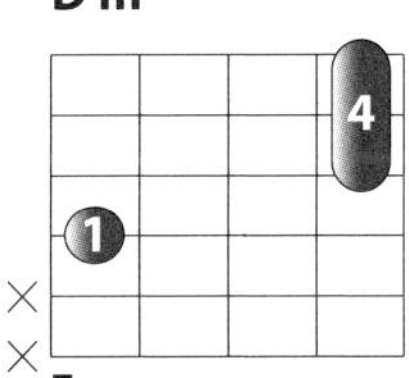

7.

D m

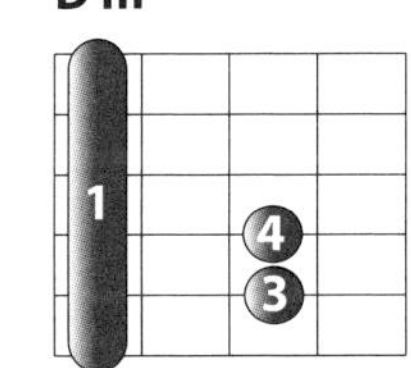

9.

D m6

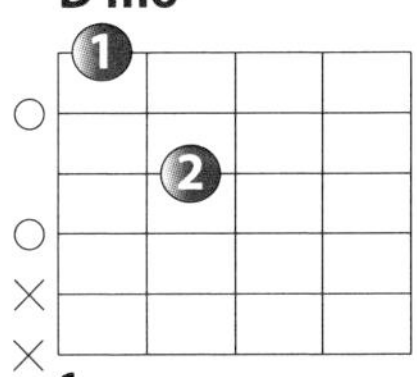

1.

D m6

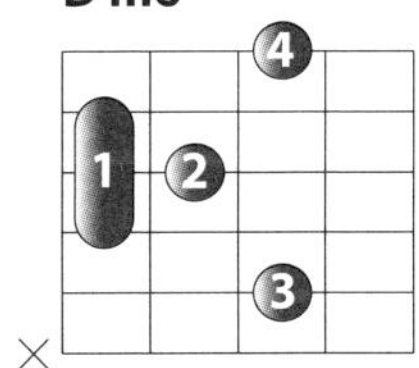

3.

D m6
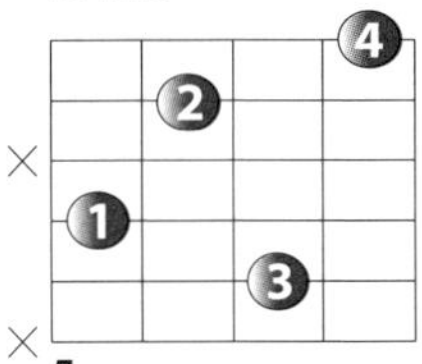
5.

D m6
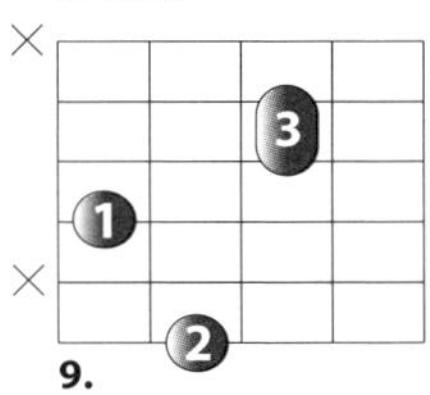
9.

D m7
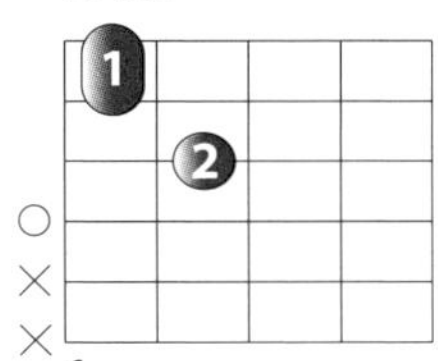
1.

D m7
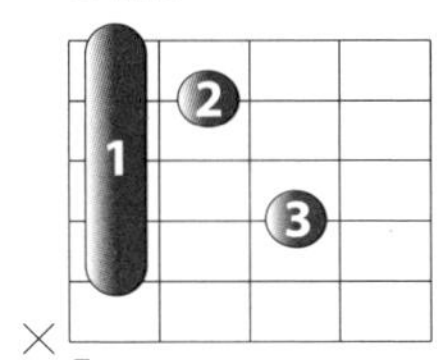
5.

D m7
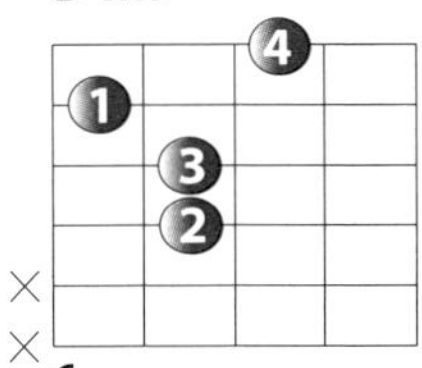
6.

D m7
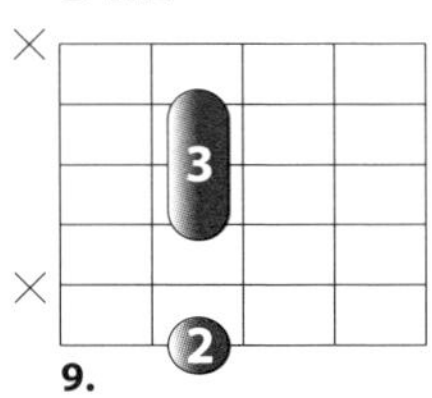
9.

D m9
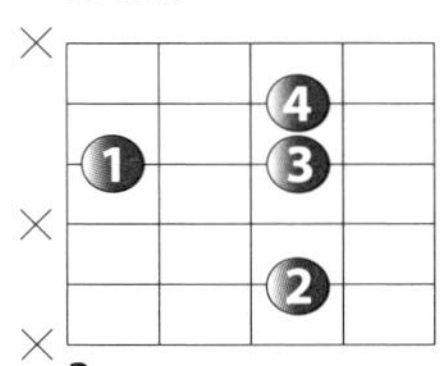
3.

D m9
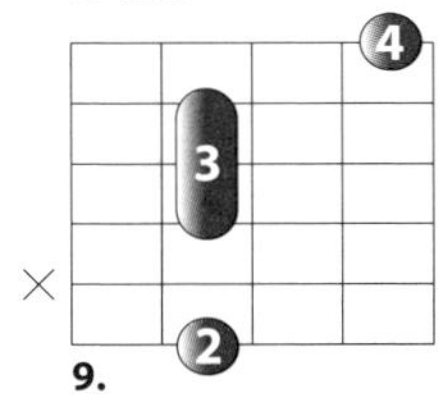
9.

D m11
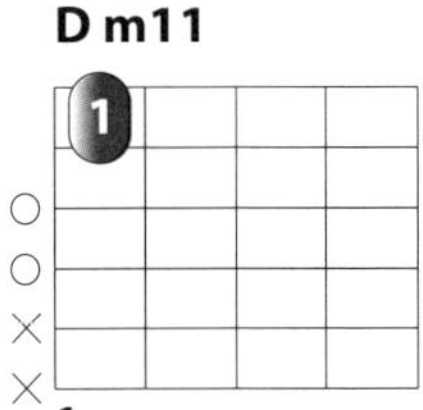
1.

D m11
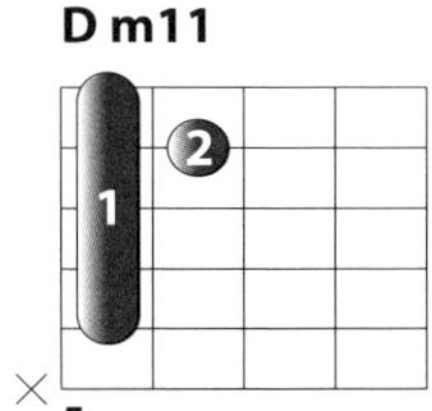
5.

D m13
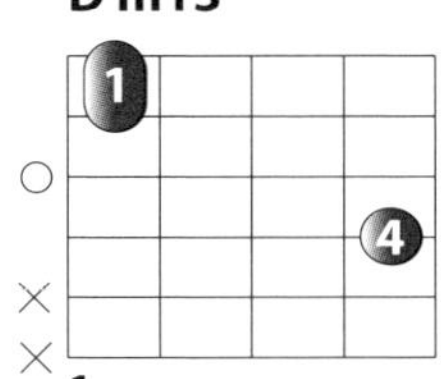
1.

D m13
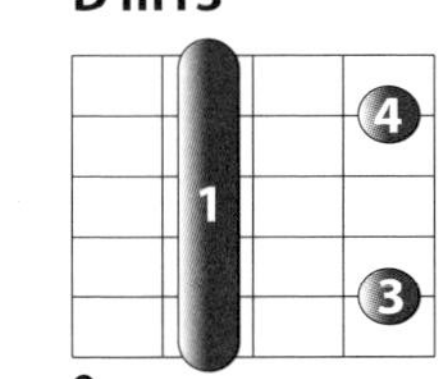
9.

D m(maj7)
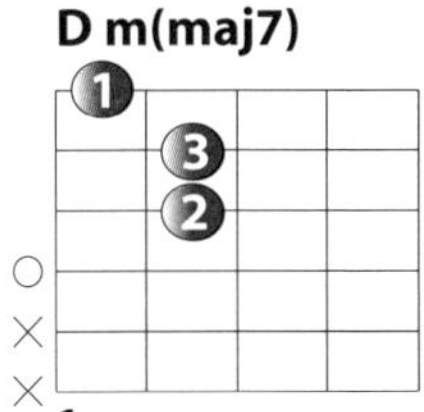
1.

D m(maj7)
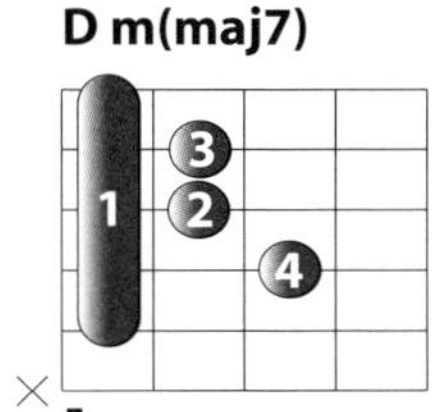
5.

D sus2
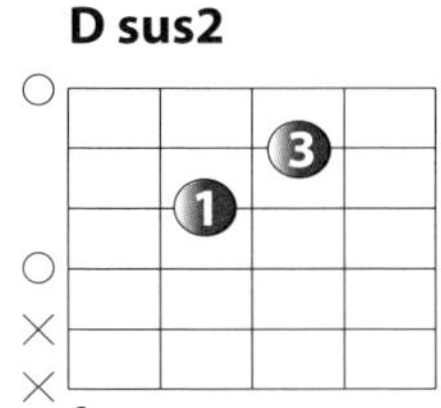
1.

D sus2
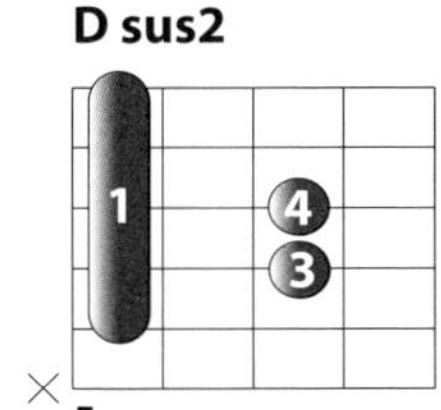
5.

D sus2
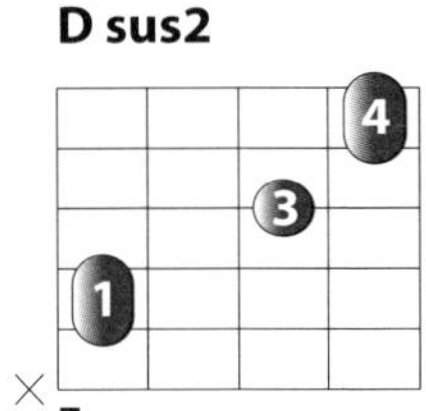
7.

D sus2
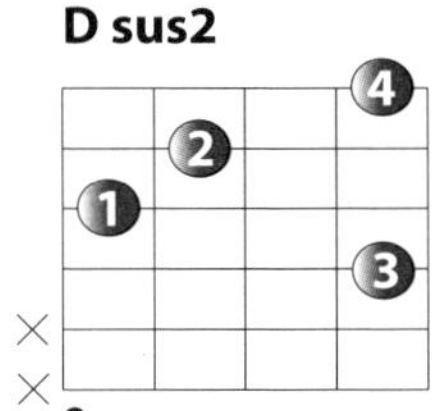
9.

D sus4
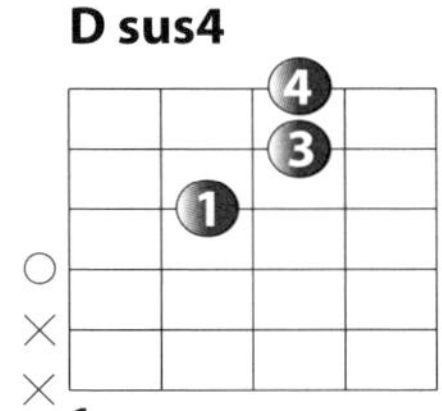
1.

D sus4
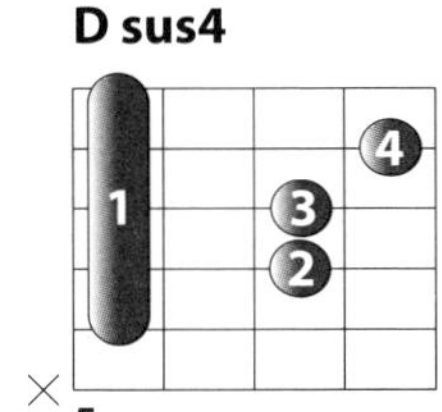
5.

D sus4
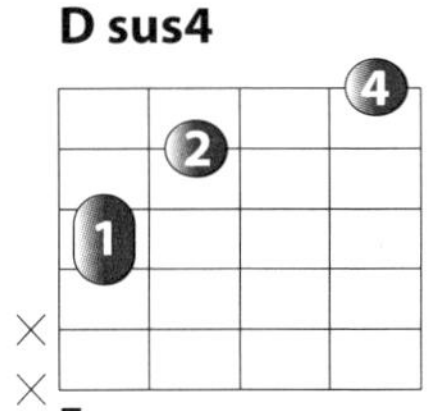
7.

D sus4
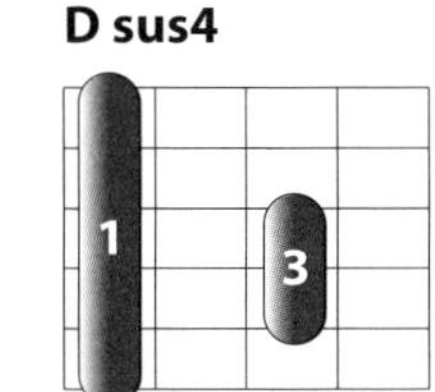
9.

D dim
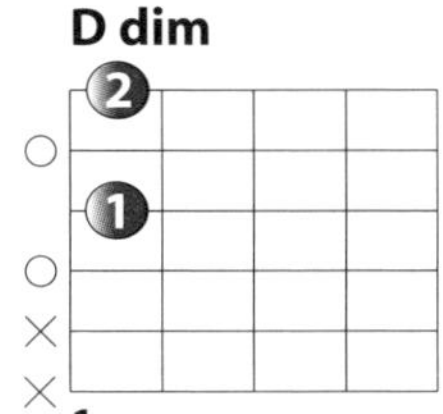
1.

D dim
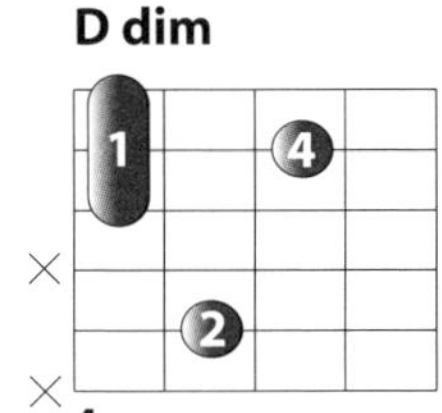
4.

D

D aug

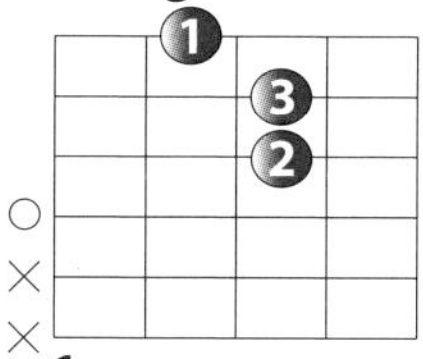

1.

D aug

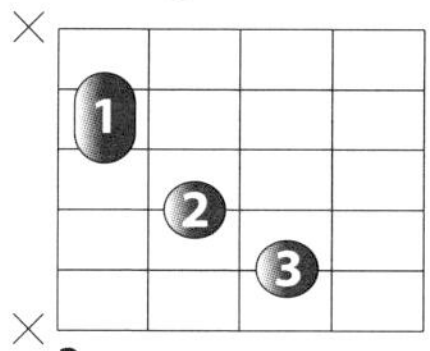

3.

D aug

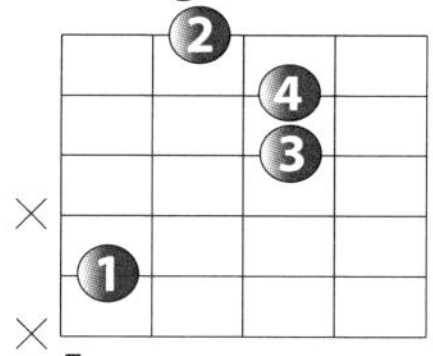

5.

D aug

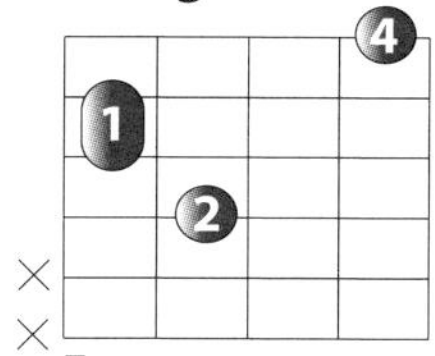

7.

D 6/9

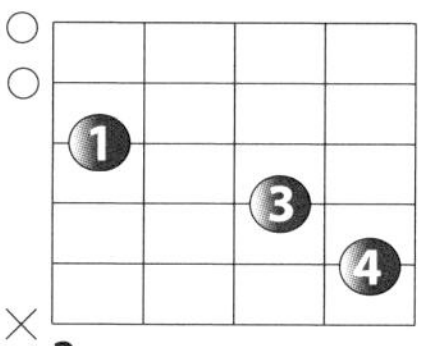

2.

D 6/9

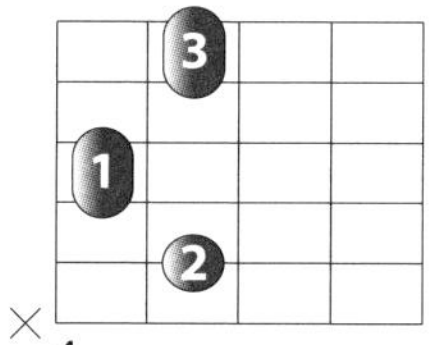

4.

D 6/9

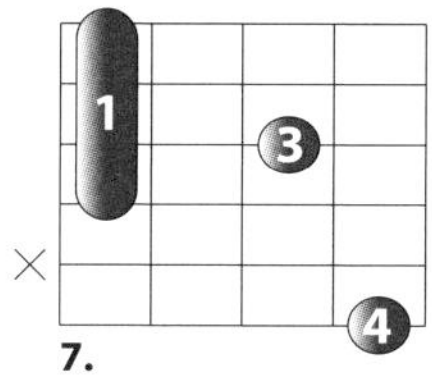

7.

D 6/9

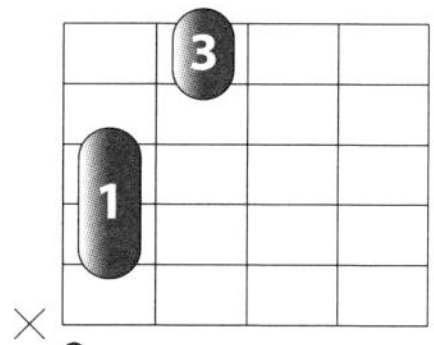

9.

D 7sus4

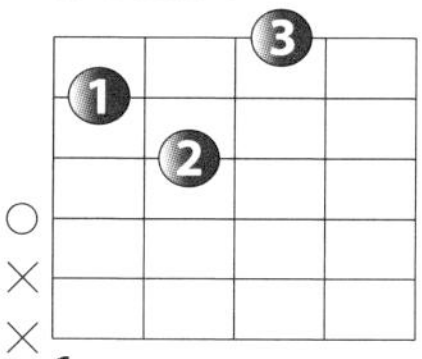

1.

D 7sus4

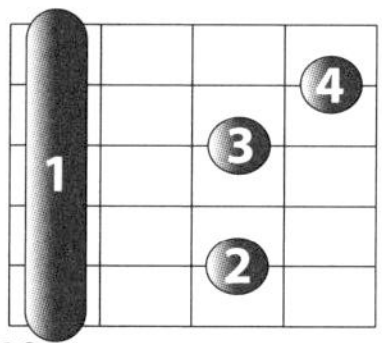

10.

D 7b5

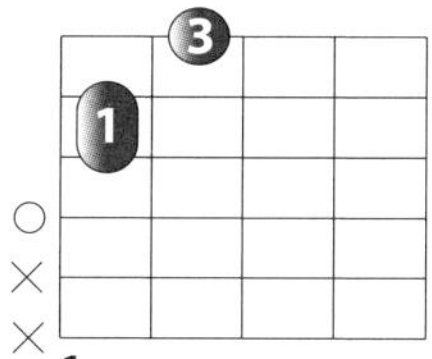

1.

D 7b5

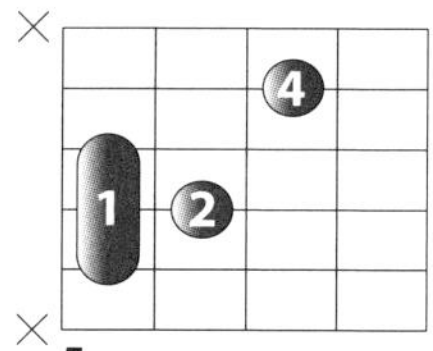

5.

D 7b9

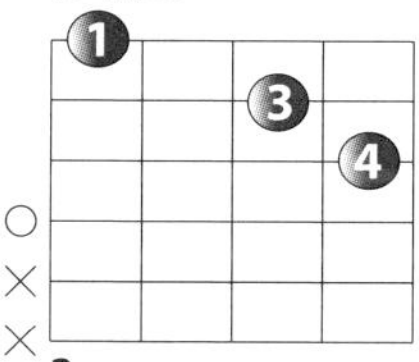

2.

D 7b9

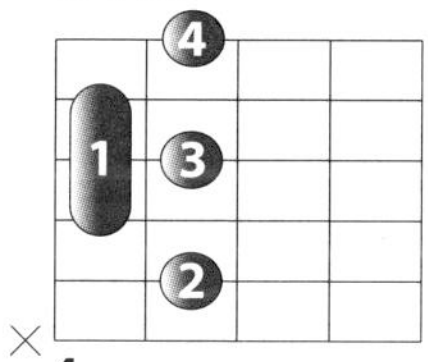

4.

D 7b9

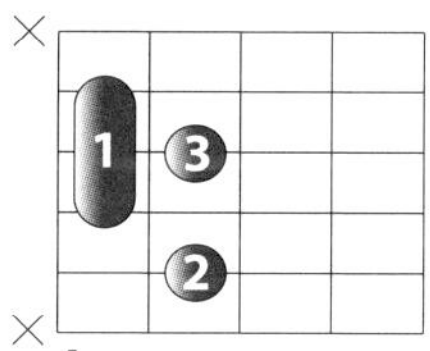

4.

D 7b9

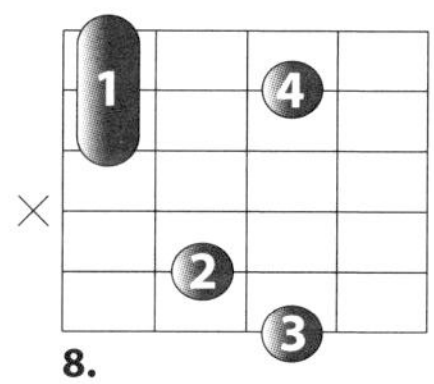

8.

D 7b9

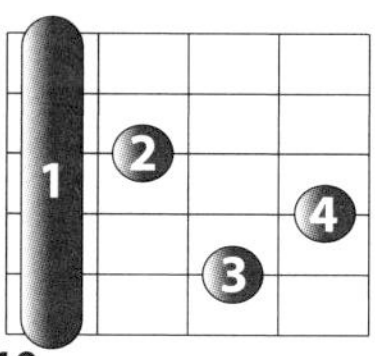

10.

D 7b9

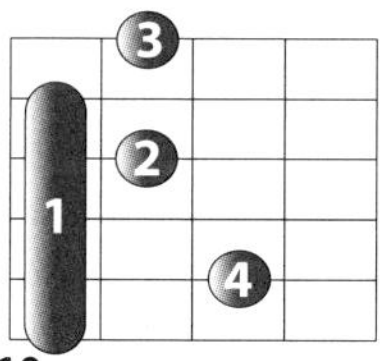

10.

D 7b9

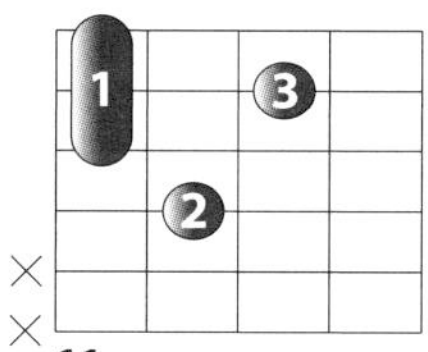

11.

D 9sus4

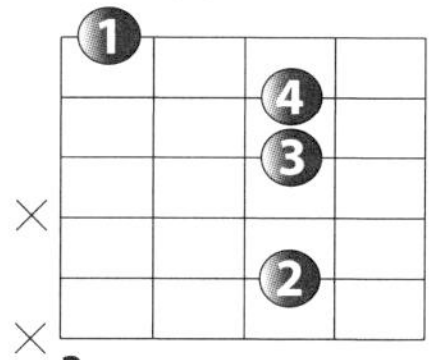

3.

D 9sus4

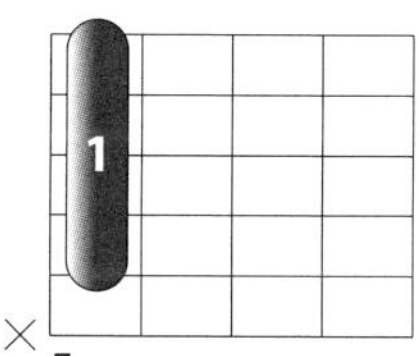

5.

D 9sus4

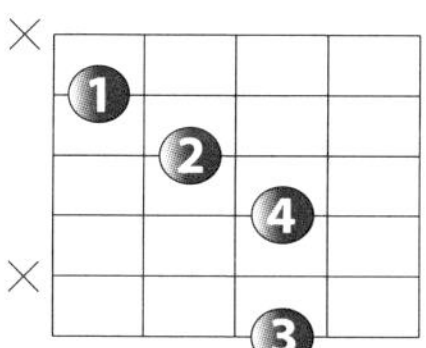

8.

D 9sus4

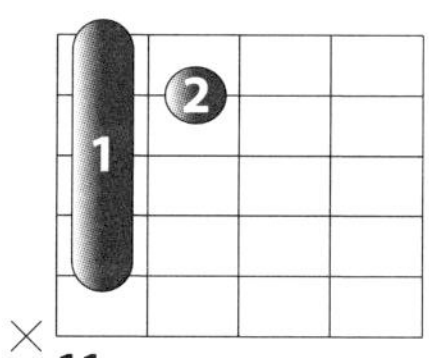

11.

D add9

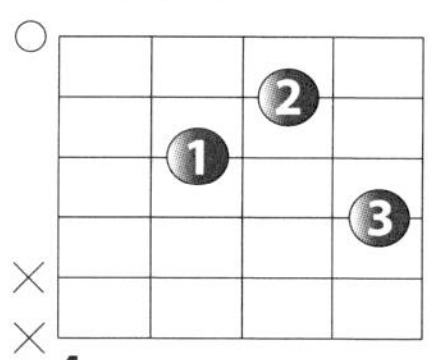

4.

D add9

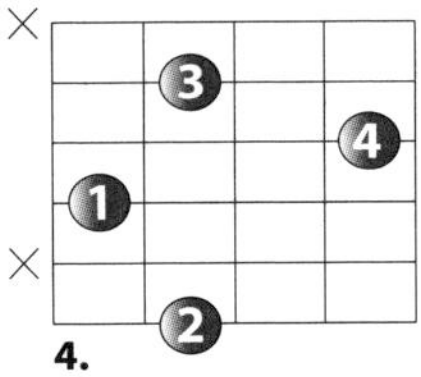

4.

D add9

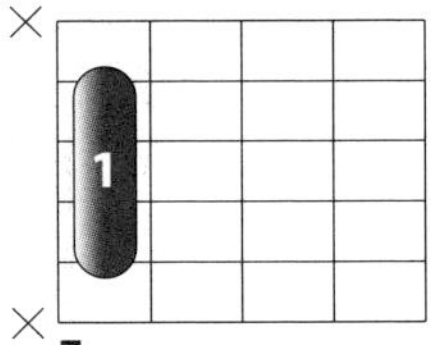

7.

D add9

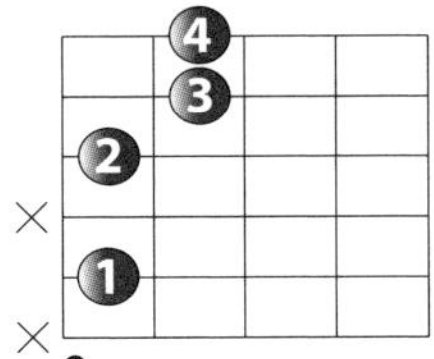

9.

D aug9

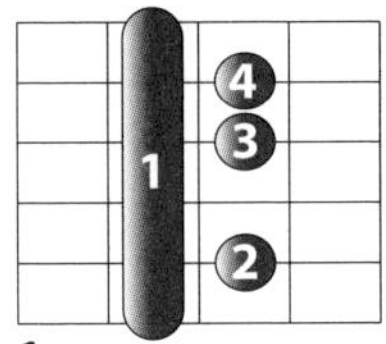

1.

D aug9

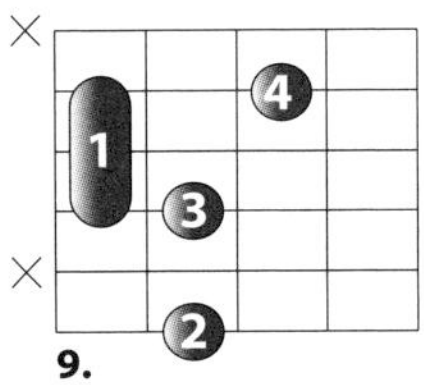

9.

D# Eb

Akkorde

D#
Eb

D#

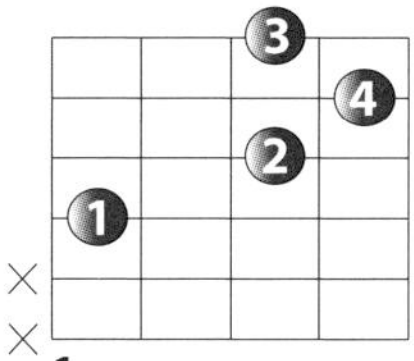

1.

D#

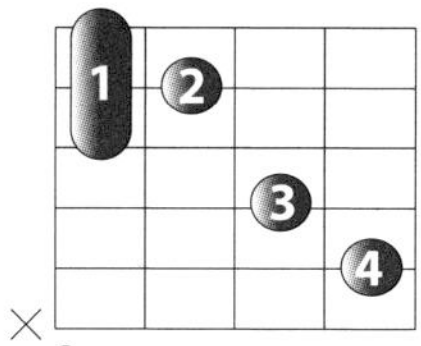

3.

D#

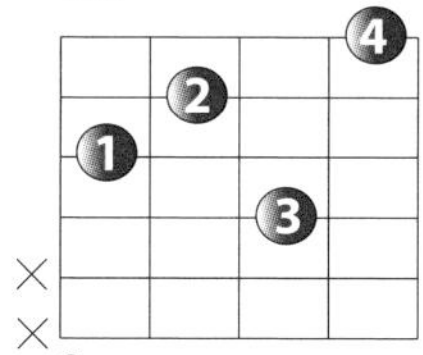

3.

D#

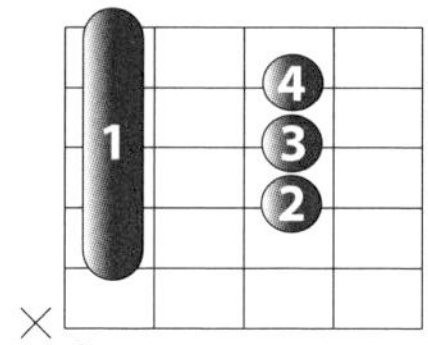

6.

D#

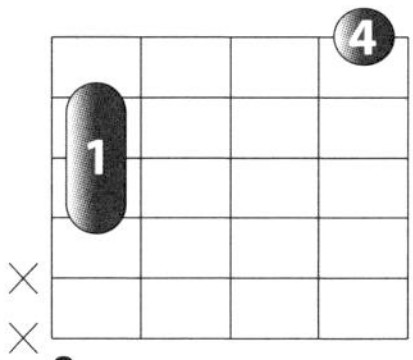

8.

D#

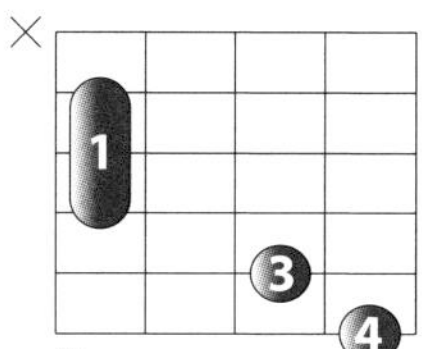

8.

D#

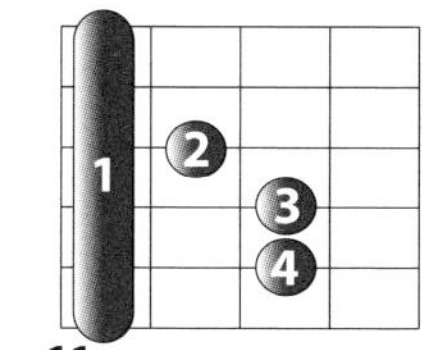

11.

D# 5

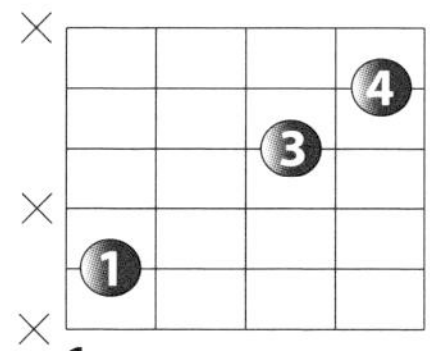

1.

D# 5

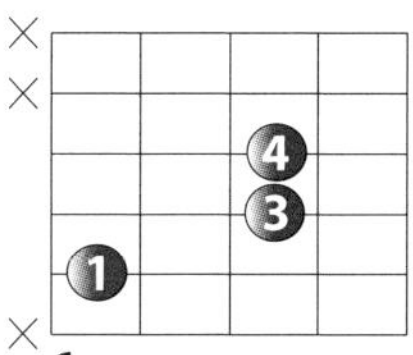

6.

D# 5

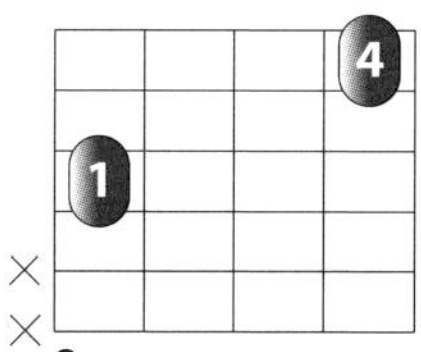

8.

D# 5

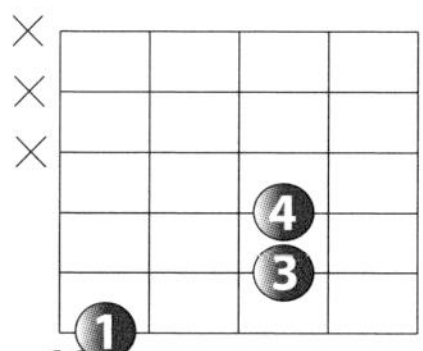

11.

D# 6

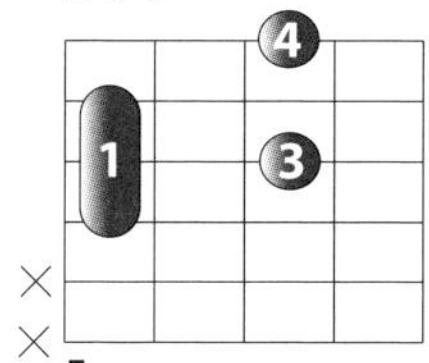

5.

D# 6

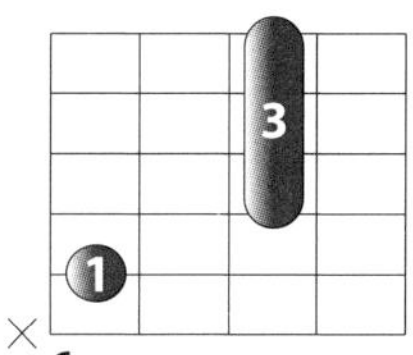

6.

D# 6

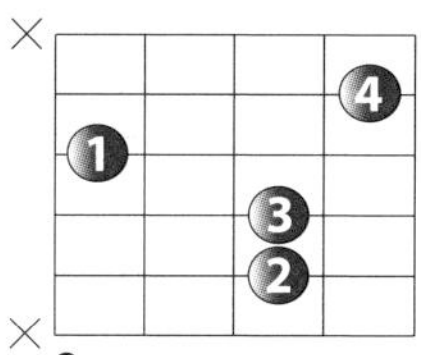

8.

D# 6

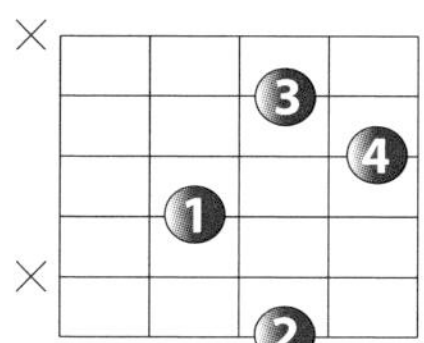

9.

D# 7

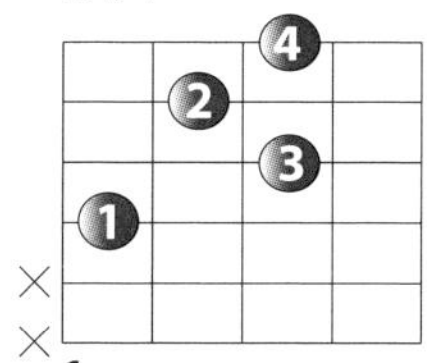

1.

D# 7

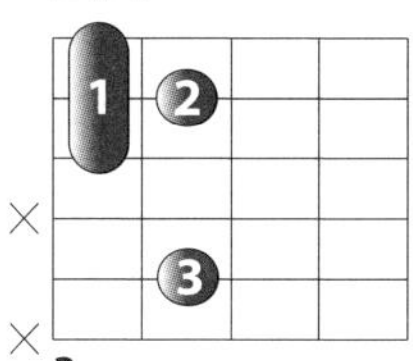

3.

D# 7

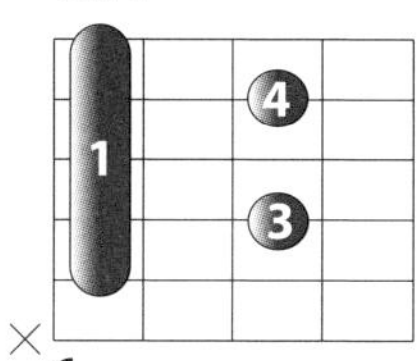

6.

D# 7

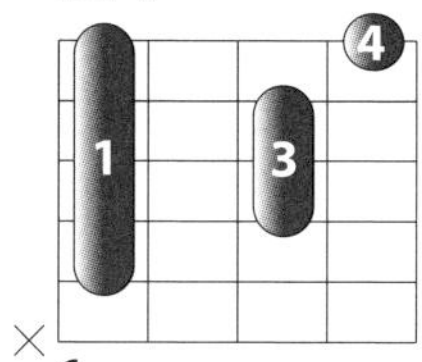

6.

D# 7

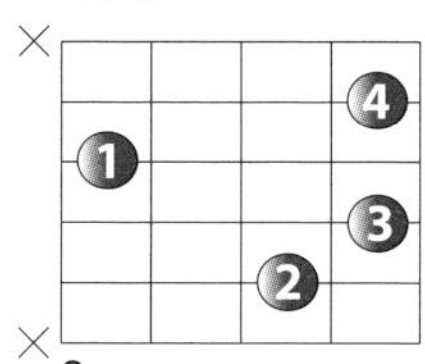

8.

D# 7

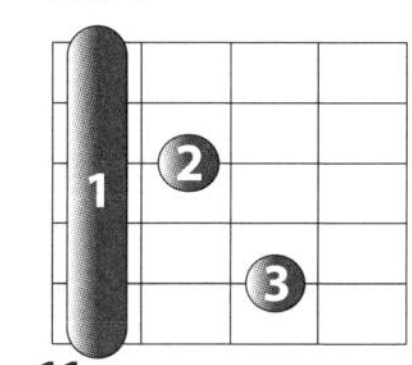

11.

D# maj7

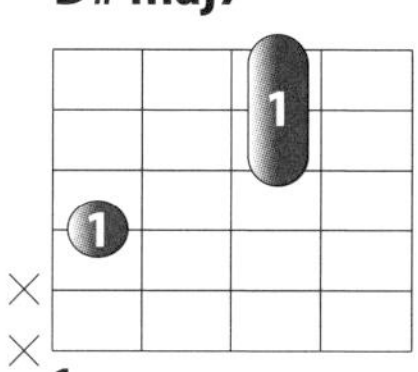

1.

D# maj7

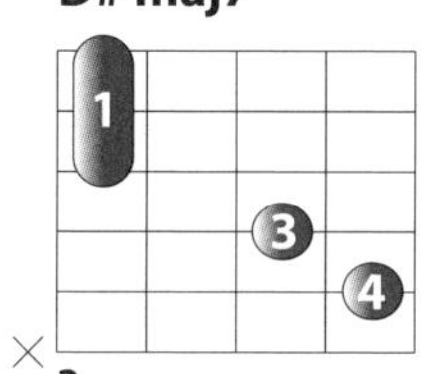

3.

D# maj7

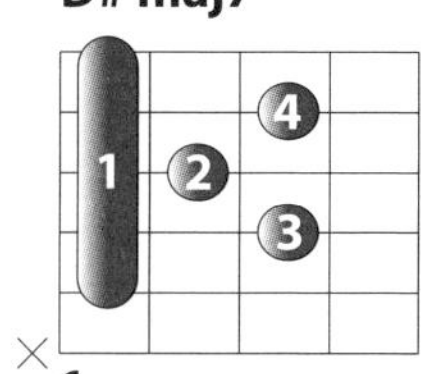

6.

D# maj7

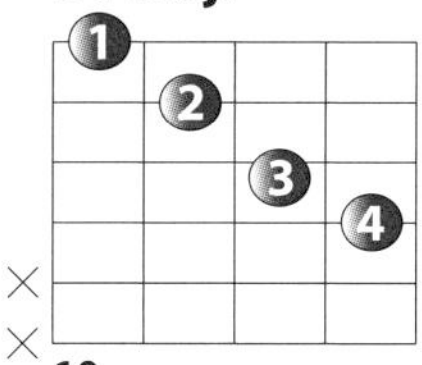

10.

D# 9

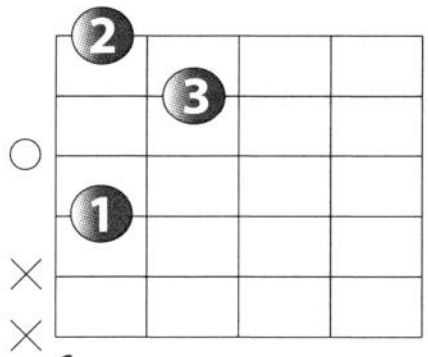

1.

D# 9

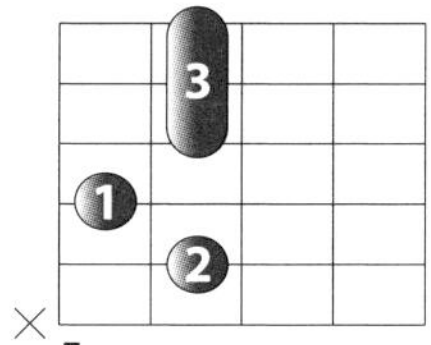

5.

D# 9

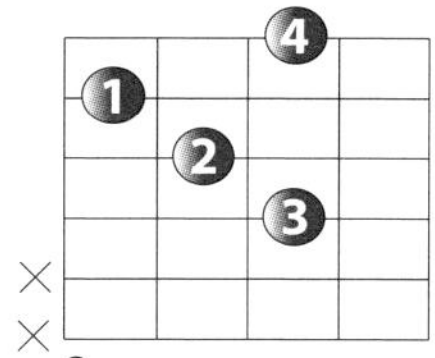

8.

D# 9

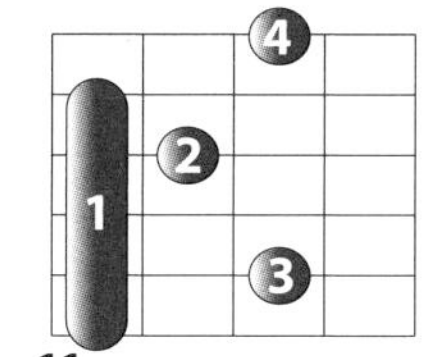

11.

D# maj9

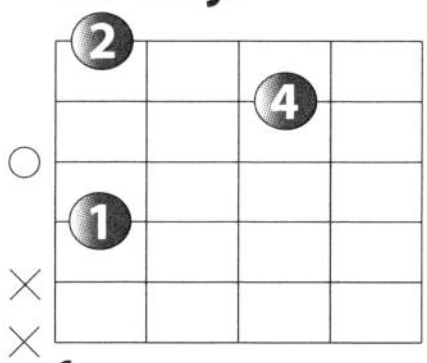

1.

D# maj9

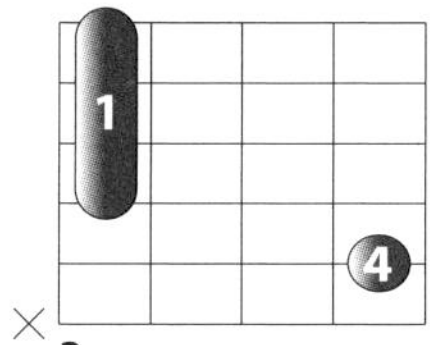

3.

D# 11

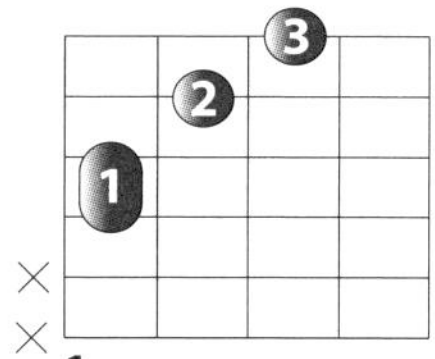

1.

D# 11

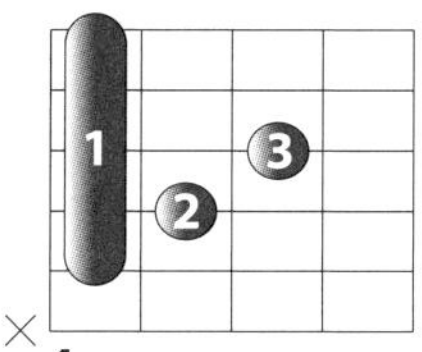

4.

D# 11

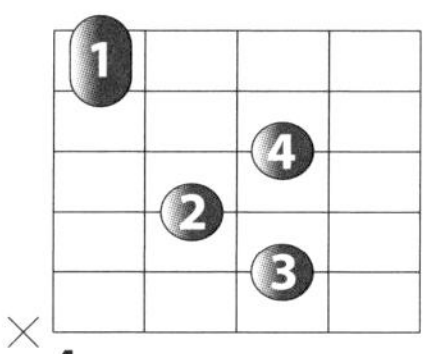

4.

D# 11

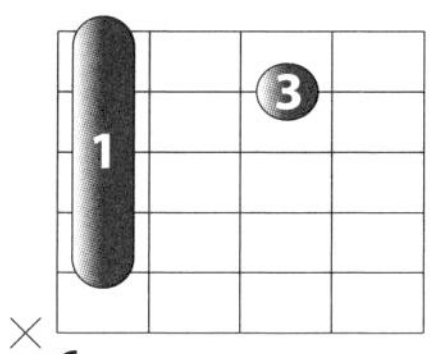

6.

D# 13

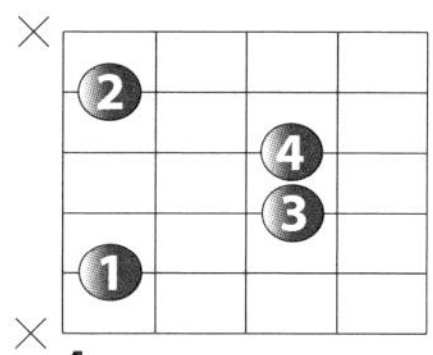

4.

D# 13

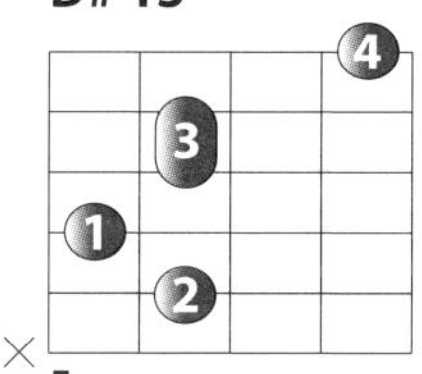

5.

D# 13

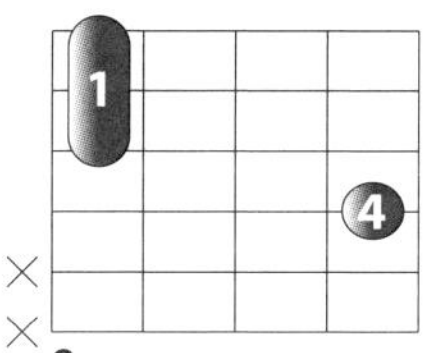

8.

D# 13

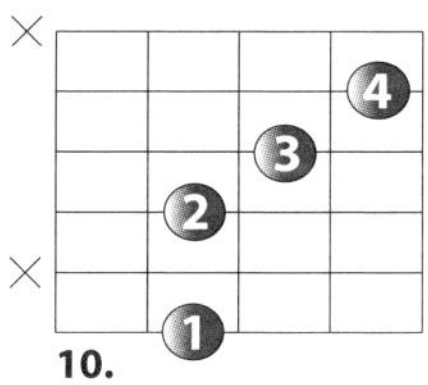

10.

D# maj13

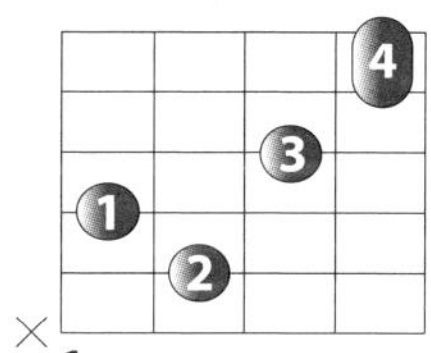

1.

D# maj13

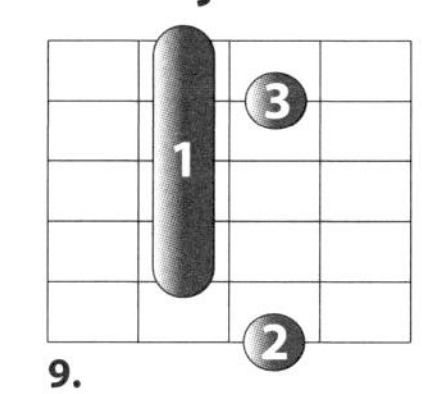

9.

D# m

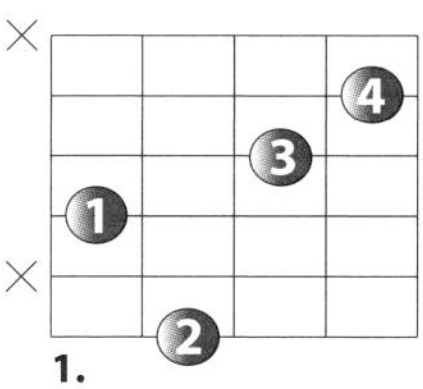

1.

D# m

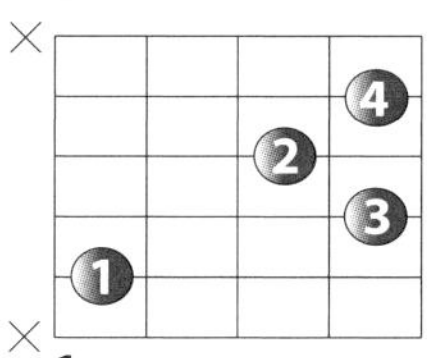

1.

D# m

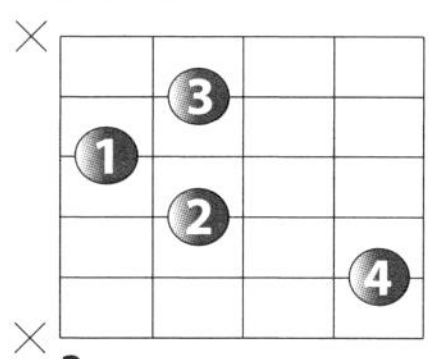

3.

D# m

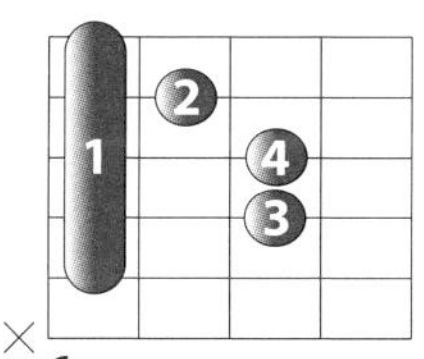

6.

D# m

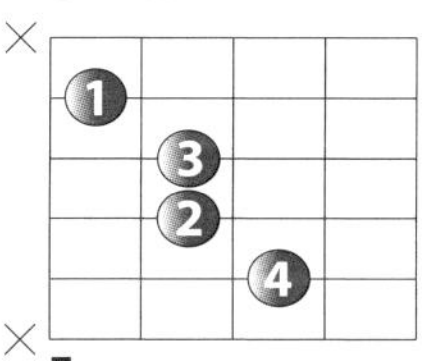

7.

D# m

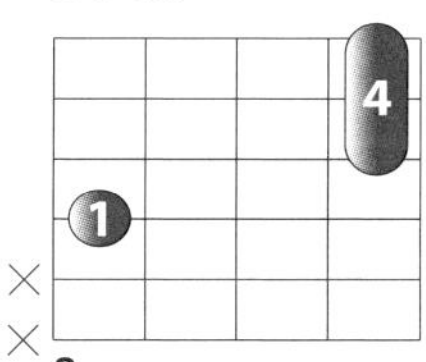

8.

D# m

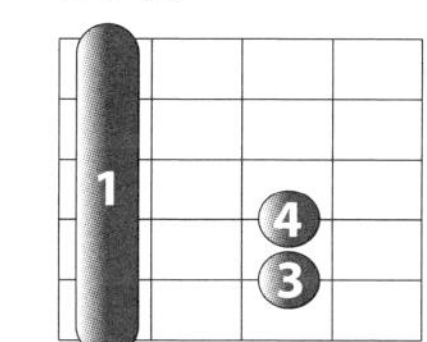

11.

D #m6

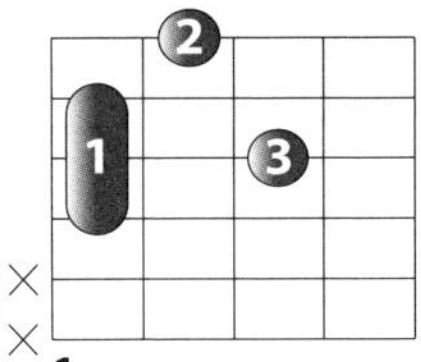

1.

D #m6

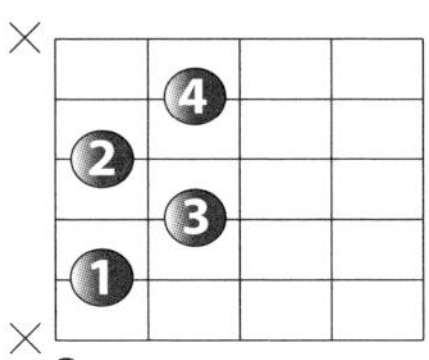

3.

D #m6

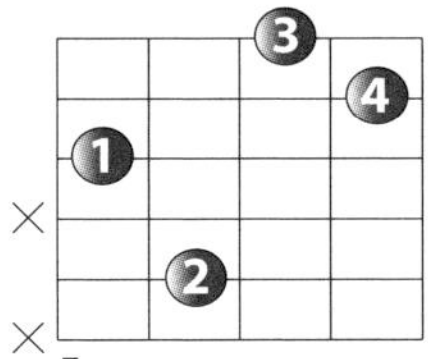

5.

D #m6

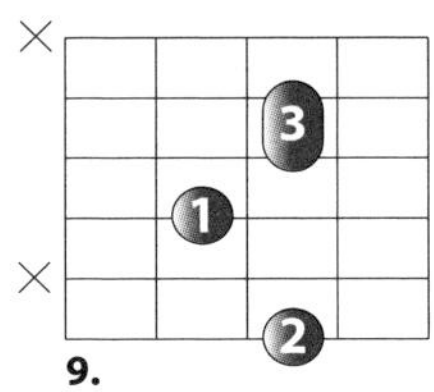

9.

D #m7

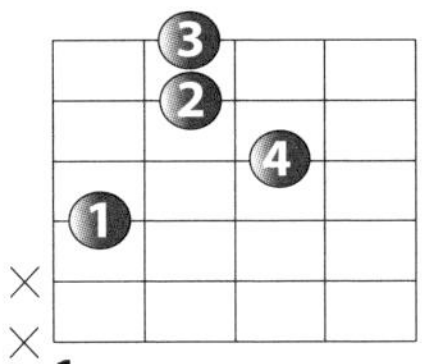

1.

D #m7

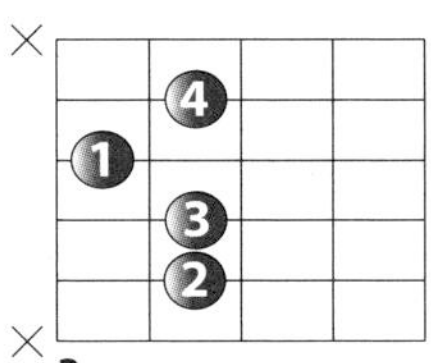

3.

D #m7

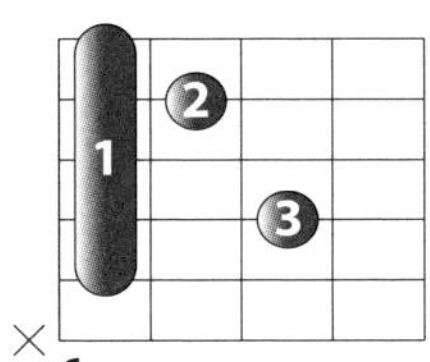

6.

D #m7

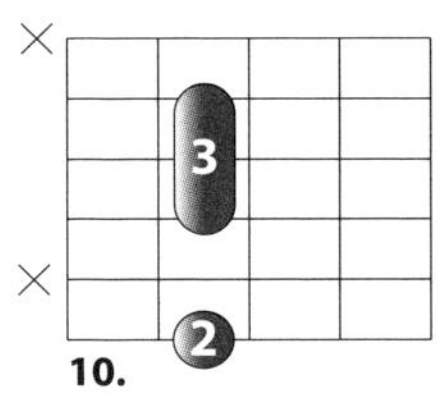

10.

D# m9

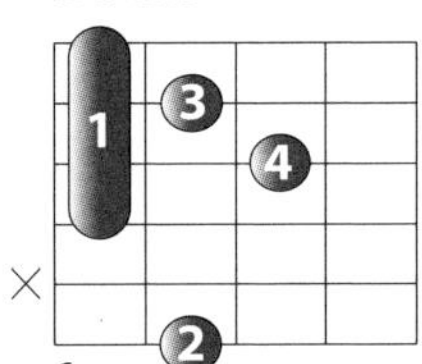

1.

D# m9

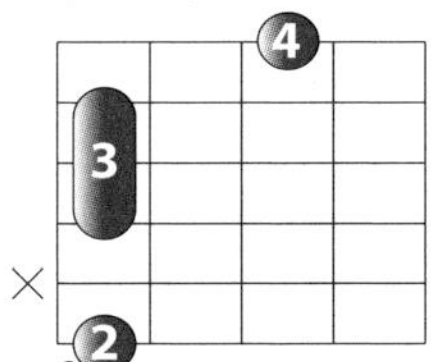

9.

D# m11

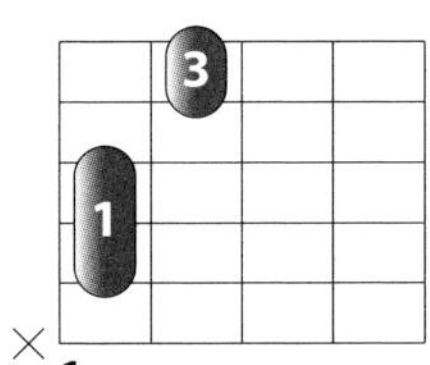

1.

D# m11

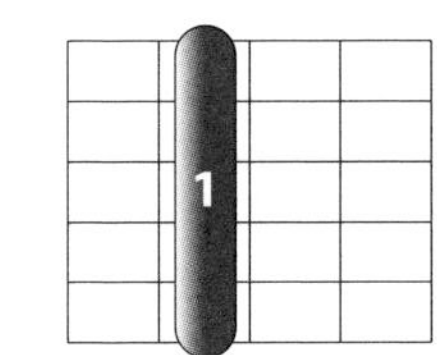

10.

D# m13

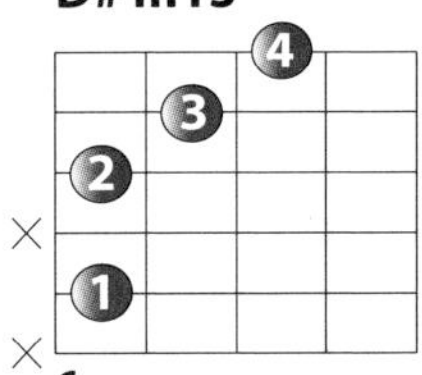

6.

D# m13

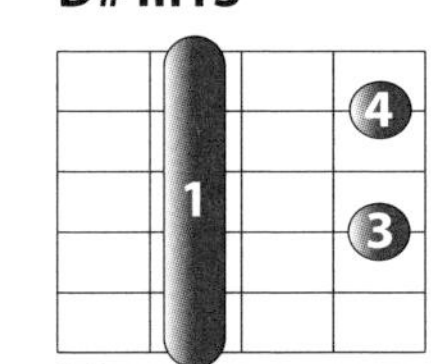

10.

D# m(maj7)

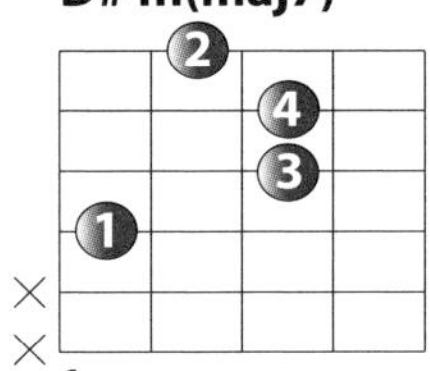

1.

D# m(maj7)

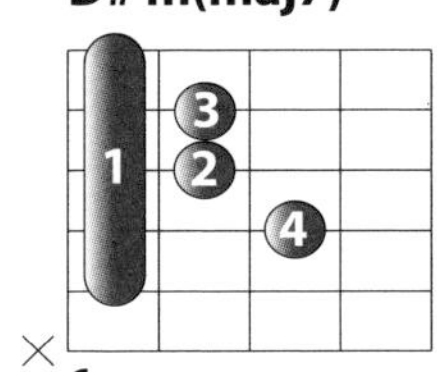

6.

D# sus2

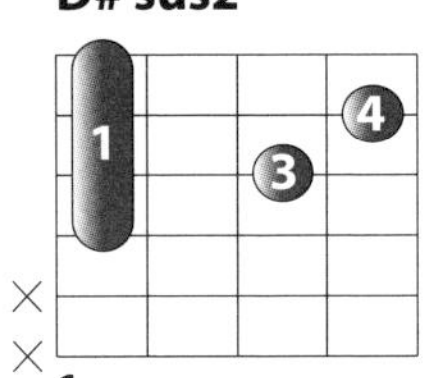

1.

D# sus2

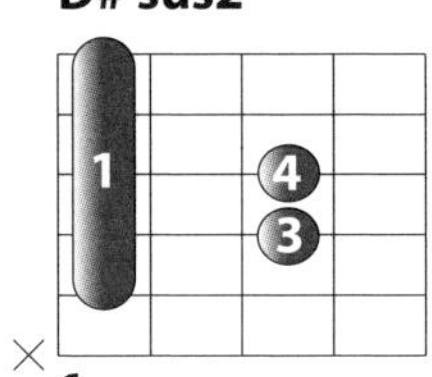

6.

D# sus2

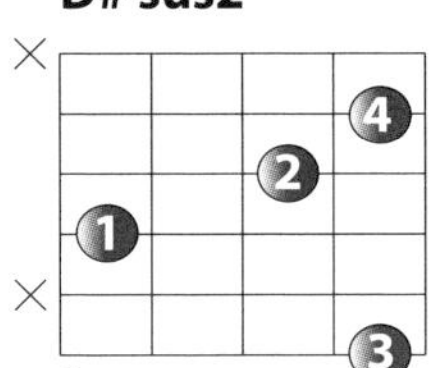

8.

D# sus2

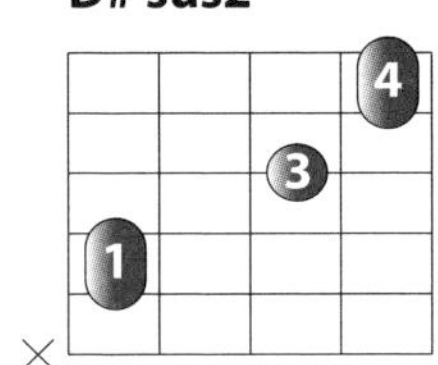

8.

D# sus4

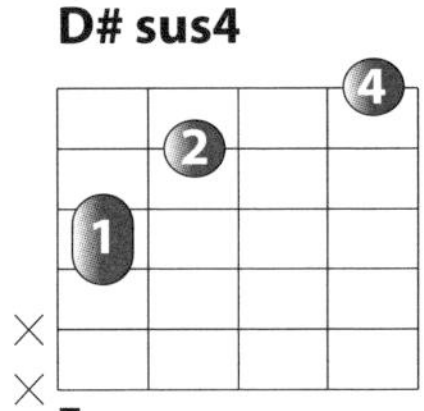

7.

D# sus4

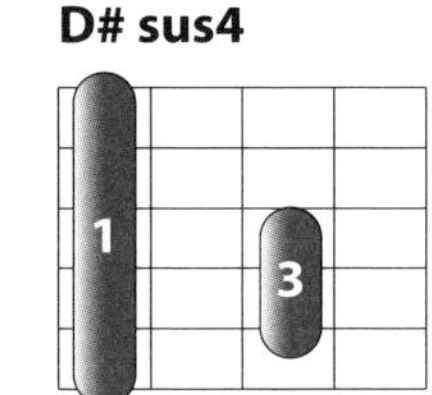

9.

D# dim

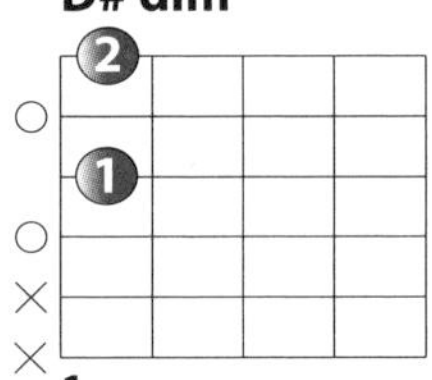

1.

D# dim

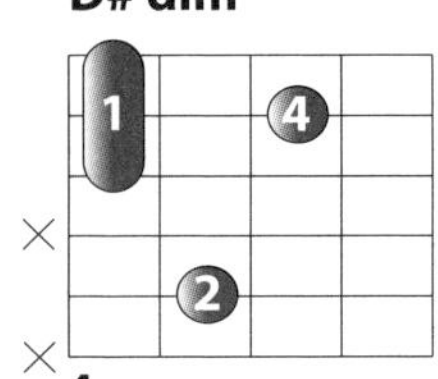

4.

D# sus4

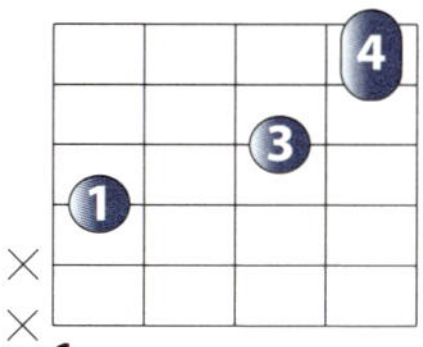

1.

D# sus4

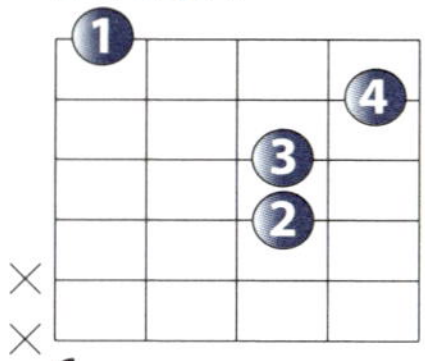

6.

D# sus4

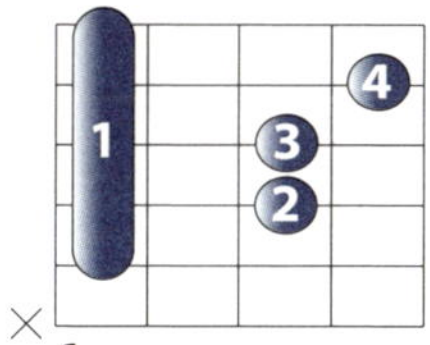

6.

D# sus4

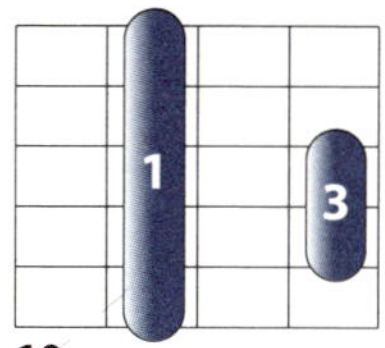

10.

D#
Eb

D# dim

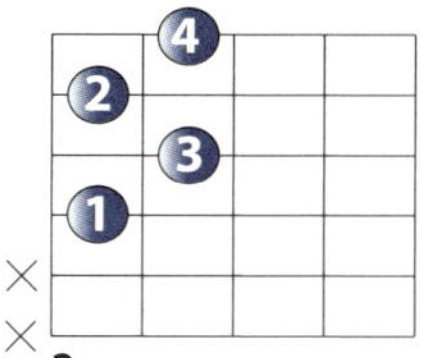

2.

D# dim

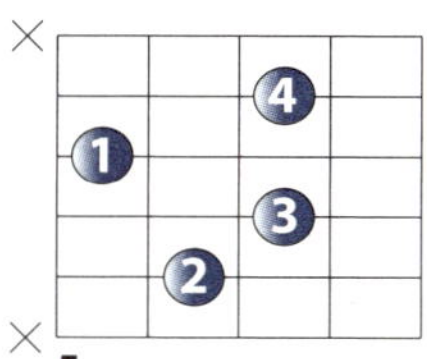

5.

D# aug

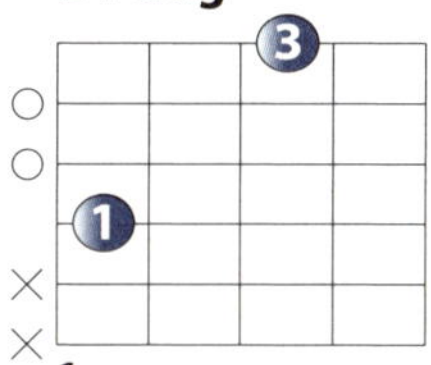

1.

D# aug

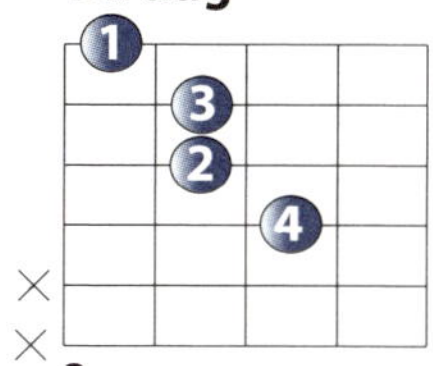

3.

D# aug

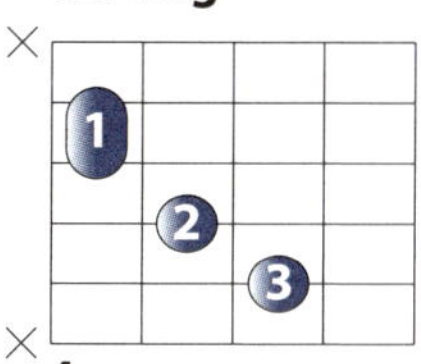

4.

D# aug

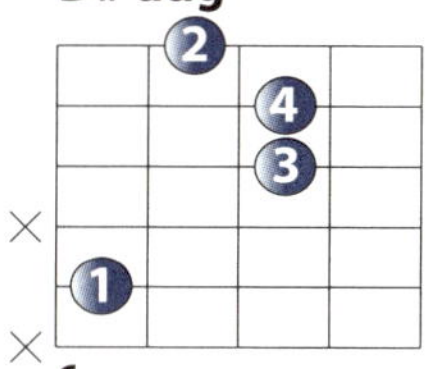

6.

D# 6/9

3.

D# 6/9

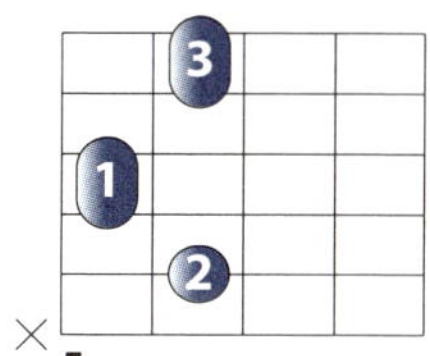

5.

D# 6/9

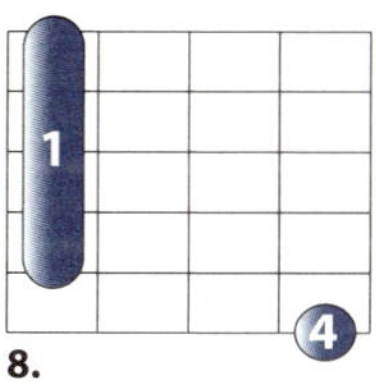

8.

D# 6/9

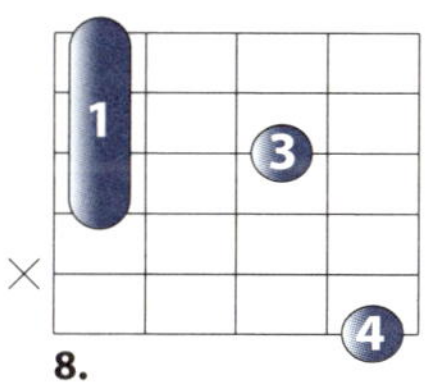

8.

D# 7sus4

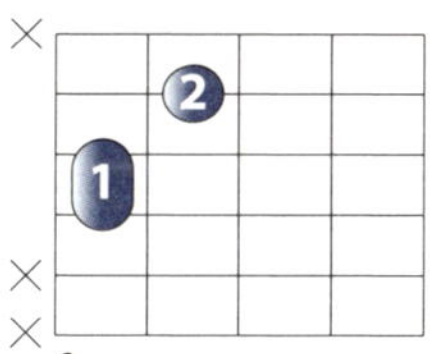

1.

D# 7sus4

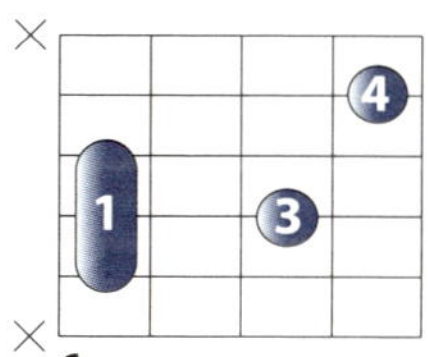

6.

D# 7b5

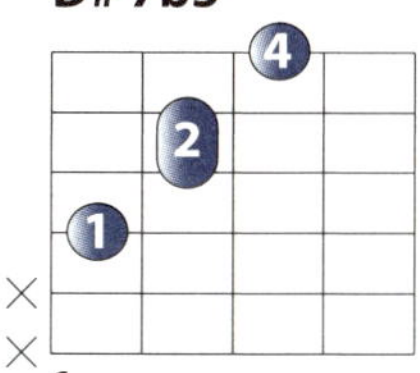

1.

D# 7b5

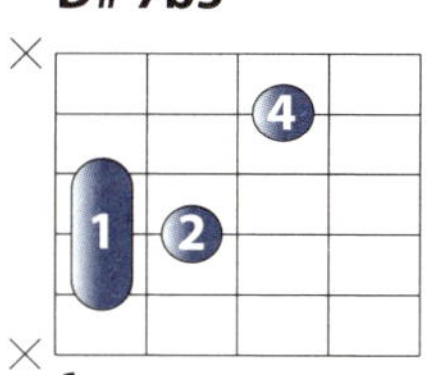

6.

D# 7b9

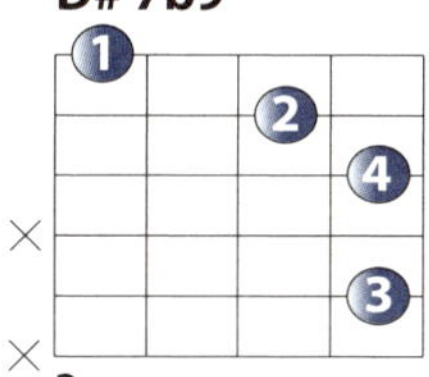

3.

D# 7b9

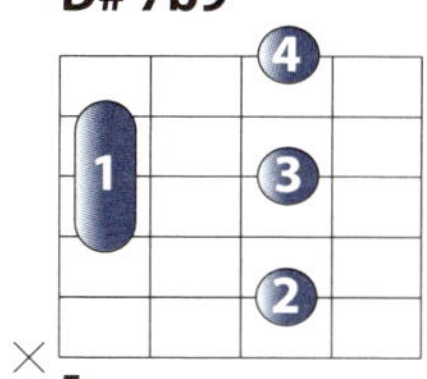

5.

D# 7b9

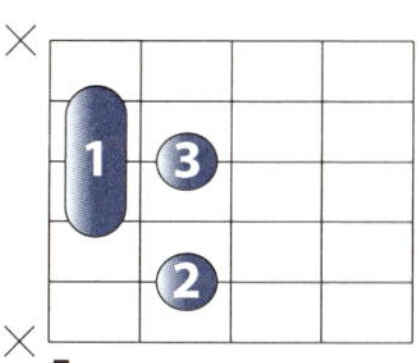

5.

D# 7b9

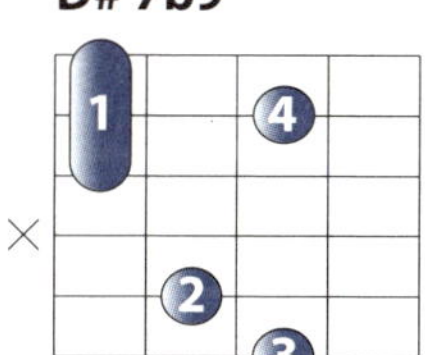

9.

D# 7b9

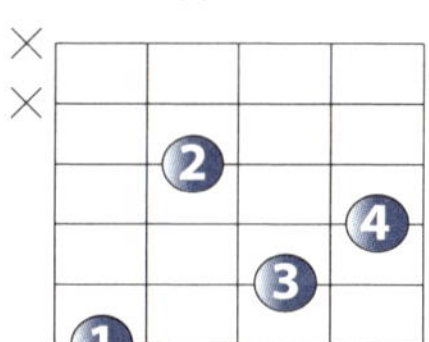

11.

D# 7b9

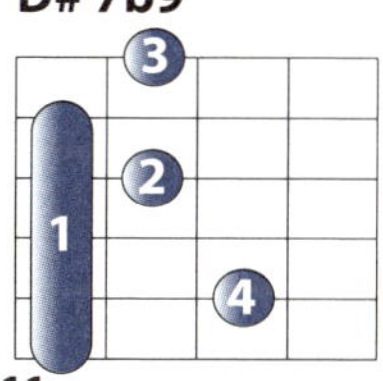

11.

D# 9sus4

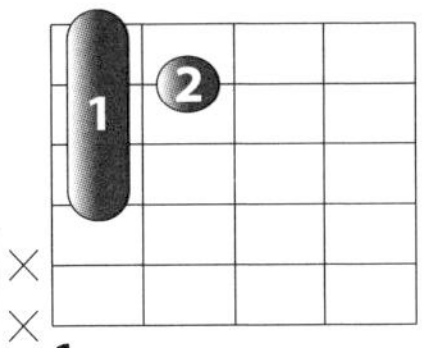

1.

D# 9sus4

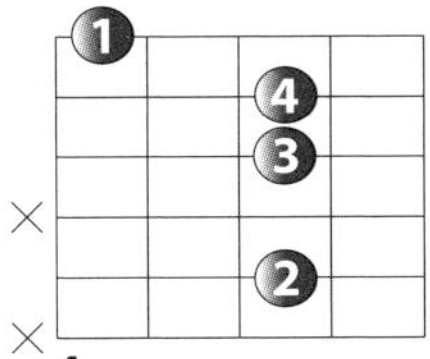

4.

D# 9sus4

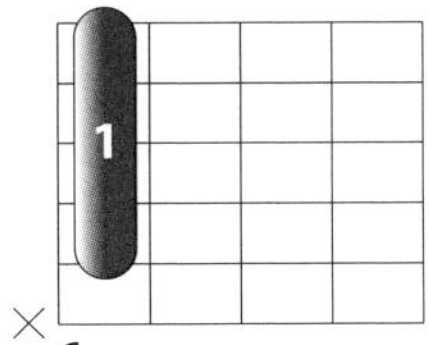

6.

D# 9sus4

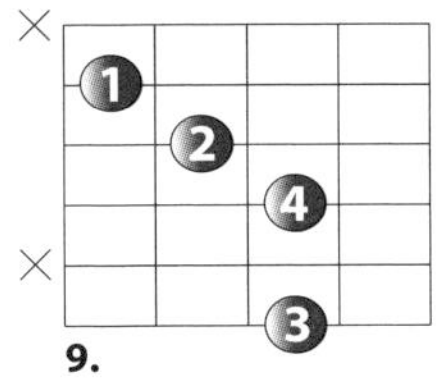

9.

D# add9

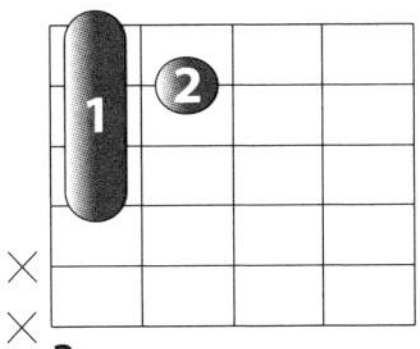

3.

D# add9

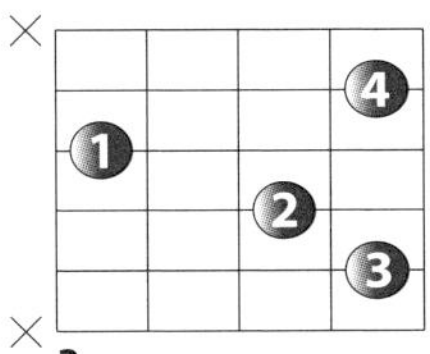

3.

D# add9

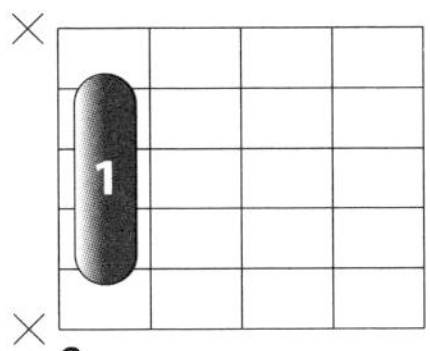

8.

D# add9

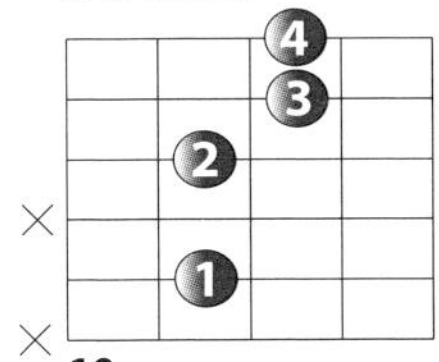

10.

D# aug9

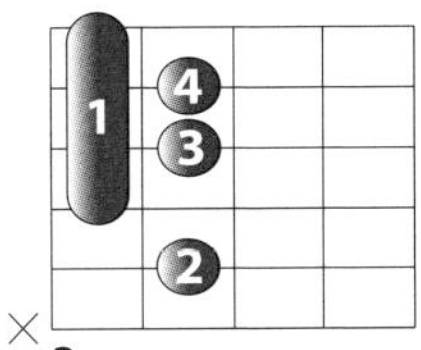

3.

D# aug9

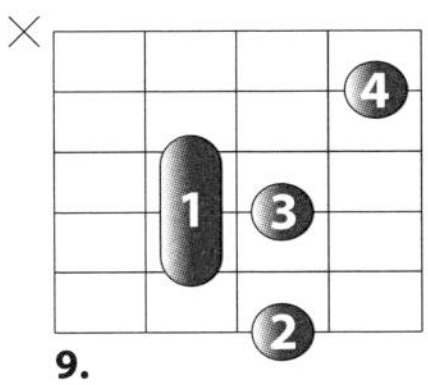

9.

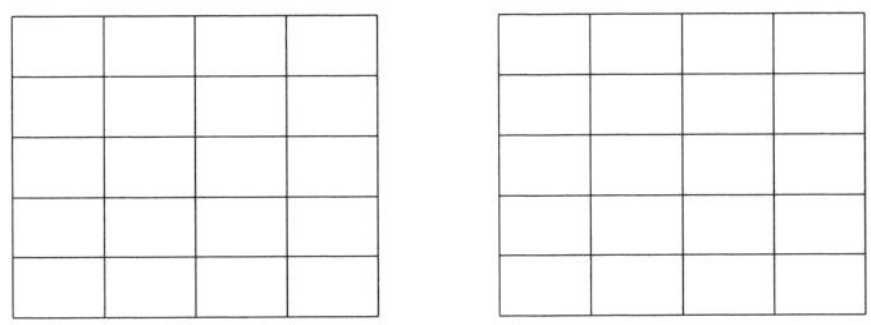

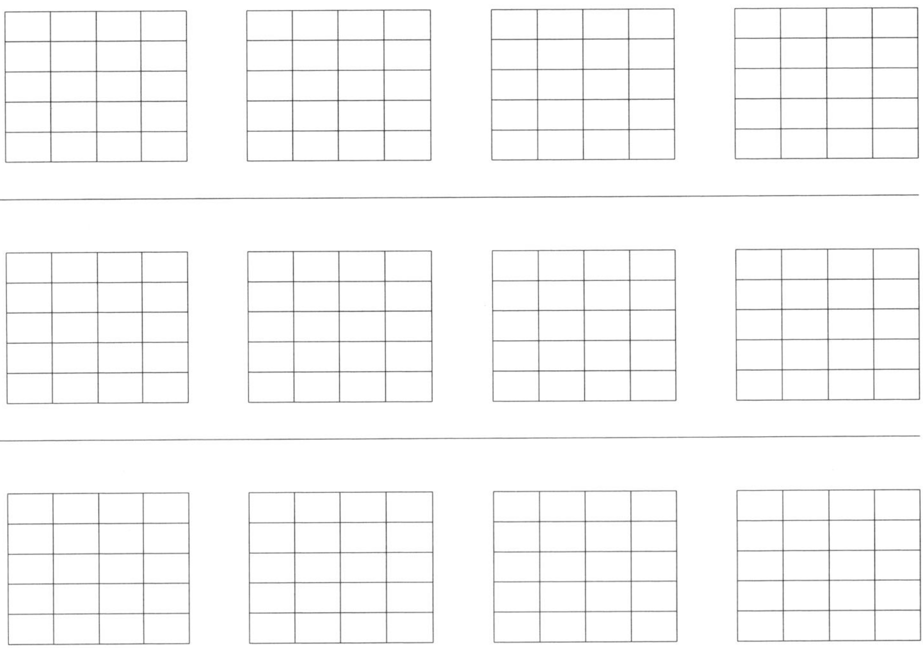

E

Akkorde

E

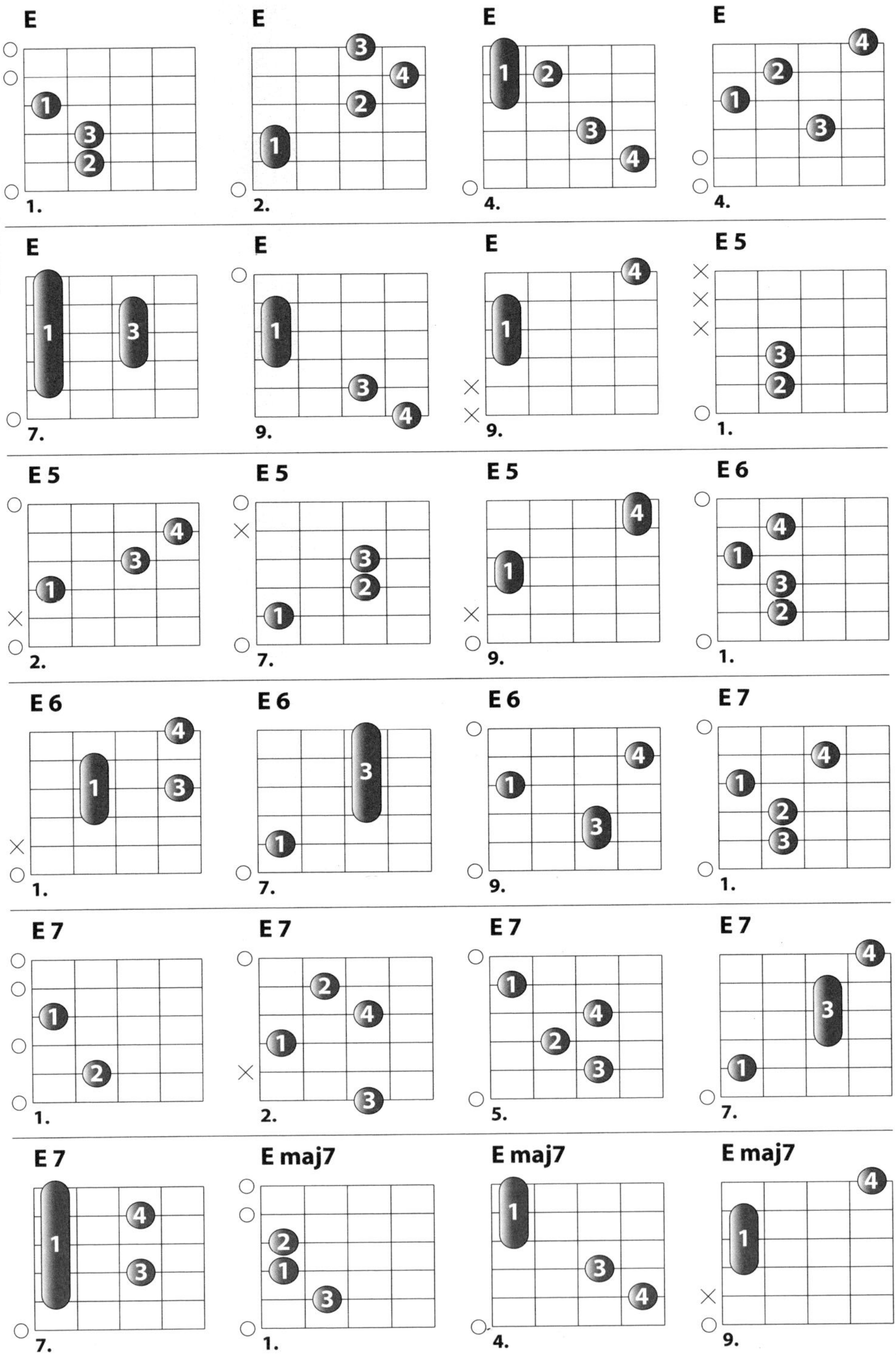
E
1.
E
2.
E
4.
E
4.
E
7.
E
9.
E
9.
E 5
1.
E 5
2.
E 5
7.
E 5
9.
E 6
1.
E 6
1.
E 6
7.
E 6
9.
E 7
1.
E 7
1.
E 7
2.
E 7
5.
E 7
7.
E 7
7.
E maj7
1.
E maj7
4.
E maj7
9.

E

E maj7

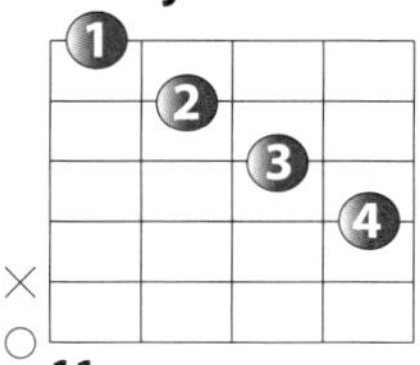

11.

E 9

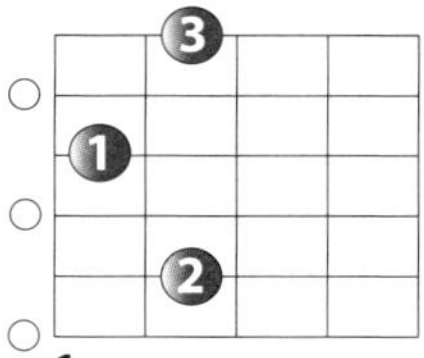

1.

E 9

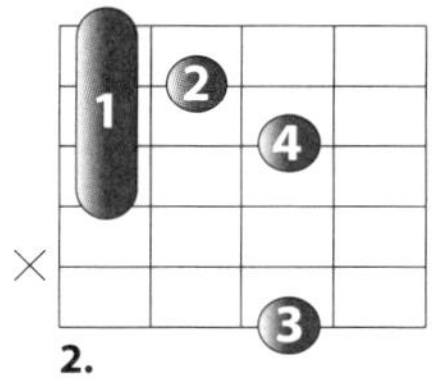

2.

E 9

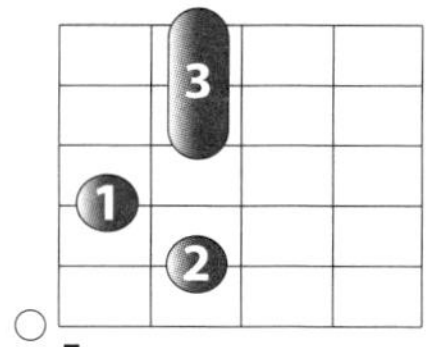

5.

E 9

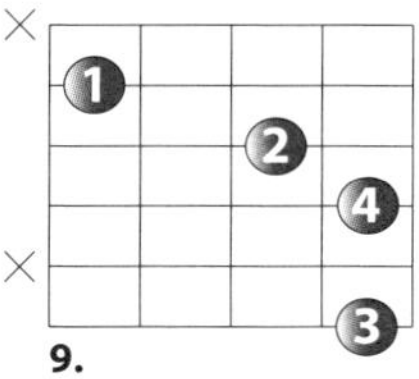

9.

E maj9

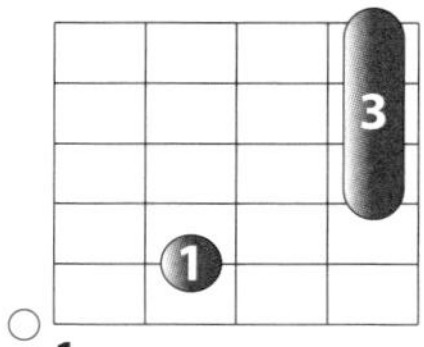

1.

E maj9

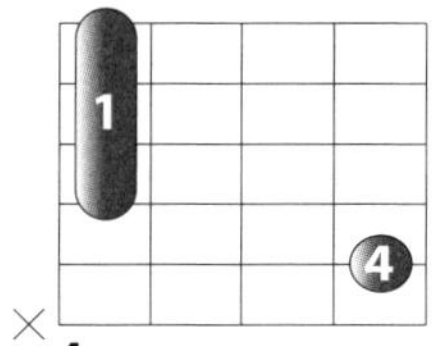

4.

E 11

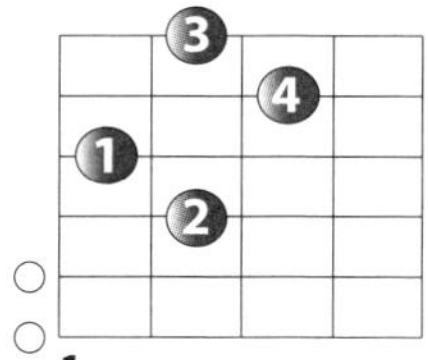

1.

E 11

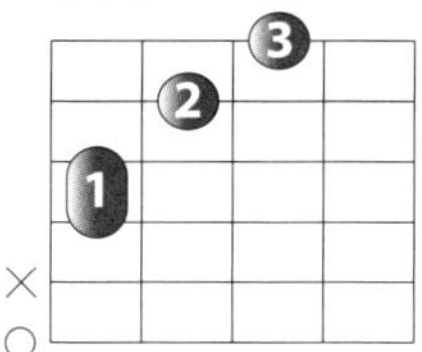

1.

E 11

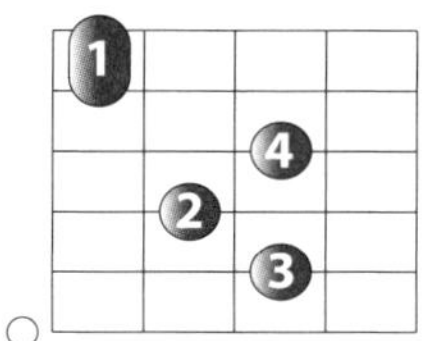

5.

E 11

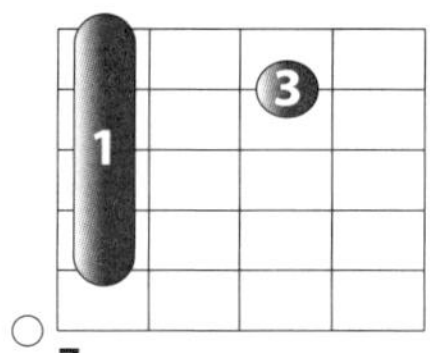

7.

E 13

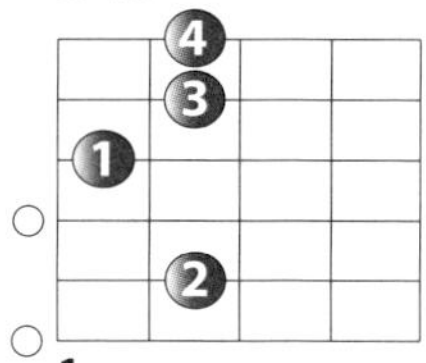

1.

E 13

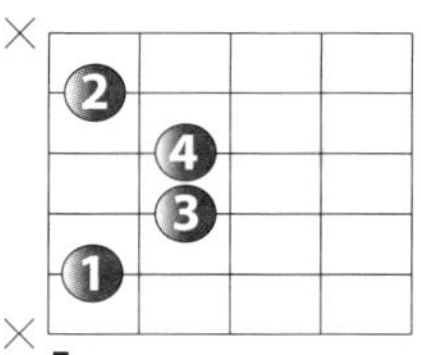

5.

E 13

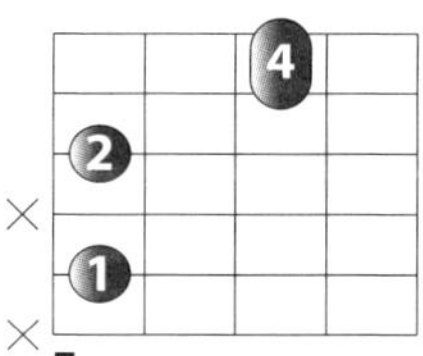

7.

E maj13

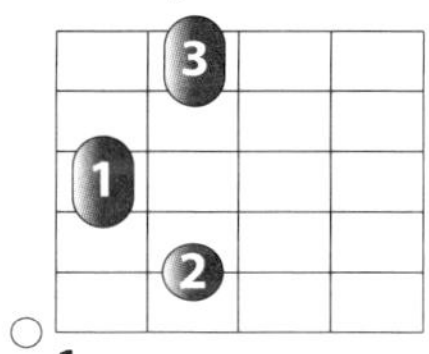

1.

E maj13

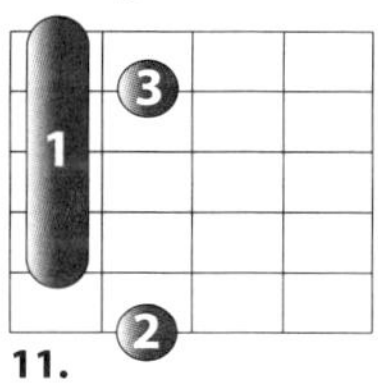

11.

E m

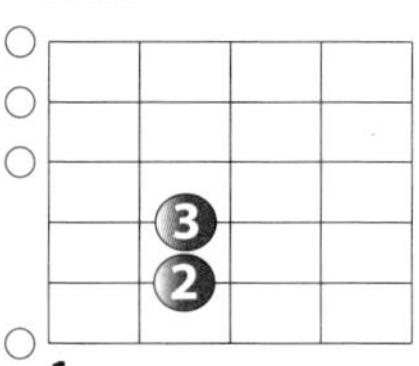

1.

E m

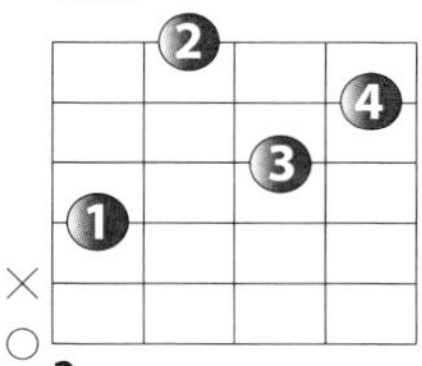

2.

E m

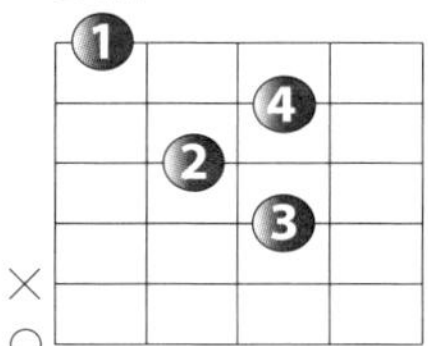

3.

E m

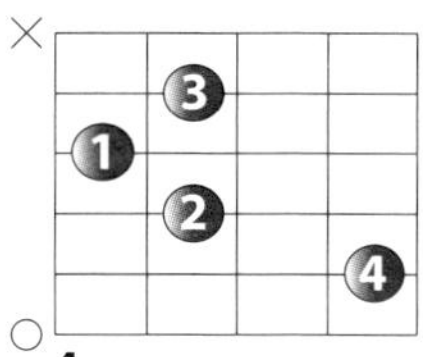

4.

E m

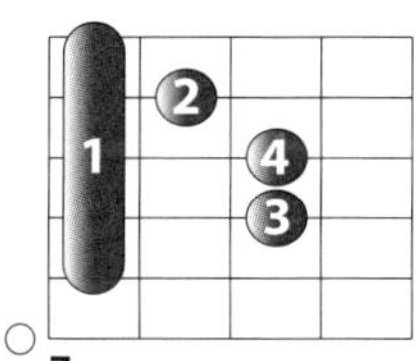

7.

E m

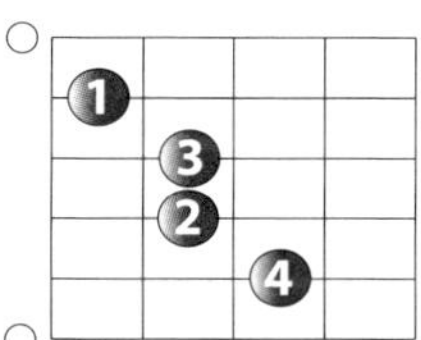

8.

E m

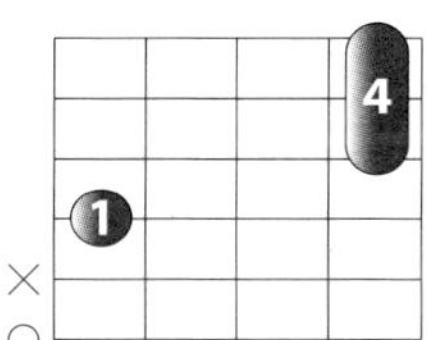

9.

E m6

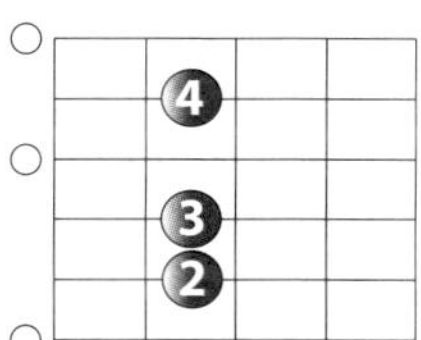

1.

E

E m6
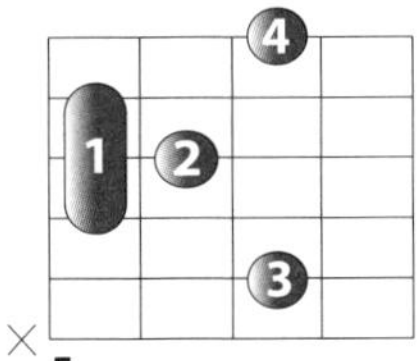
5.

E m6
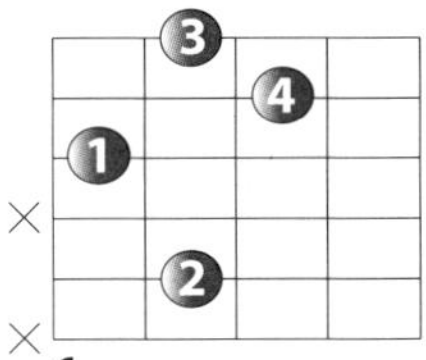
6.

E m6
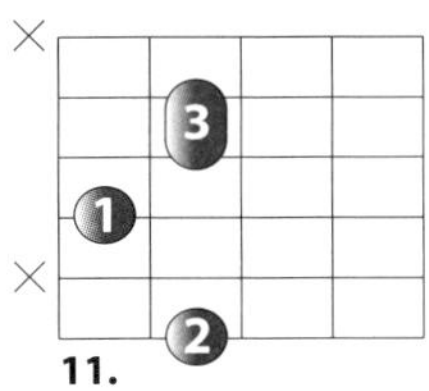
11.

E m7
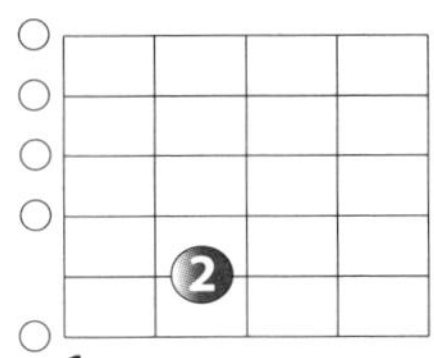
1.

E m7
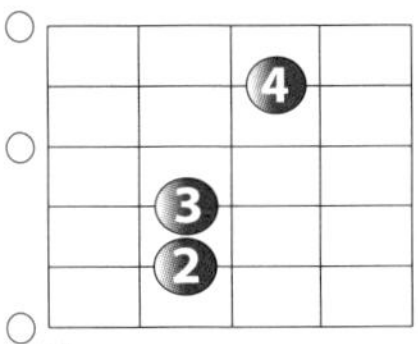
1.

E m7
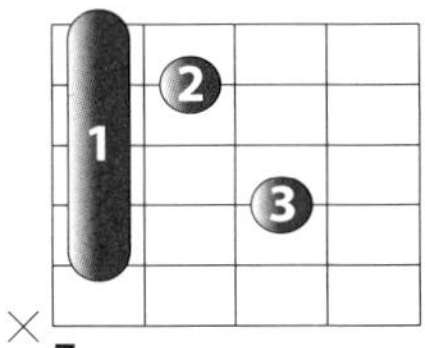
7.

E m9
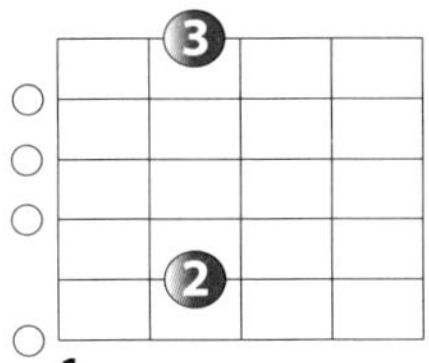
1.

E m9
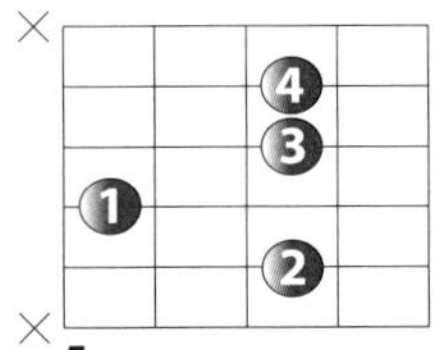
5.

E m11
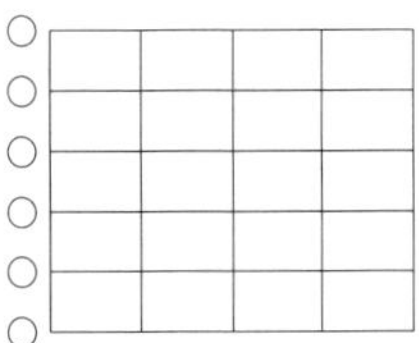
1.

E m11

7.

E m13
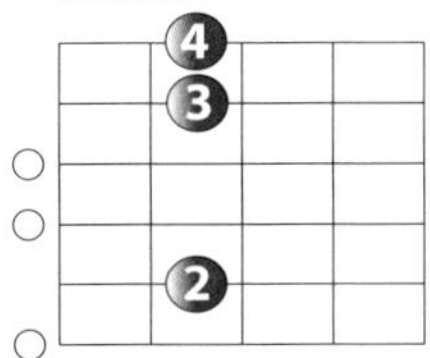
1.

E m13
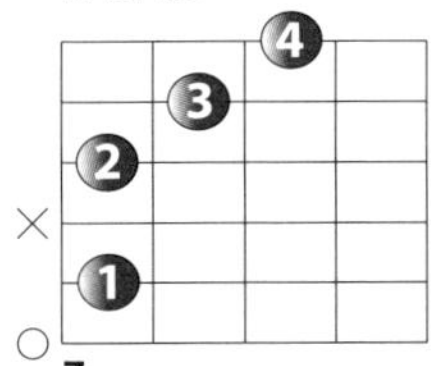
7.

E m(maj7)
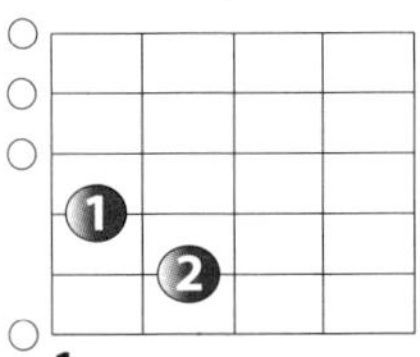
1.

E m(maj7)
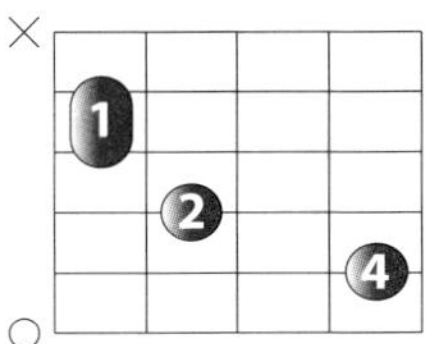
4.

E sus2
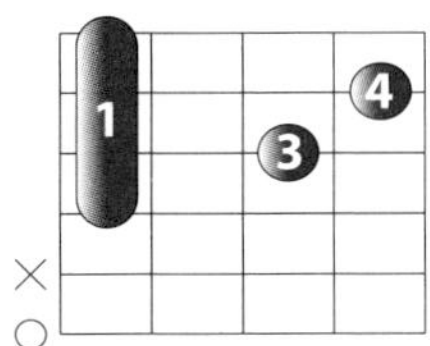
2.

E sus2
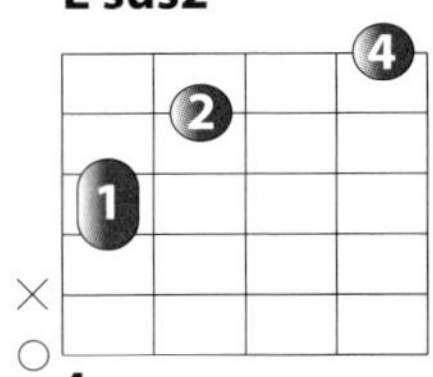
4.

E sus2
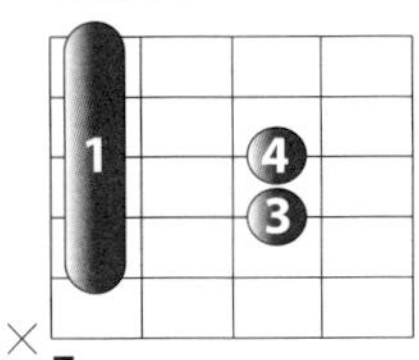
7.

E sus2
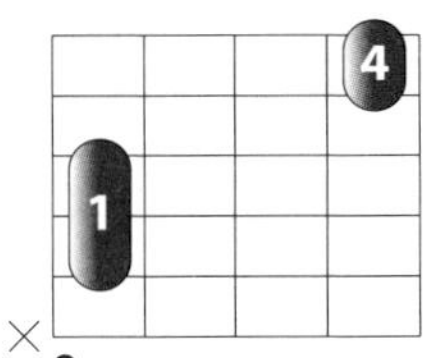
9.

E sus4
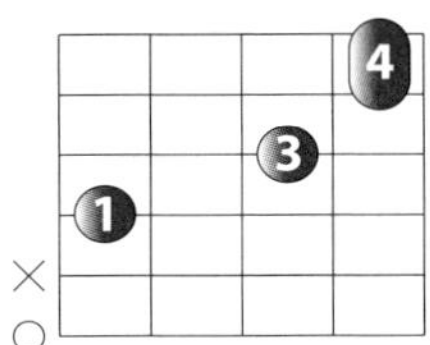
2.

E sus4
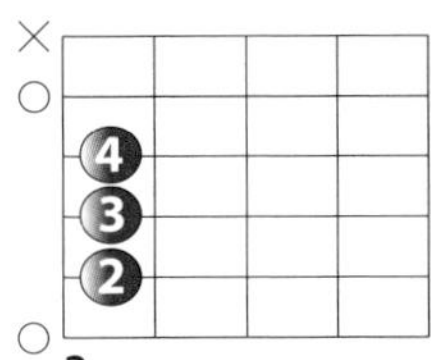
2.

E sus4
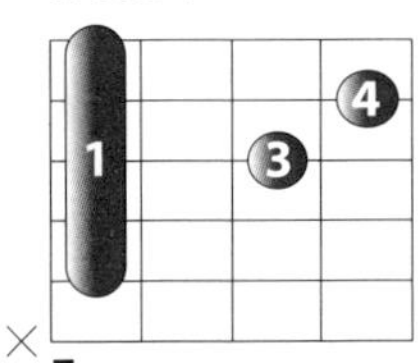
7.

E sus4
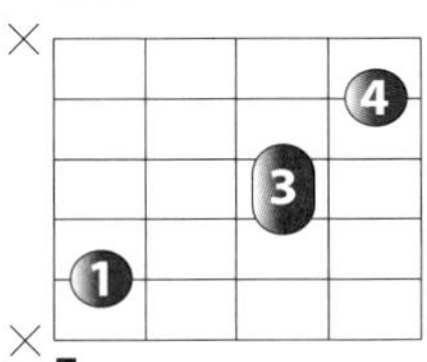
7.

E dim
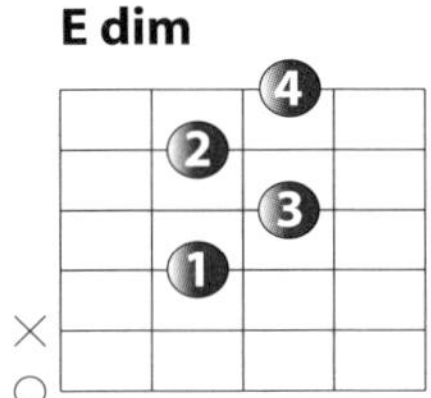
1.

E dim
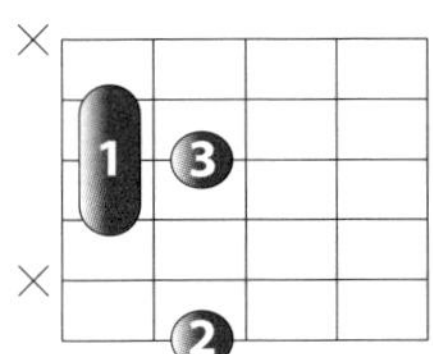
11.

E aug

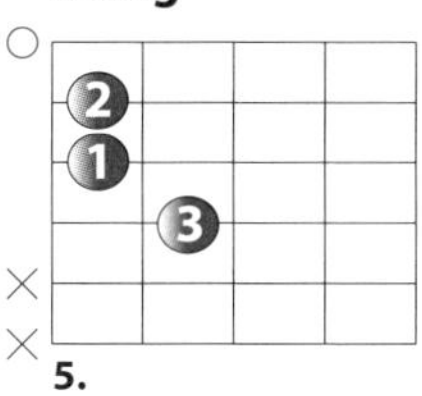

5.

E aug

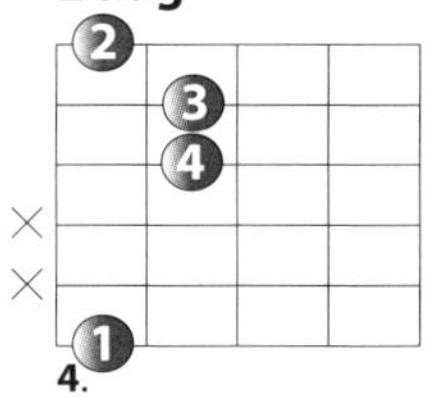

4.

E aug

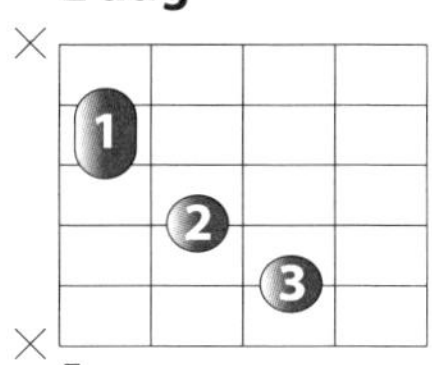

5.

E aug

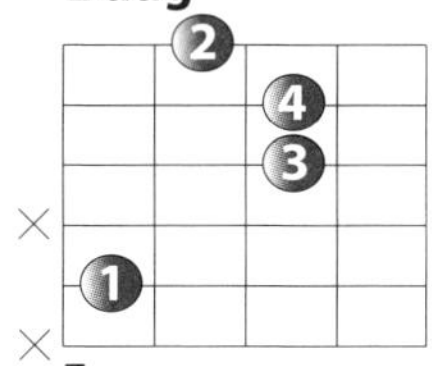

7.

E 6/9

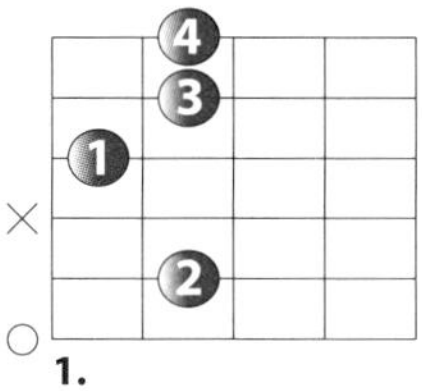

1.

E 6/9

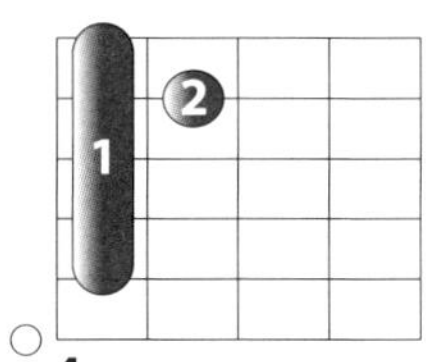

4.

E 6/9

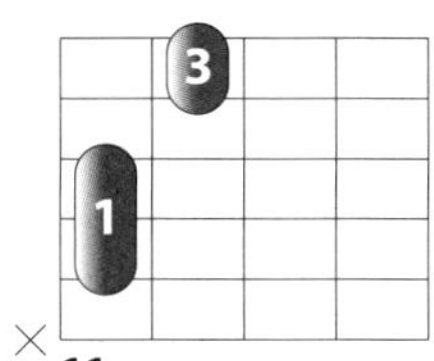

11.

E 6/9

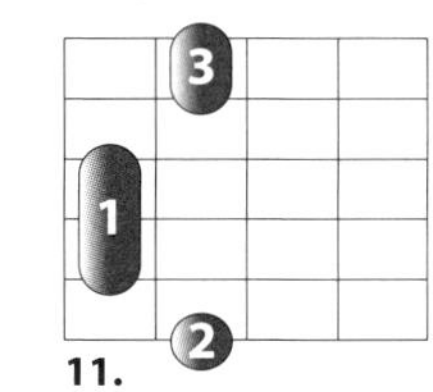

11.

E 7sus4

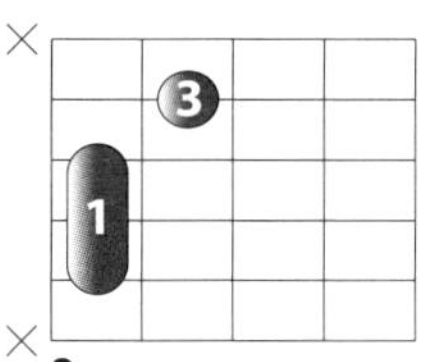

2.

E 7sus4

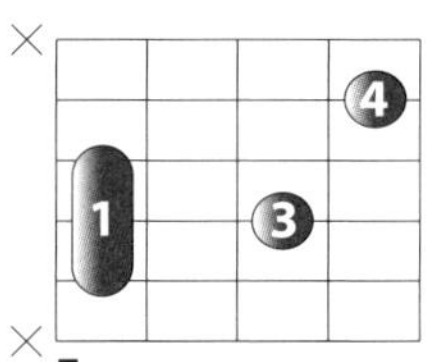

7.

E 7b5

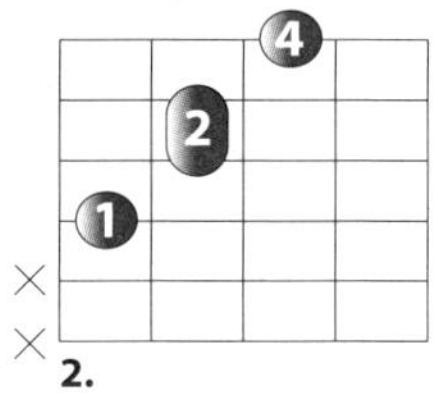

2.

E 7b5

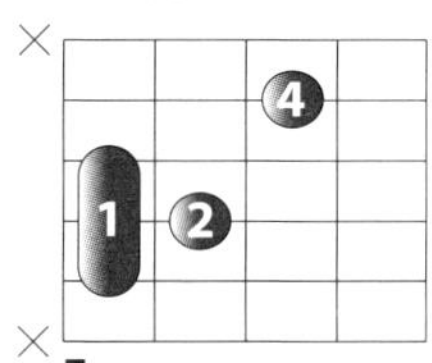

7.

E 7b9

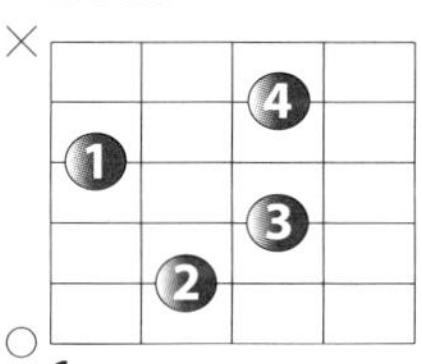

1.

E 7b9

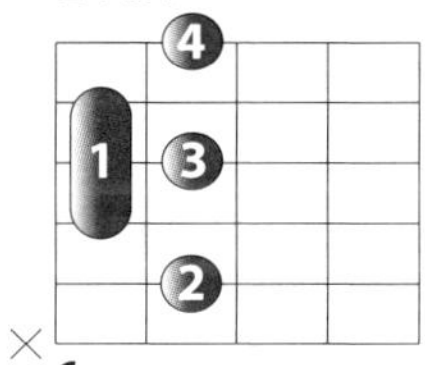

6.

E 7b9

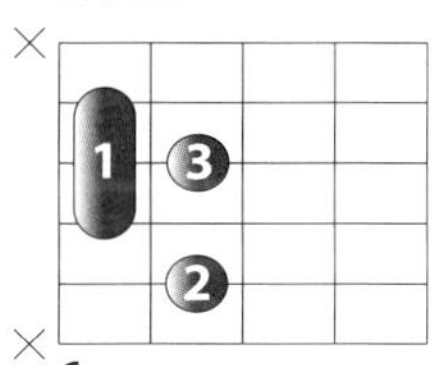

6.

E 7b9

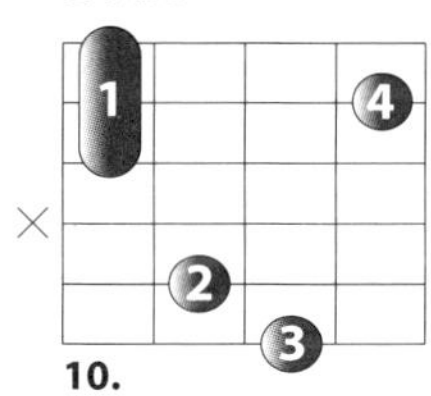

10.

E 9sus4

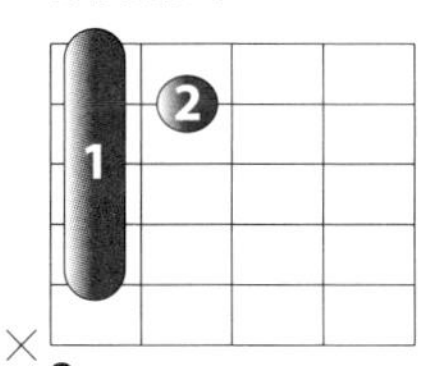

2.

E 9sus4

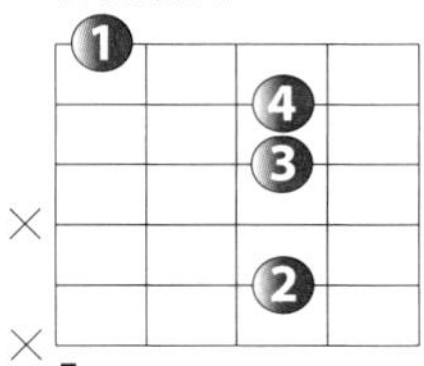

5.

E 9sus4

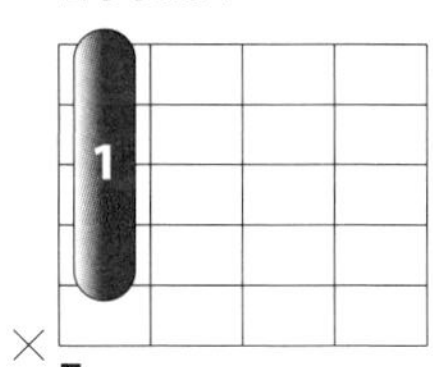

7.

E 9sus4

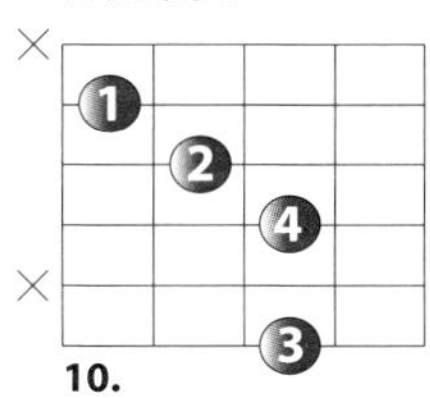

10.

E add9

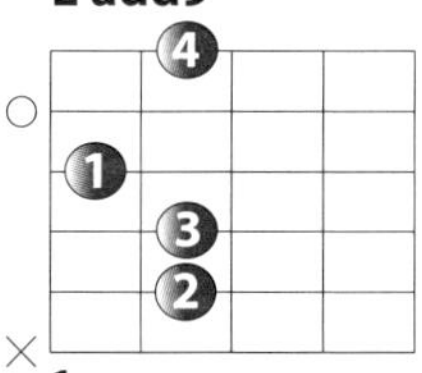

1.

E add9

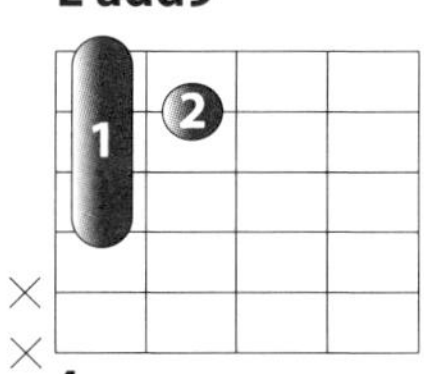

4.

E add9

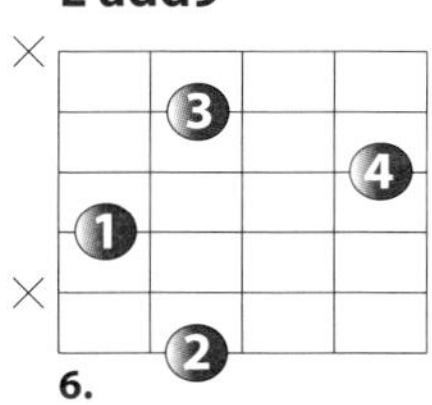

6.

E add9

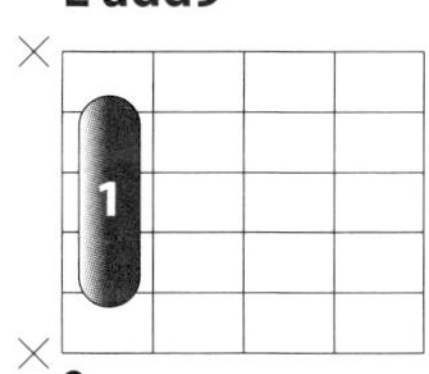

9.

E

E aug9

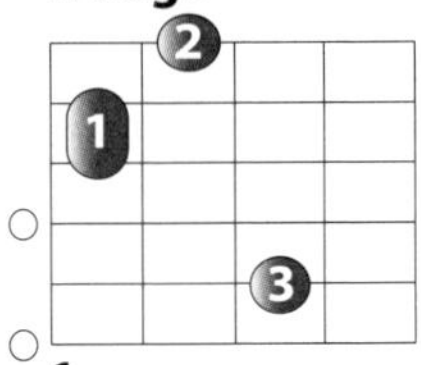

1.

E aug9

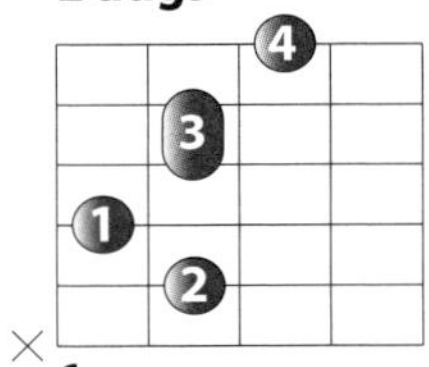

6.

F

Akkorde

F

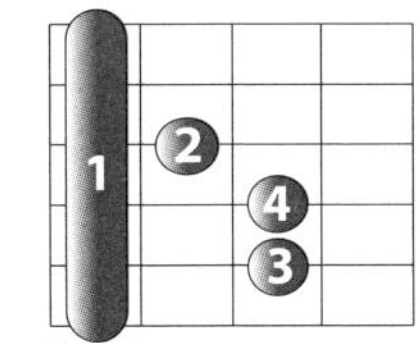

1.

F

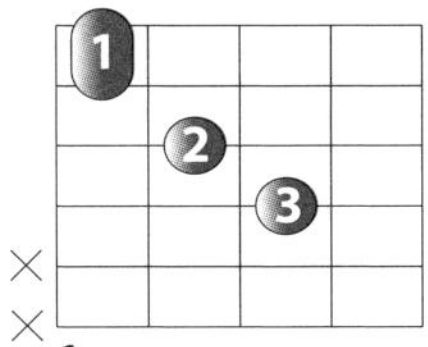

1.

F

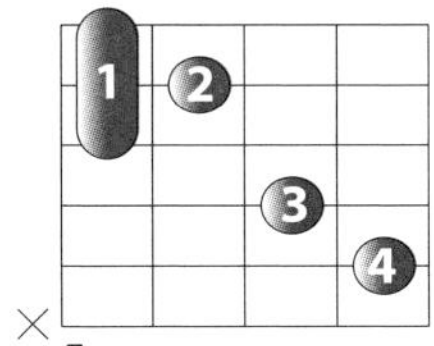

5.

F

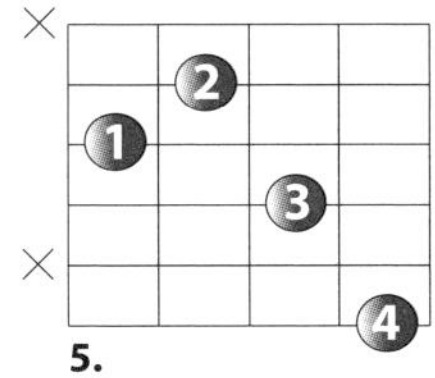

5.

F

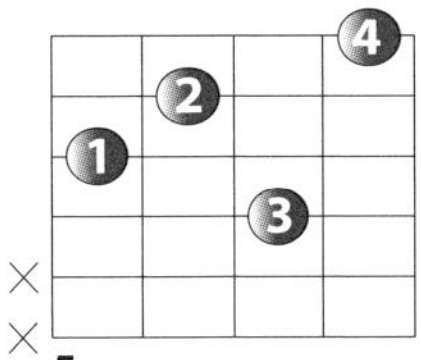

5.

F

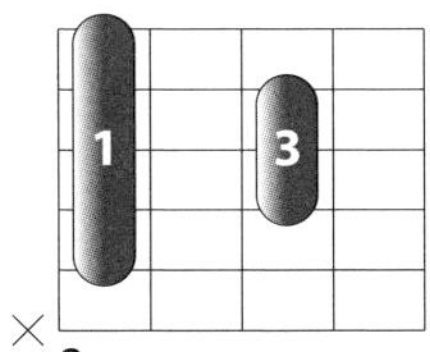

8.

F 5

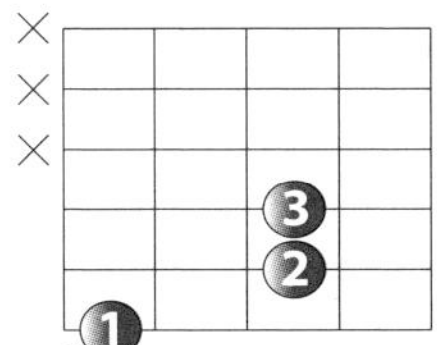

1.

F 5

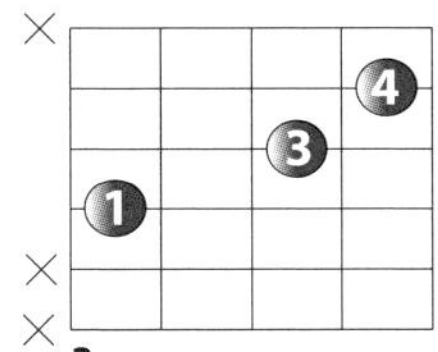

3.

F 5

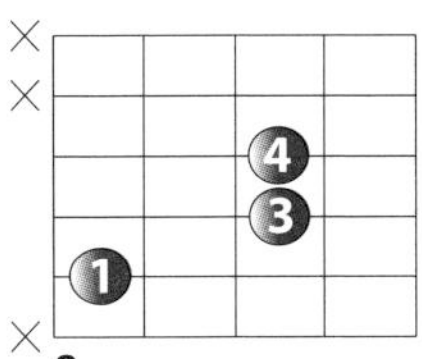

8.

F 5

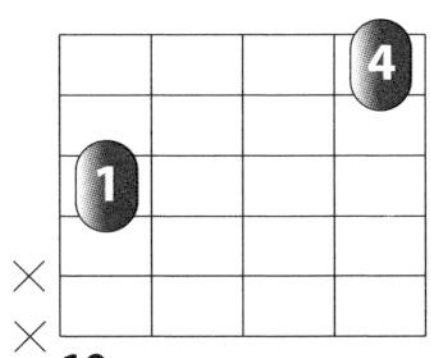

10.

F 6

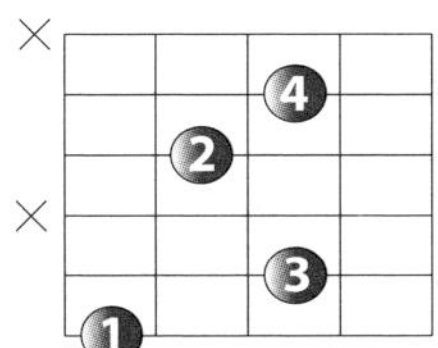

1.

F 6

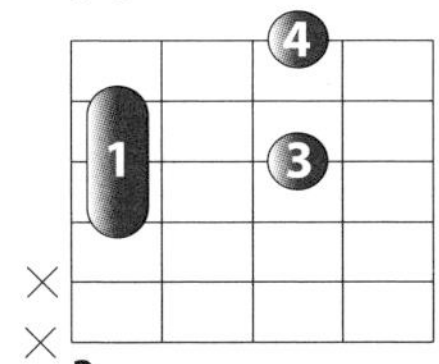

3.

F 6

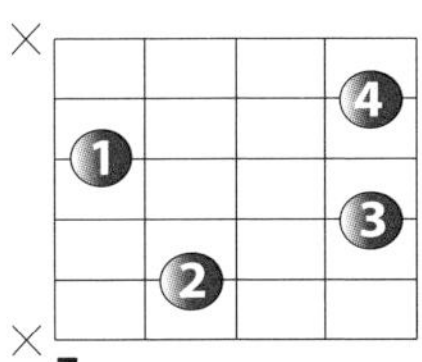

7.

F 6

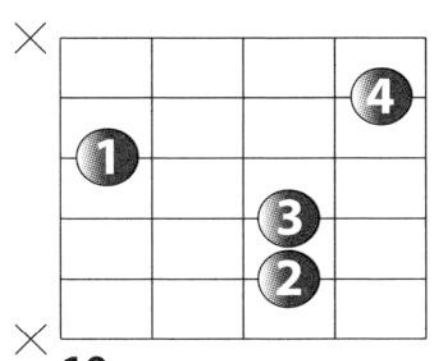

10.

F 7

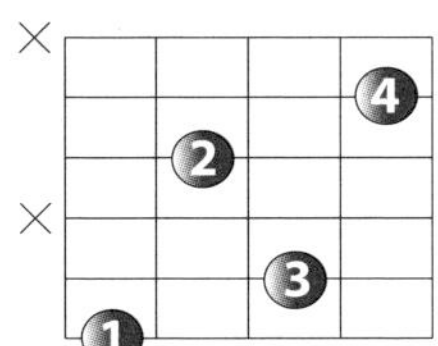

1.

F 7

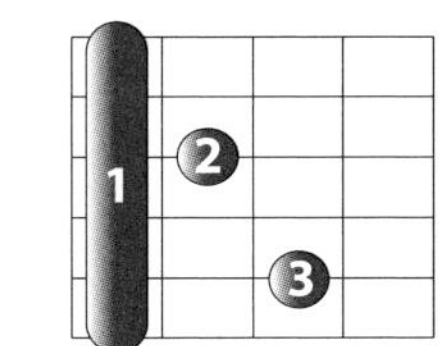

1.

F 7

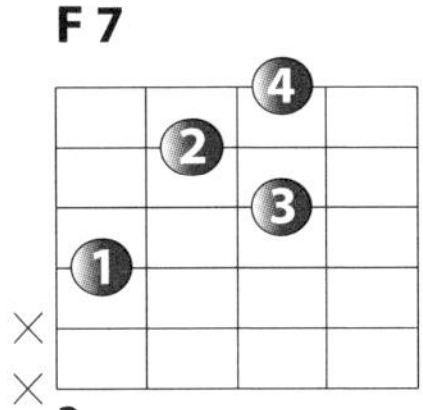

3.

F 7

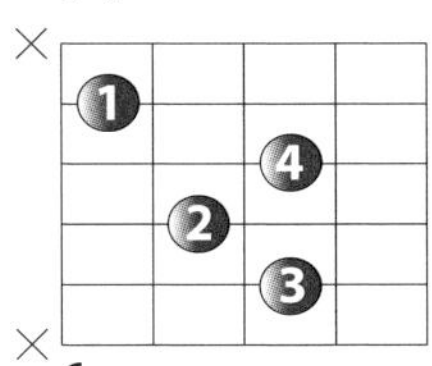

6.

F 7

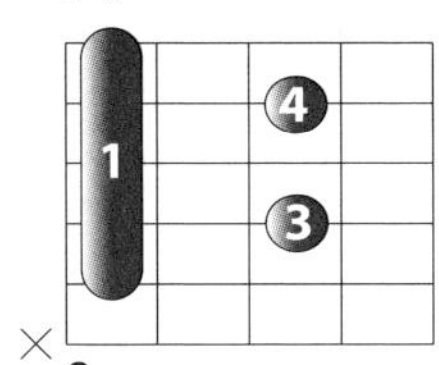

8.

F 7

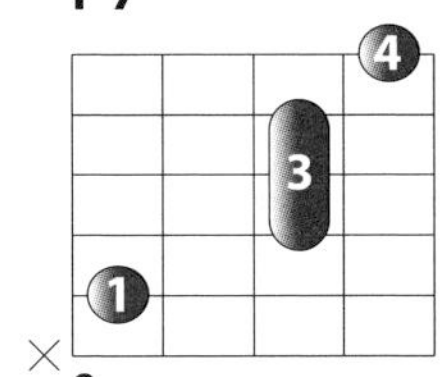

8.

F maj7

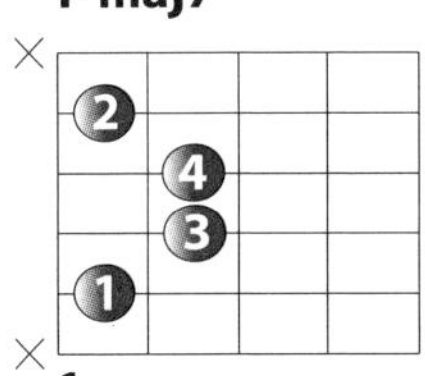

1.

F maj7

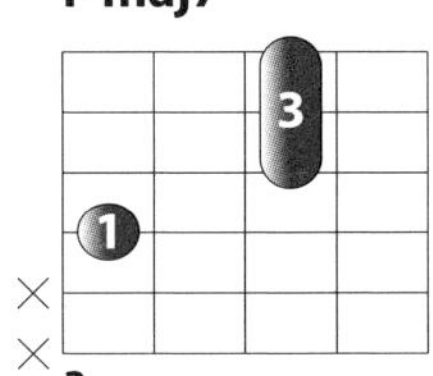

3.

F maj7

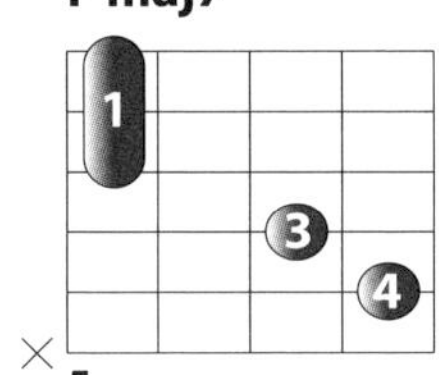

5.

F maj7

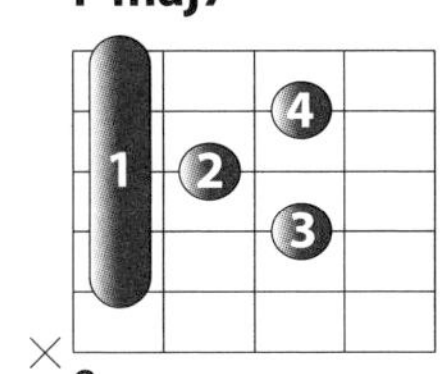

8.

F 9

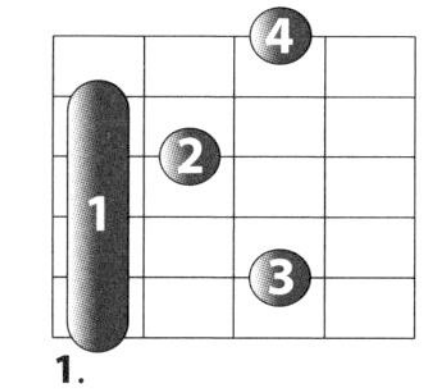

1.

F 9

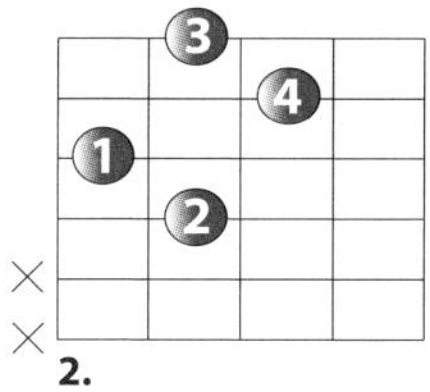

2.

F 9

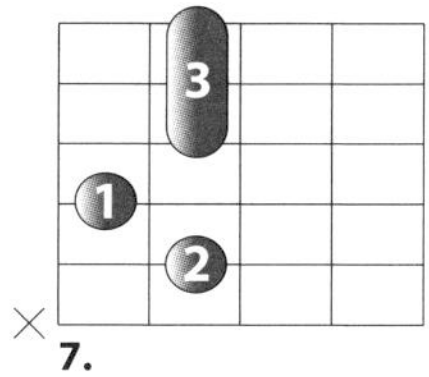

7.

F 9

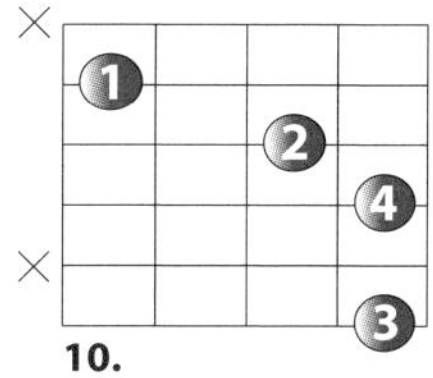

10.

F maj9

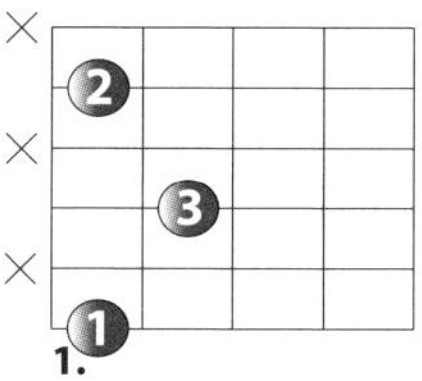

1.

F maj9

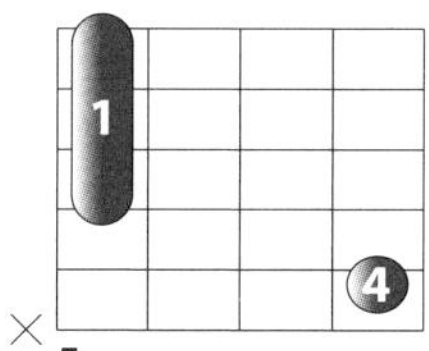

5.

F 11

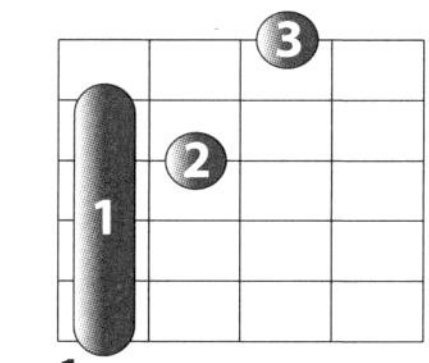

1.

F 11

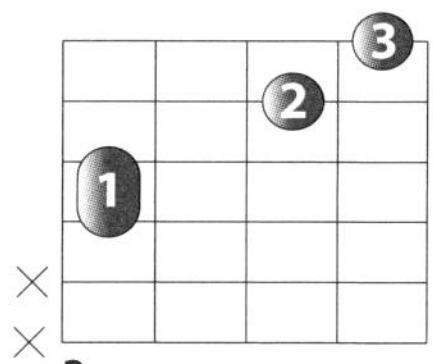

3.

F 11

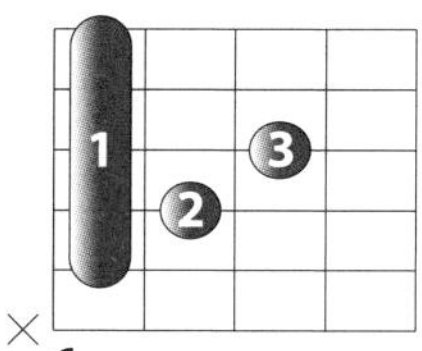

6.

F 11

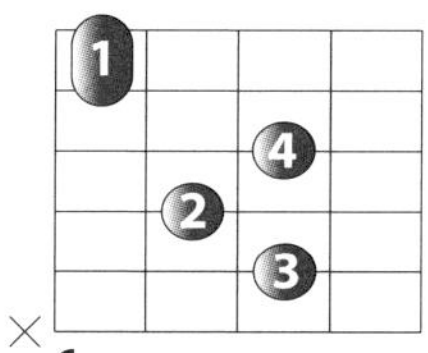

6.

F 13

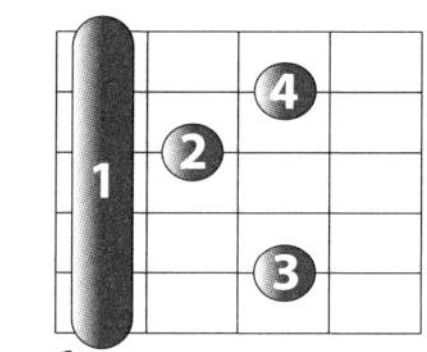

1.

F 13

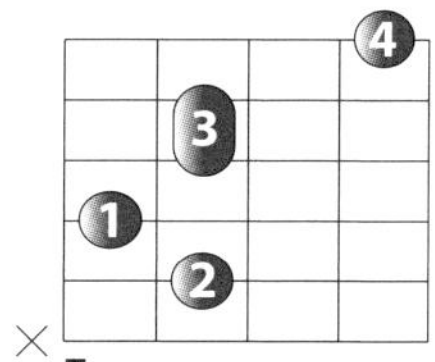

7.

F 13

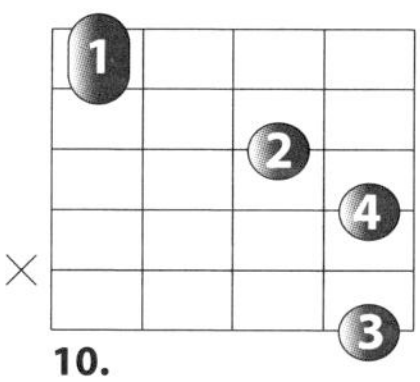

10.

F maj13

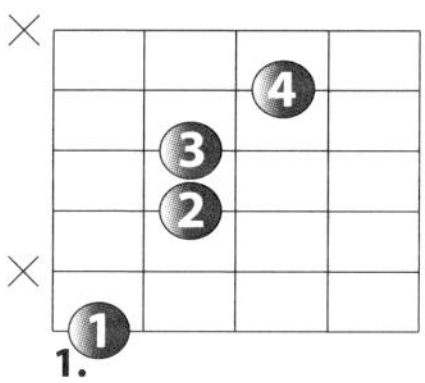

1.

F m

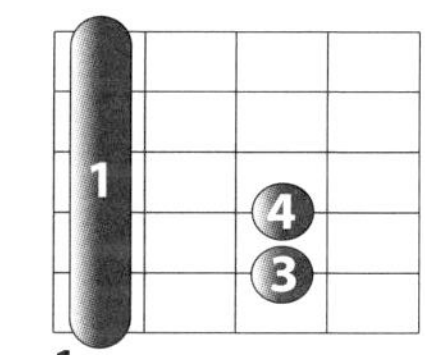

1.

F m

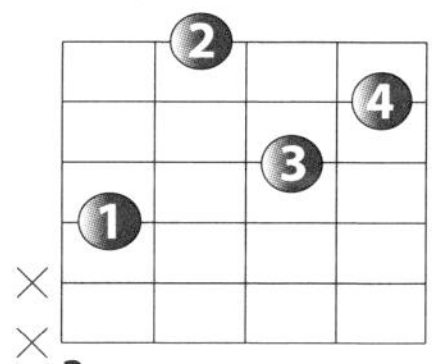

3.

F m

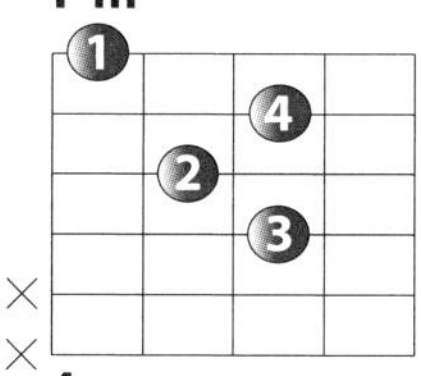

4.

F m

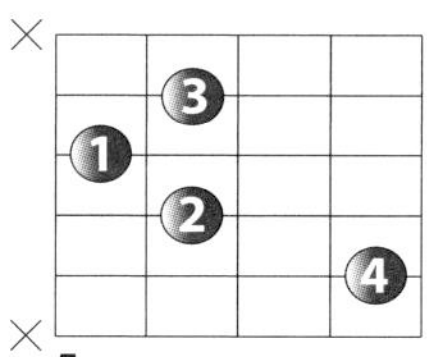

5.

F m

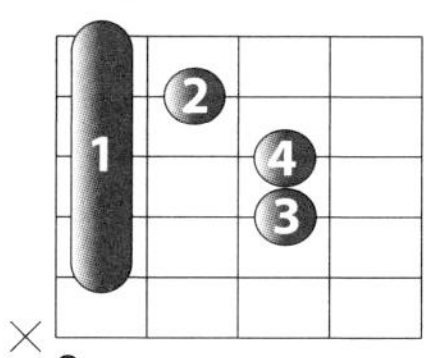

8.

F m

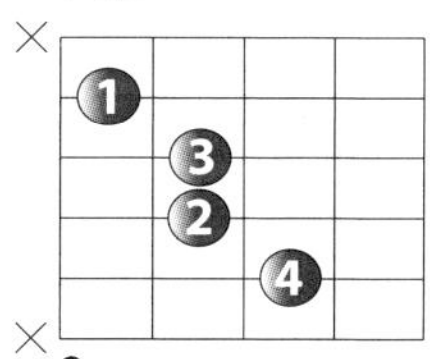

9.

F m

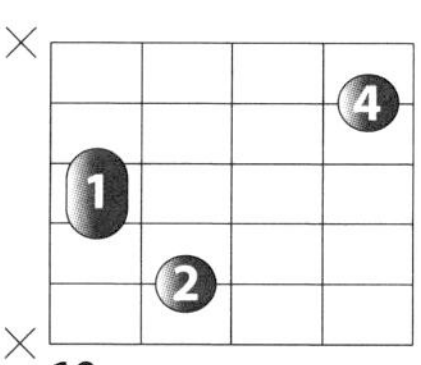

10.

F m6

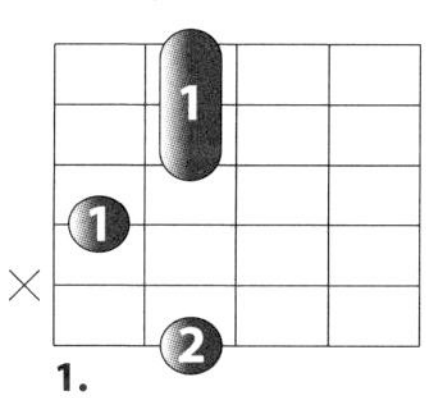

1.

F m6

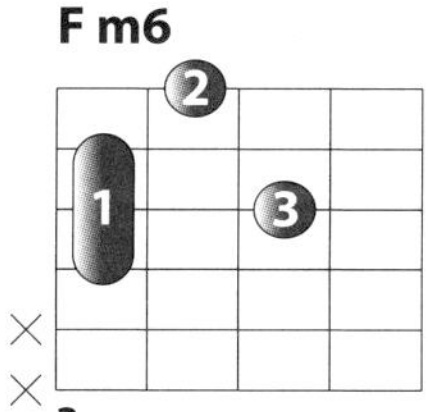

3.

F m6

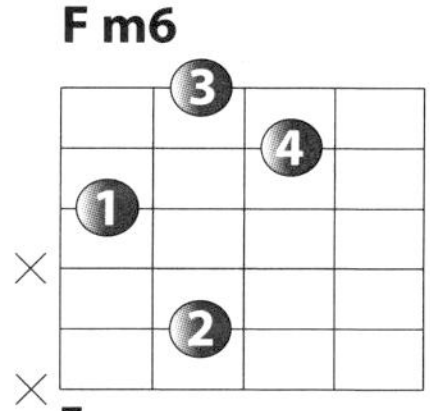

7.

F m7

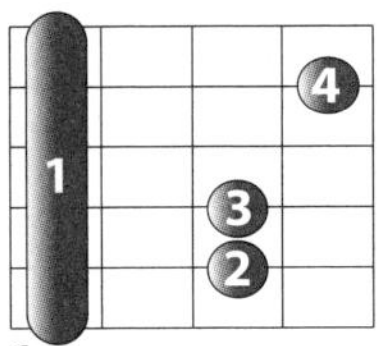

1.

F m7

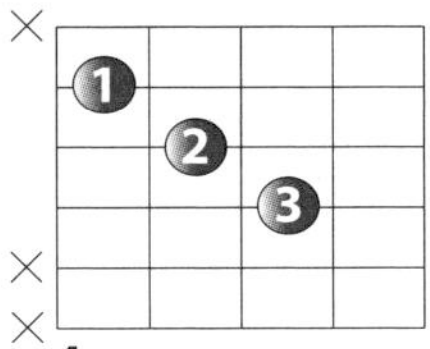

4.

F m7

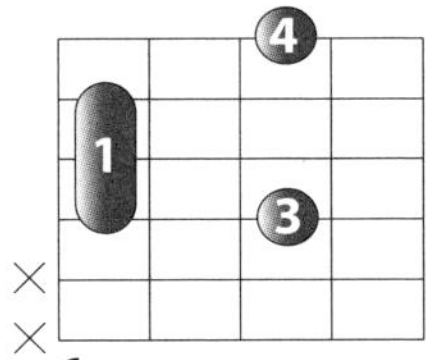

6.

F m7

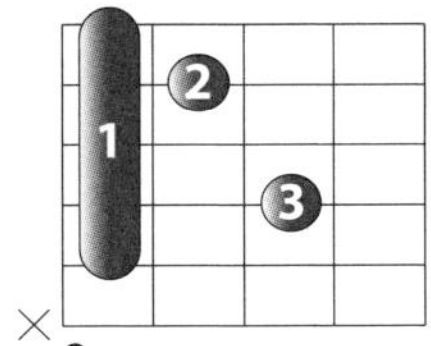

8.

F m9

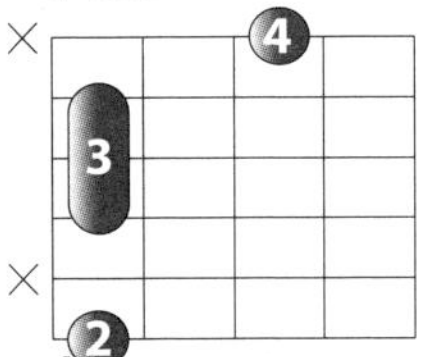

1.

F m9

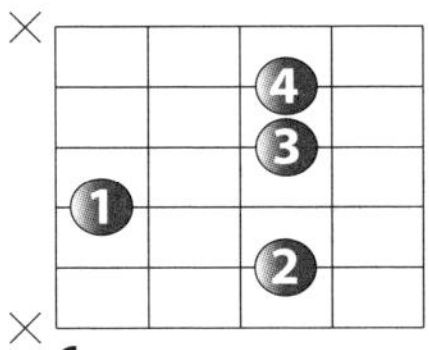

6.

F m11

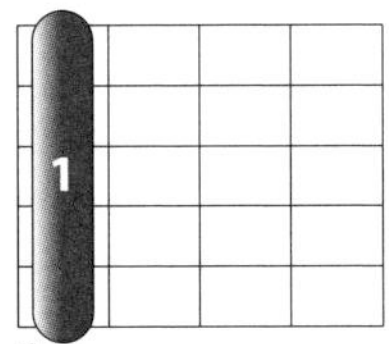

1.

F m11

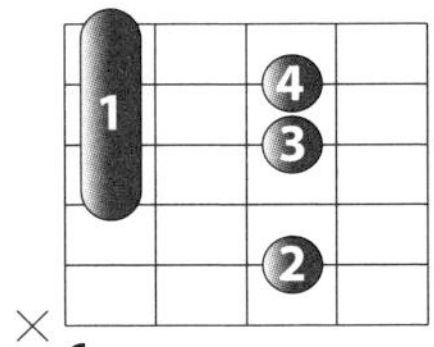

6.

F m13

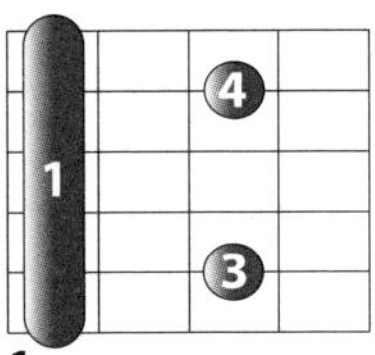

1.

F m13

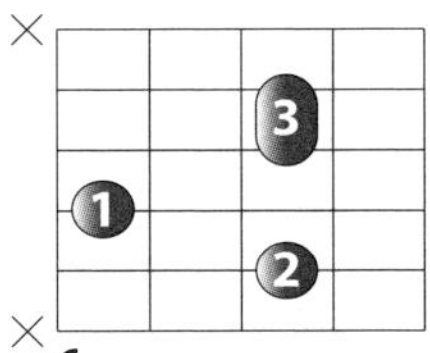

6.

F m(maj7)

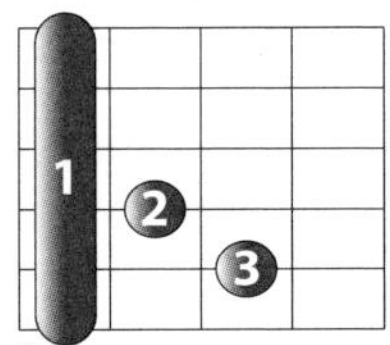

1.

F m(maj7)

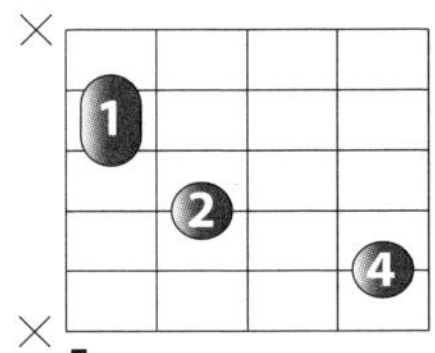

5.

F sus2

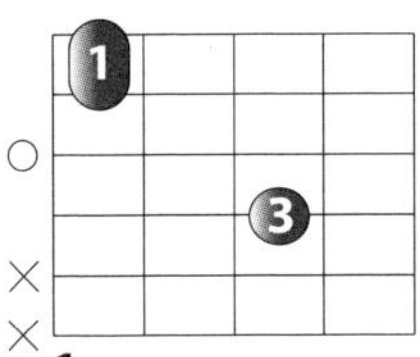

1.

F sus2

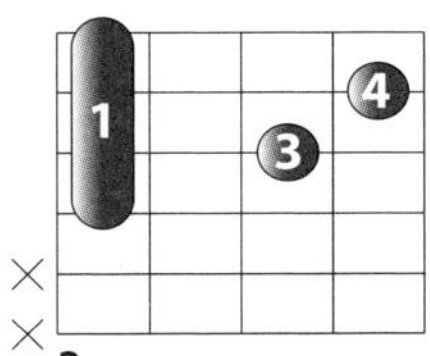

3.

F sus2

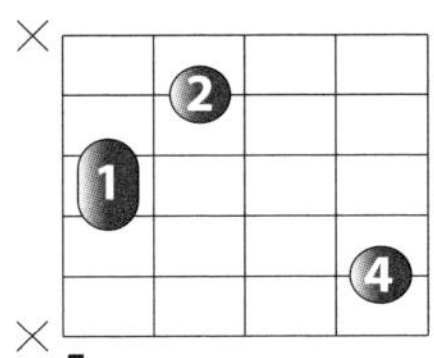

5.

F sus2

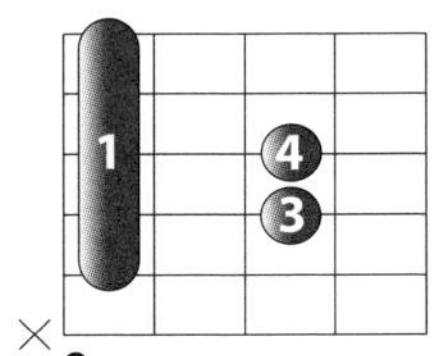

8.

F sus4

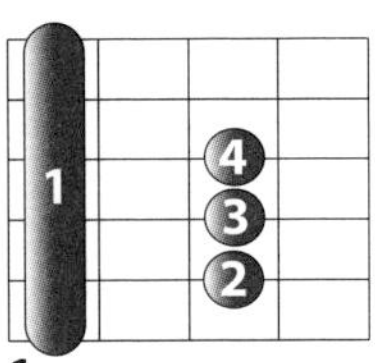

1.

F sus4

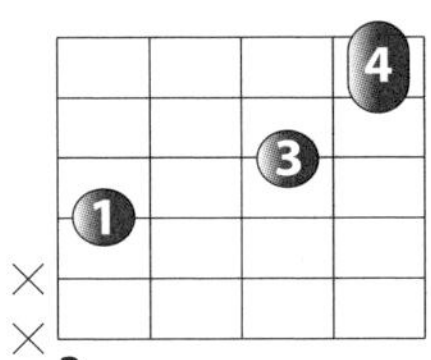

3.

F sus4

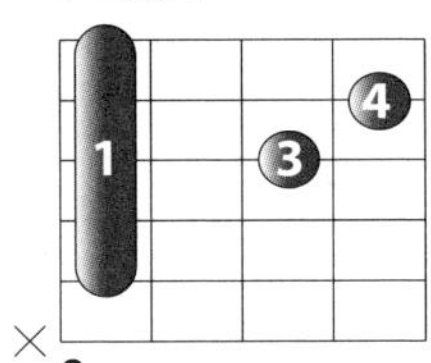

8.

F sus4

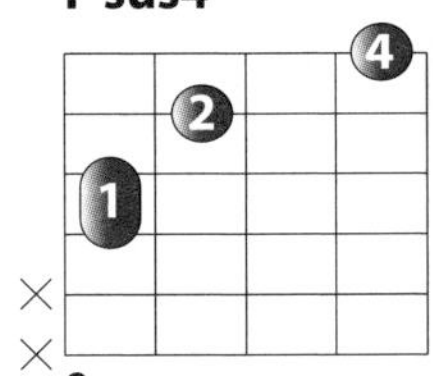

9.

F dim

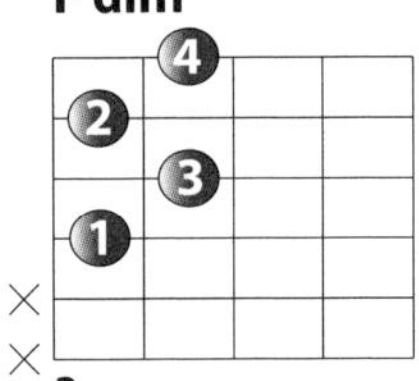

3.

F dim

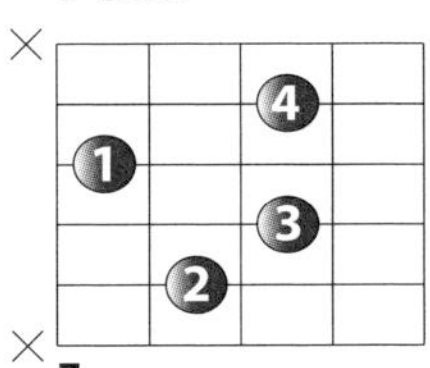

7.

F aug

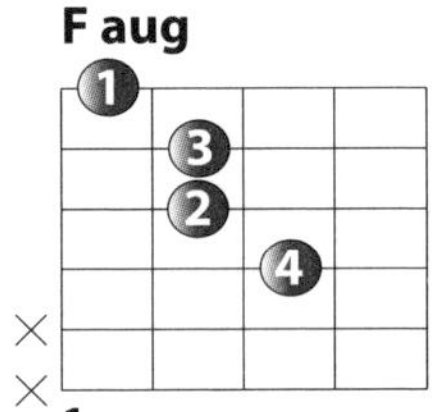

1.

F aug

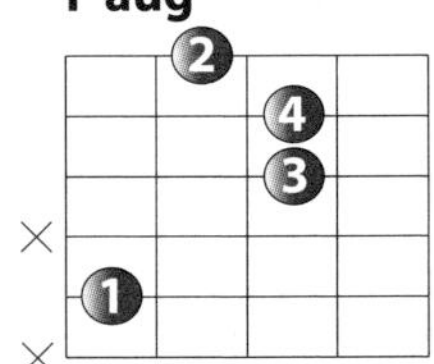

4.

F

F aug

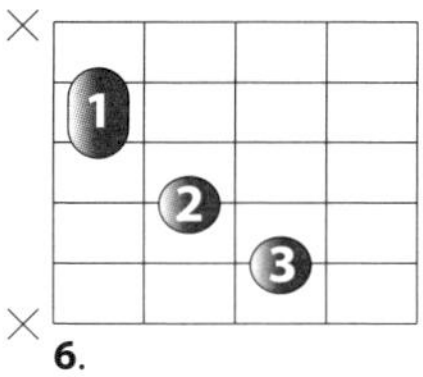

F aug

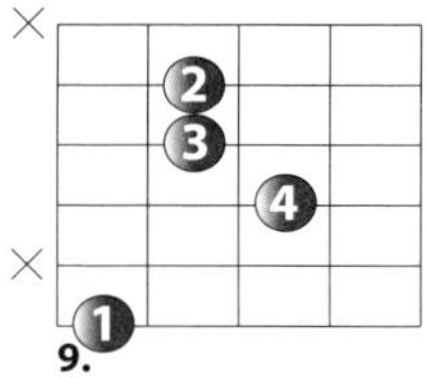

F 6/9

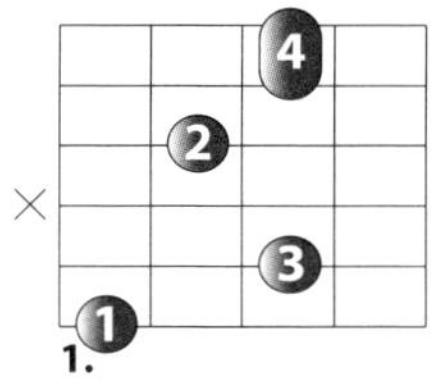

F 6/9

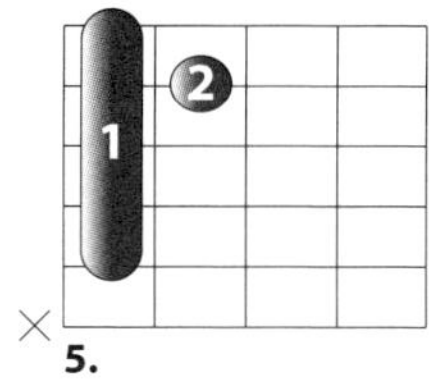

F 6/9

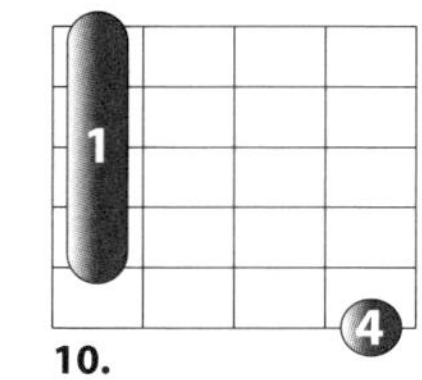

F 7sus4

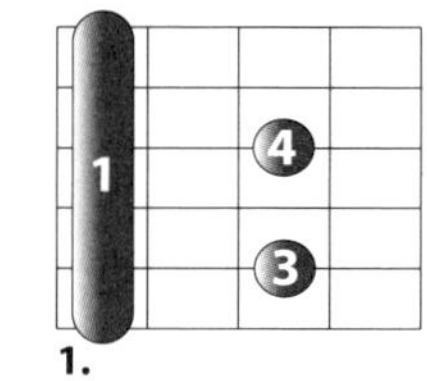

F 7sus4

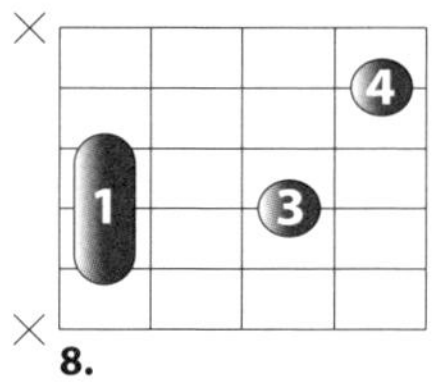

F 7b5

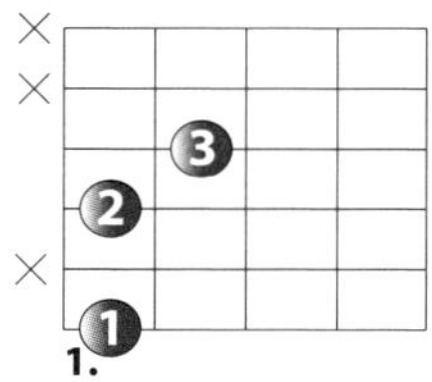

F 7b5

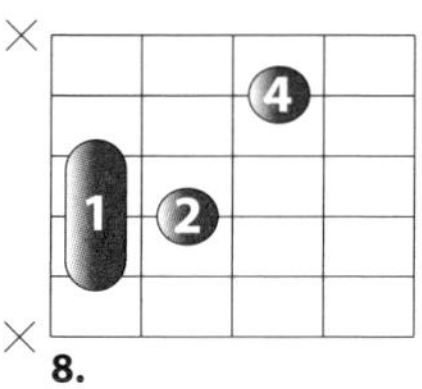

F 7b9

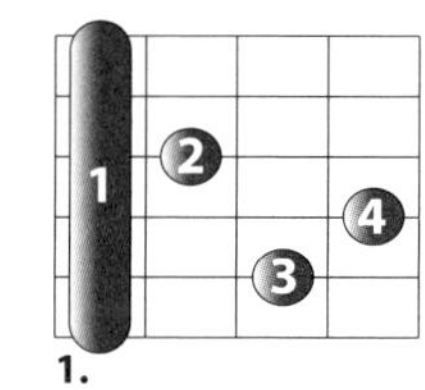

F 7b9

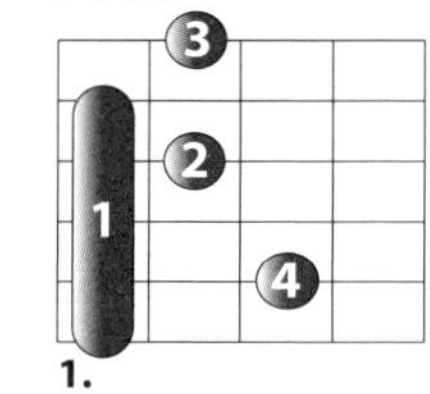

F 7b9

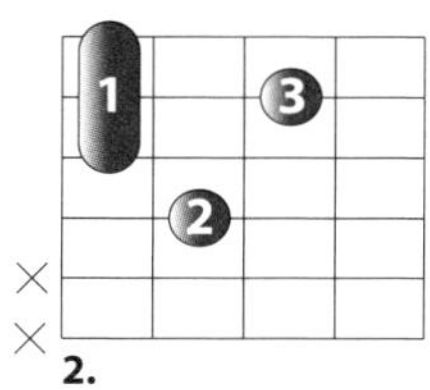

F 7b9

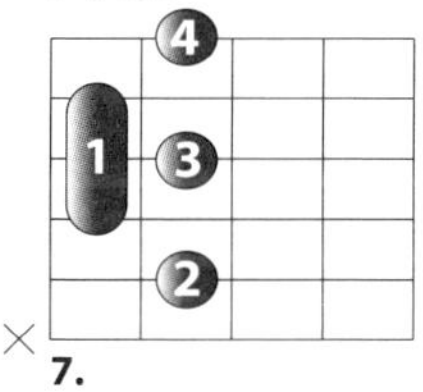

F 7b9

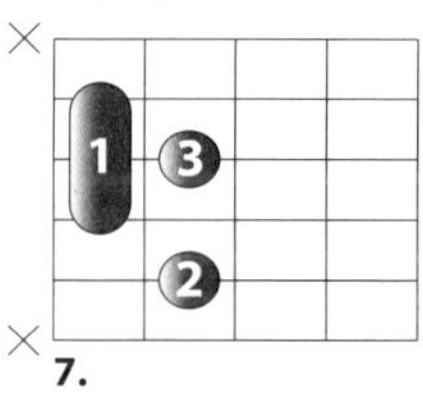

F 7b9

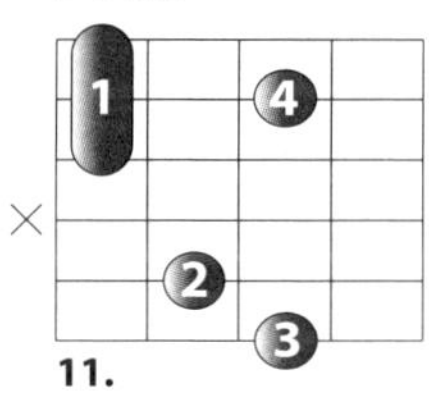

F 9sus4

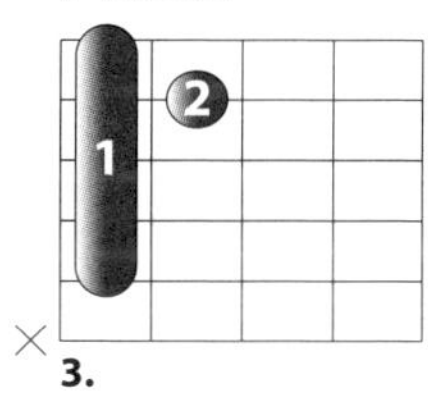

F 9sus4

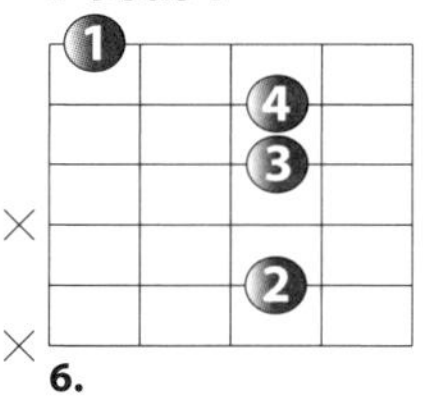

F 9sus4

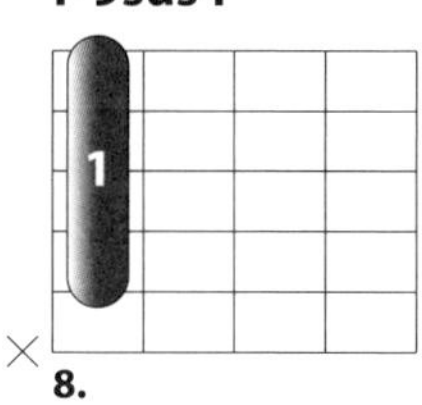

F 9sus4

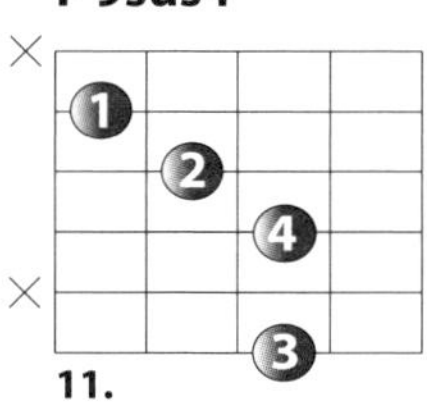

F add9

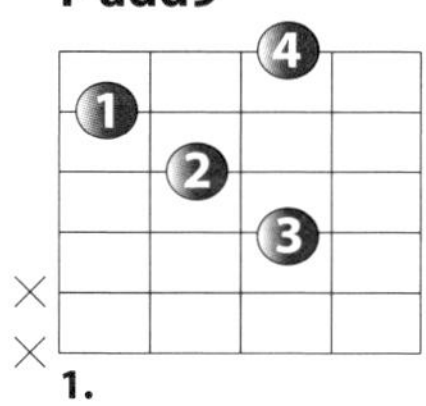

F add9

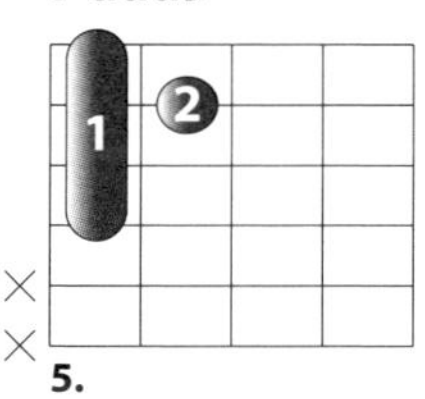

F add9

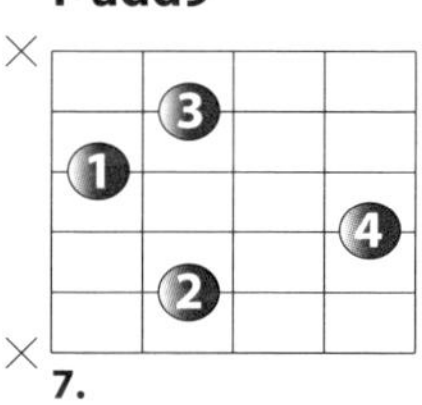

F add9

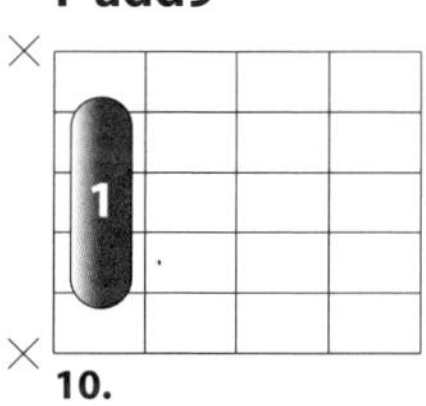

F aug9

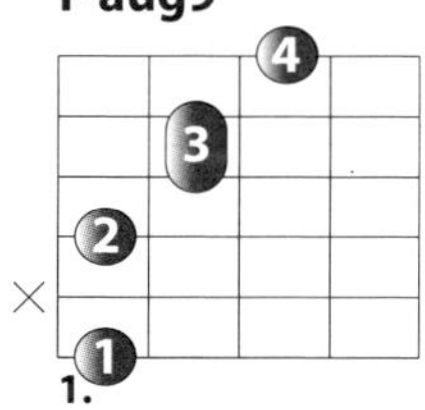

F aug9

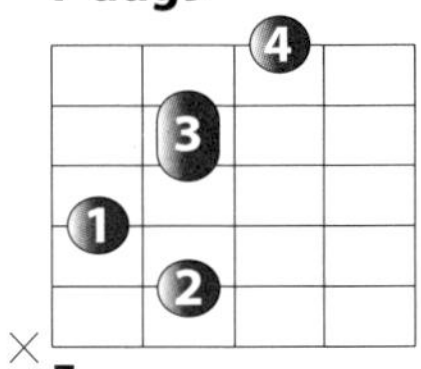

7.

F# Bb

Akkorde

F#

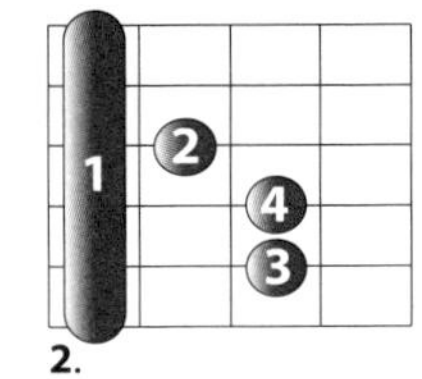

2.

F#

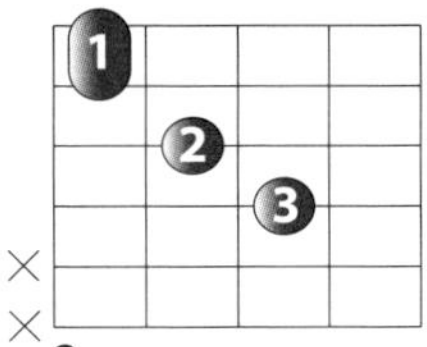

2.

F#

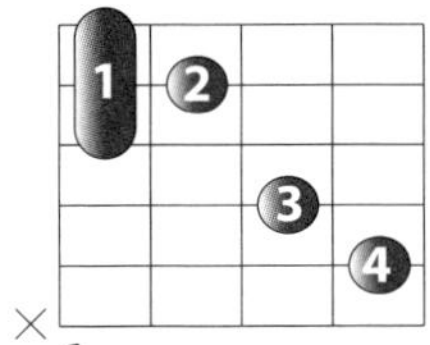

6.

F#

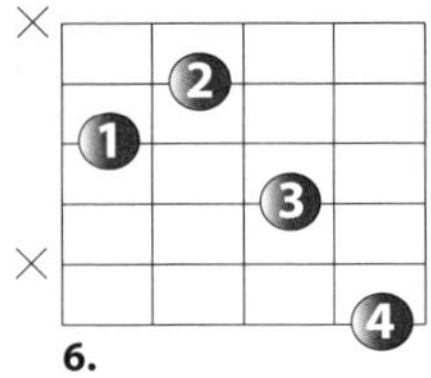

6.

F#

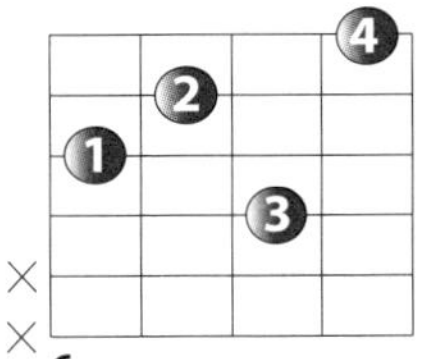

6.

F#

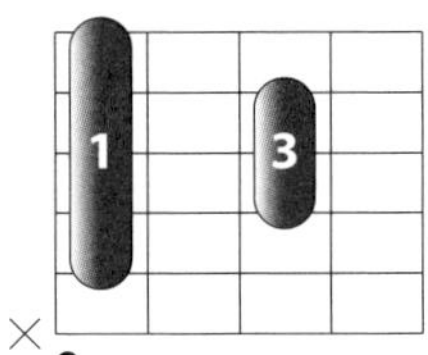

9.

F# 5

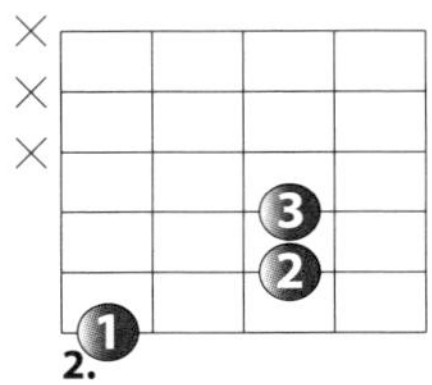

2.

F# 5

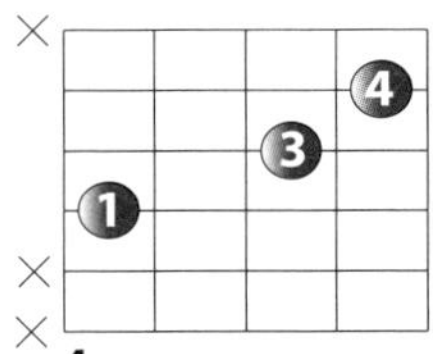

4.

F# 5

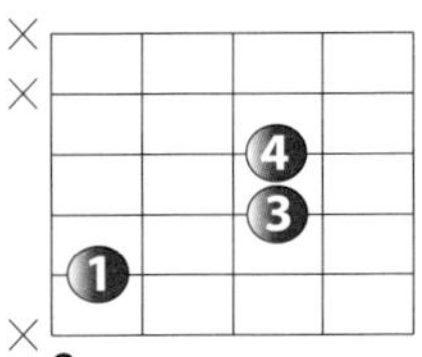

9.

F# 5

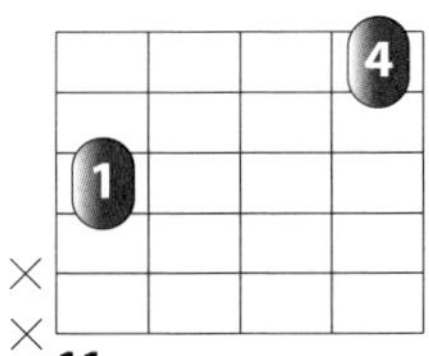

11.

F# 6

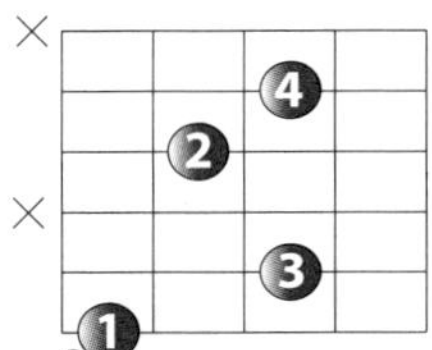

2.

F# 6

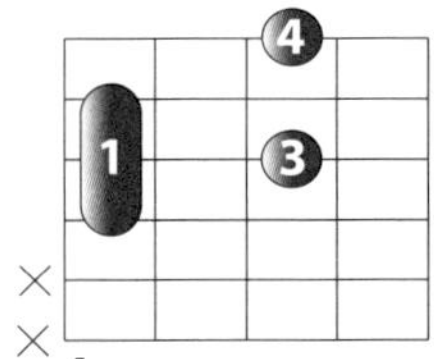

4.

F# 6

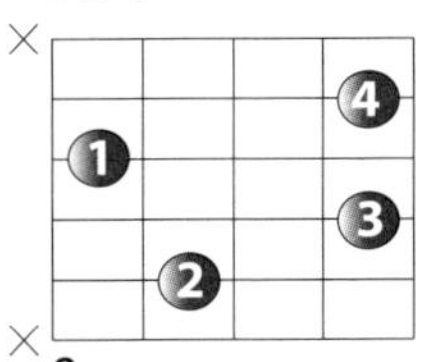

8.

F# 6

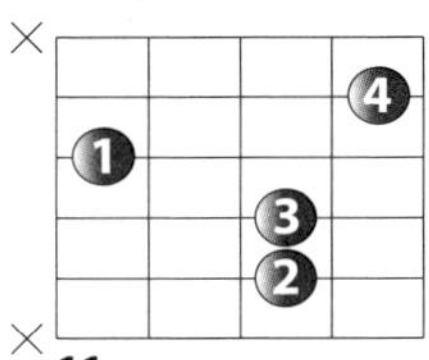

11.

F# 7

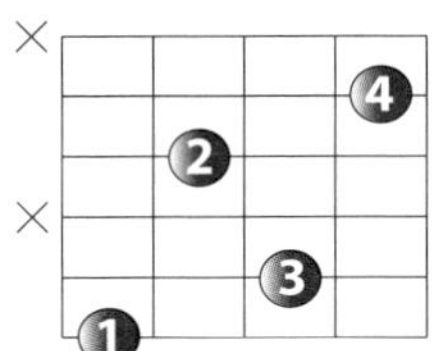

2.

F# 7

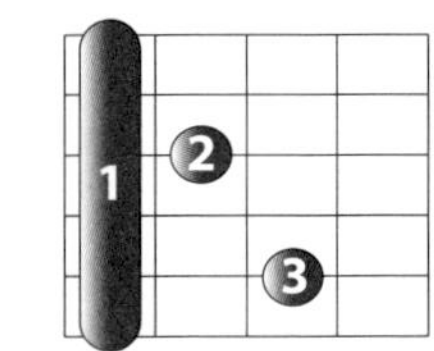

2.

F# 7

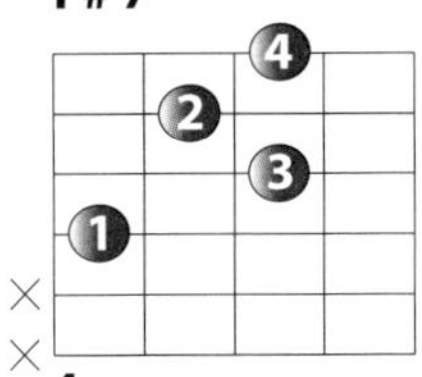

4.

F# 7

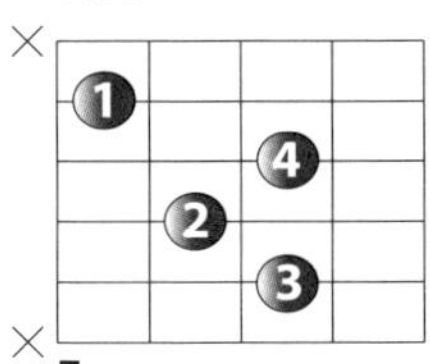

7.

F# 7

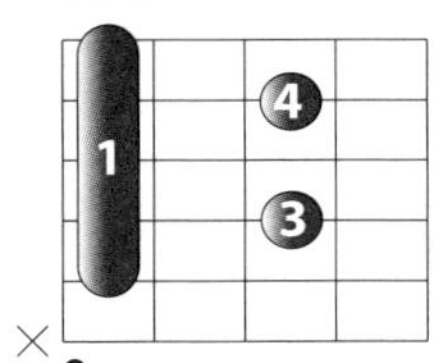

9.

F# 7

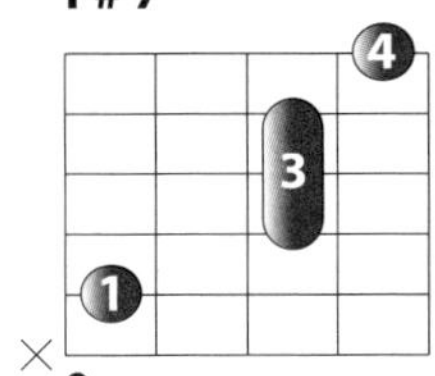

9.

F# maj7

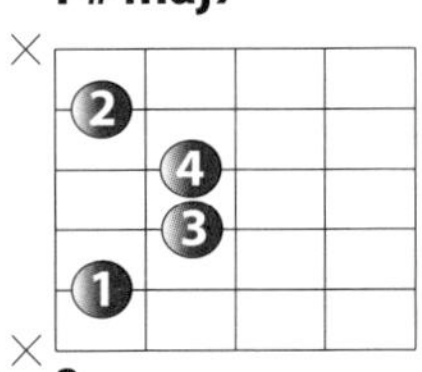

2.

F# maj7

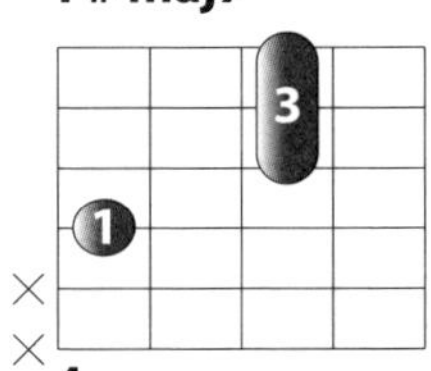

4.

F# maj7

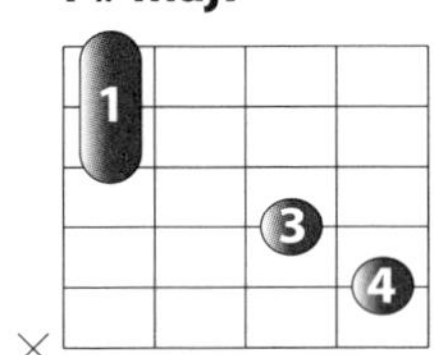

6.

F# maj7

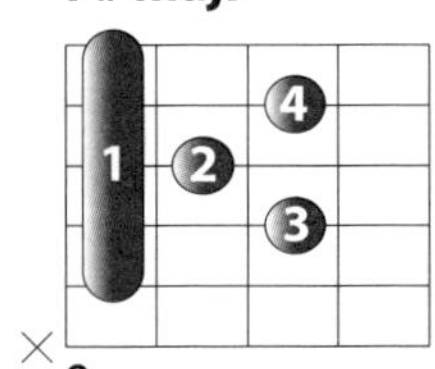

9.

F# 9

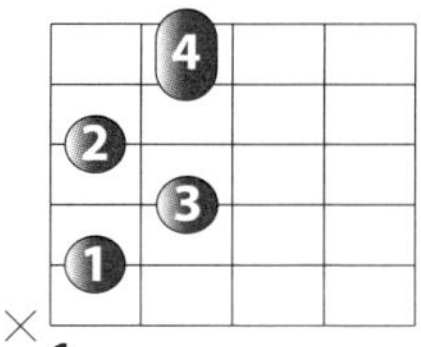

1.

F# 9

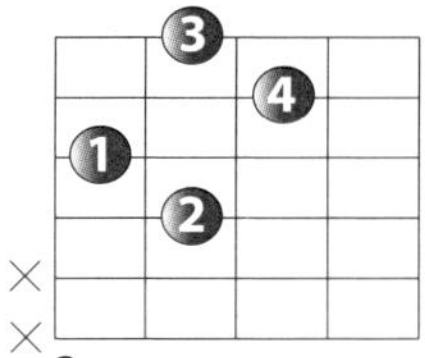

3.

F# 9

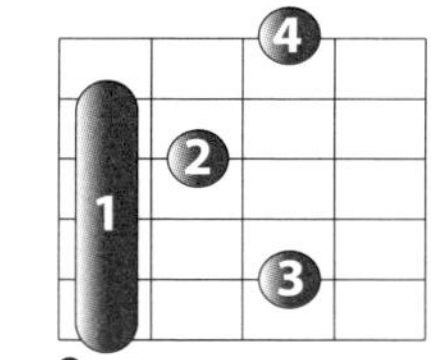

2.

F# 9

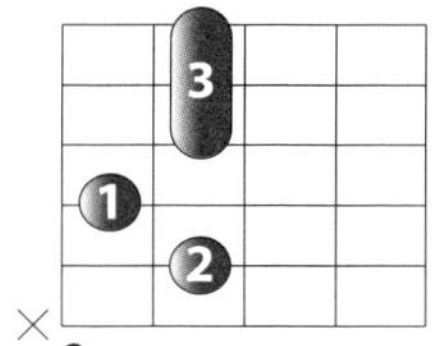

8.

F# maj9

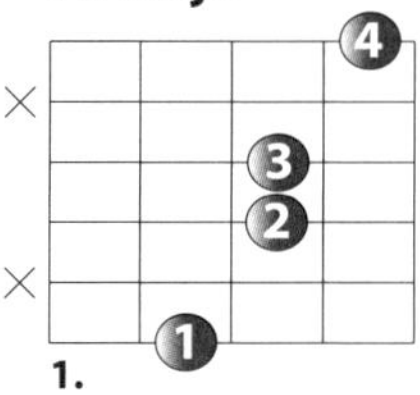

1.

F# maj9

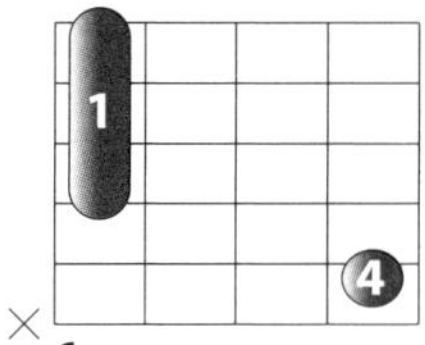

6.

F# 11

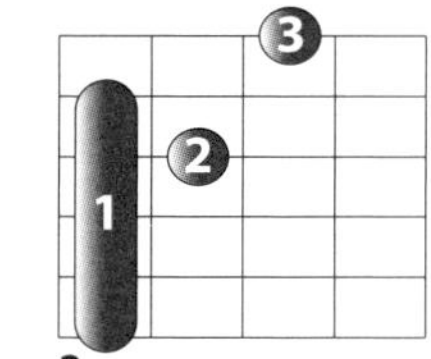

2.

F# 11

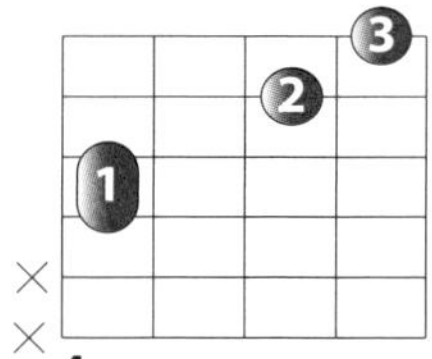

4.

F# 11

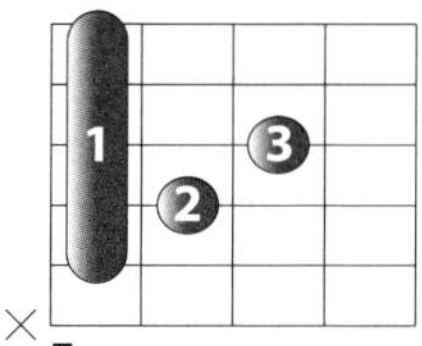

7.

F# 11

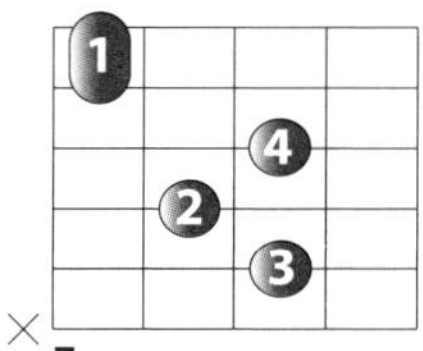

7.

F# 13

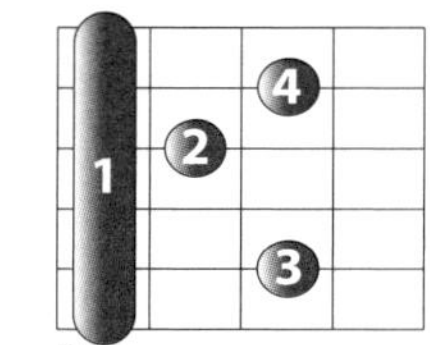

2.

F# 13

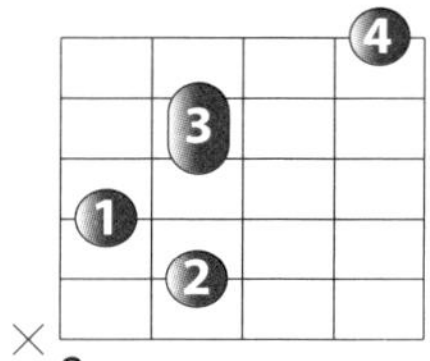

8.

F# 13

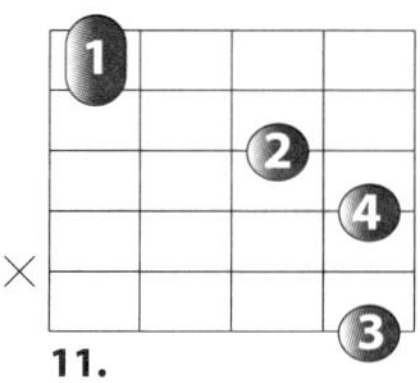

11.

F# maj13

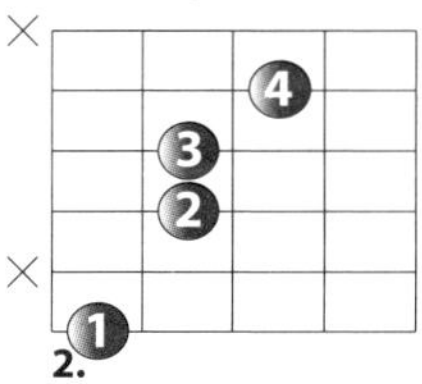

2.

F# m

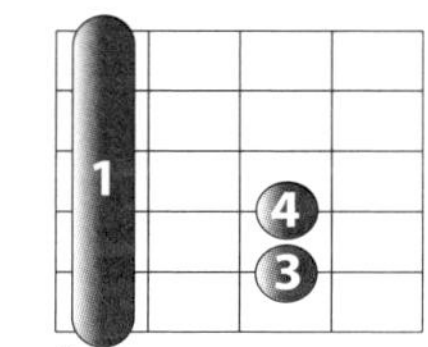

2.

F# m

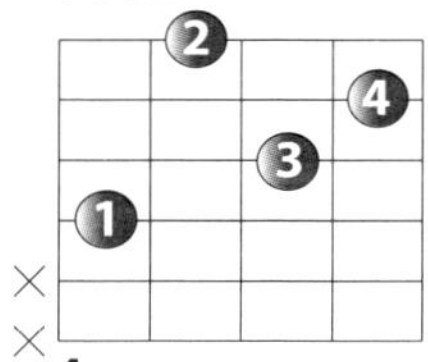

4.

F# m

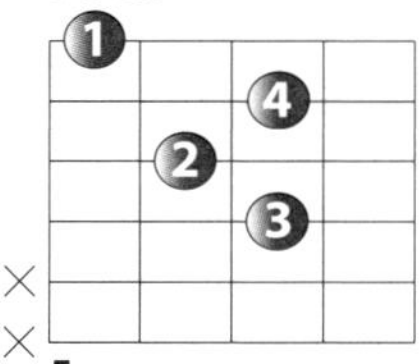

5.

F# m

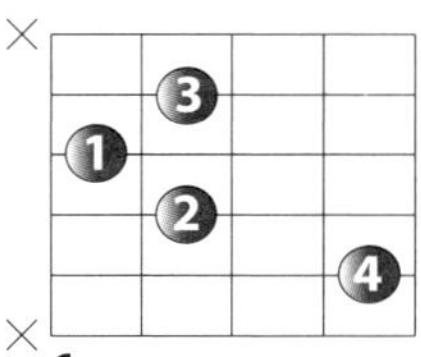

6.

F# m

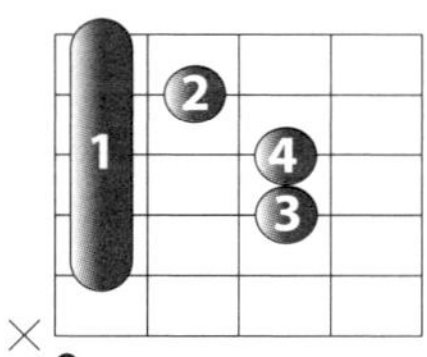

9.

F# m

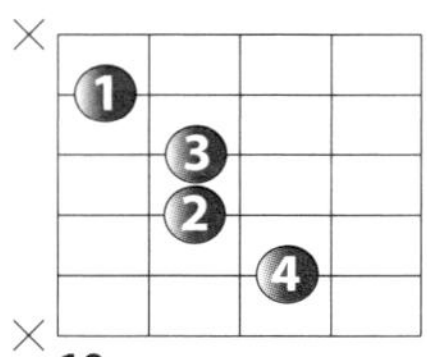

10.

F# m

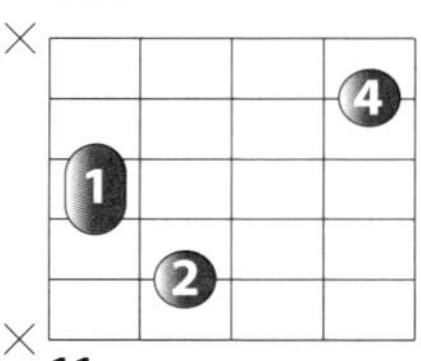

11.

F# m6

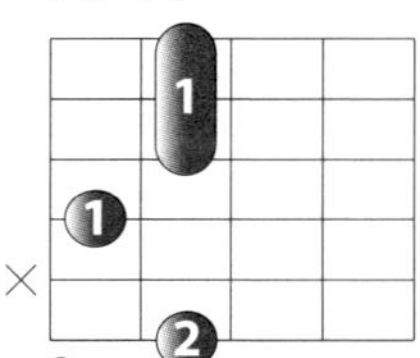

2.

F# m6

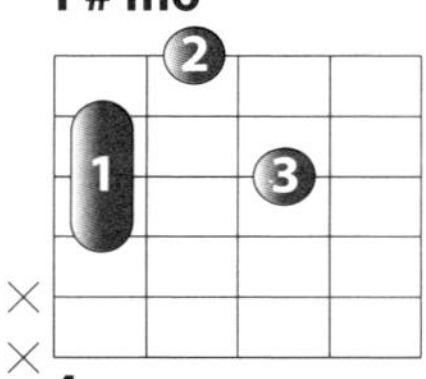

4.

F# m6

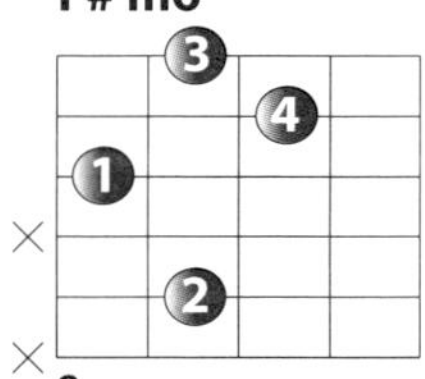

8.

F#
Gb

F#
Gb

F# m7

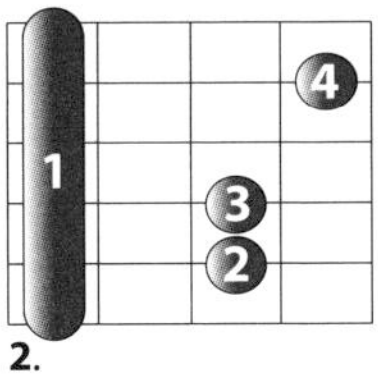

2.

F# m7

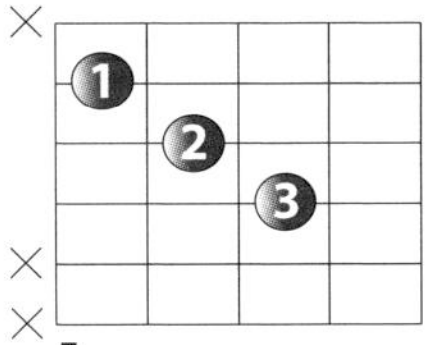

5.

F# m7

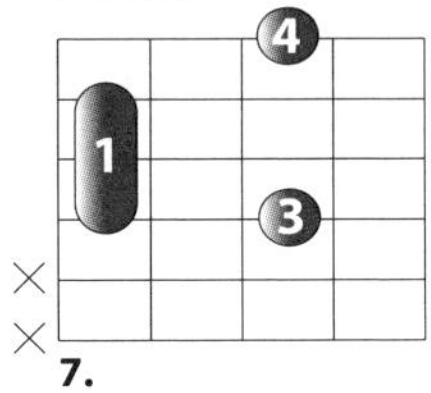

7.

F# m7

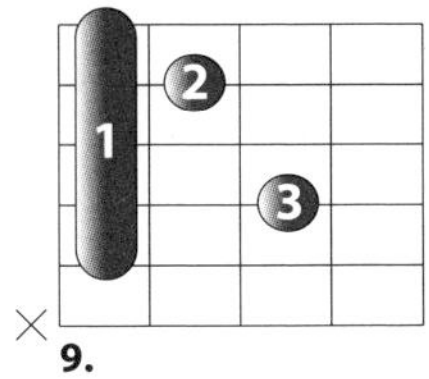

9.

F# m9

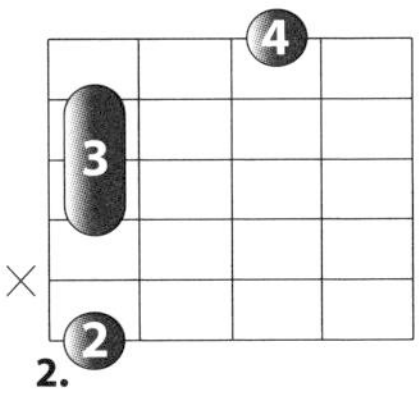

2.

F# m9

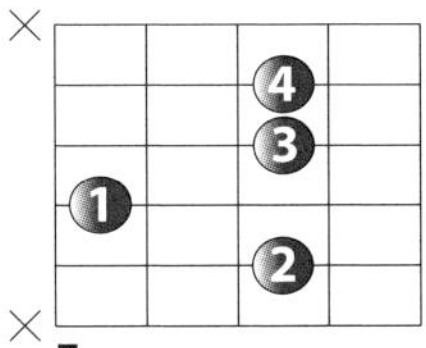

7.

F# m11

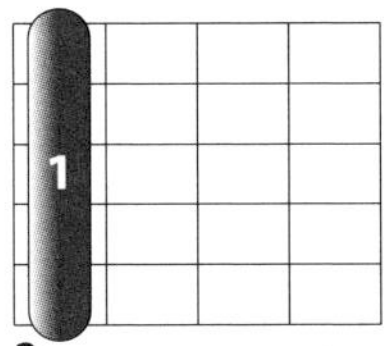

2.

F# m11

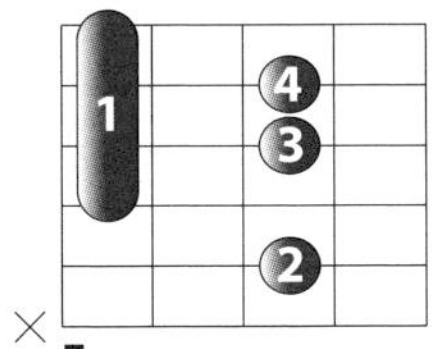

7.

F# m13

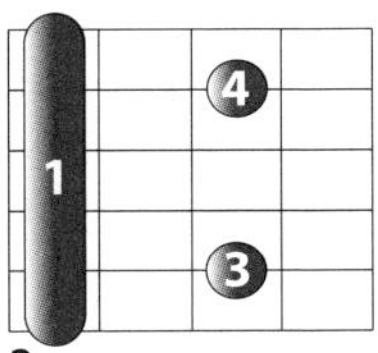

2.

F# m13

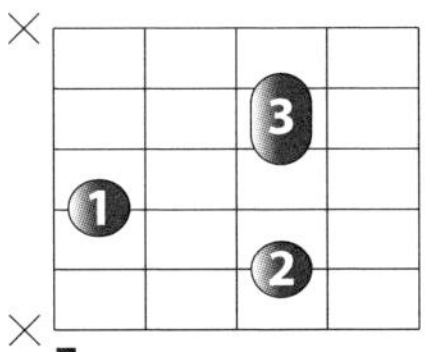

7.

F# m(maj7)

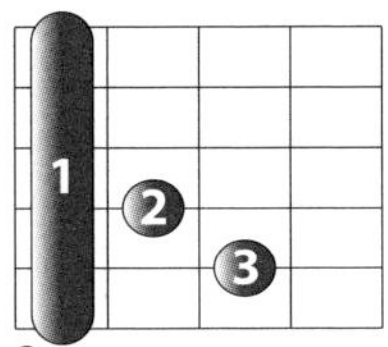

2.

F# m(maj7)

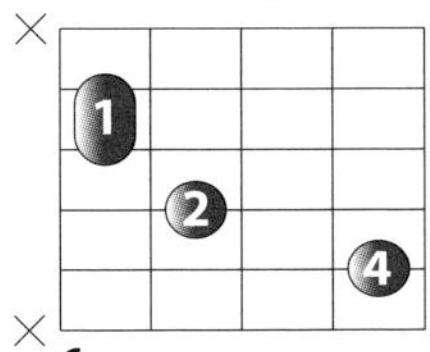

6.

F# sus2

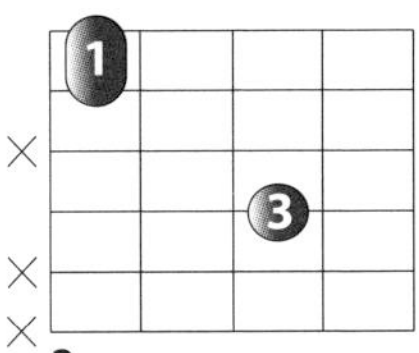

2.

F# sus2

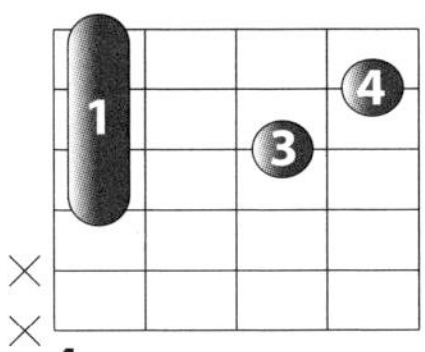

4.

F# sus2

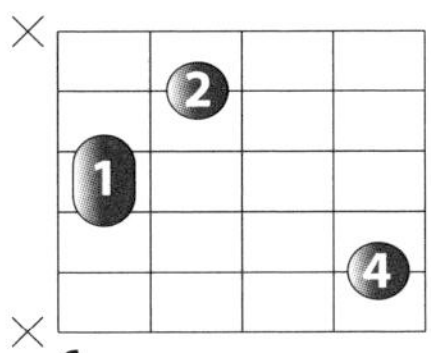

6.

F# sus2

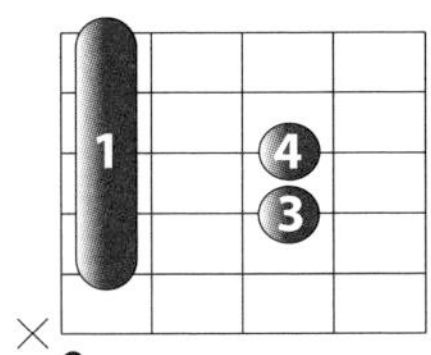

9.

F# sus4

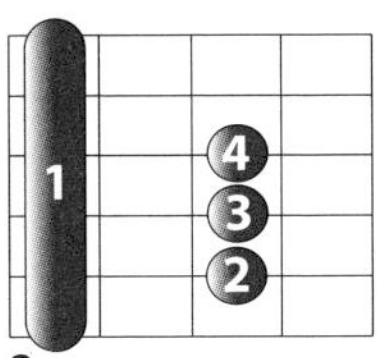

2.

F# sus4

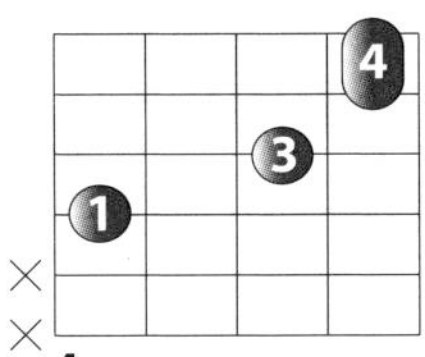

4.

F# sus4

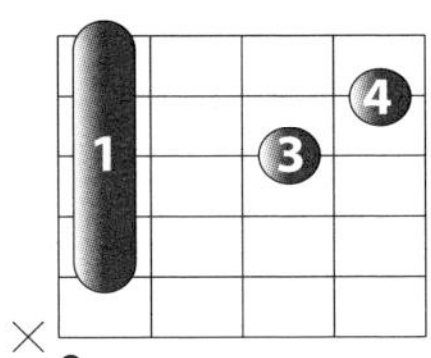

9.

F# sus4

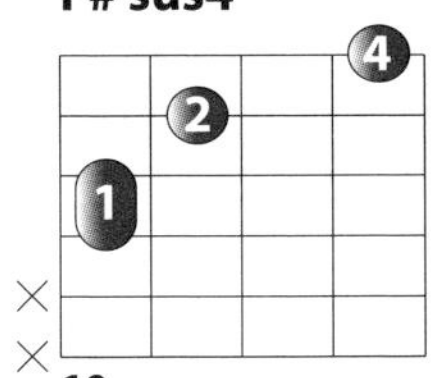

10.

F# dim

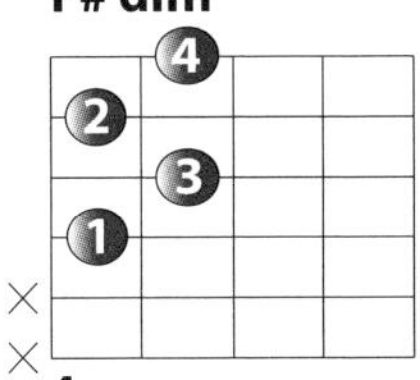

4.

F# dim

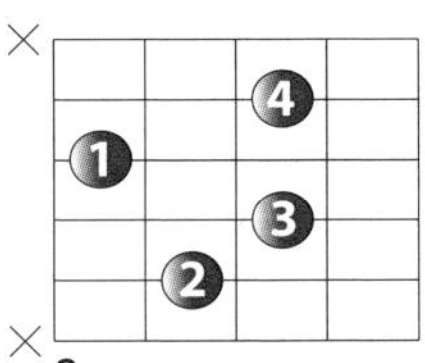

8.

F# aug

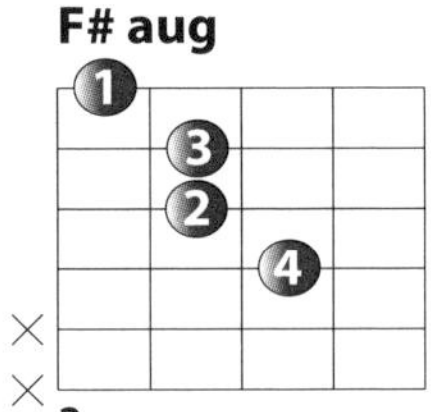

2.

F# aug

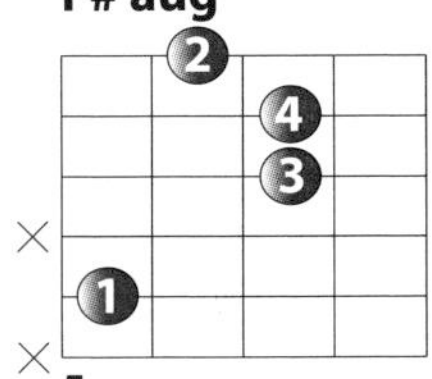

5.

F# aug

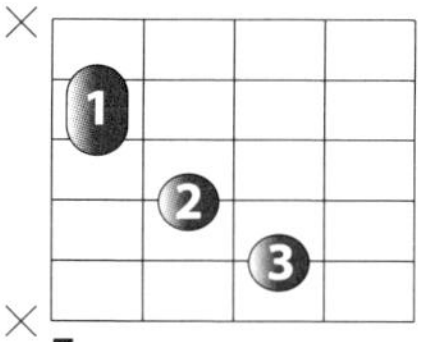

7.

F# aug

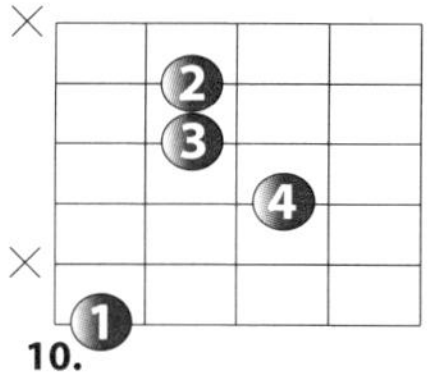

10.

F# 6/9

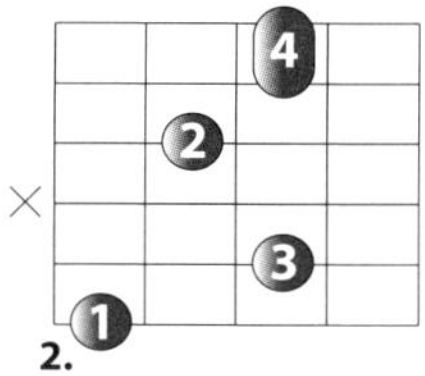

2.

F# 6/9

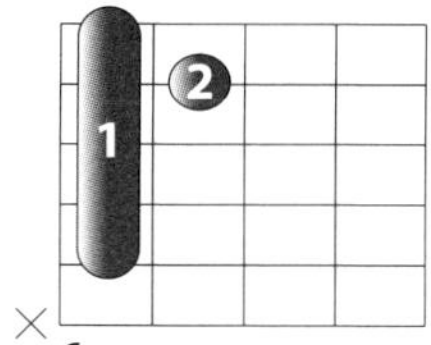

6.

F# 6/9

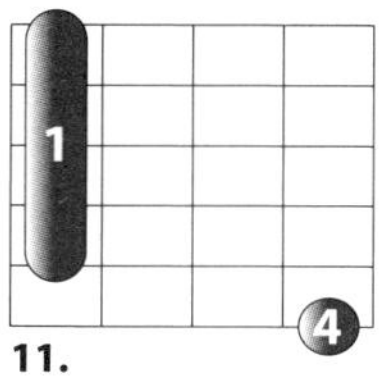

11.

F# 7sus4

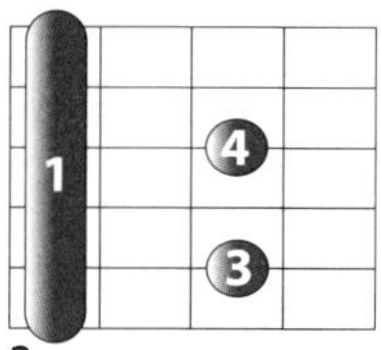

2.

F# 7sus4

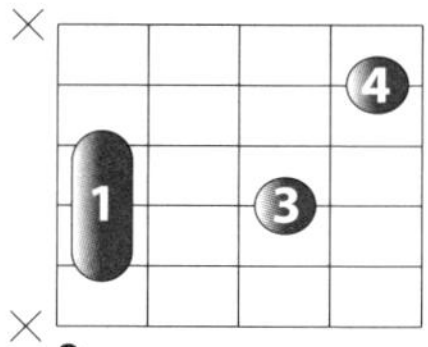

9.

F# 7b5

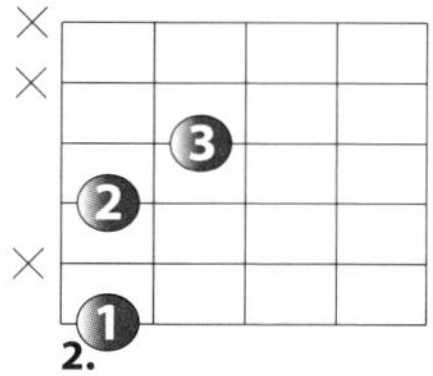

2.

F# 7b5

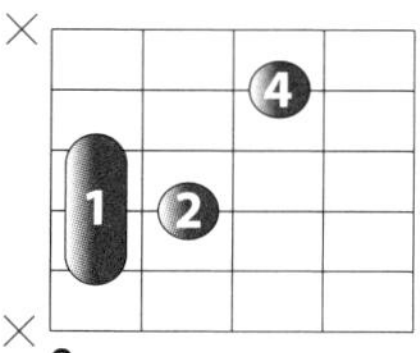

9.

F# 7b9

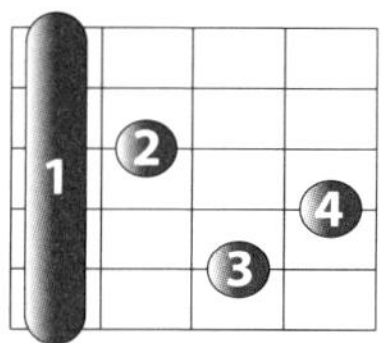

2.

F# 7b9

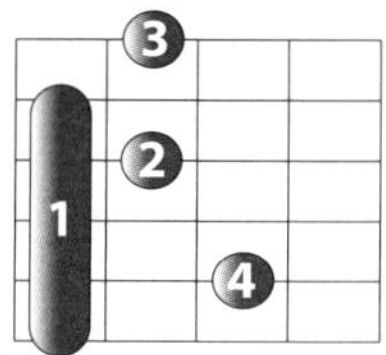

2.

F# 7b9

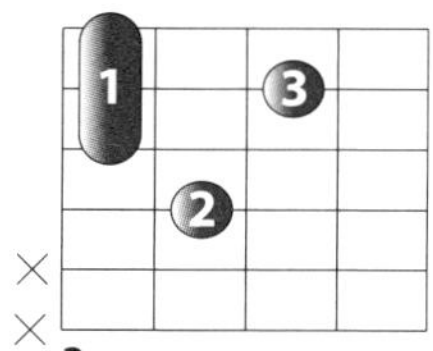

3.

F# 7b9

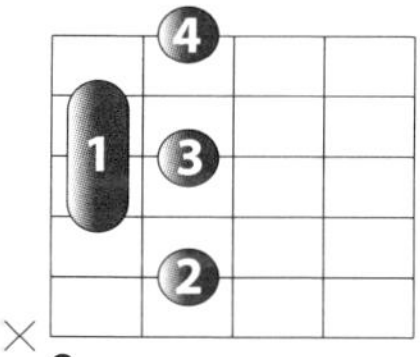

8.

F# 7b9

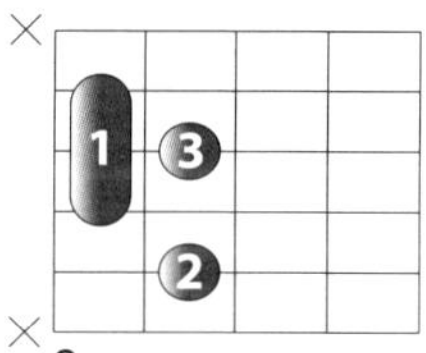

8.

F# 7b9

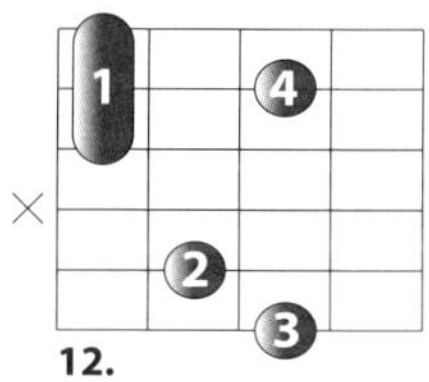

12.

F# 9sus4

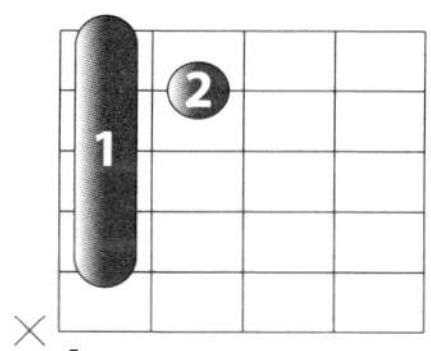

4.

F# 9sus4

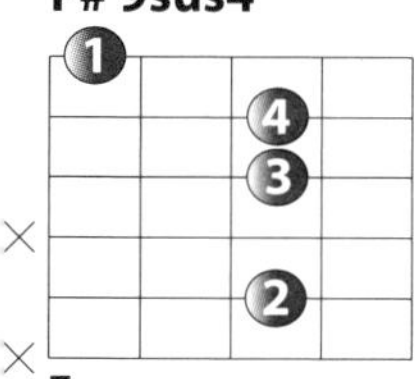

7.

F# 9sus4

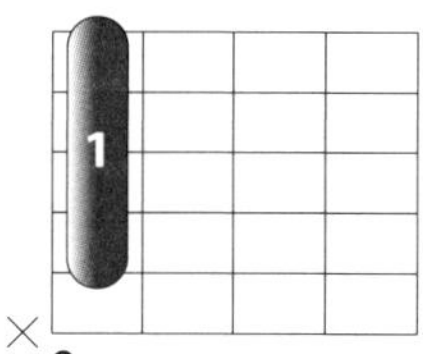

9.

F# 9sus4

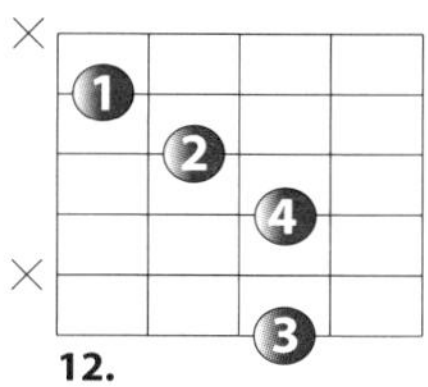

12.

F# add9

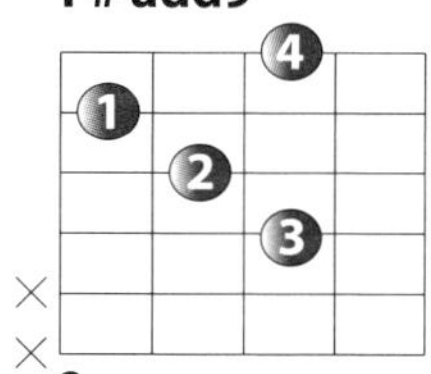

2.

F# add9

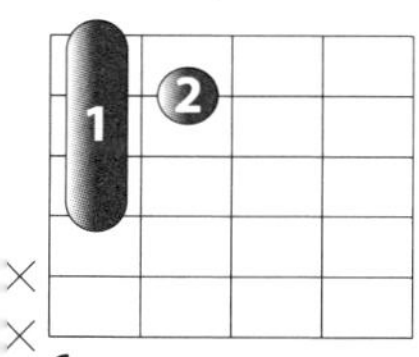

6.

F# add9

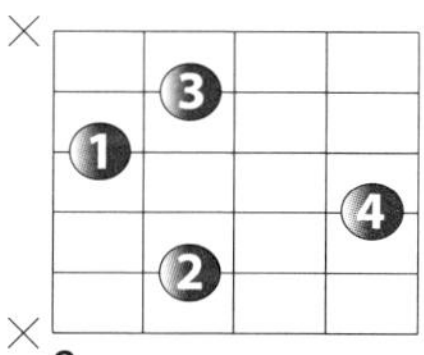

8.

F# add9

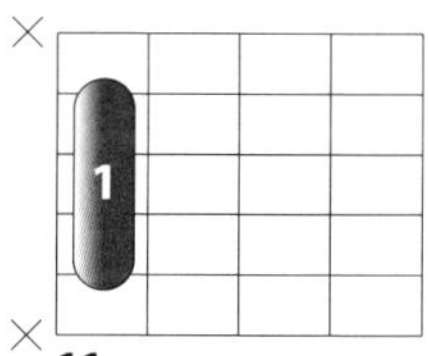

11.

F# aug9

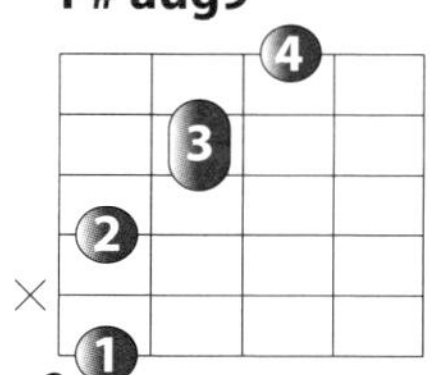

2.

F# Gb

F# aug9

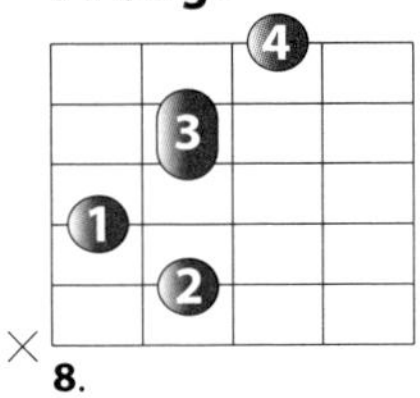

G

Akkorde

G

G

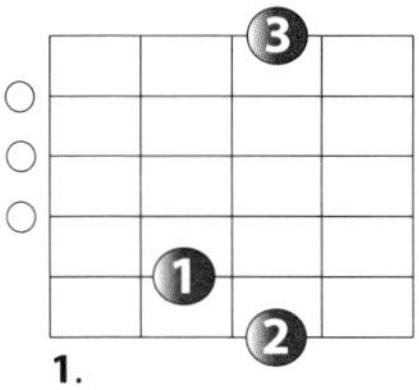

1.

G

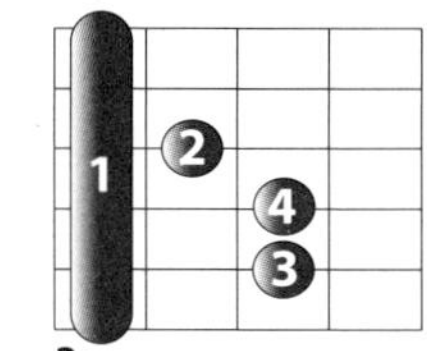

3.

G

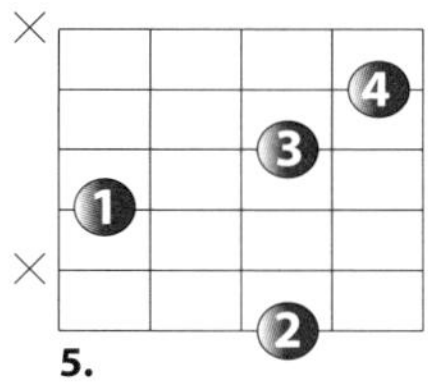

5.

G

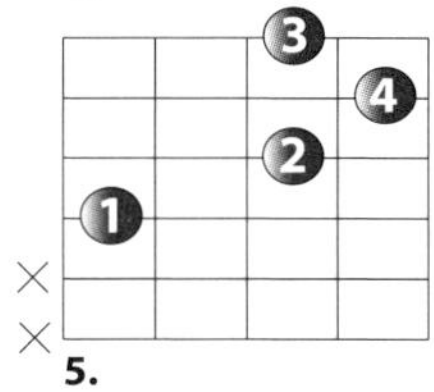

5.

G

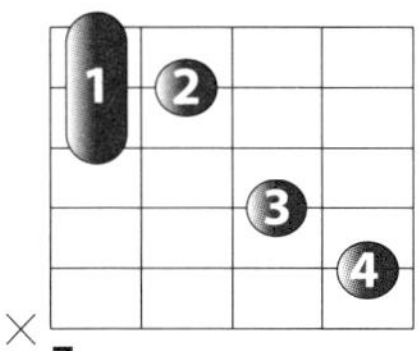

7.

G

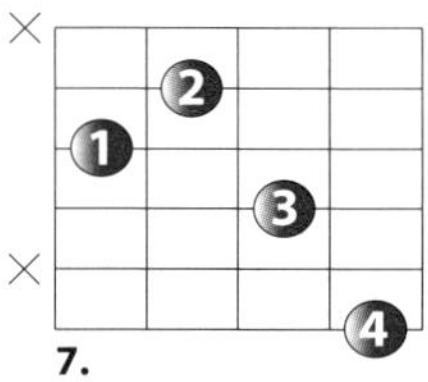

7.

G

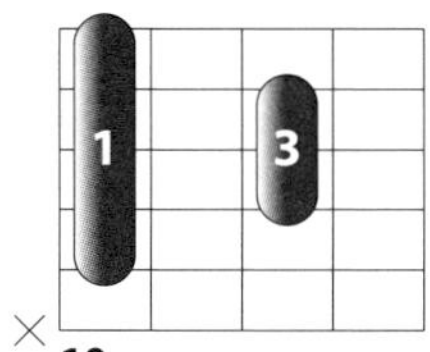

10.

G 5

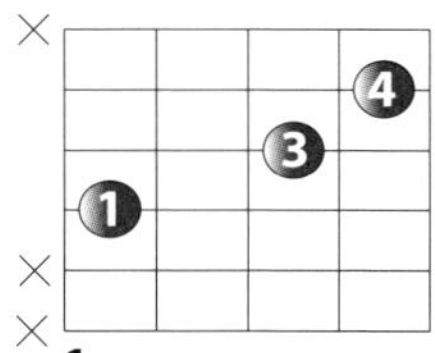

1.

G 5

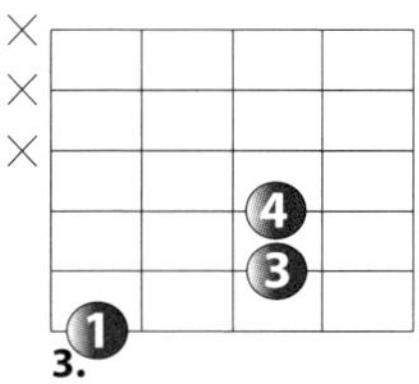

3.

G 5

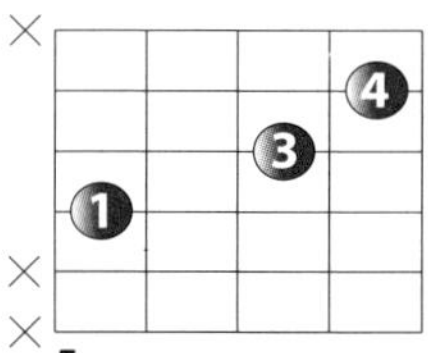

5.

G 5

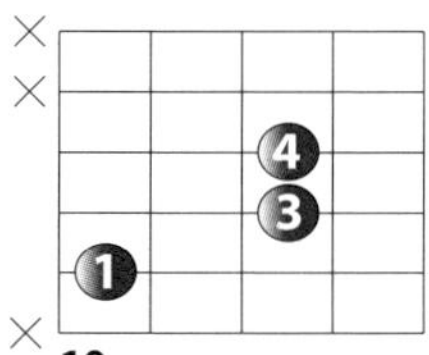

10.

G 6

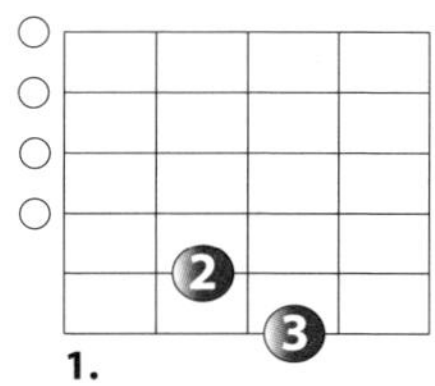

1.

G 6

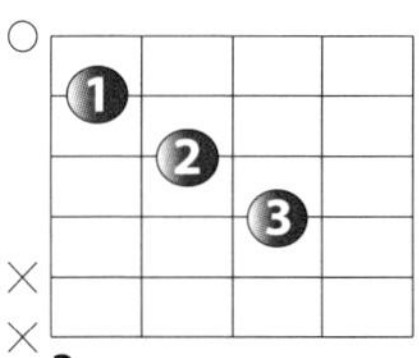

3.

G 6

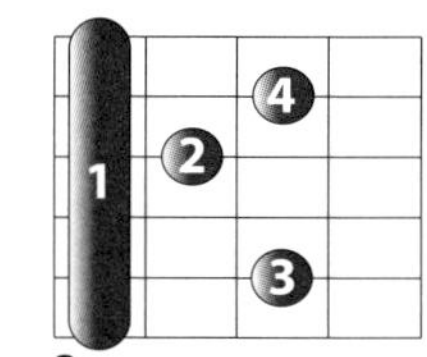

3.

G 6

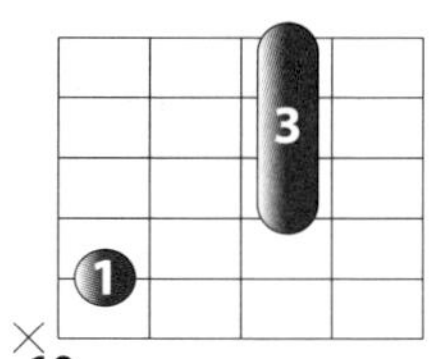

10.

G 7

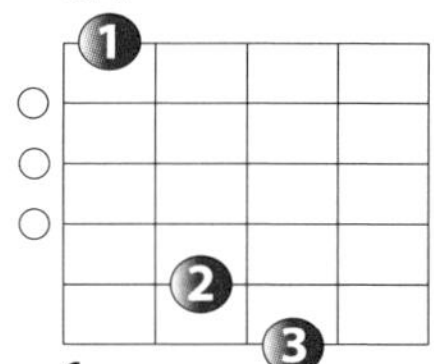

1.

G 7

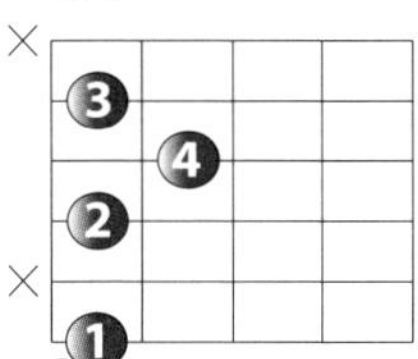

3.

G 7

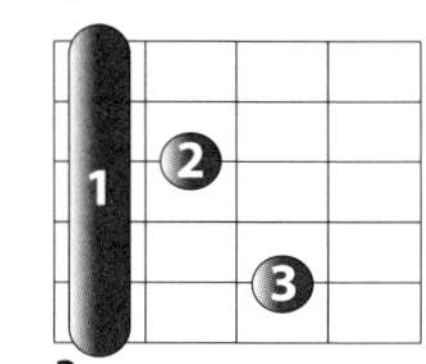

3.

G 7

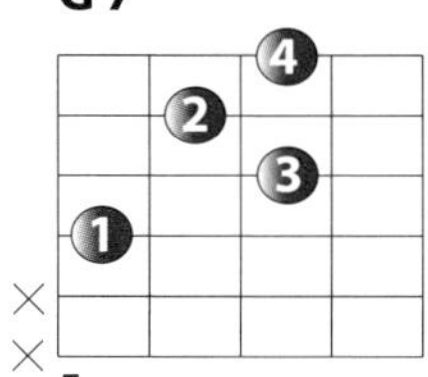

5.

G 7

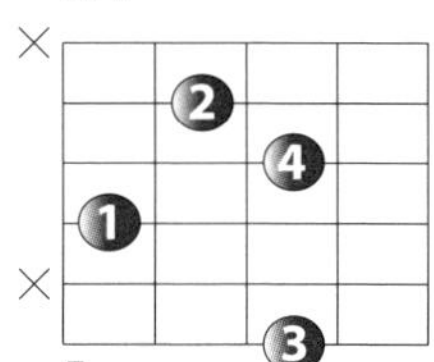

5.

G 7

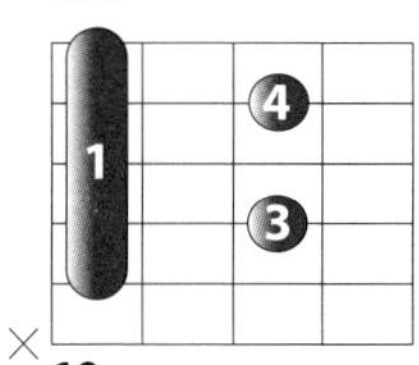

10.

G maj7

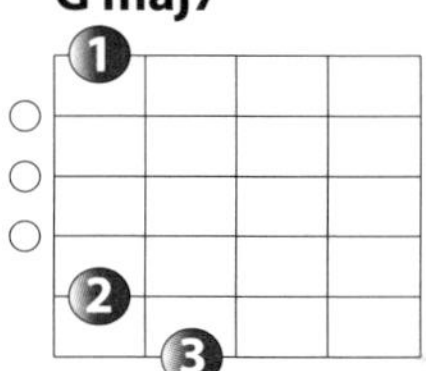

2.

G maj7

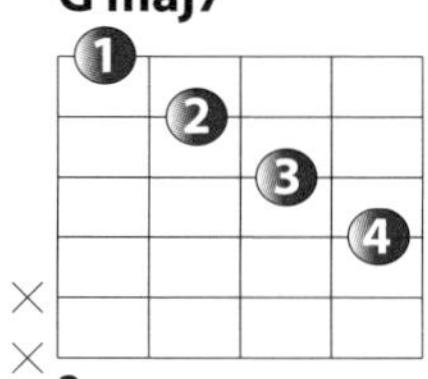

2.

G maj7

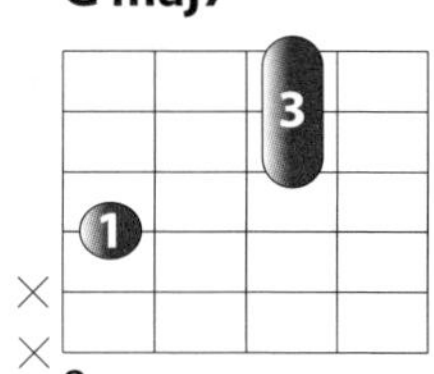

8.

G maj7

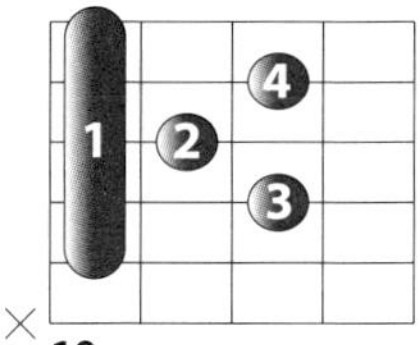

10.

G 9

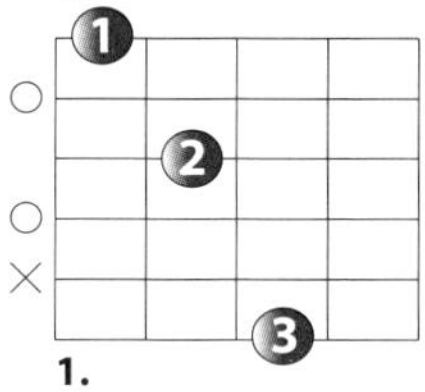

1.

G 9

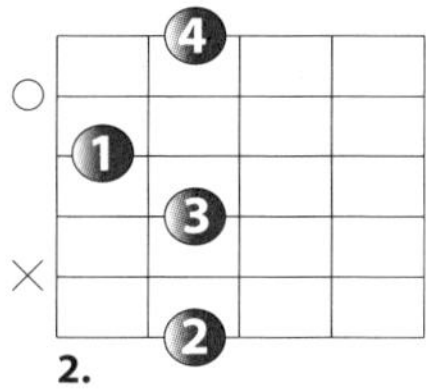

2.

G 9

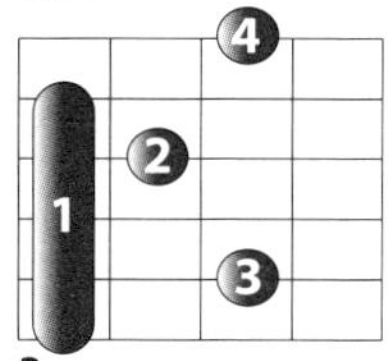

3.

G 9

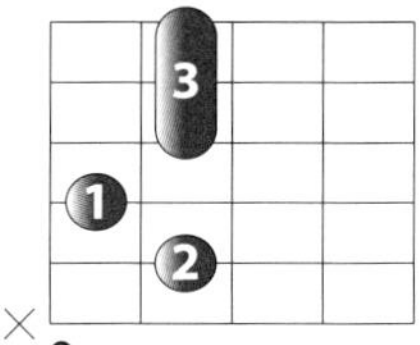

9.

G maj9

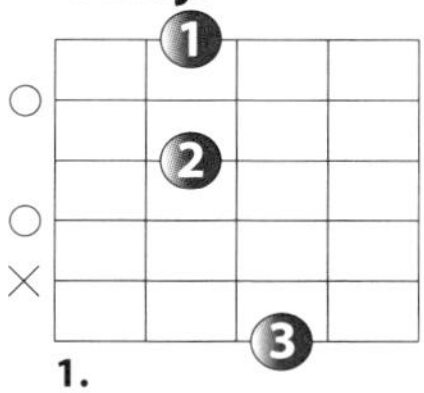

1.

G maj9

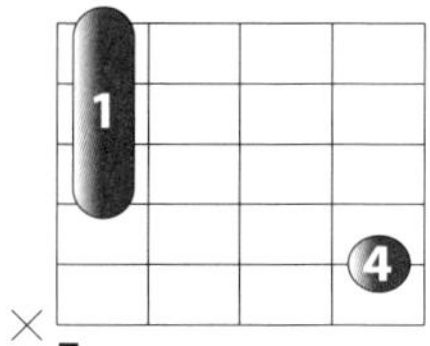

7.

G 11

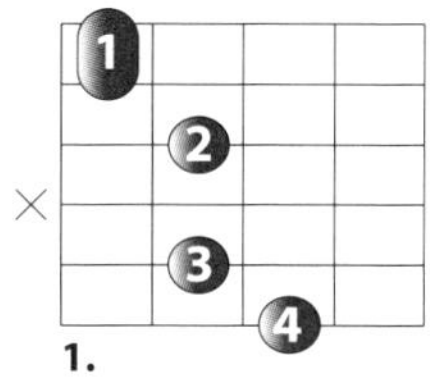

1.

G 11

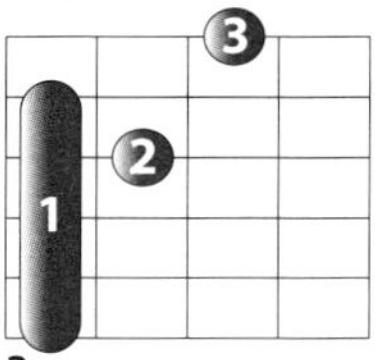

3.

G 11

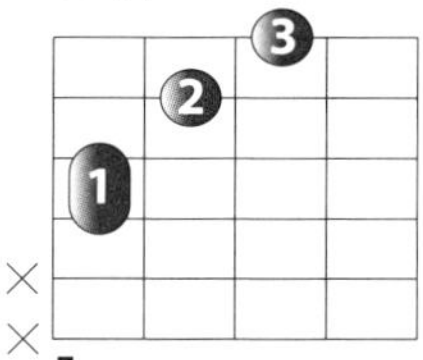

5.

G 11

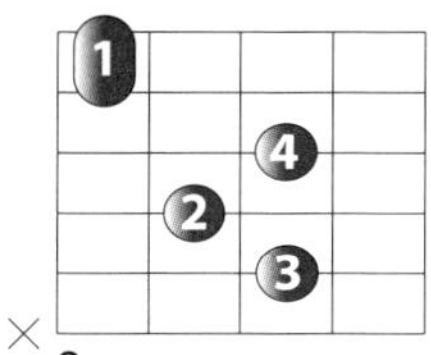

8.

G 13

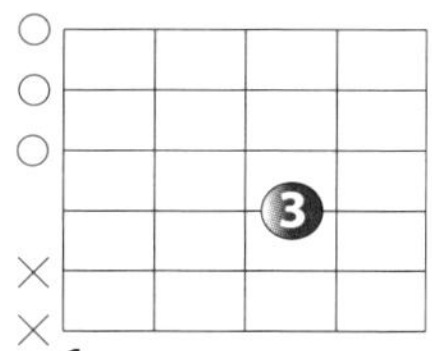

1.

G 13

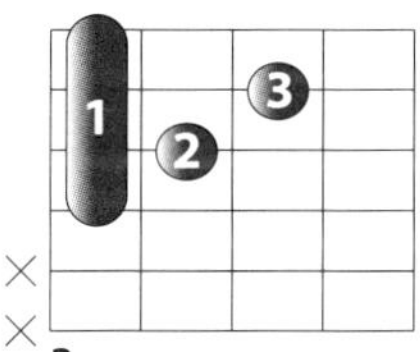

3.

G 13

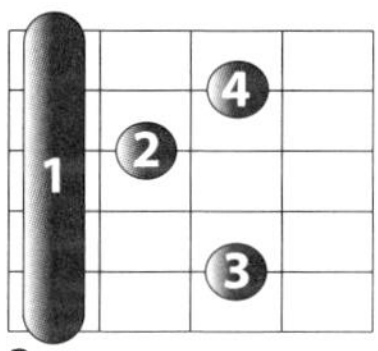

3.

G 13

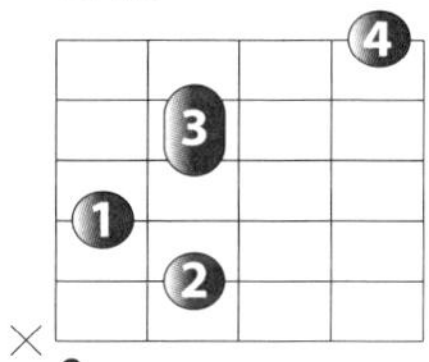

9.

G maj13

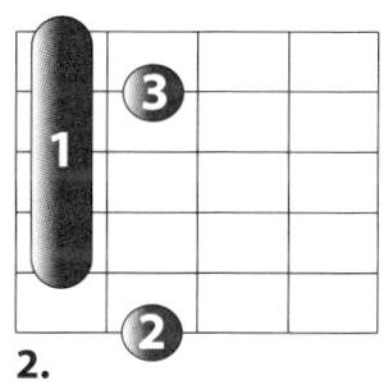

2.

G maj13

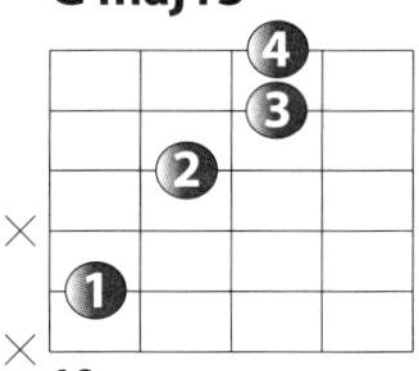

10.

G m

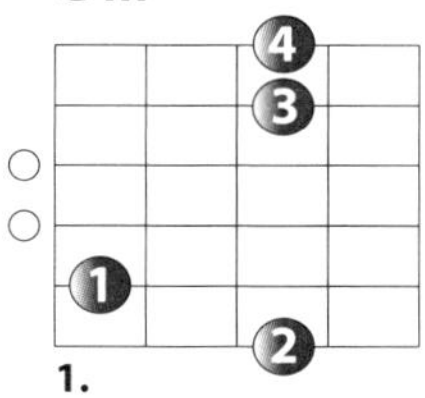

1.

G m

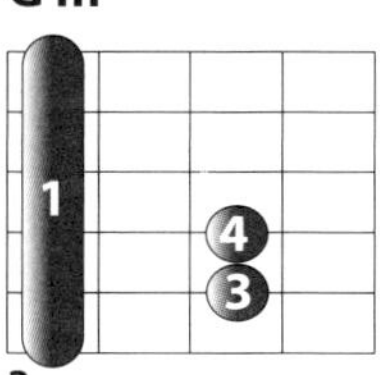

3.

G m

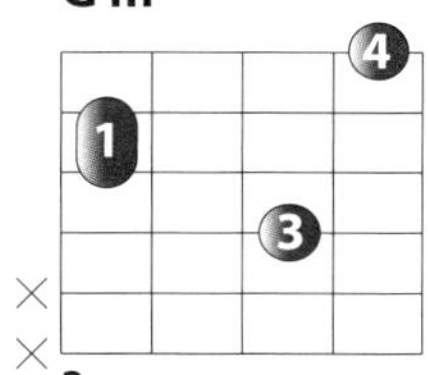

3.

G m

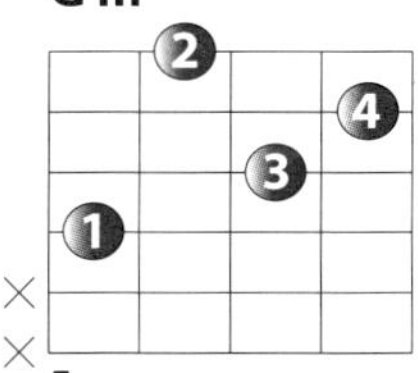

5.

G m

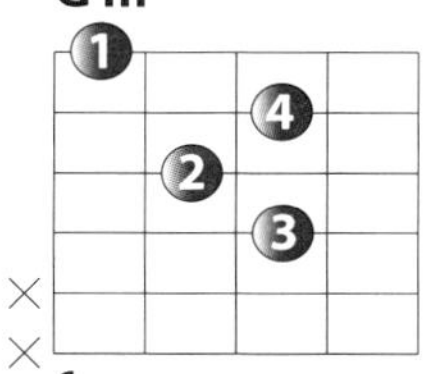

6.

G m

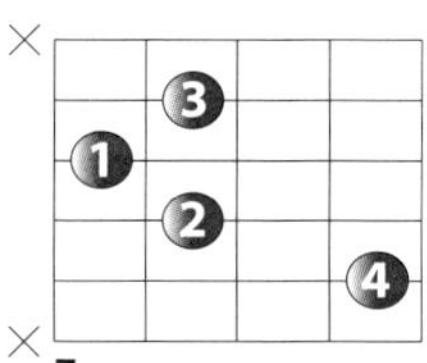

7.

G m

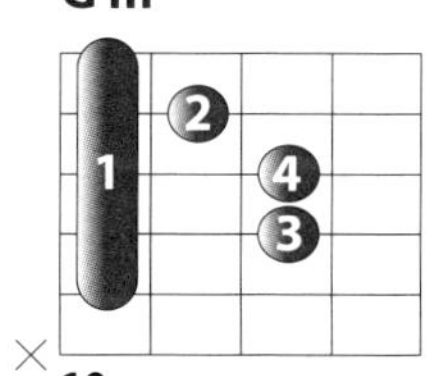

10.

G m6

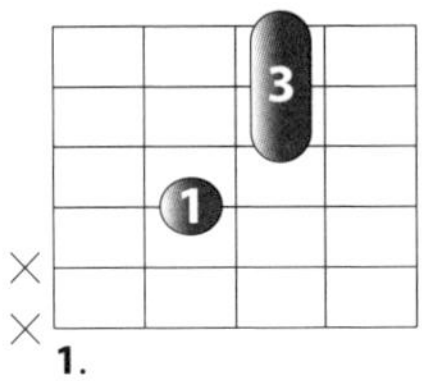

G m6

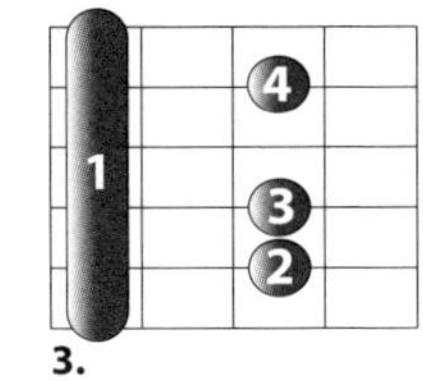

G m6

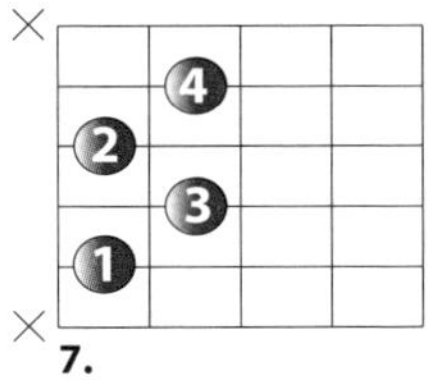

G m6

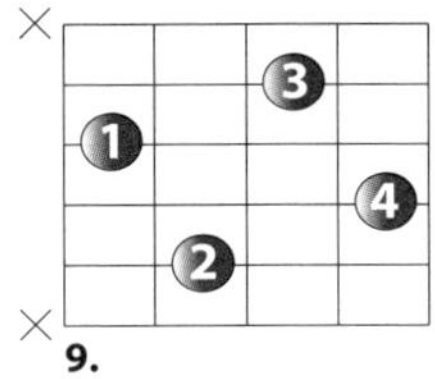

G m7

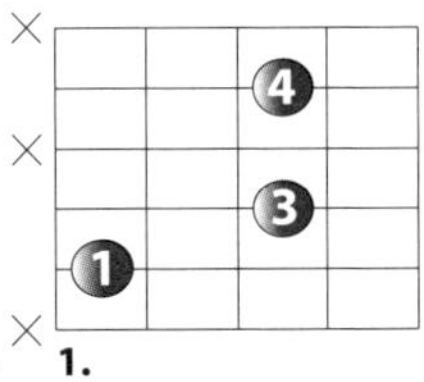

G m7

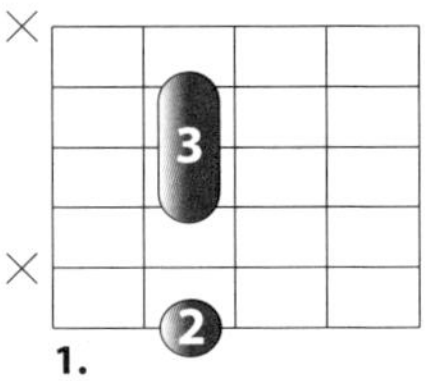

G m7

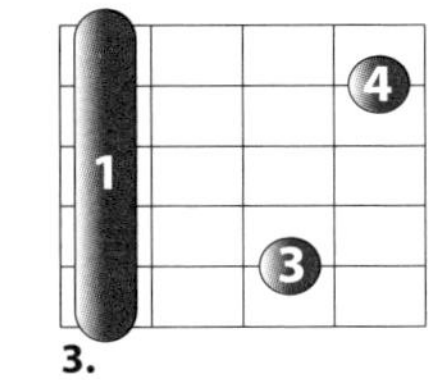

G m7

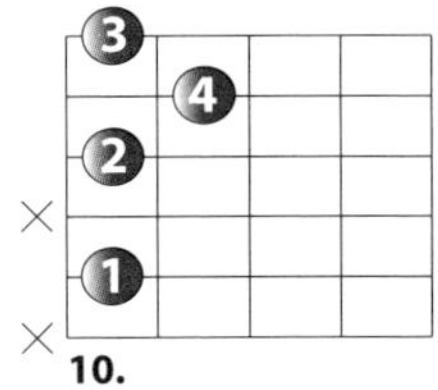

G

G m9

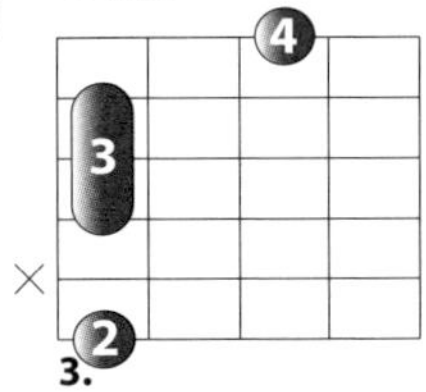

G m9

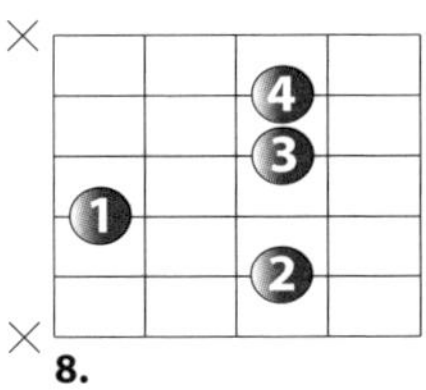

G m11

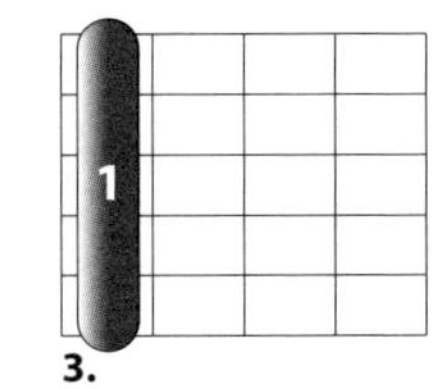

G m11

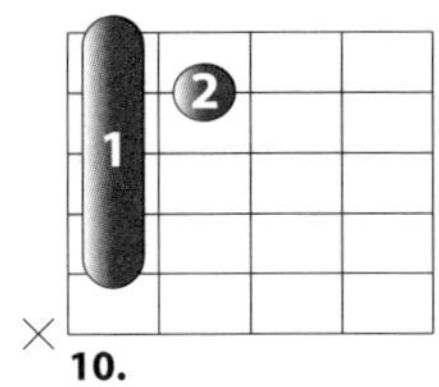

G m13

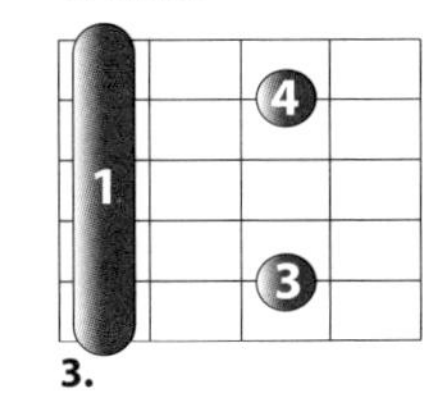

G m13

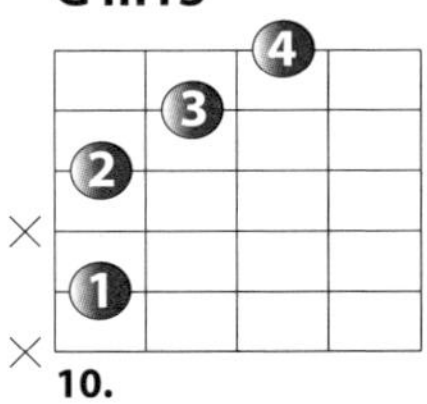

G m(maj7)

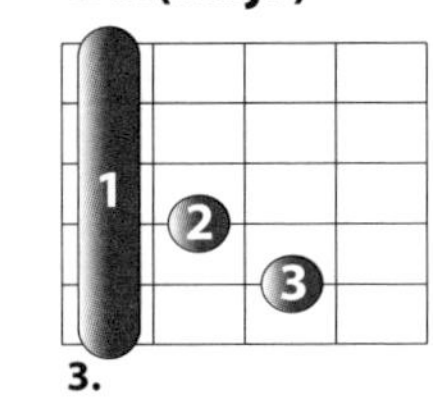

G m(maj7)

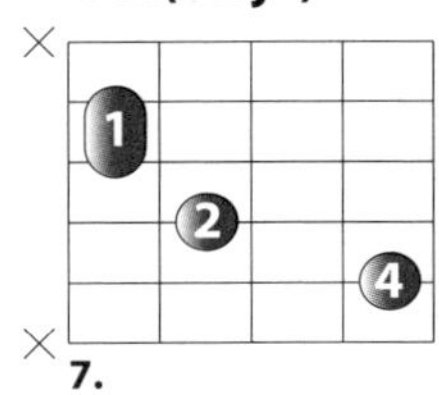

G sus2

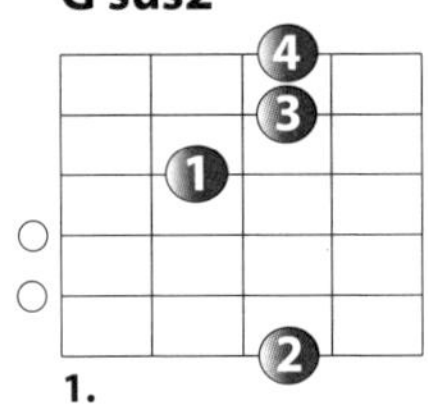

G sus2

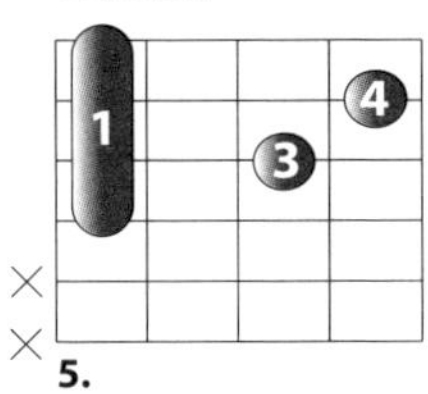

G sus2

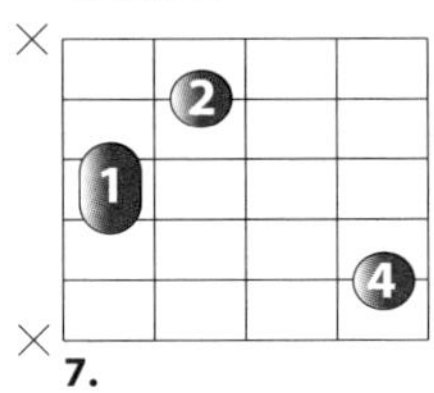

G sus2

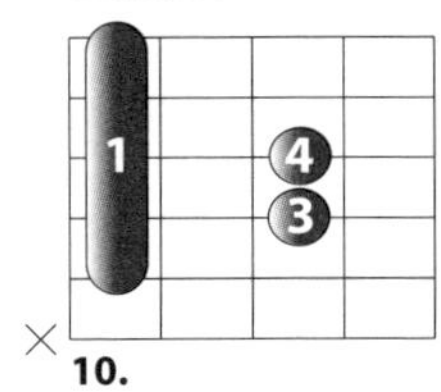

G sus4

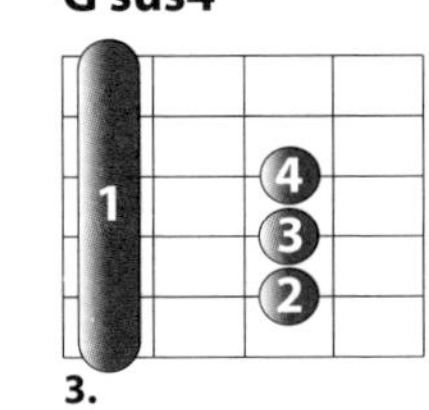

G sus4

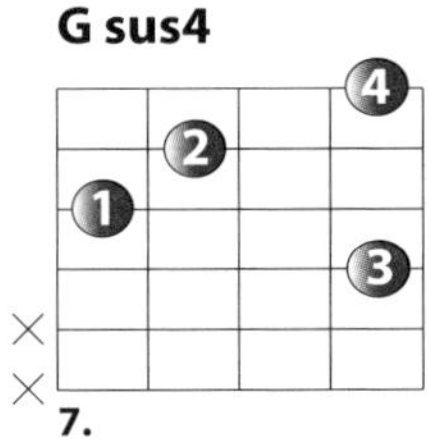

G sus4

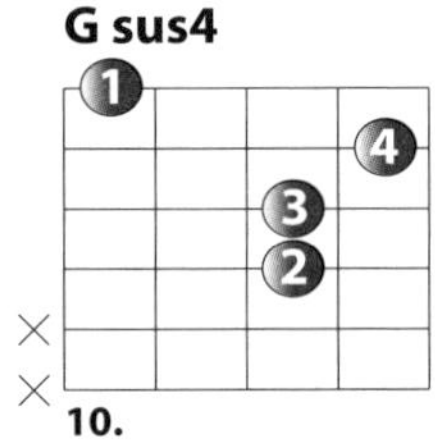

G dim

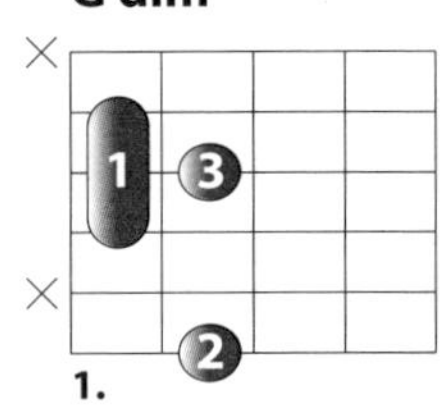

G dim

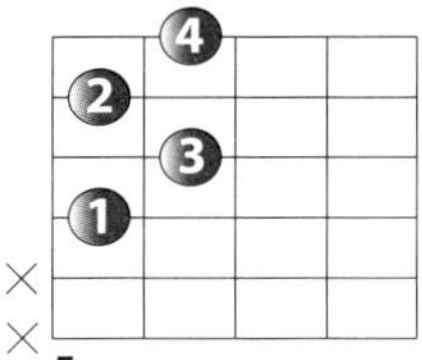

5.

G aug

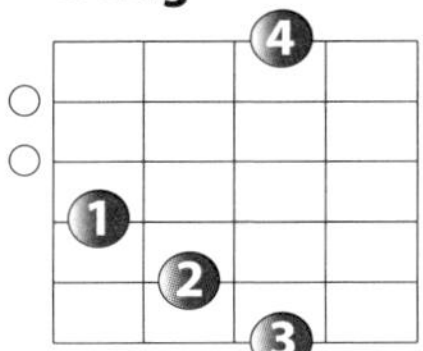

1.

G aug

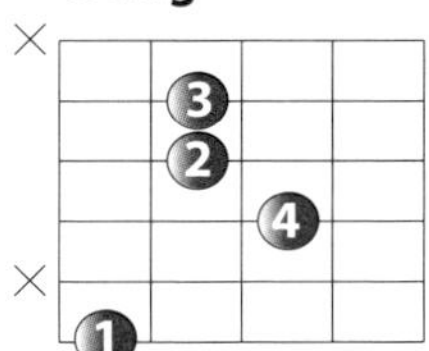

3.

G aug

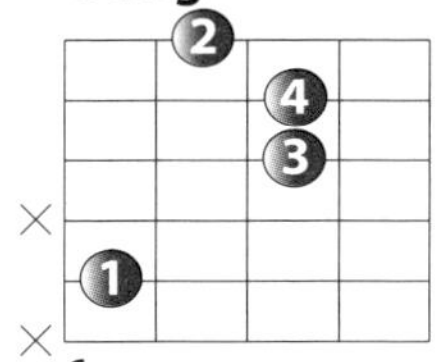

6.

G aug

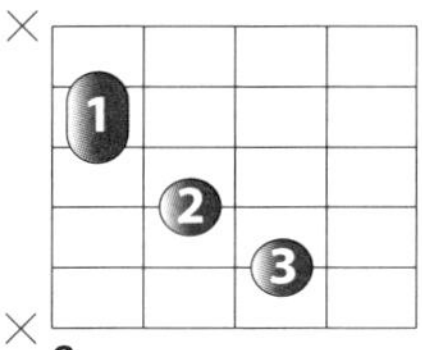

8.

G 6/9

2.

G 6/9

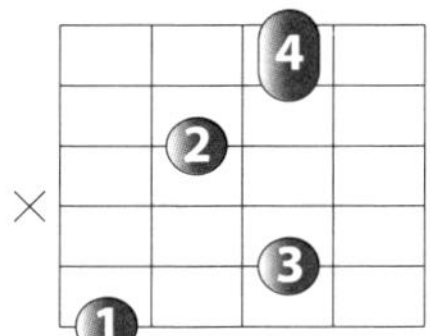

3.

G 6/9

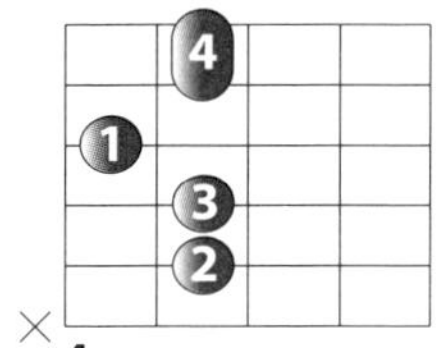

4.

G 6/9

7.

G 7sus4

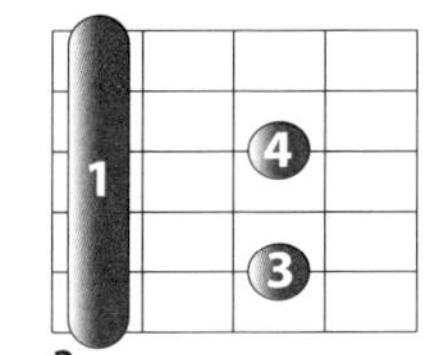

3.

G 7sus4

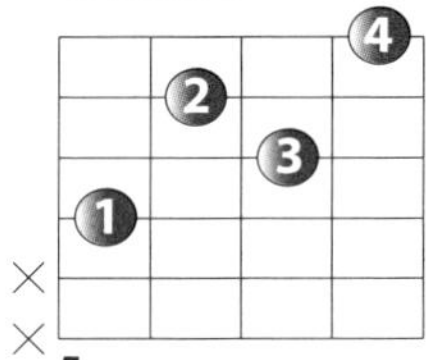

5.

G 7b5

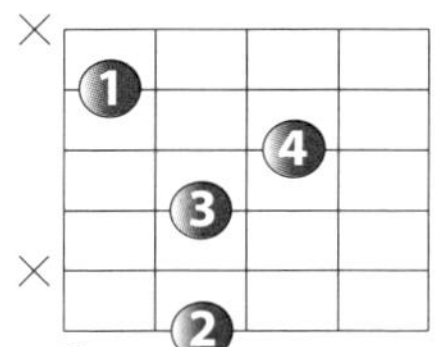

2.

G 7b5

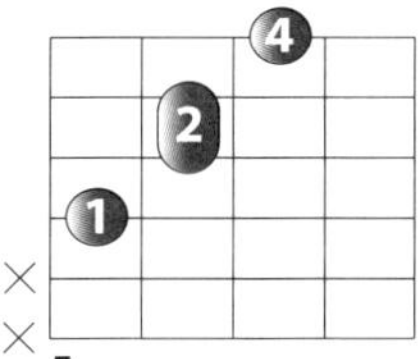

5.

G 7b9

1.

G 7b9

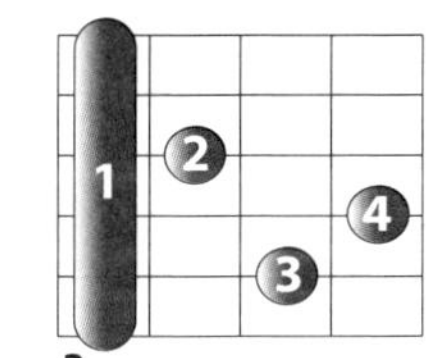

3.

G 7b9

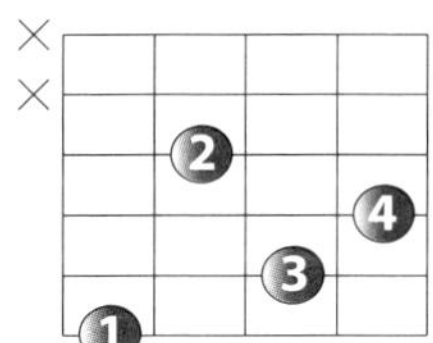

3.

G 7b9

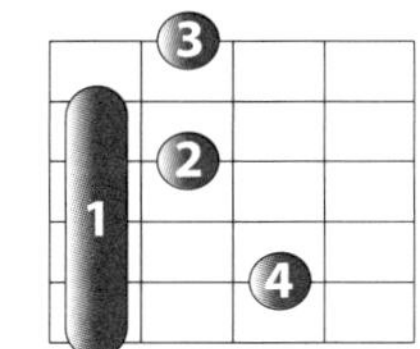

3.

G 7b9

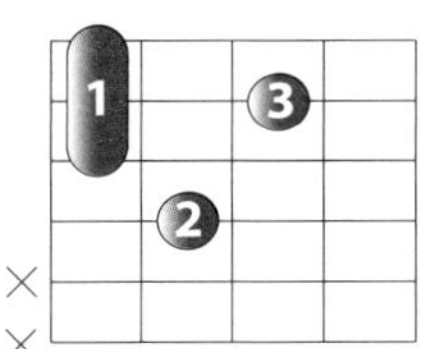

4.

G 7b9

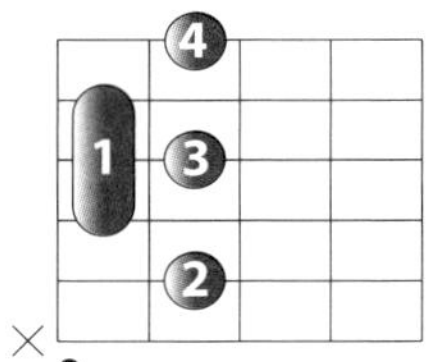

9.

G 7b9

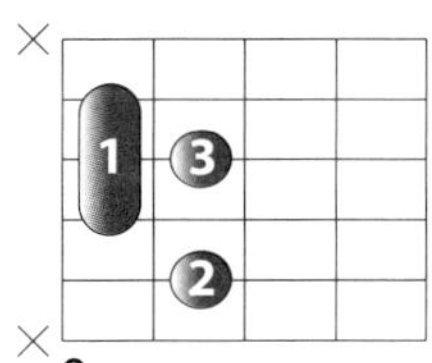

9.

G 9sus4

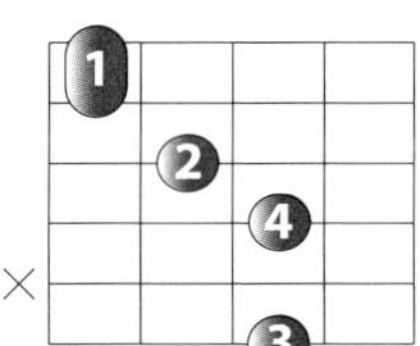

1.

G 9sus4

5.

G 9sus4

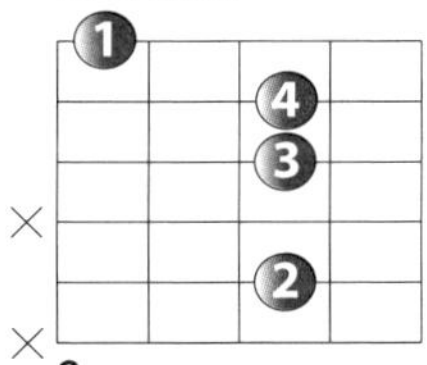

8.

G 9sus4

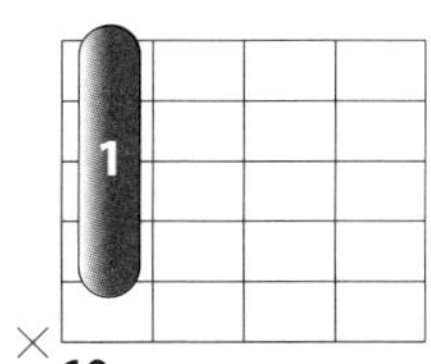

10.

G

G

G add9

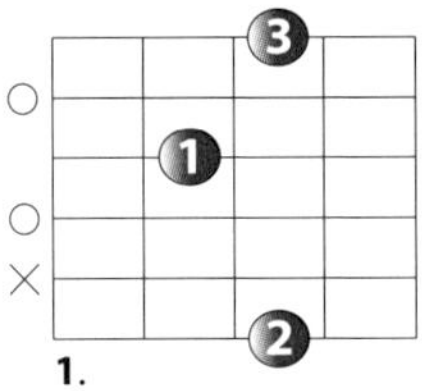

G add9

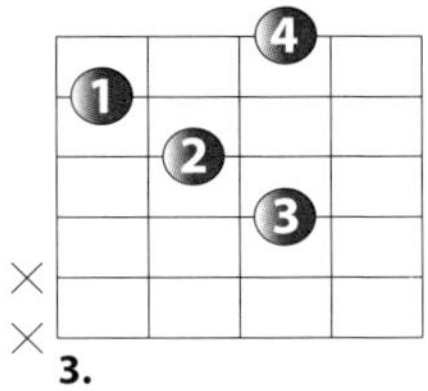

G add9

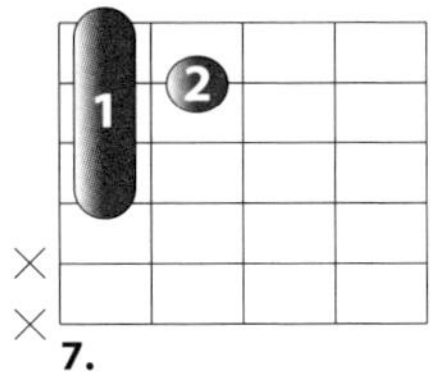

G add9

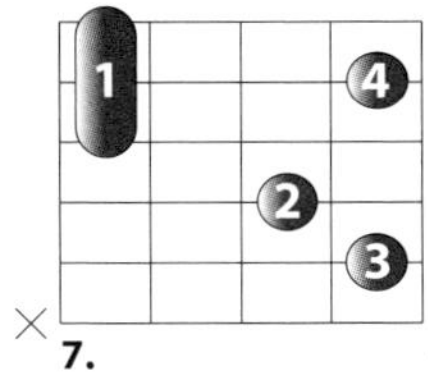

G aug9

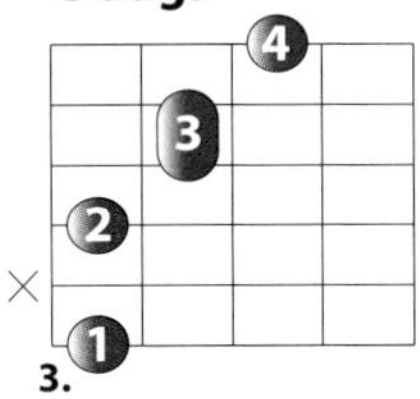

G aug9

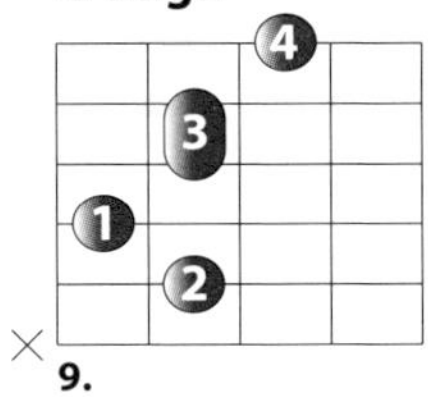

G# Ab

Akkorde

G#
Ab

G#

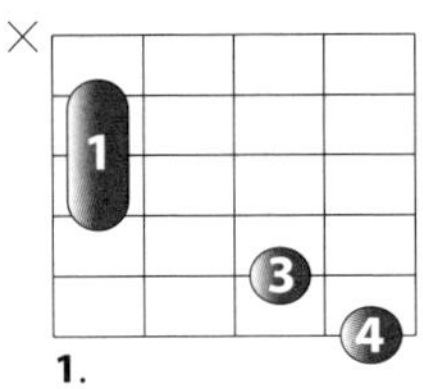

1.

G#

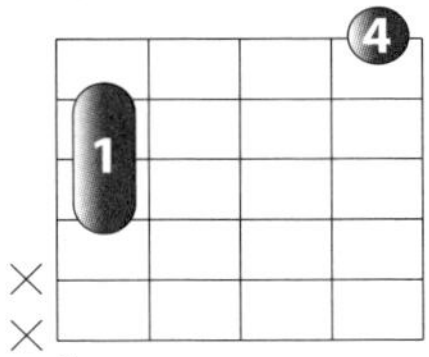

1.

G#

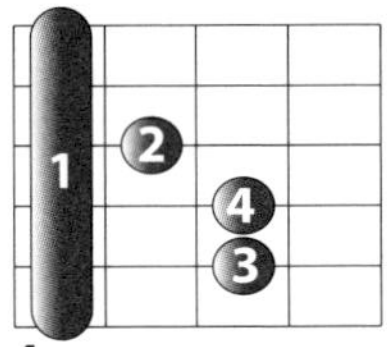

4.

G#

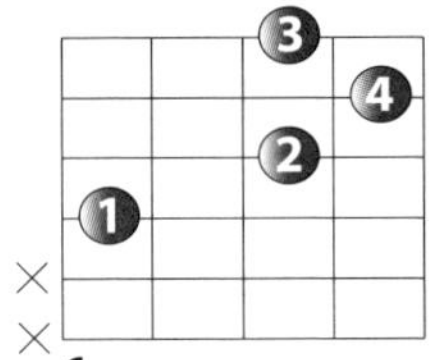

6.

G#

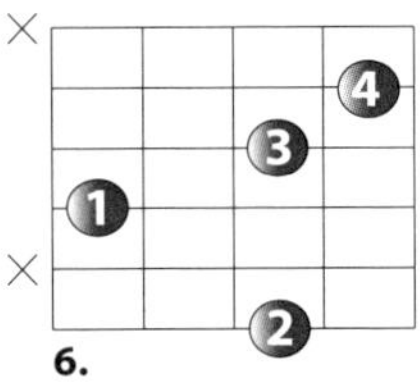

6.

G#

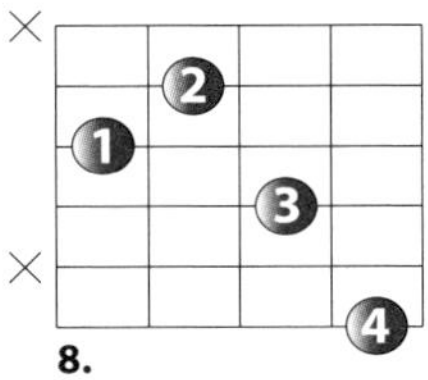

8.

G#

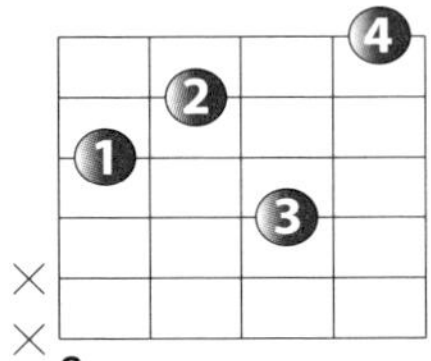

8.

G# 5

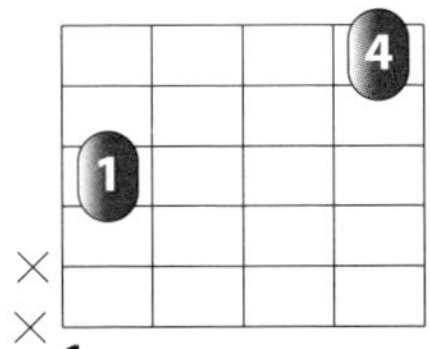

1.

G# 5

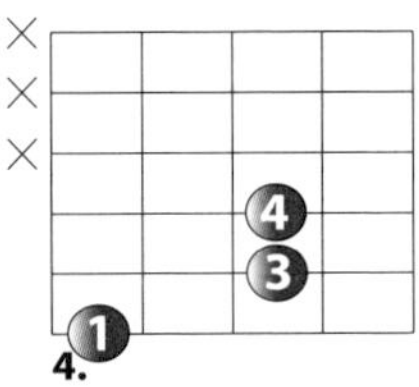

4.

G# 5

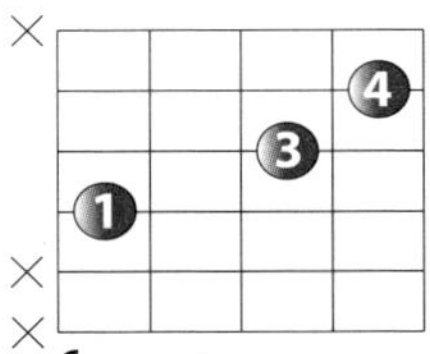

6.

G# 5

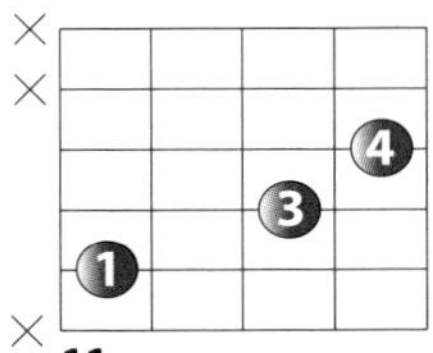

11.

G# 6

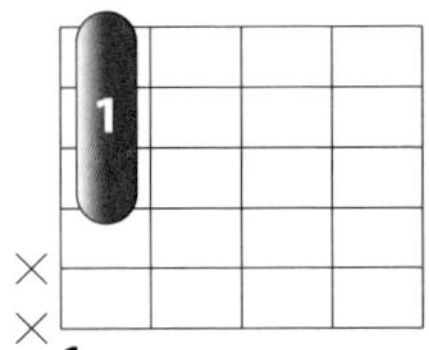

1.

G# 6

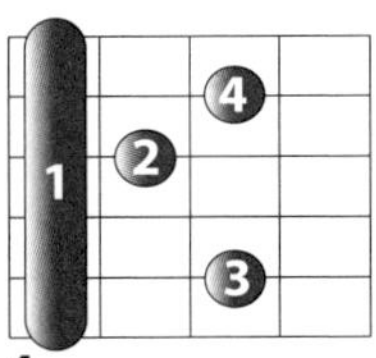

4.

G# 6

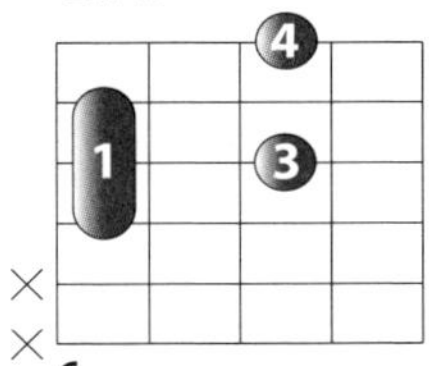

6.

G# 6

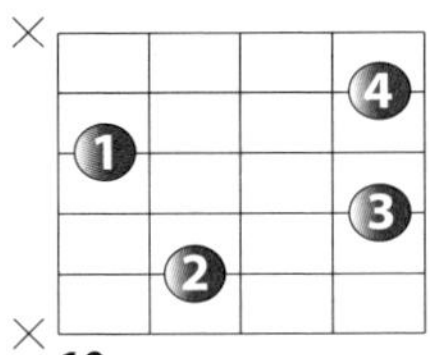

10.

G# 7

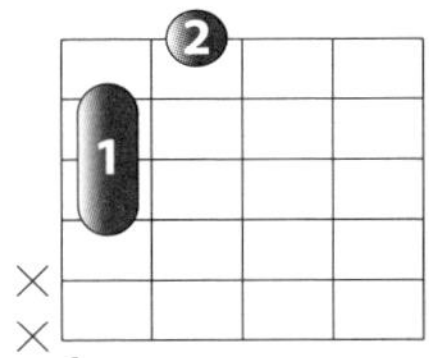

1.

G# 7

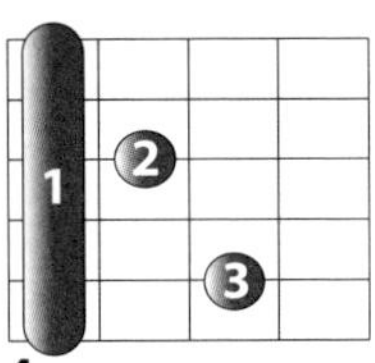

4.

G# 7

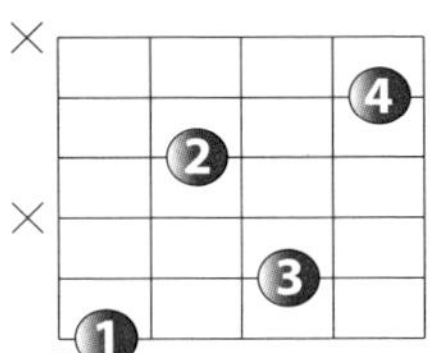

4.

G# 7

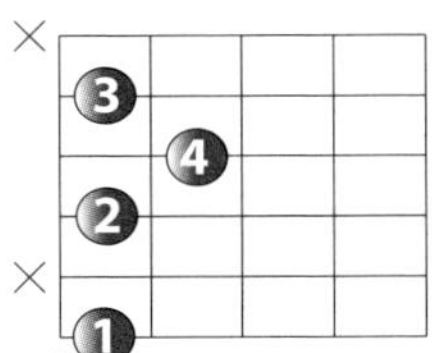

4.

G# 7

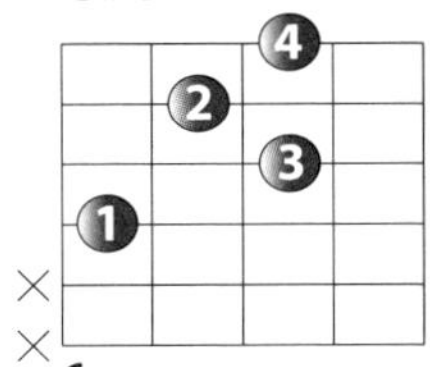

6.

G# 7

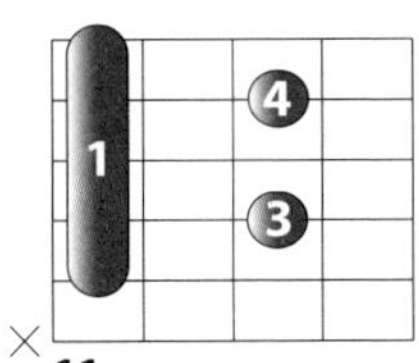

11.

G# maj7

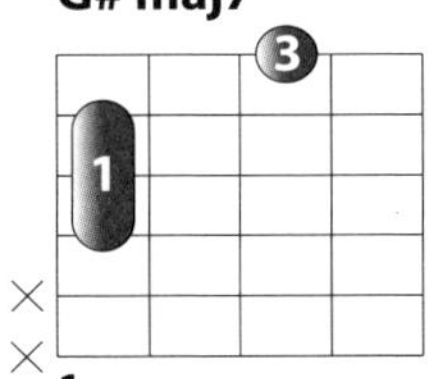

1.

G# maj7

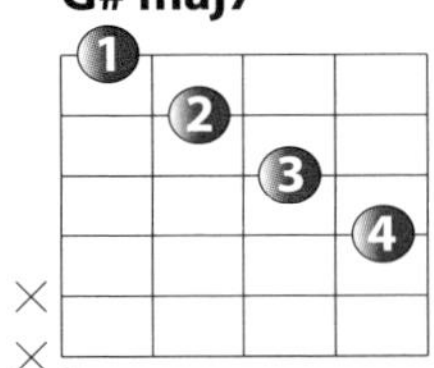

3.

G# maj7

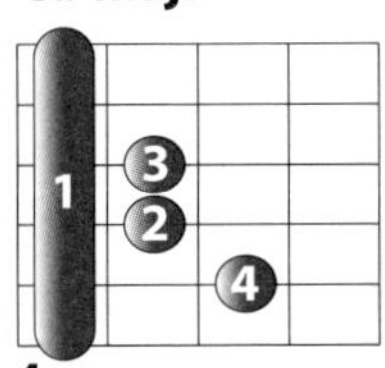

4.

G# maj7

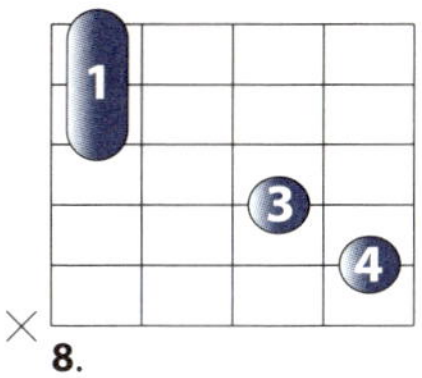

G# 9

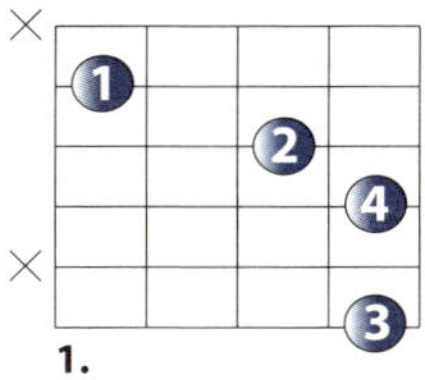

G# 9

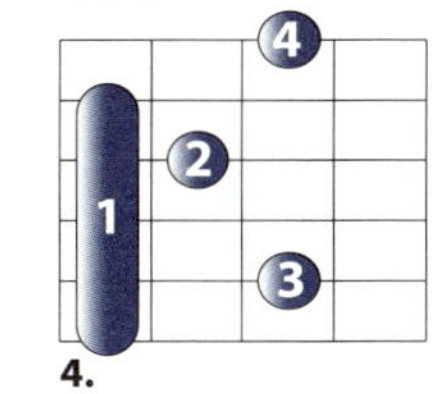

G# 9

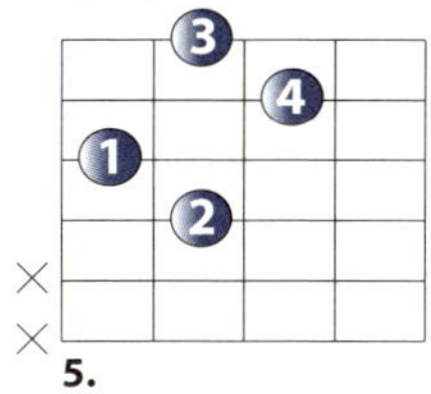

G# 9

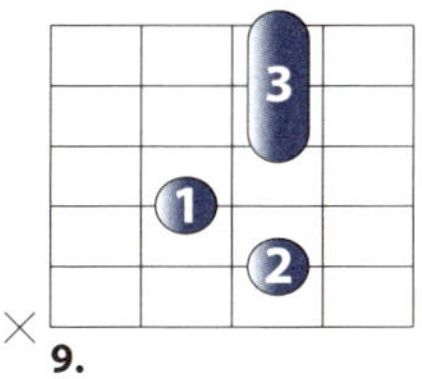

G# maj9

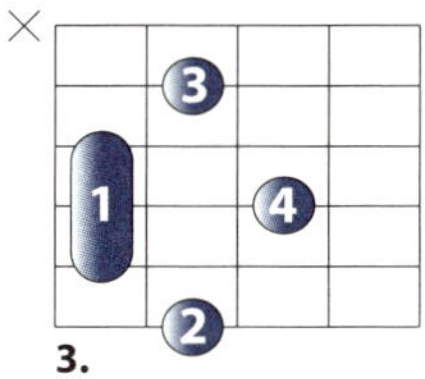

G# maj9

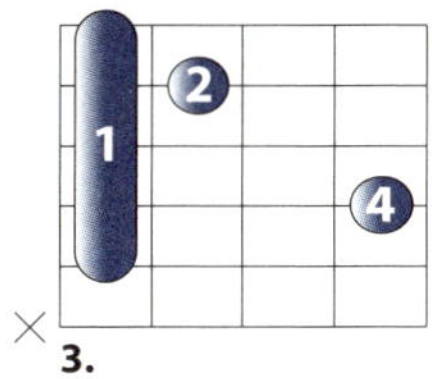

G# 11

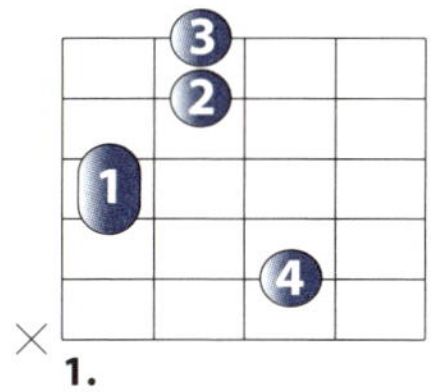

G# 11

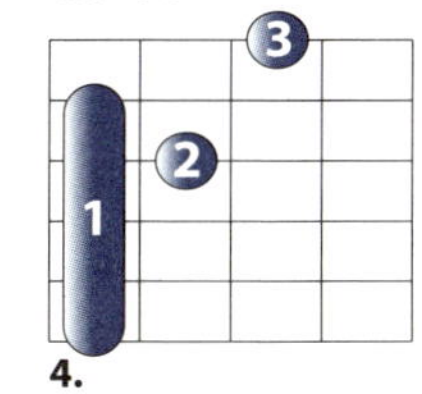

G# 11

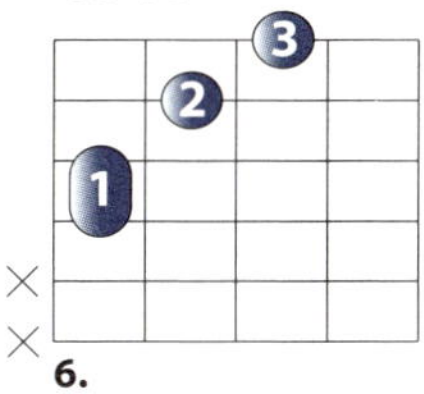

G# 11

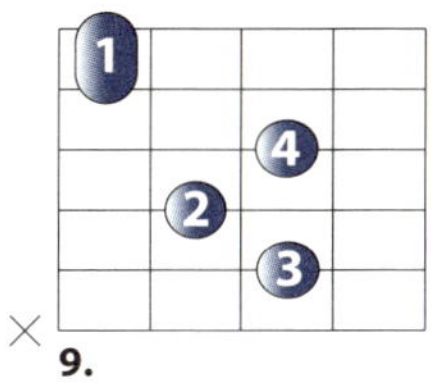

G# 13

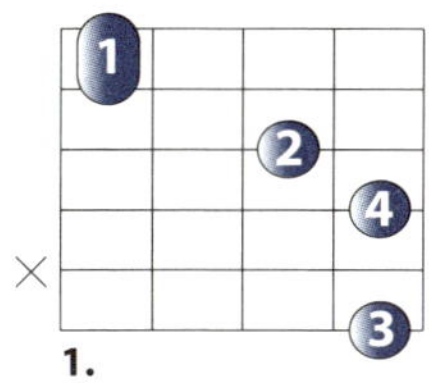

G# 13

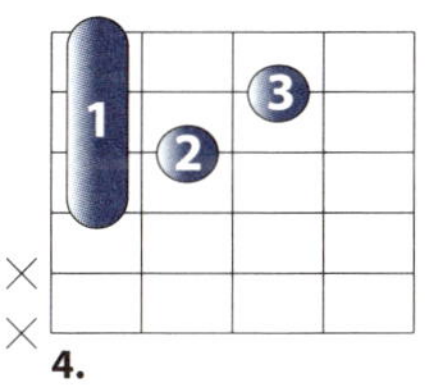

G# 13

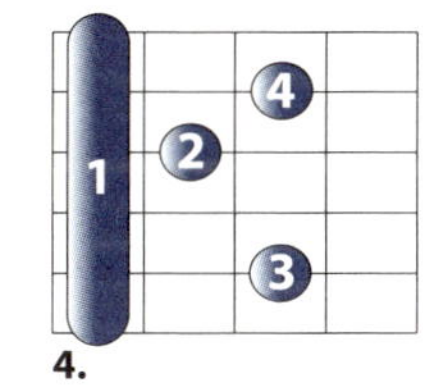

G# 13

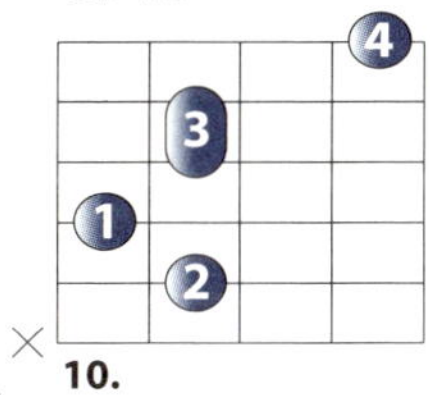

G# maj13

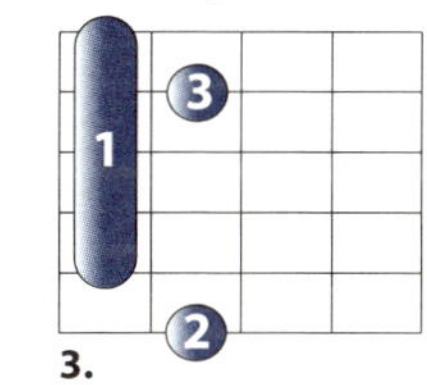

G# maj13

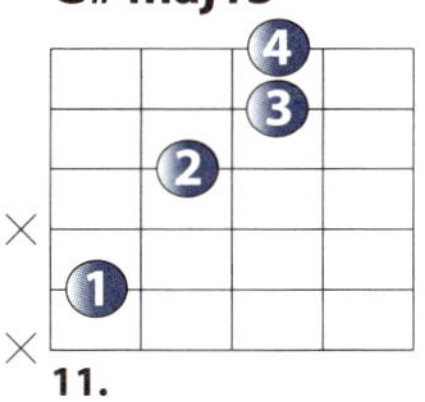

G# m

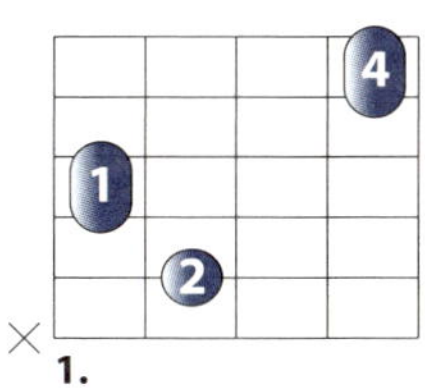

G# m

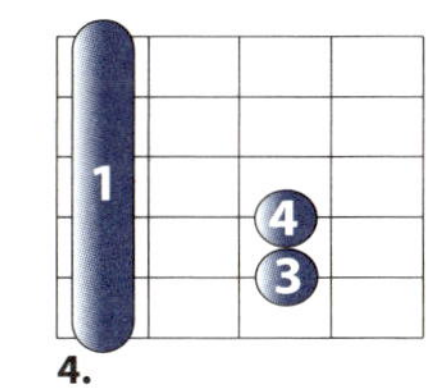

G# m

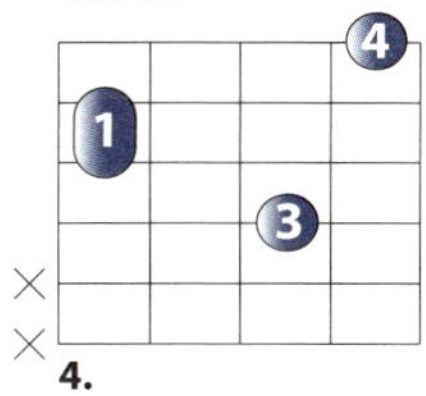

G# m

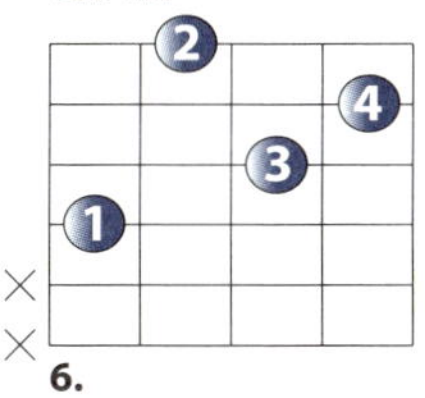

G# m

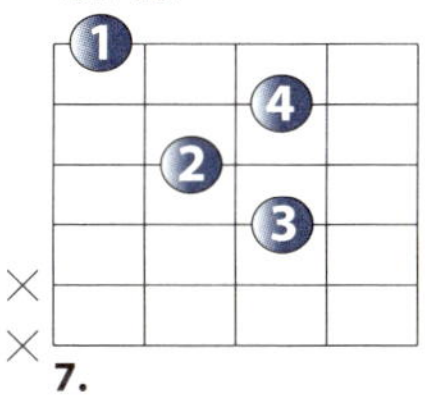

G# m

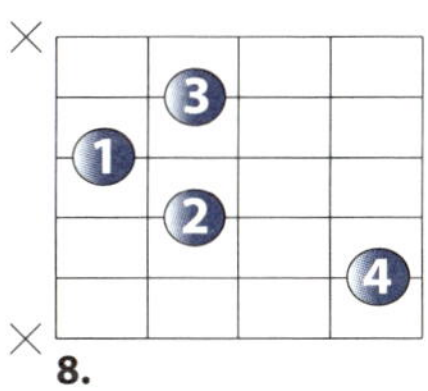

G# m

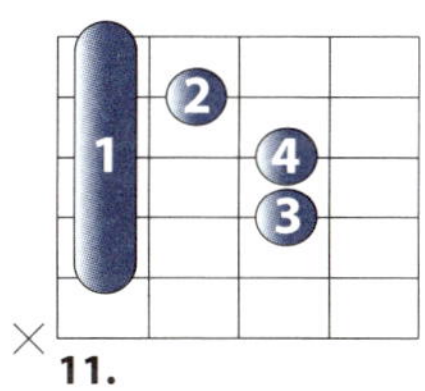

G#
Ab

G# m6

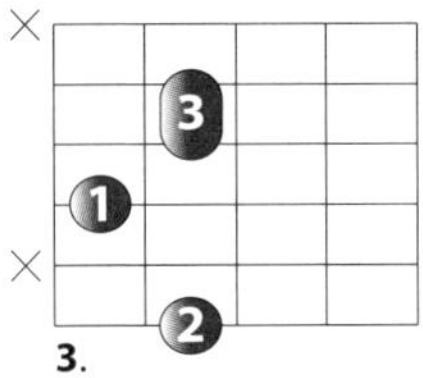

3.

G# m6

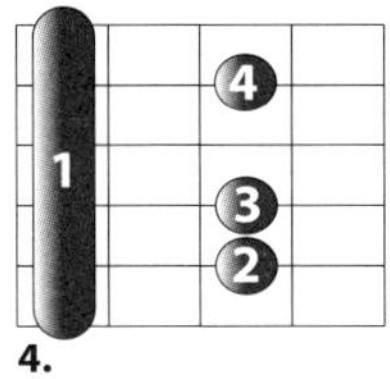

4.

G# m6

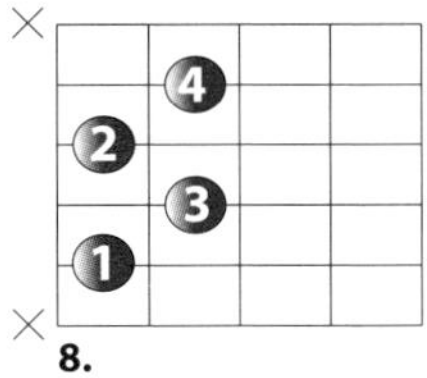

8.

G# m6

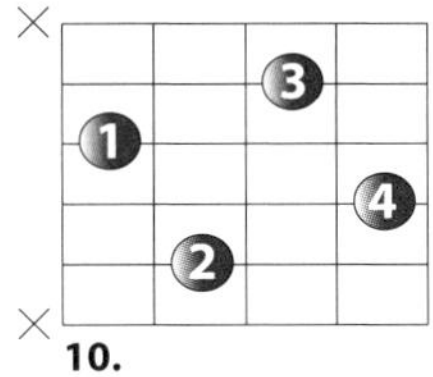

10.

G# m7

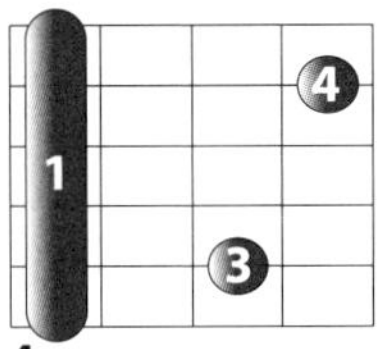

4.

G# m7

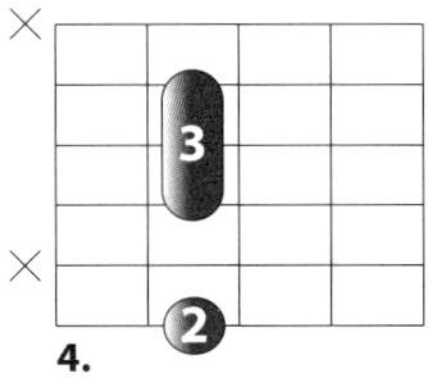

4.

G# m7

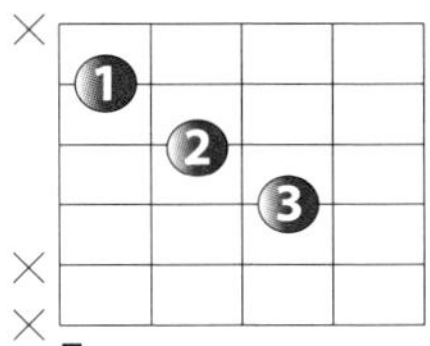

7.

G# m7

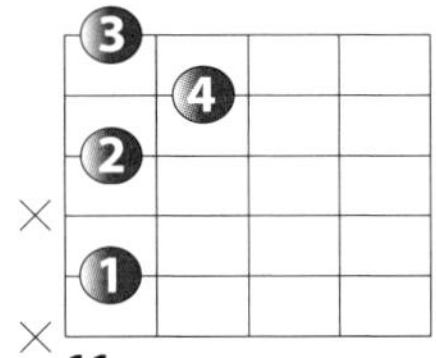

11.

G# m9

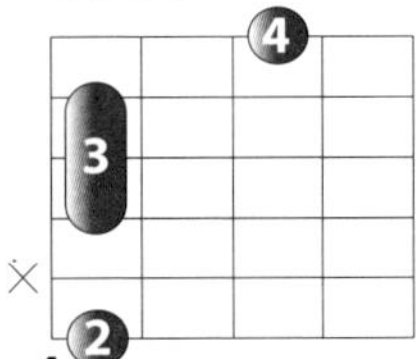

4.

G# m9

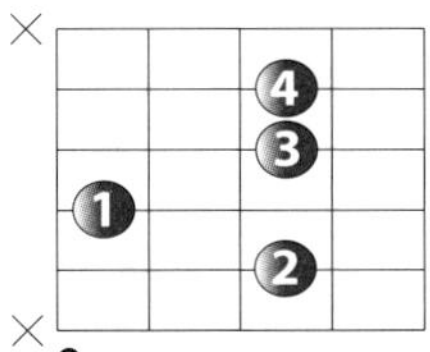

9.

G# m11

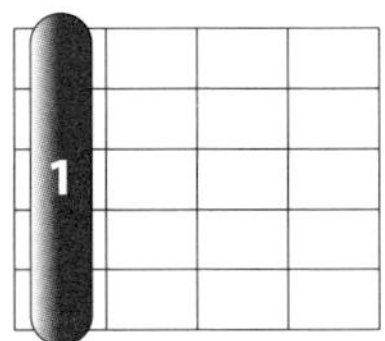

4.

G# m11

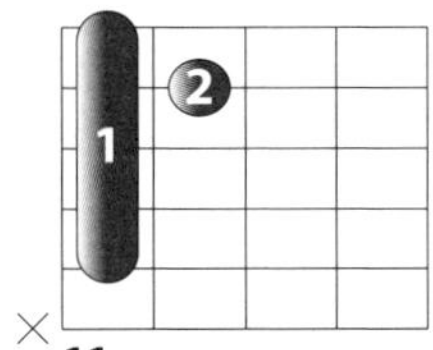

11.

G# m13

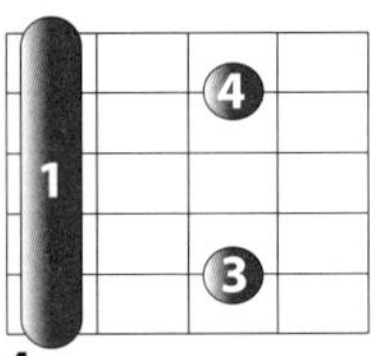

4.

G# m13

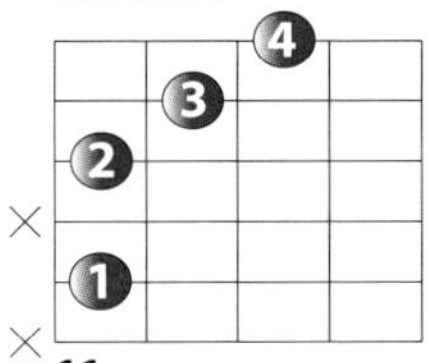

11.

G# m(maj7)

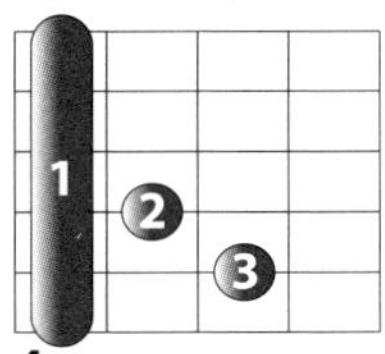

4.

G# m(maj7)

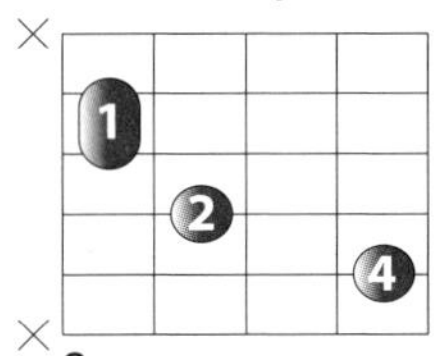

8.

G# sus2

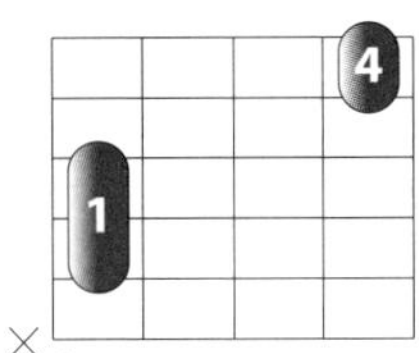

1.

G# sus2

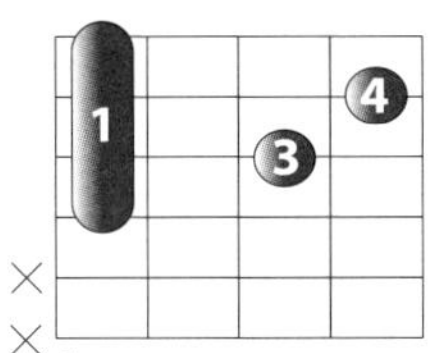

6.

G# sus2

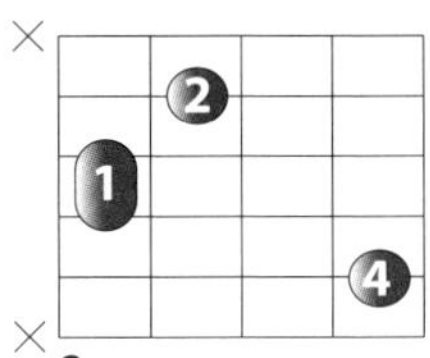

8.

G# sus2

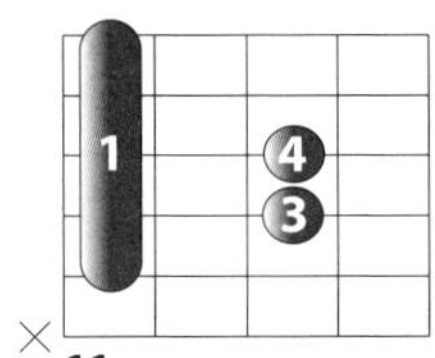

11.

G sus4

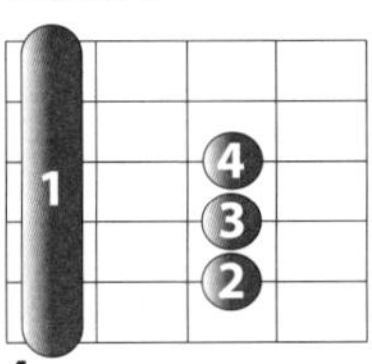

4.

G sus4

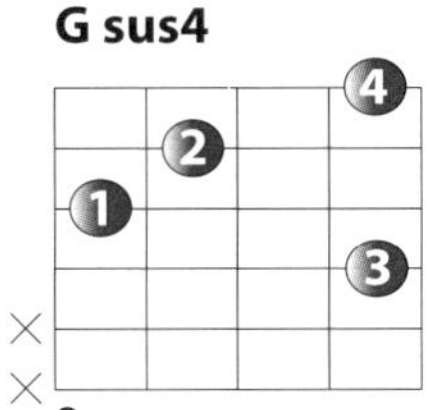

8.

G sus4

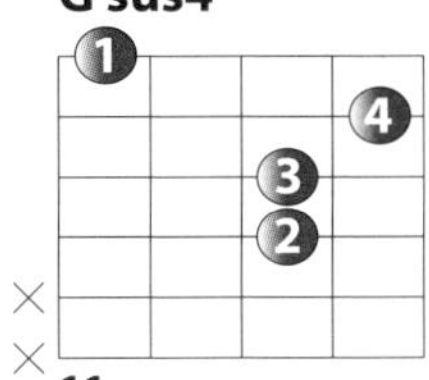

11.

G dim

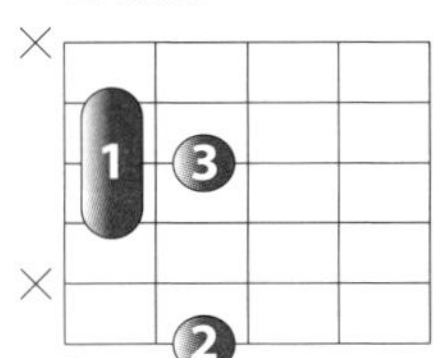

2.

G dim
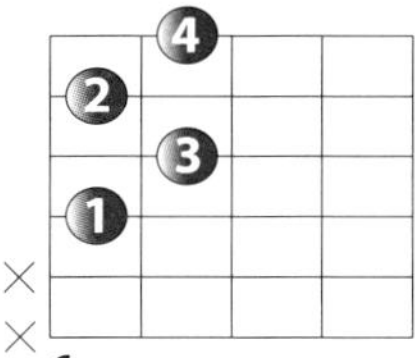
6.

G# aug
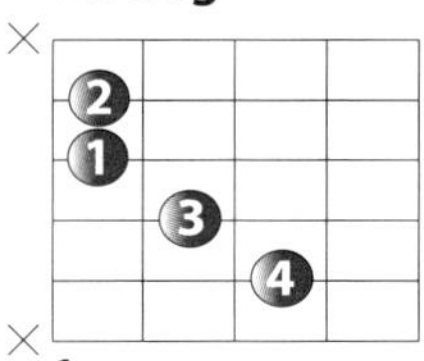
1.

G# aug
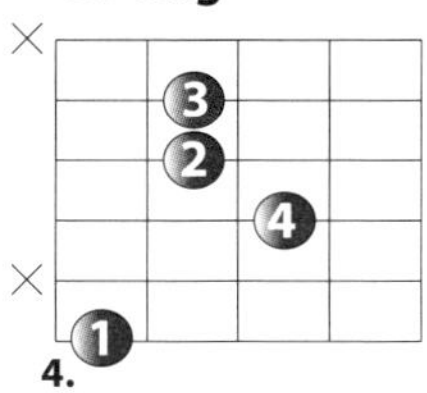
4.

G# aug
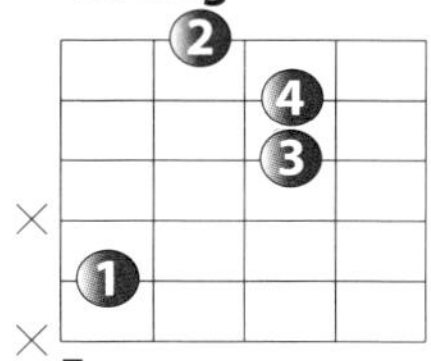
7.

G# aug
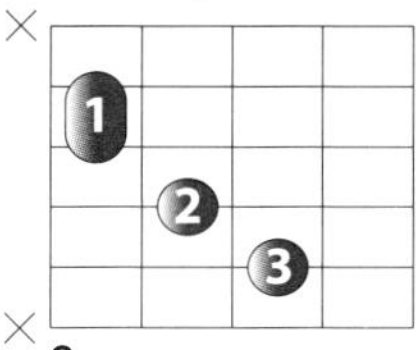
9.

G# 6/9
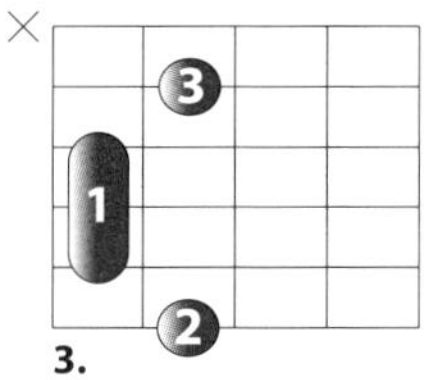
3.

G# 6/9
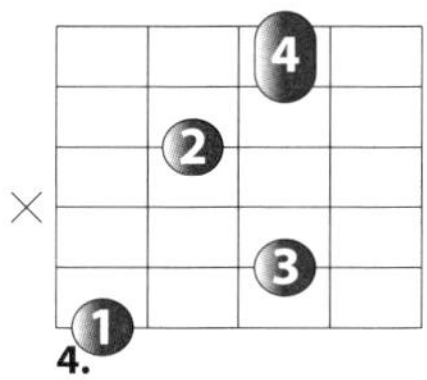
4.

G# 6/9
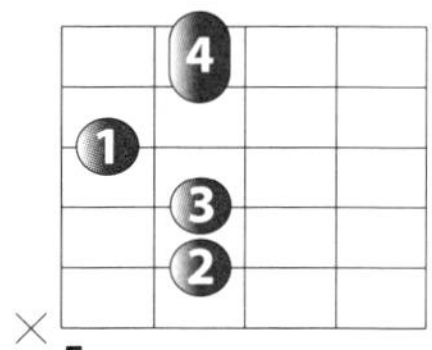
5.

G# 6/9

8.

G# 7sus4
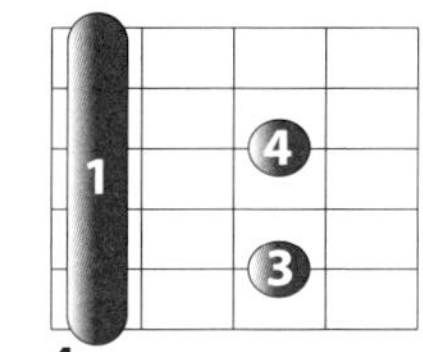
4.

G# 7sus4
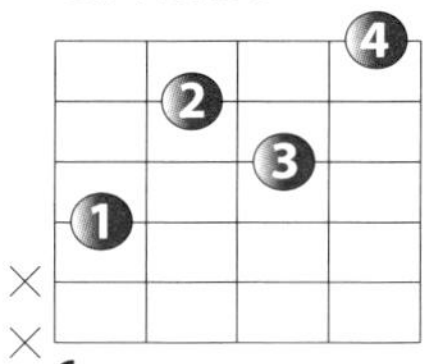
6.

G# 7b5
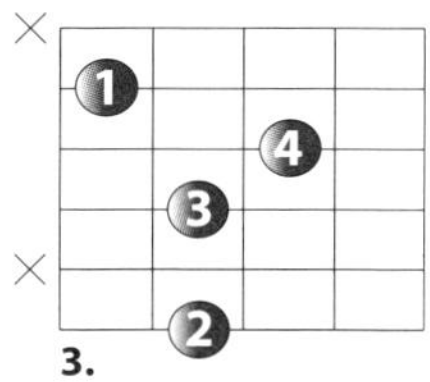
3.

G# 7b5
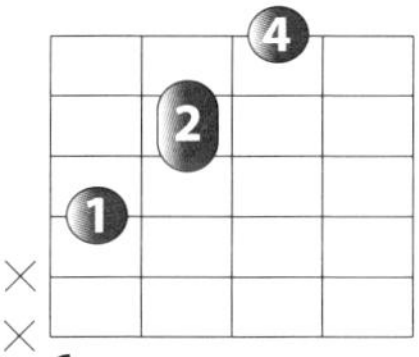
6.

G# 7b9
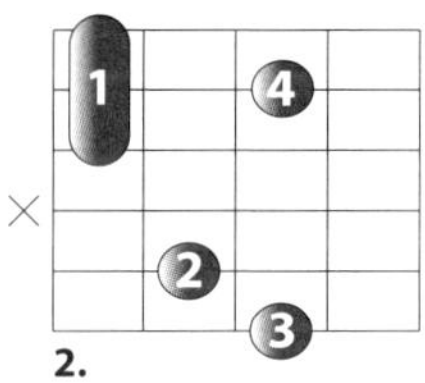
2.

G# 7b9
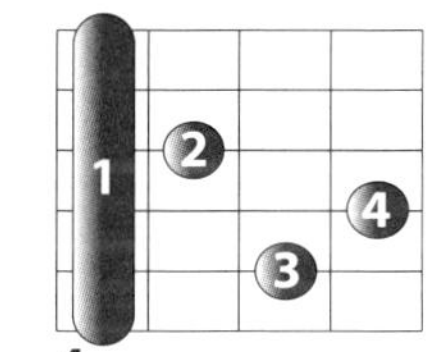
4.

G# 7b9
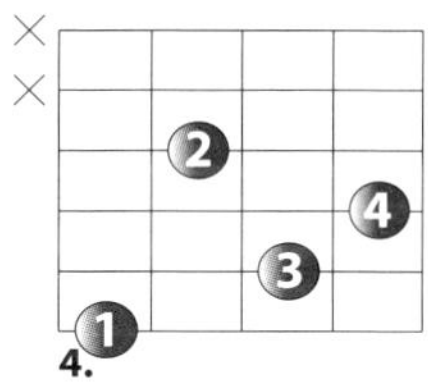
4.

G# 7b9
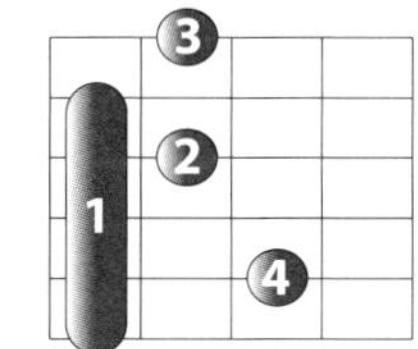
4.

G# 7b9
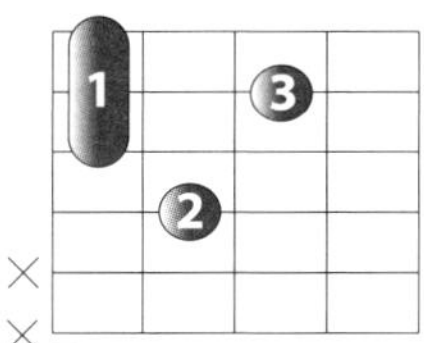
5.

G# 7b9
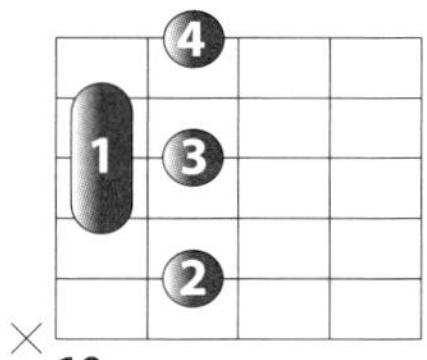
10.

G# 7b9
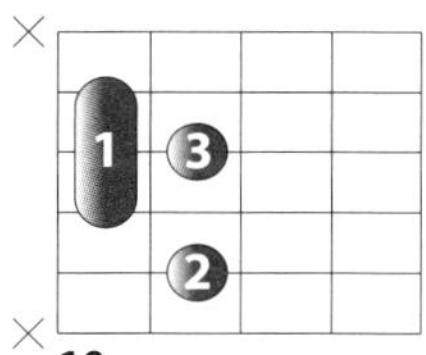
10.

G# 9sus4
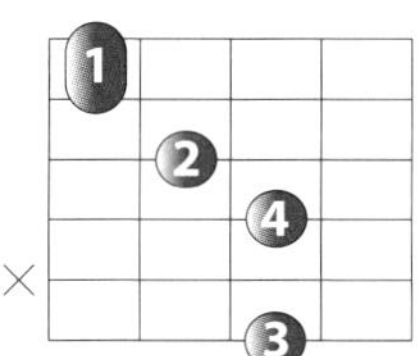
2.

G# 9sus4

6.

G# 9sus4
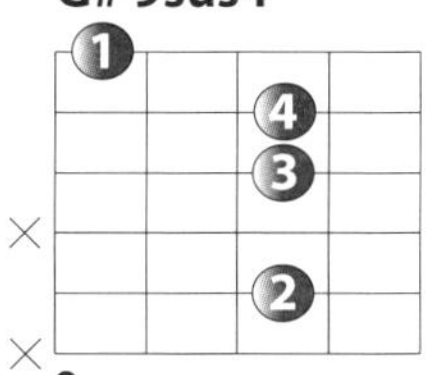
9.

G# 9sus4
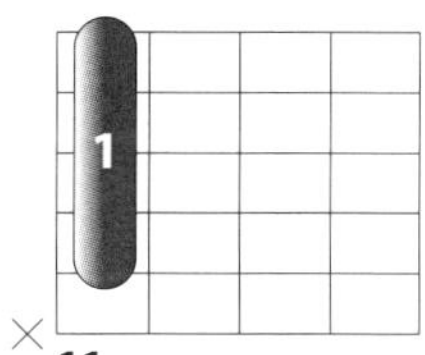
11.

G# add9

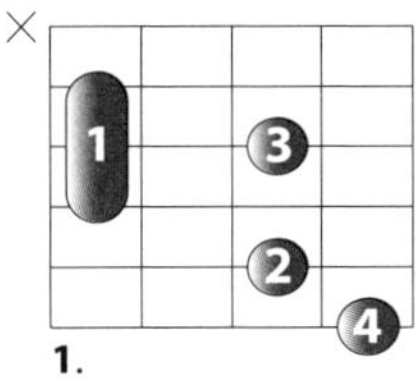

1.

G# add9

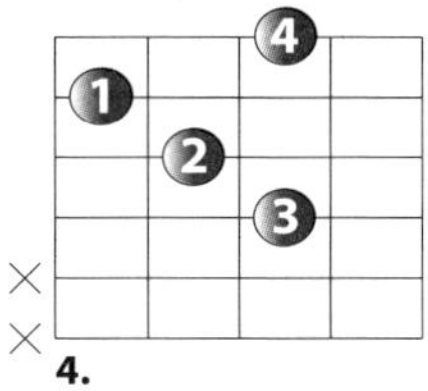

4.

G# add9

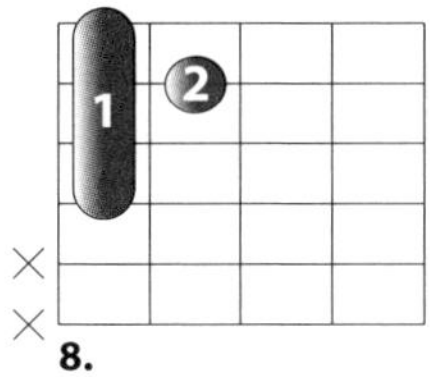

8.

G# add9

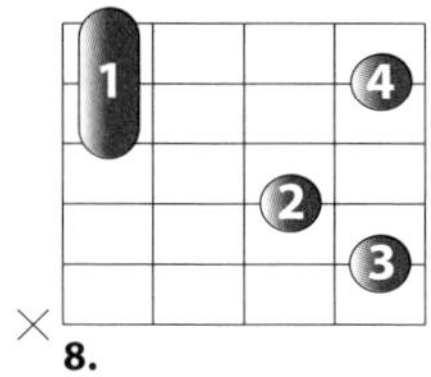

8.

G# aug9

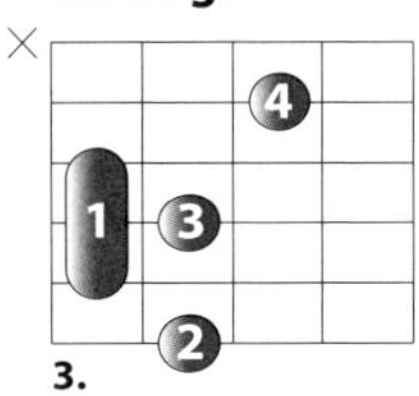

3.

G# aug9

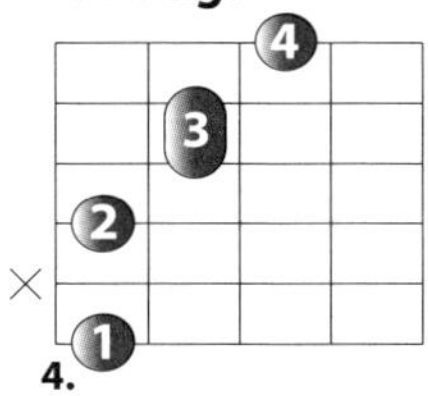

4.

G# aug9

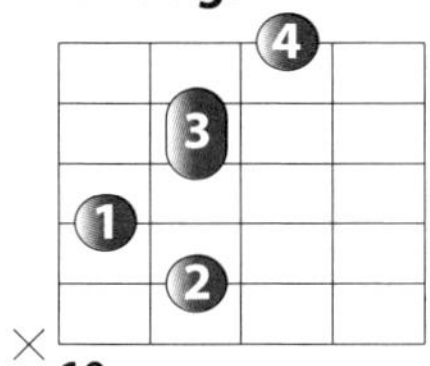

10.

A

Akkorde

A

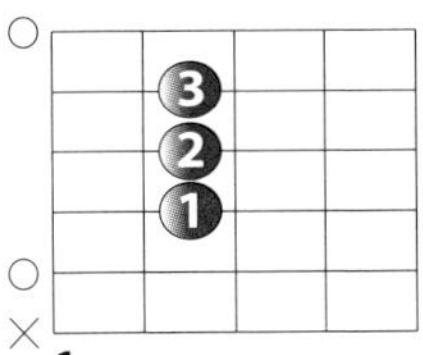

1.

A

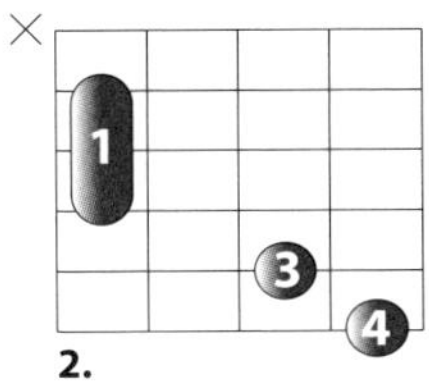

2.

A

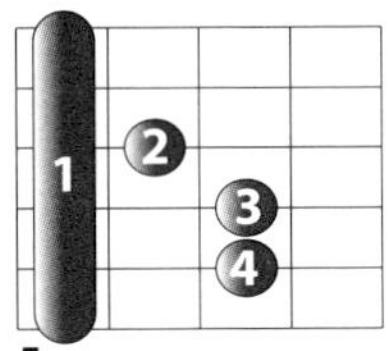

5.

A

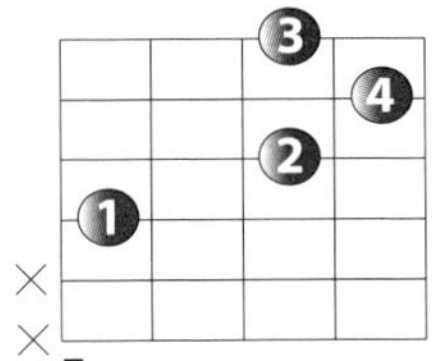

7.

A

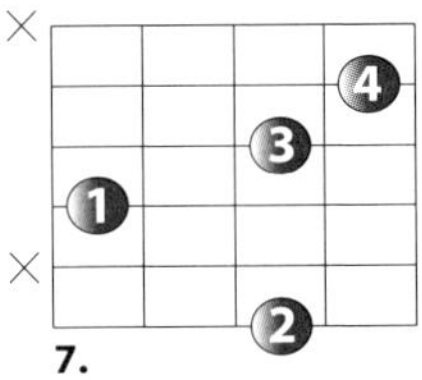

7.

A

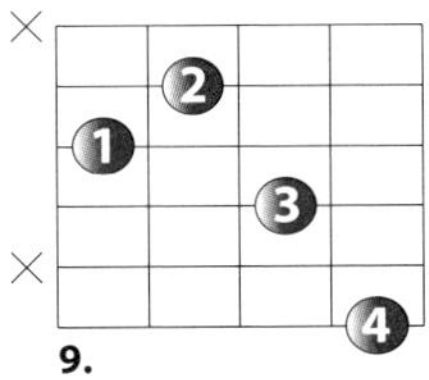

9.

A

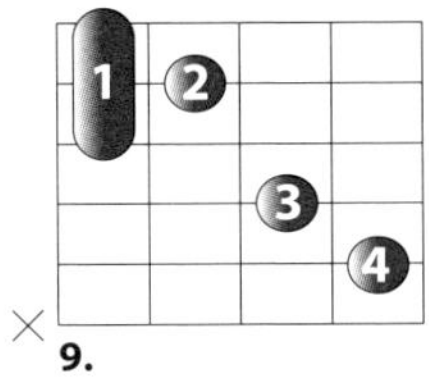

9.

A 5

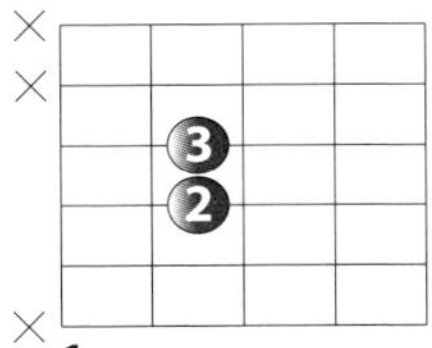

1.

A 5

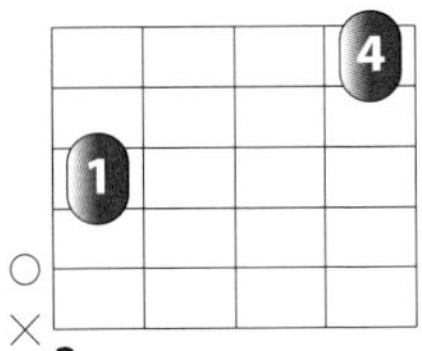

2.

A 5

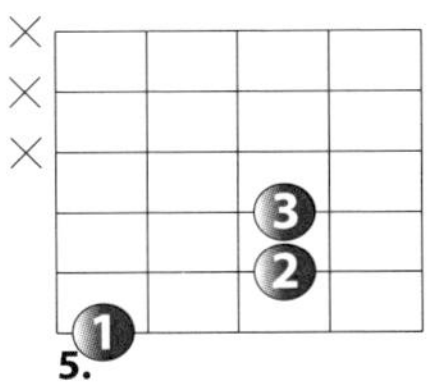

5.

A 5

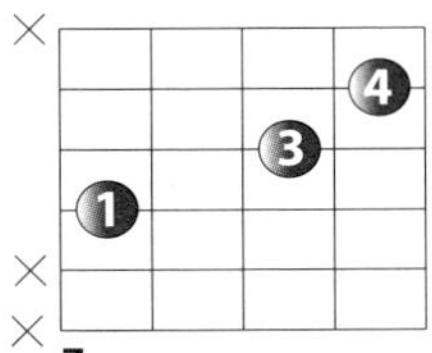

7.

A 6

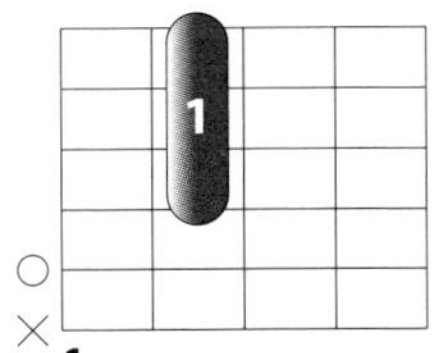

1.

A 6

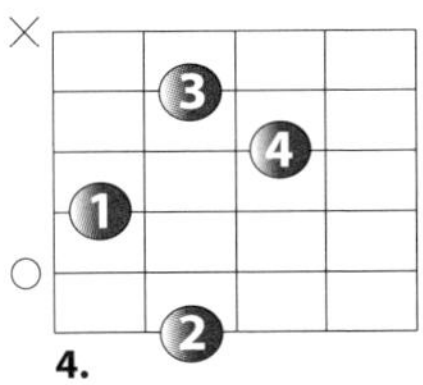

4.

A 6

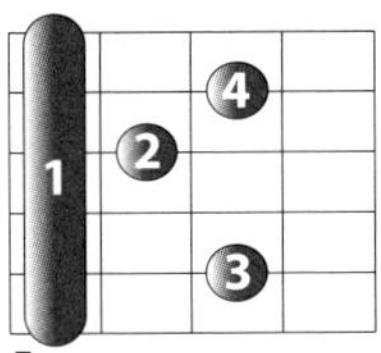

5.

A 7

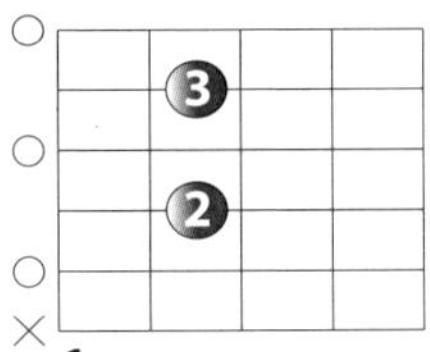

1.

A 7

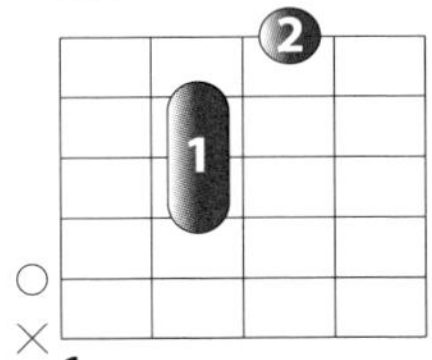

1.

A 7

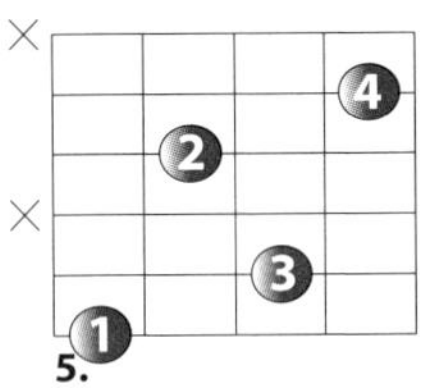

5.

A 7

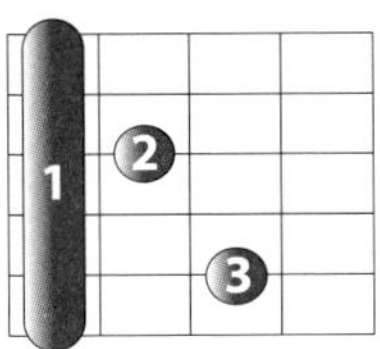

5.

A 7

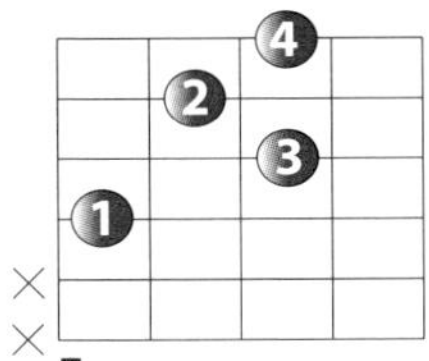

7.

A 7

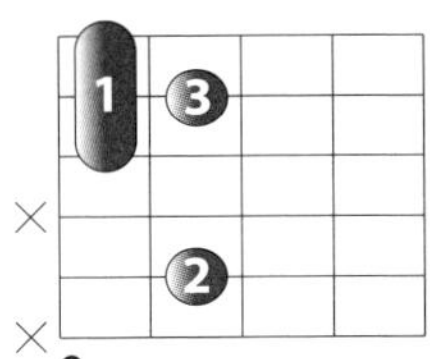

9.

A maj7

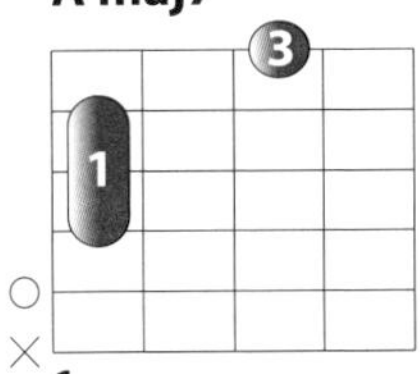

1.

A maj7

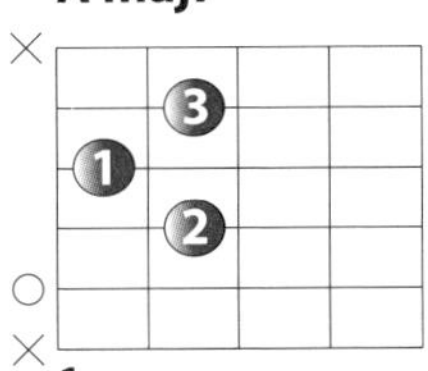

1.

A maj7

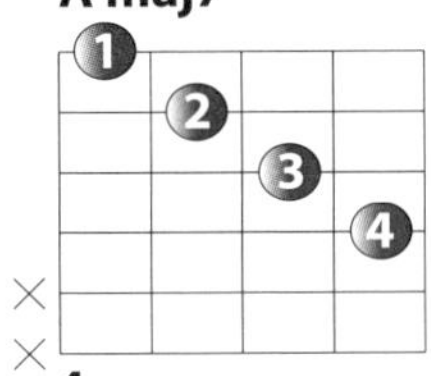

4.

A maj7

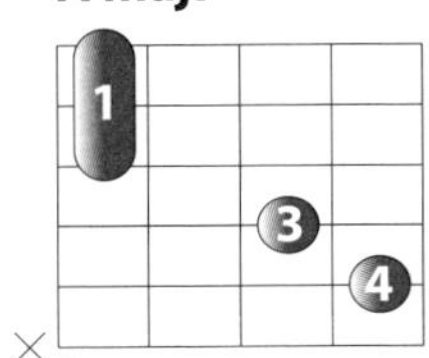

9.

A

A 9

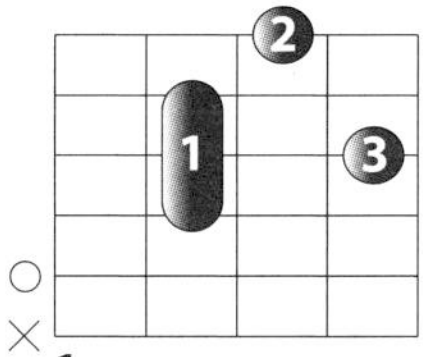

1.

A 9

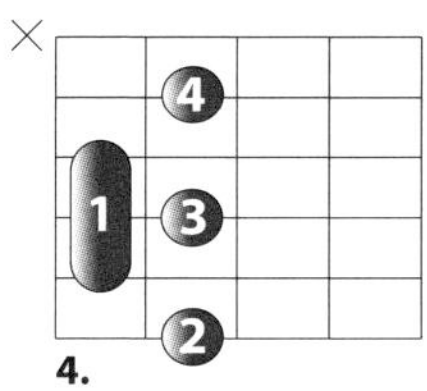

4.

A 9

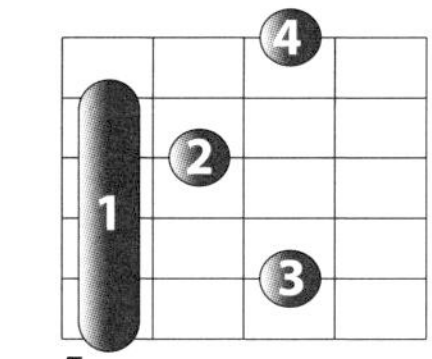

5.

A 9

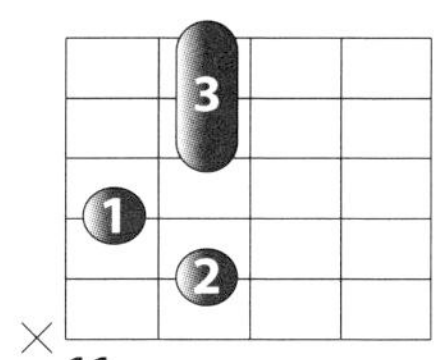

11.

A maj9

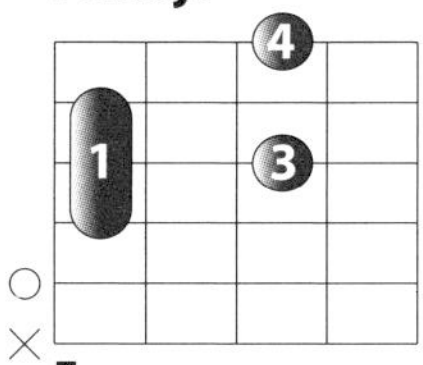

7.

A maj9

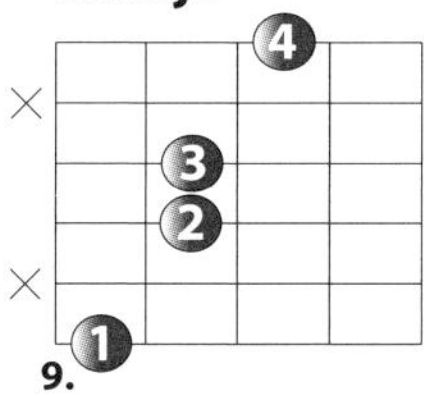

9.

A 11

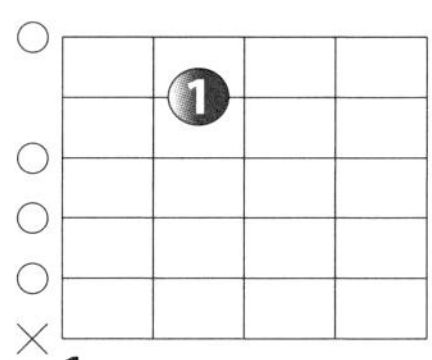

1.

A 11

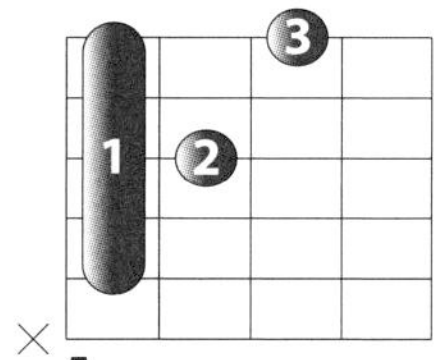

5.

A 11

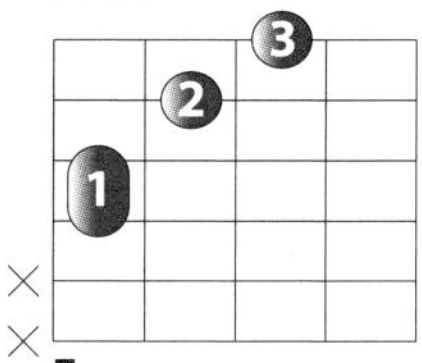

7.

A 11

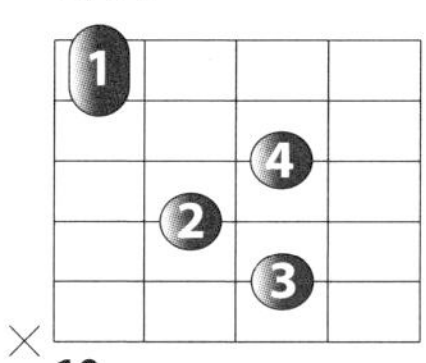

10.

A 13

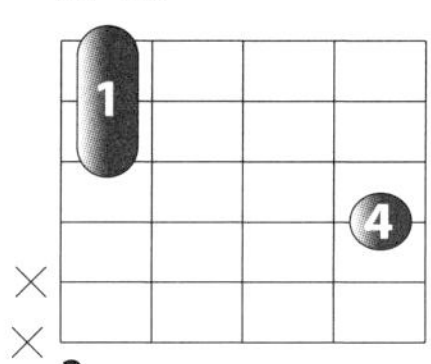

2.

A 13

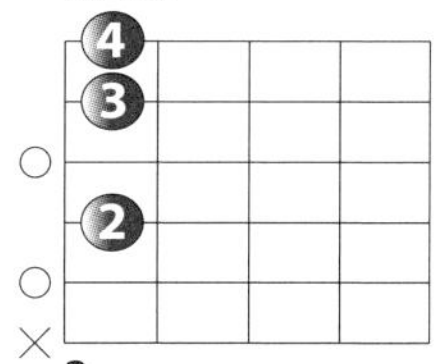

2.

A 13

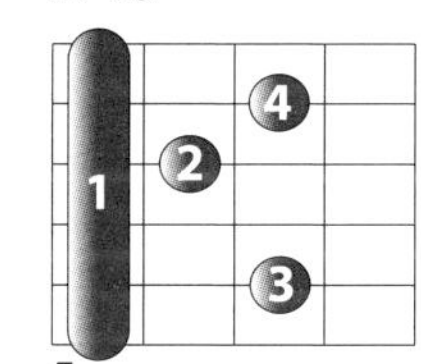

5.

A maj13

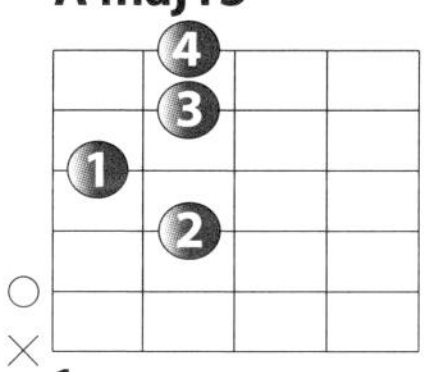

1.

A maj13

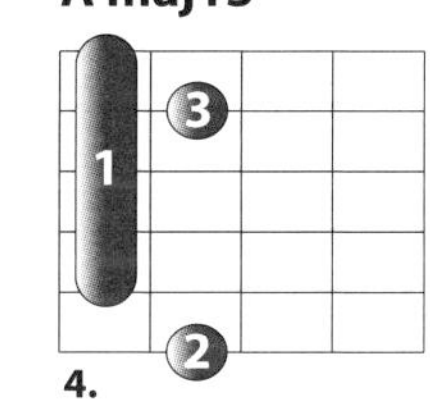

4.

A m

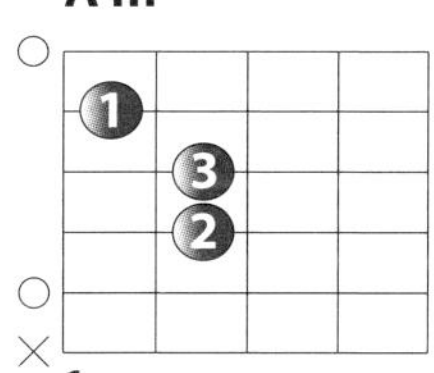

1.

A m

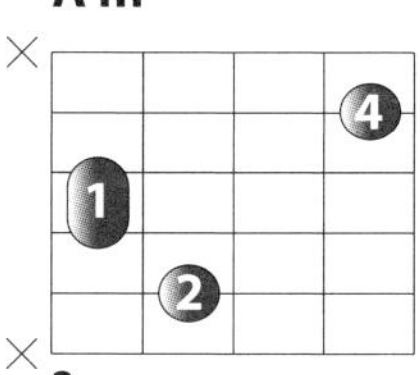

2.

A m

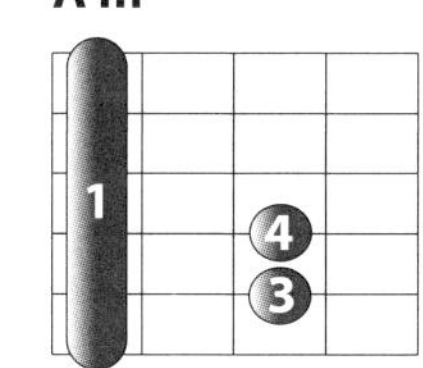

5.

A m

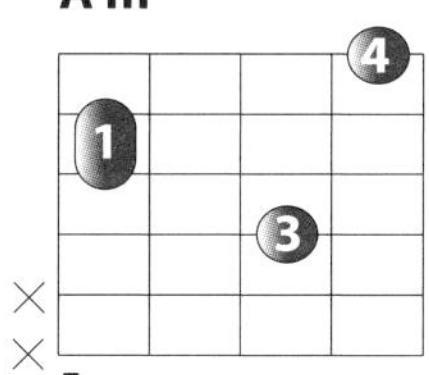

5.

A m

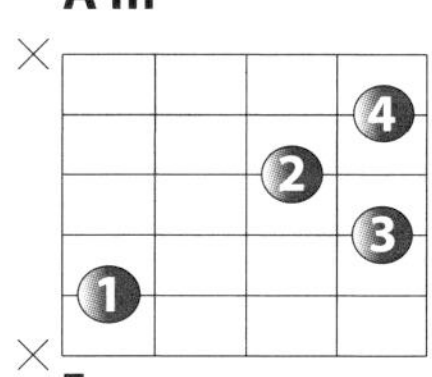

7.

A m

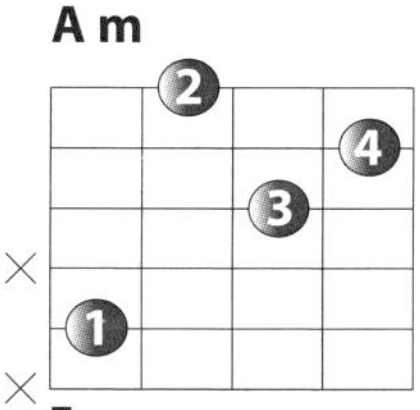

7.

A m

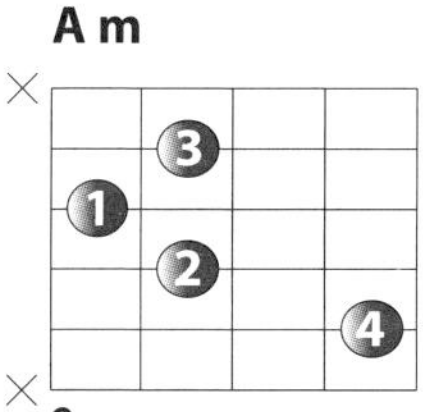

9.

A m6

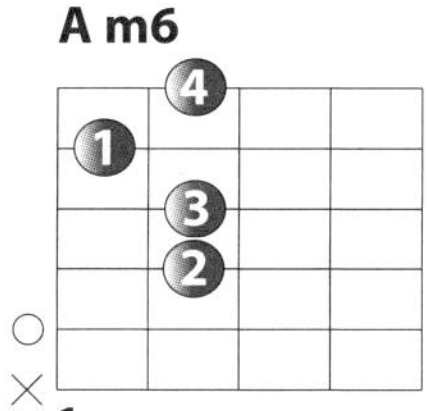

1.

A m6

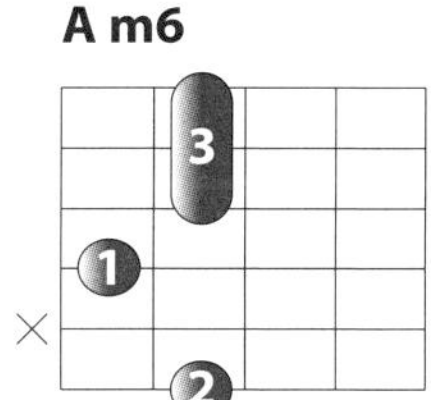

4.

A

A m6

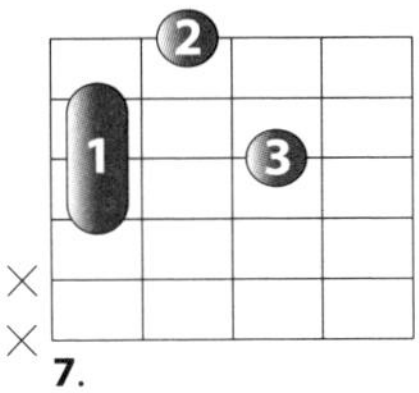

A m6

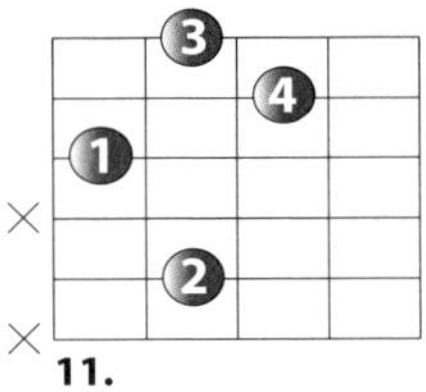

A m7

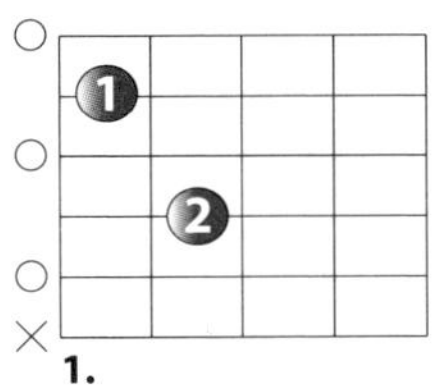

A m7

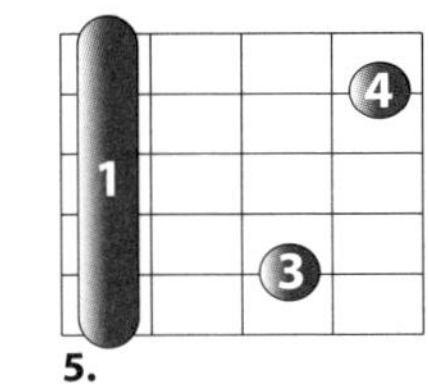

A m7

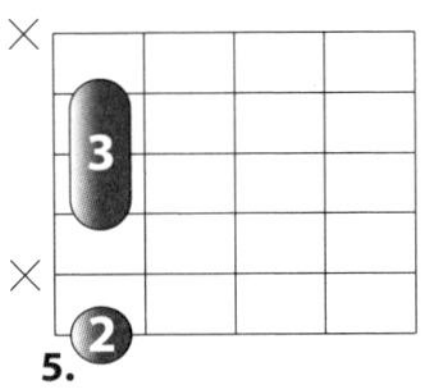

A m7

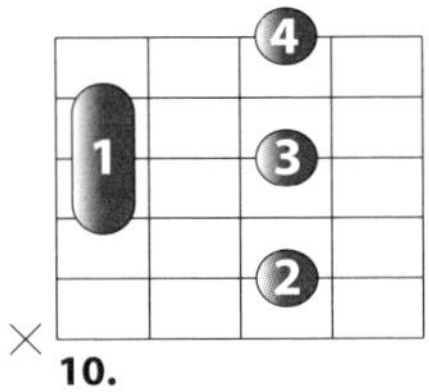

A m9

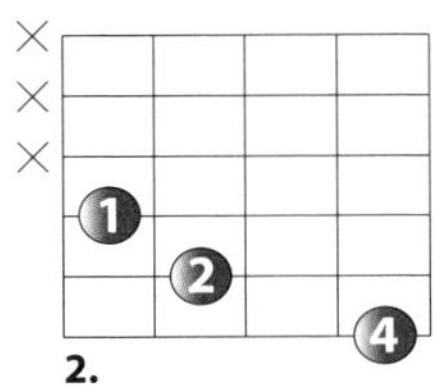

A m9

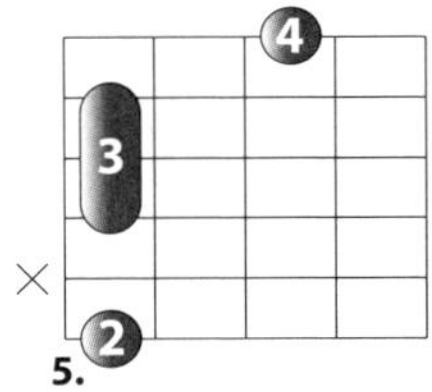

A m11

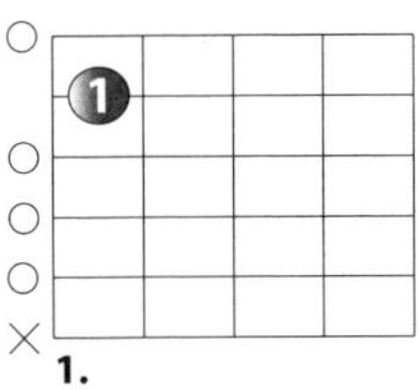

A m11

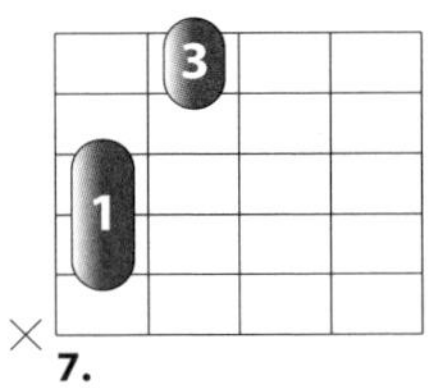

A m13

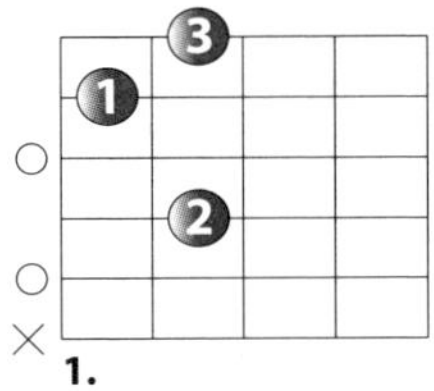

A m13

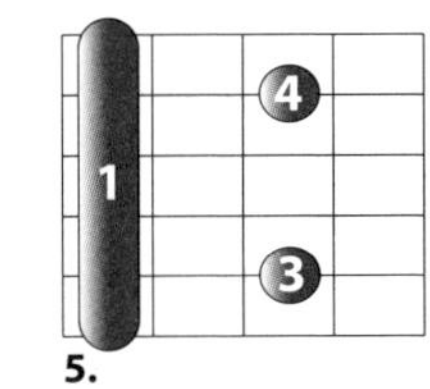

A m(maj7)

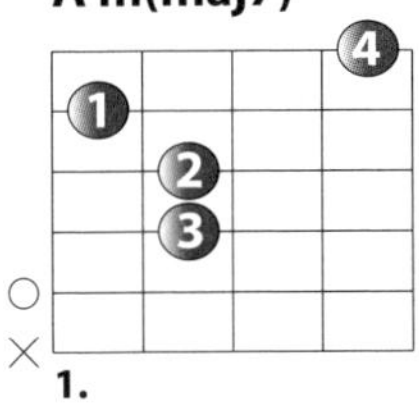

A m(maj7)

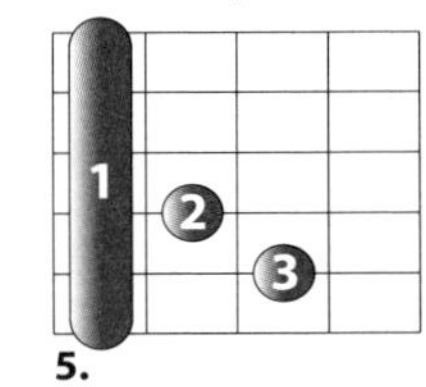

A sus2

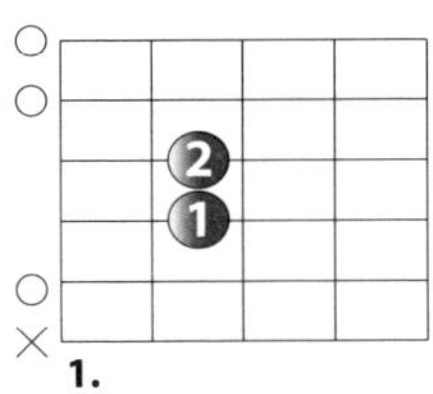

A sus2

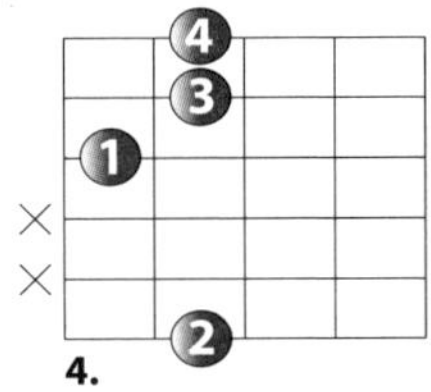

A sus2

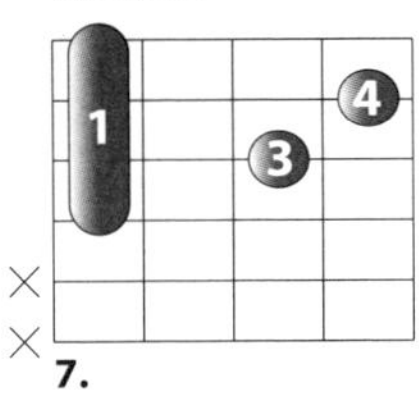

A sus2

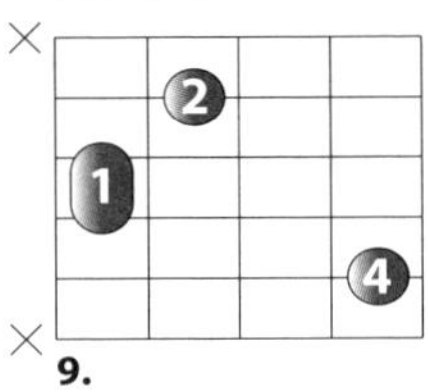

A sus4

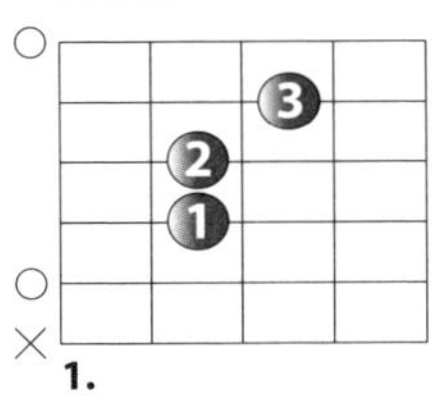

A sus4

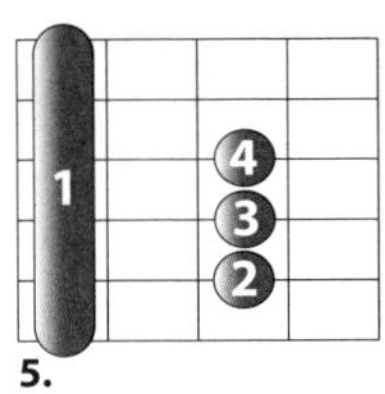

A sus4

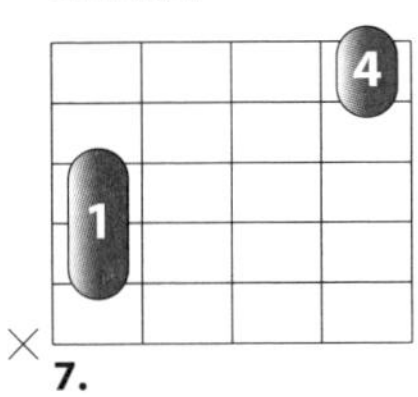

A dim

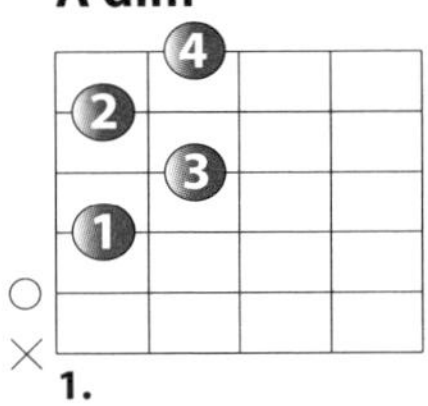

A dim

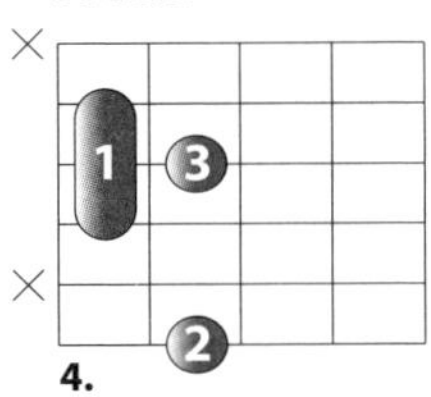

A aug

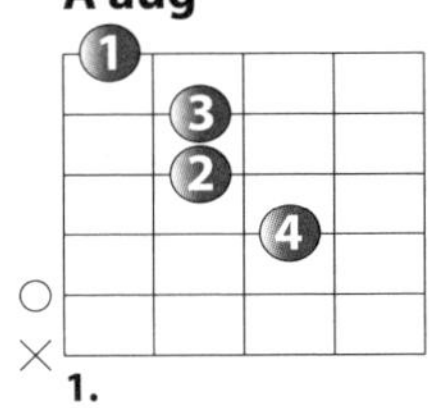

A aug

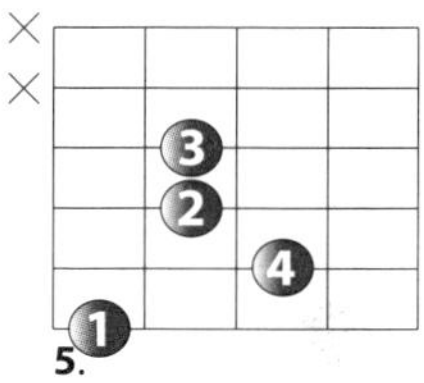

A aug

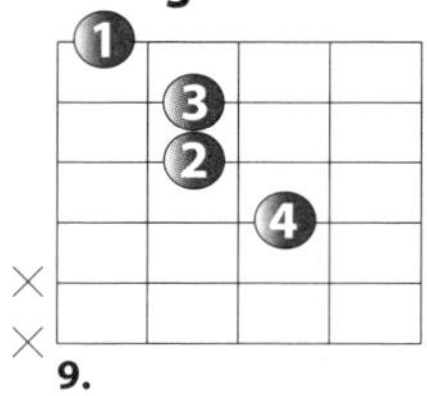

A aug

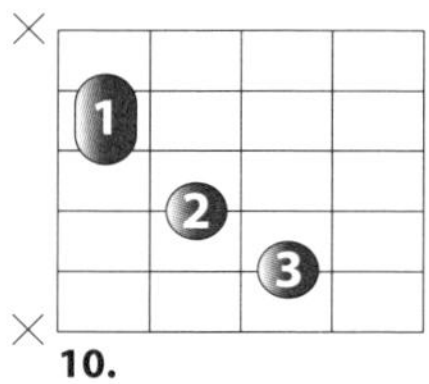

A 6/9

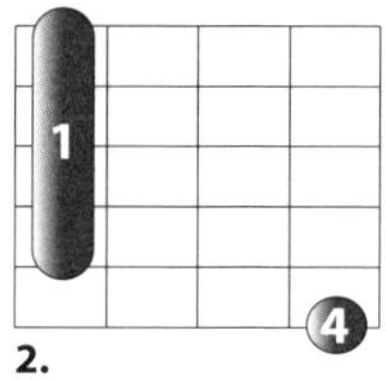

A 6/9

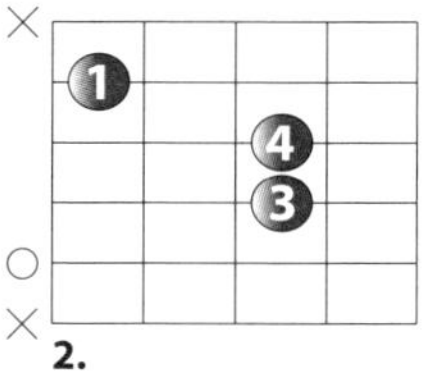

A 6/9

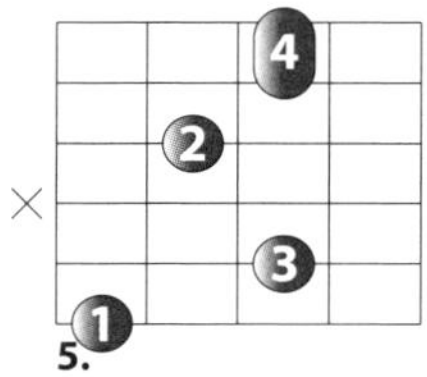

A 6/9

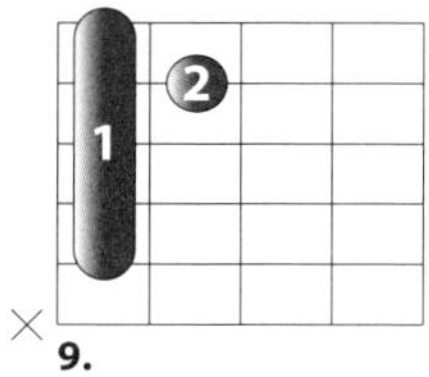

A 7sus4

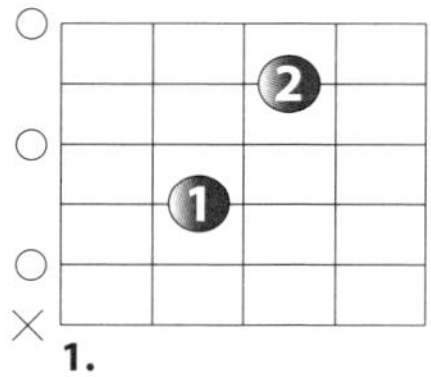

A 7sus4

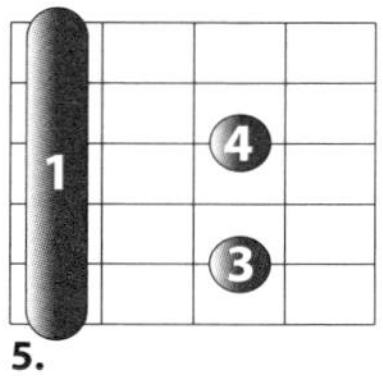

A 7b5

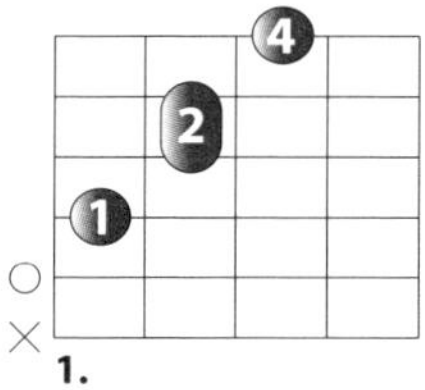

A 7b5

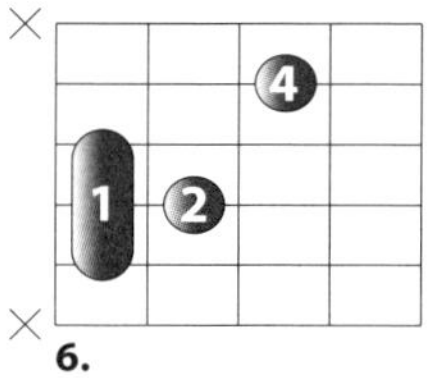

A 7b9

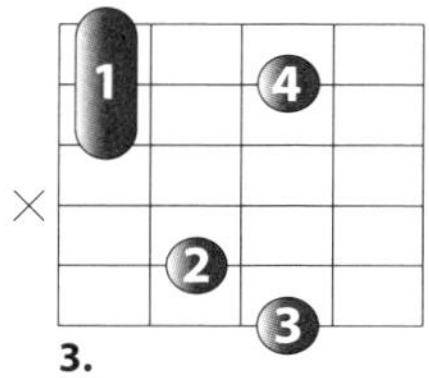

A 7b9

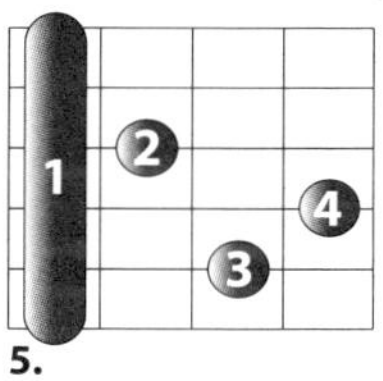

A 7b9

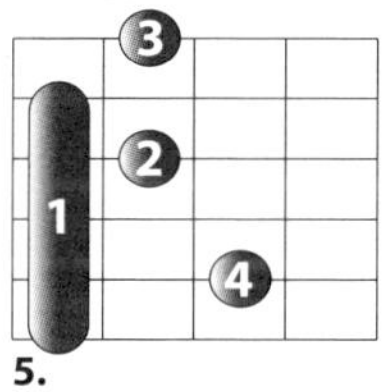

A 7b9

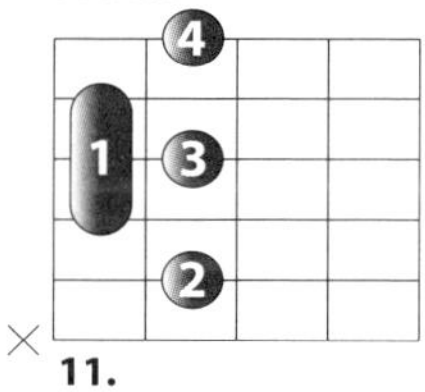

A 9sus4

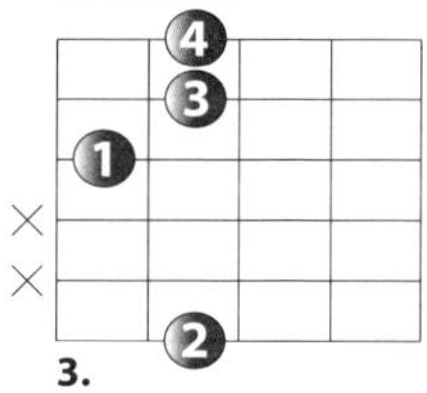

A 9sus4

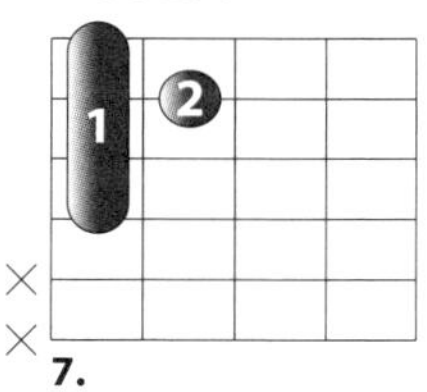

A 9sus4

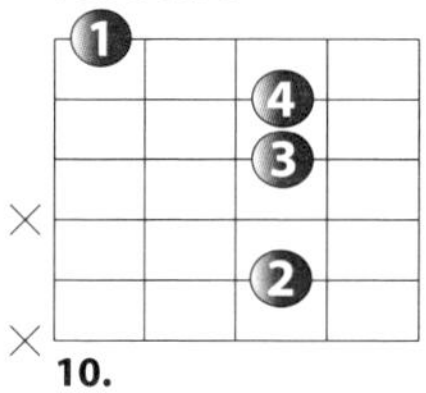

A 9sus4

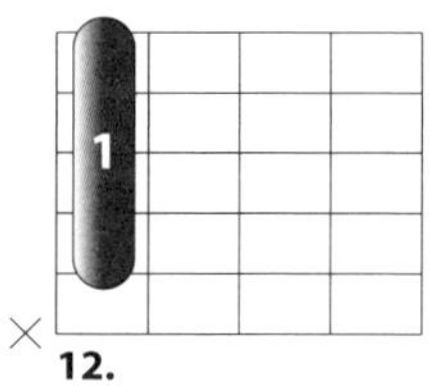

A add9

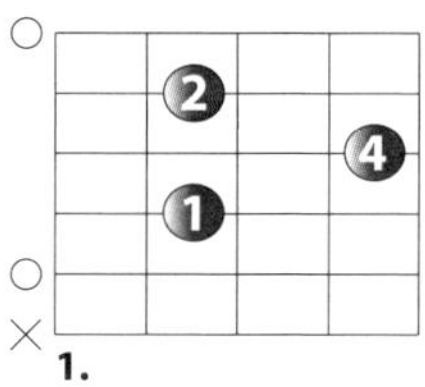

A add9

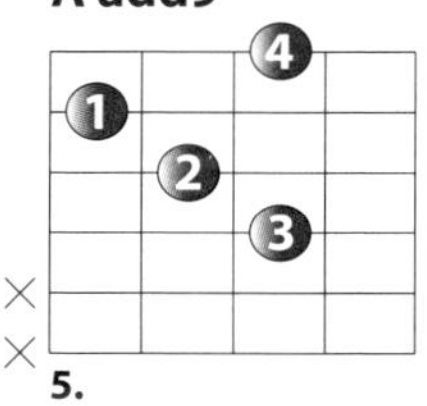

A add9

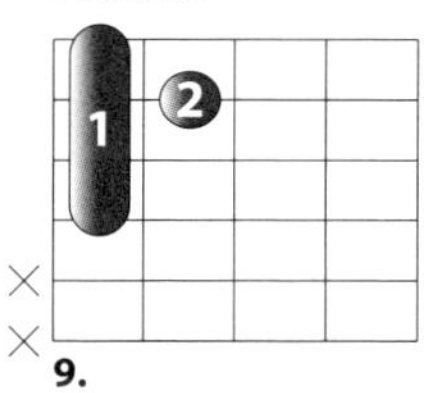

A add9

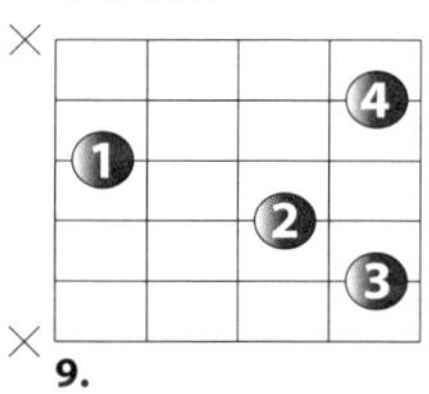

A aug9

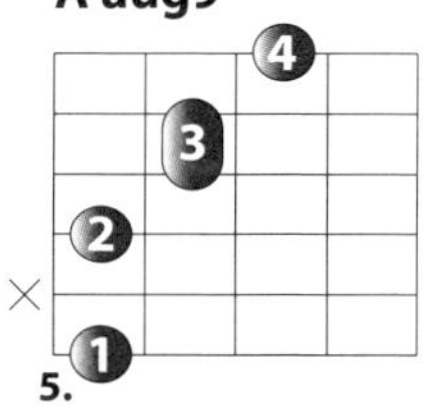

A

A aug9

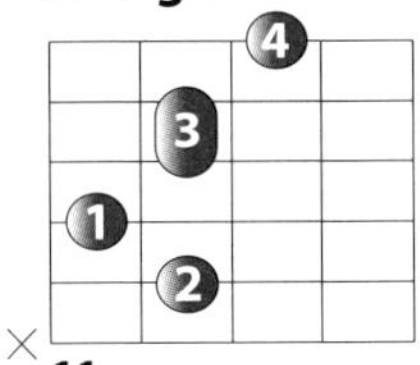

11.

A# Bb

Akkorde

A#

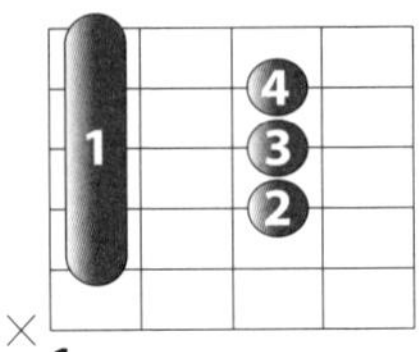

1.

A#

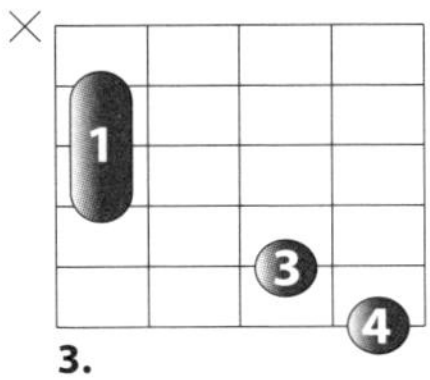

3.

A#

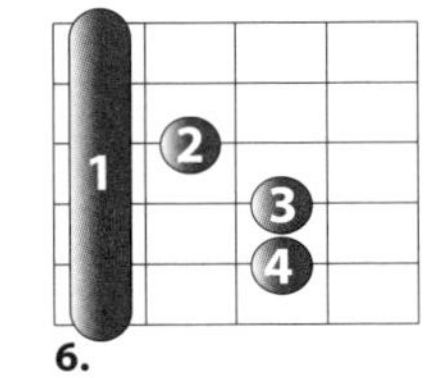

6.

A#

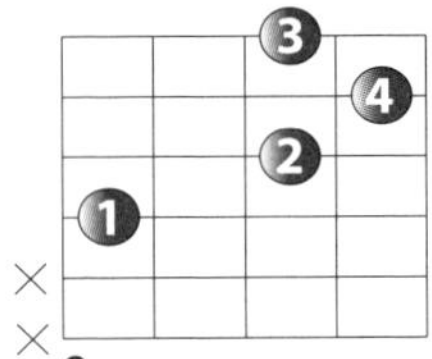

8.

A#

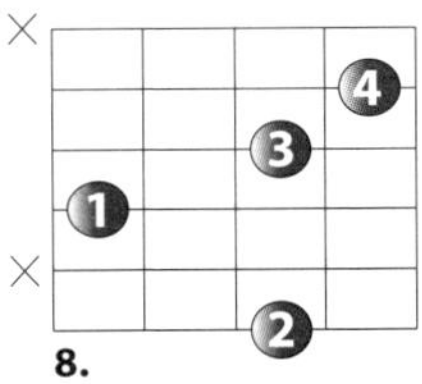

8.

A#

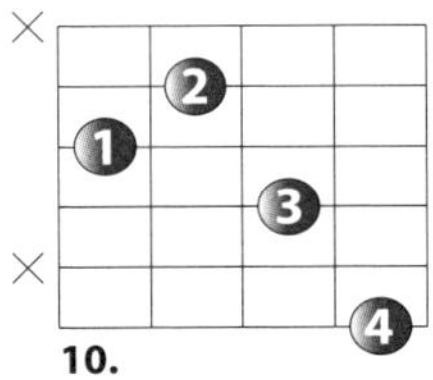

10.

A#

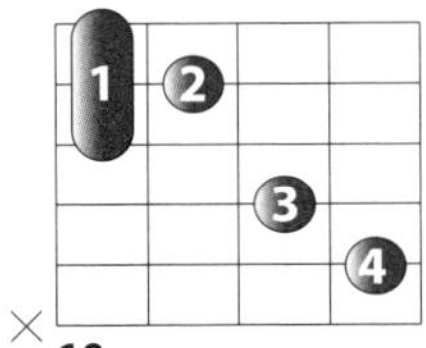

10.

A# 5

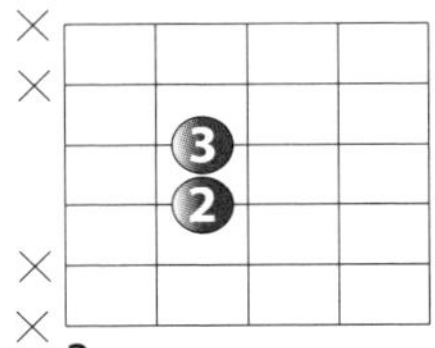

2.

A# 5

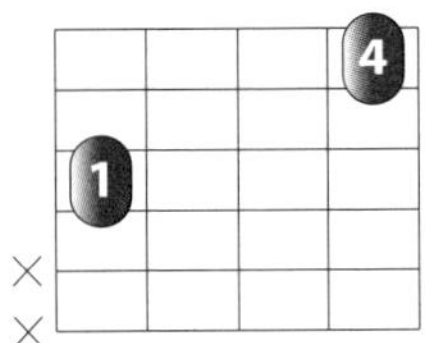

3.

A# 5

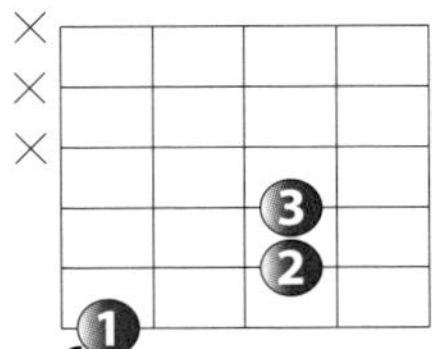

6.

A# 5

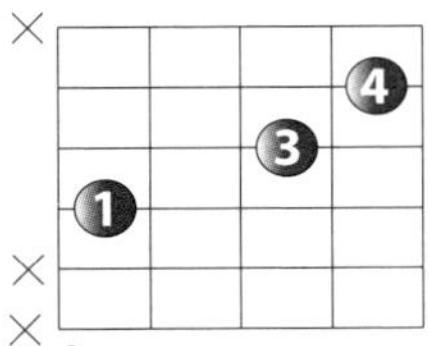

8.

A# 6

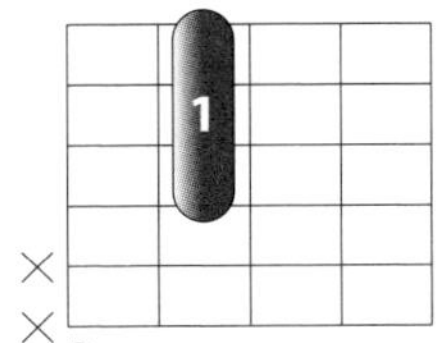

2.

A# 6

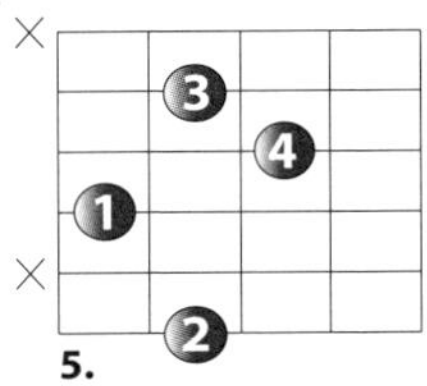

5.

A# 6

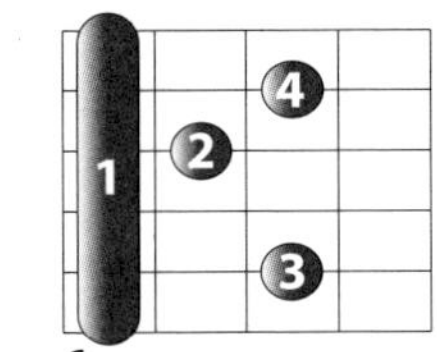

6.

A# 7

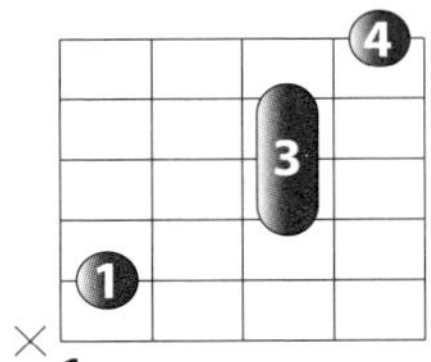

1.

A# 7

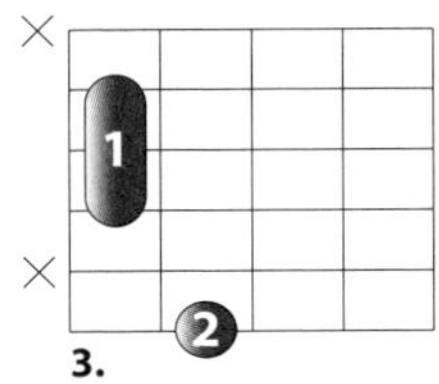

3.

A# 7

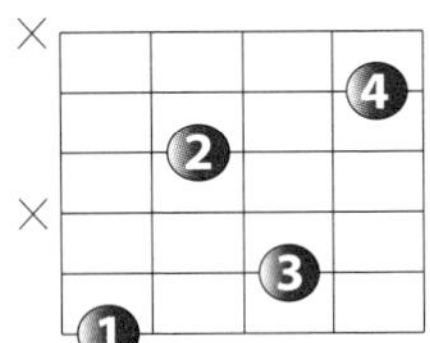

6.

A# 7

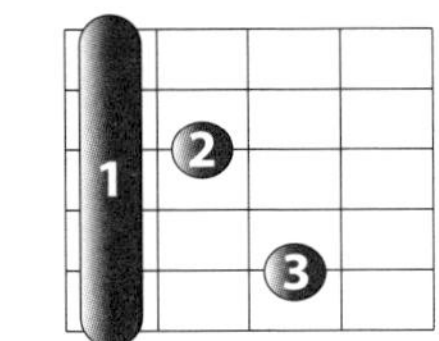

6.

A# 7

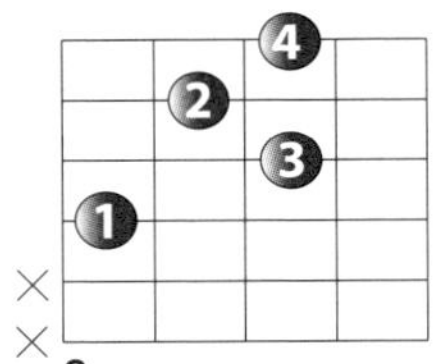

8.

A# 7

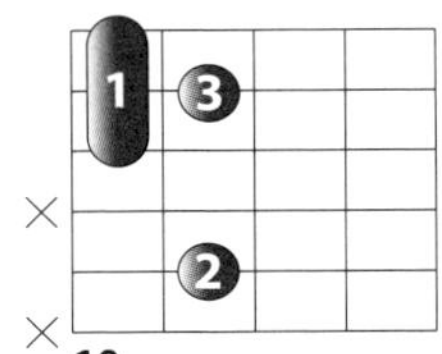

10.

A# maj7

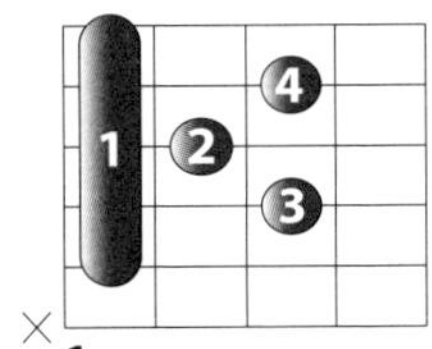

1.

A# maj7

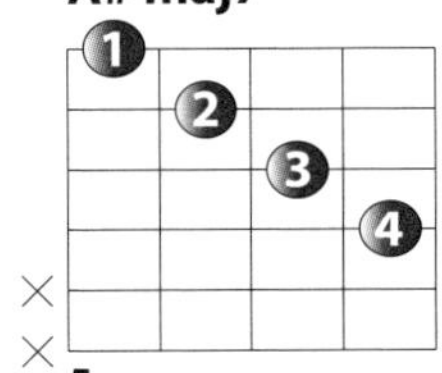

5.

A# maj7

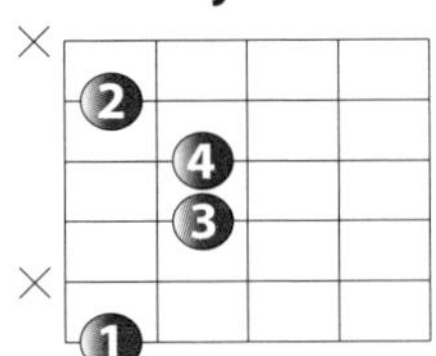

6.

A# maj7

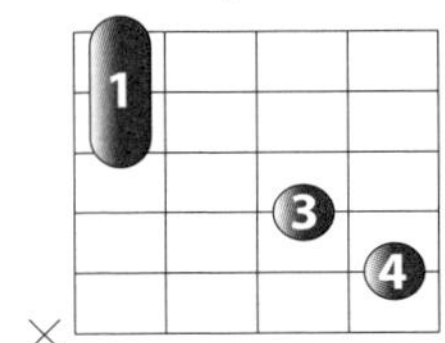

10.

A# 9

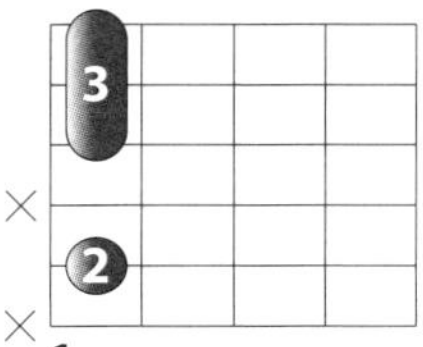

1.

A# 9

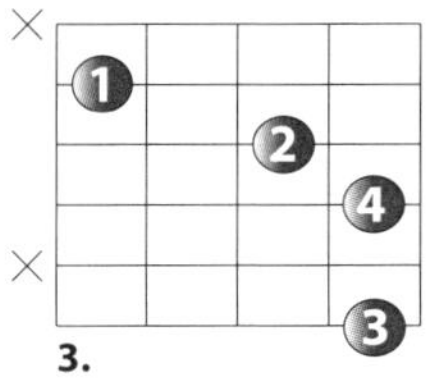

3.

A# 9

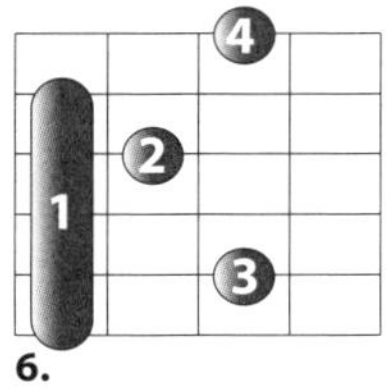

6.

A# 9

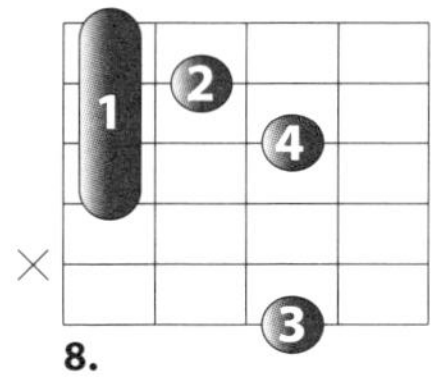

8.

A# maj9

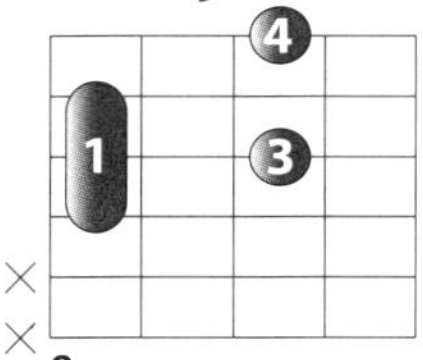

8.

A# maj9

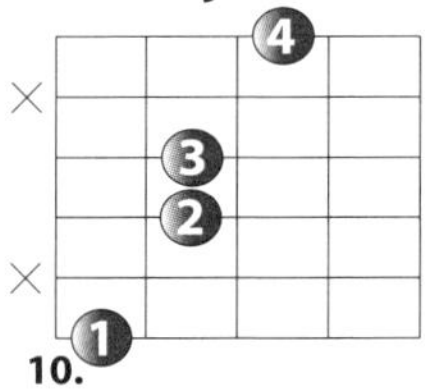

10.

A# 11

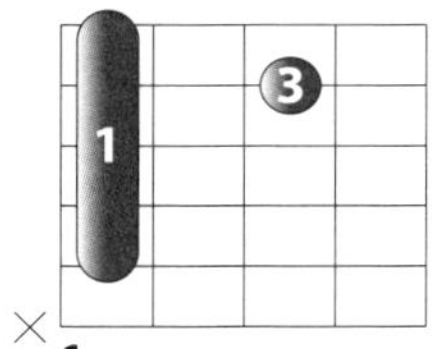

1.

A# 11

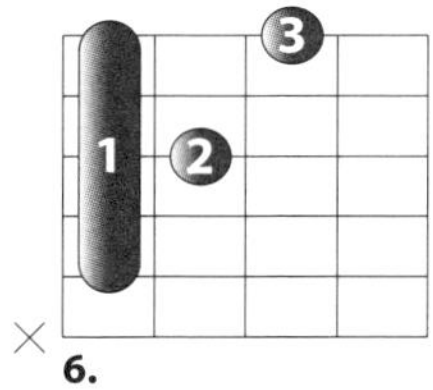

6.

A# 11

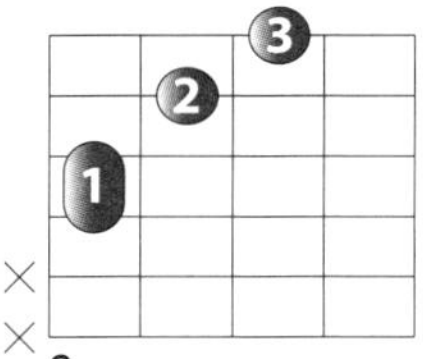

8.

A# 11

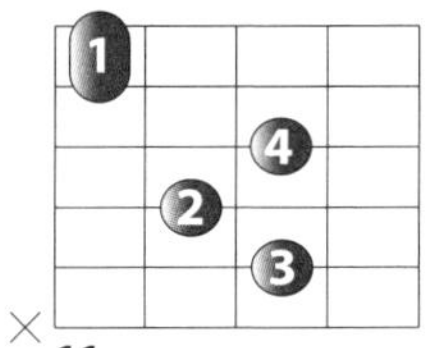

11.

A# 13

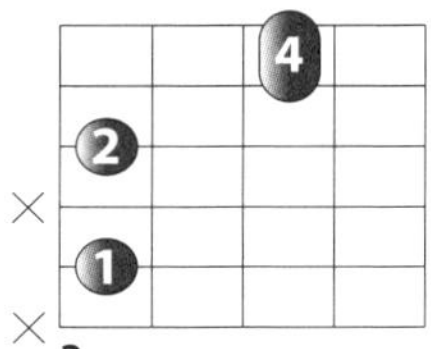

3.

A# 13

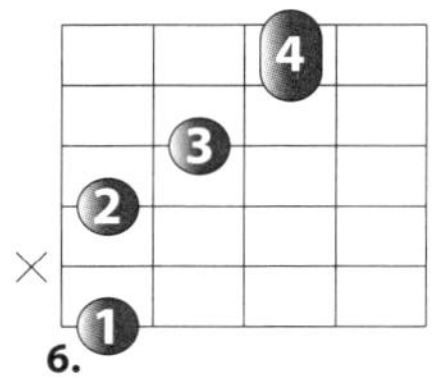

6.

A# 13

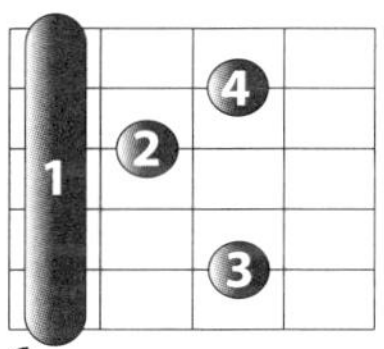

6.

A# maj13

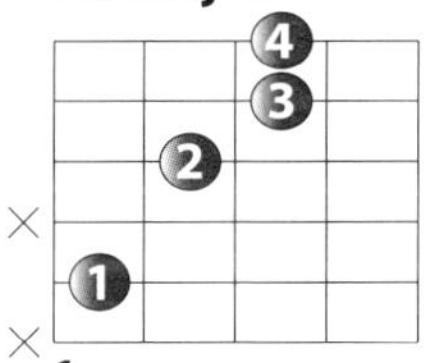

1.

A# maj13

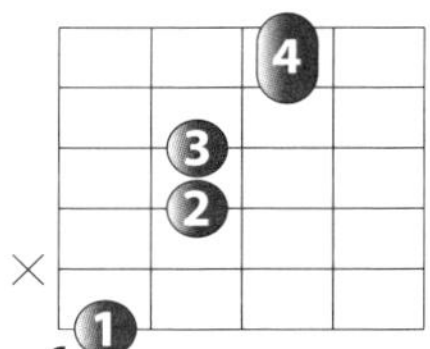

6.

A# m

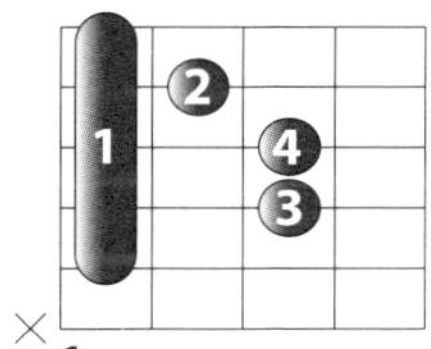

1.

A# m

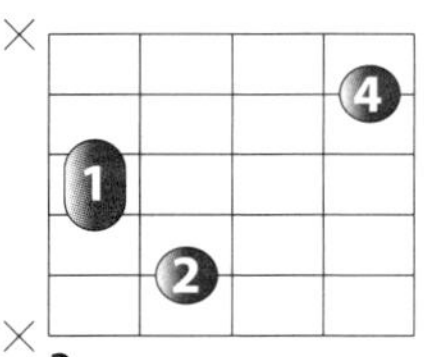

3.

A# m

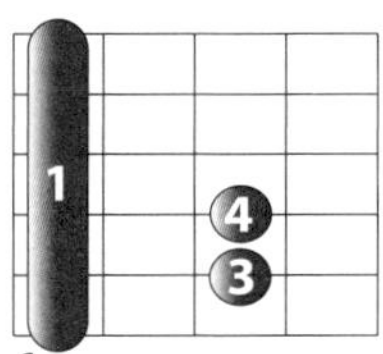

6.

A# m

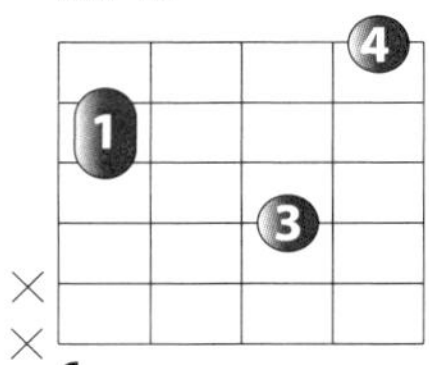

6.

A# m

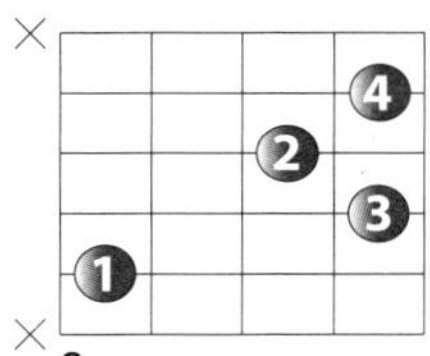

8.

A# m

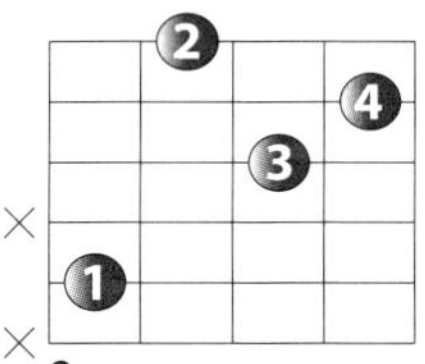

8.

A# m

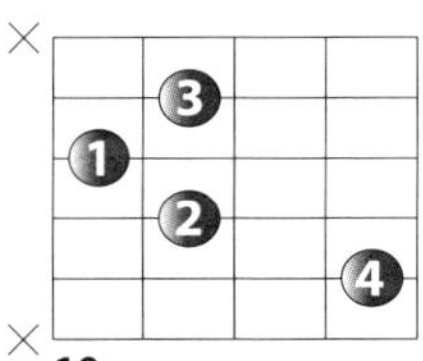

10.

A# m6

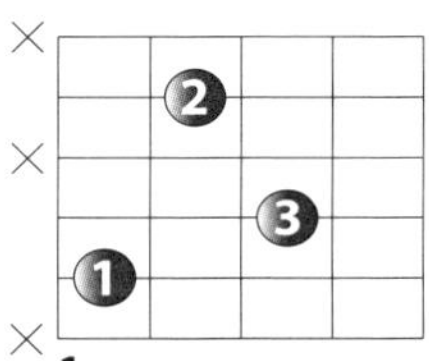

1.

A# m6

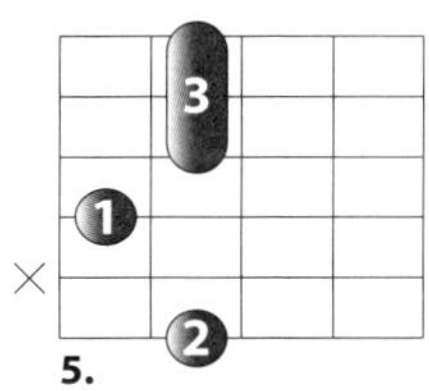

5.

A#
Bb

A# m6

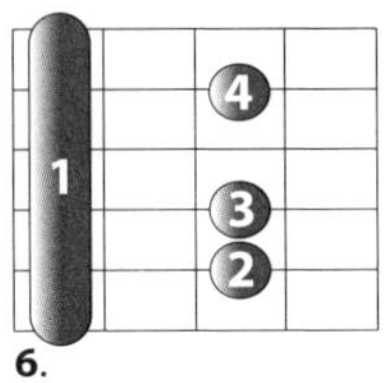

A# m6

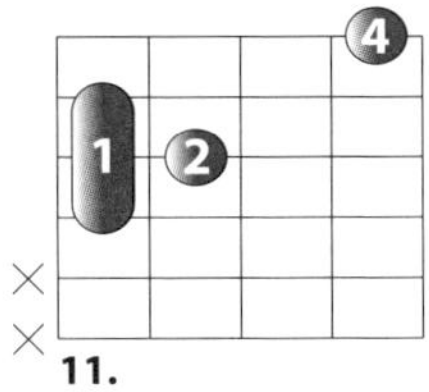

A# m7

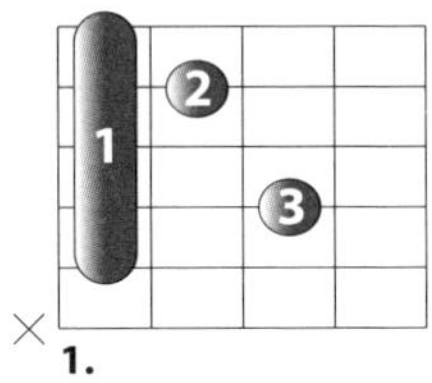

A# m7

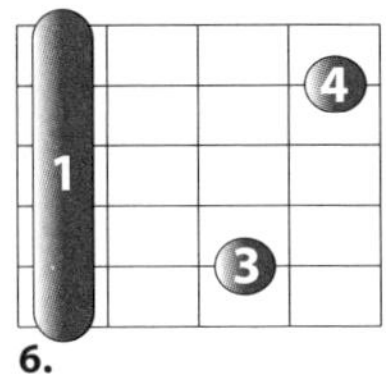

A# m7

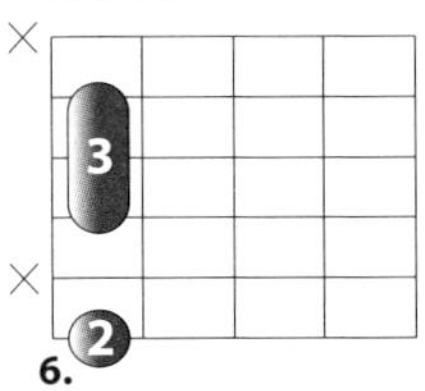

A# m7

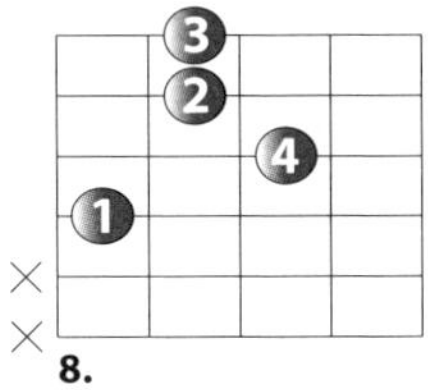

A# m9

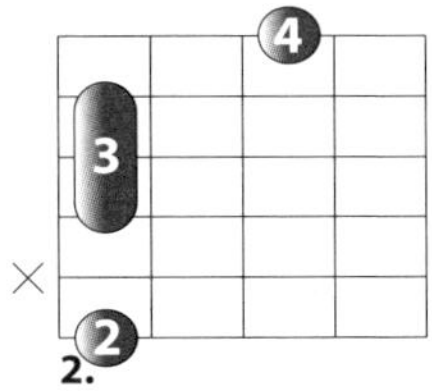

A# m9

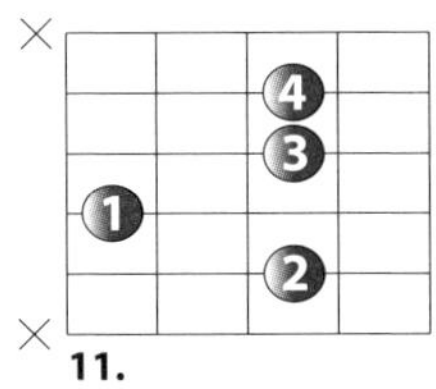

A# m11

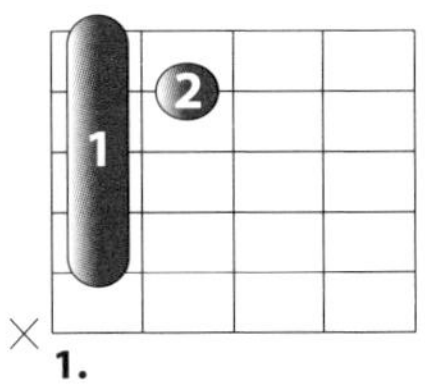

A# m11

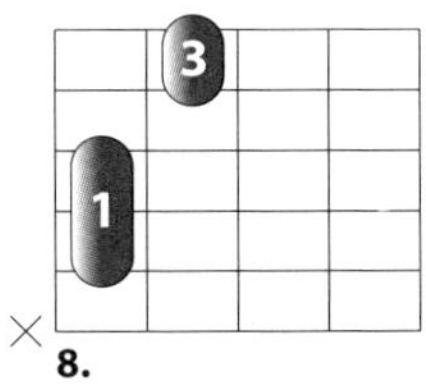

A# m13

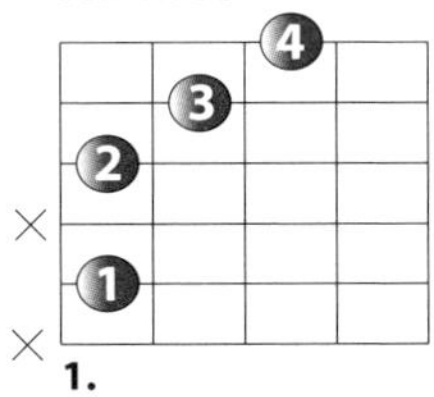

A# m13

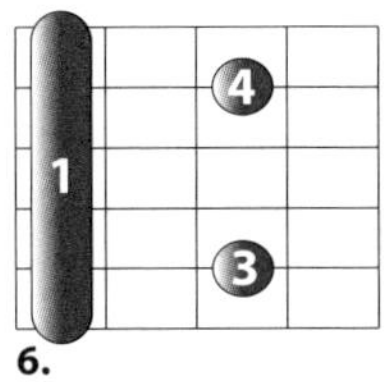

A# m(maj7)

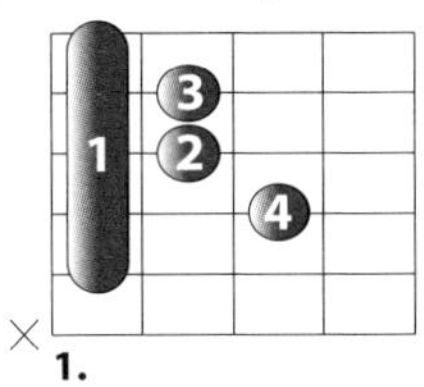

A# m(maj7)

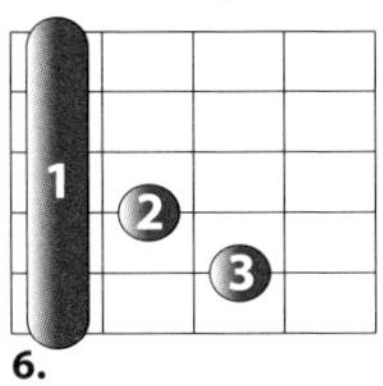

A# sus2

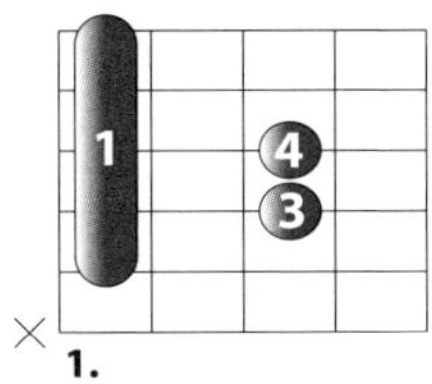

A# sus2

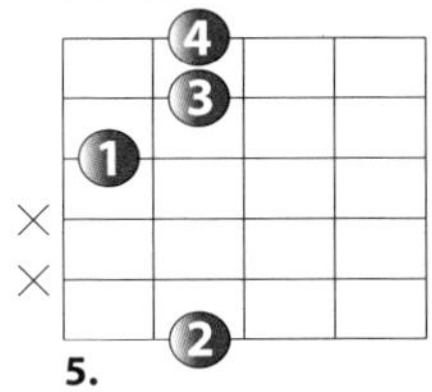

A# sus2

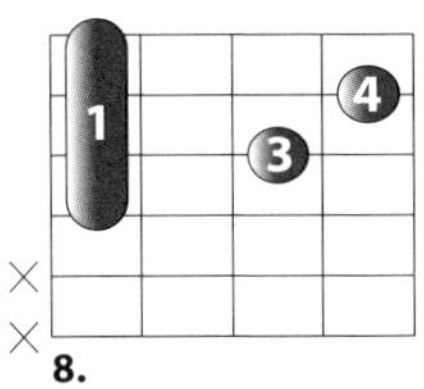

A# sus2

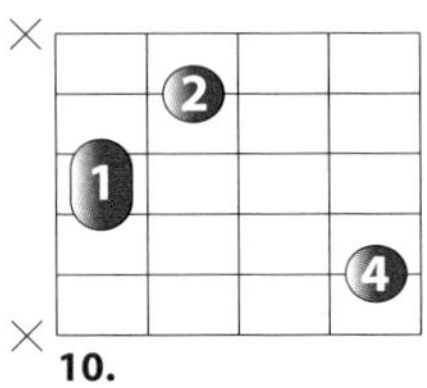

A# sus4

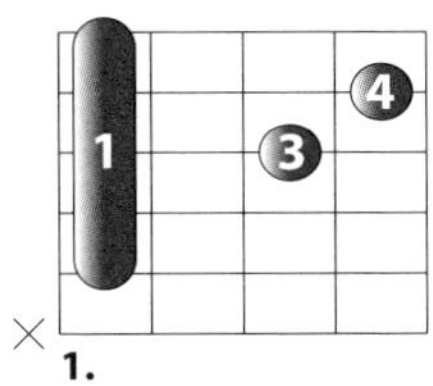

A# sus4

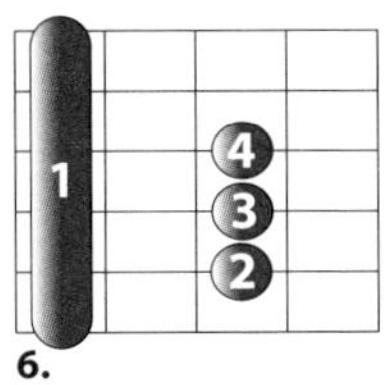

A# sus4

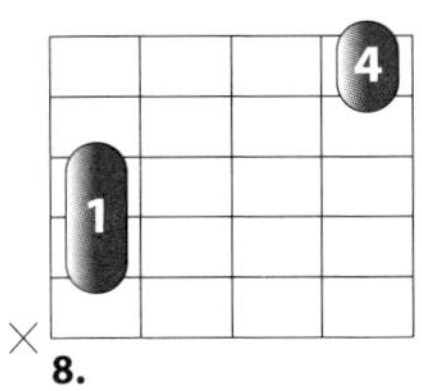

A# dim

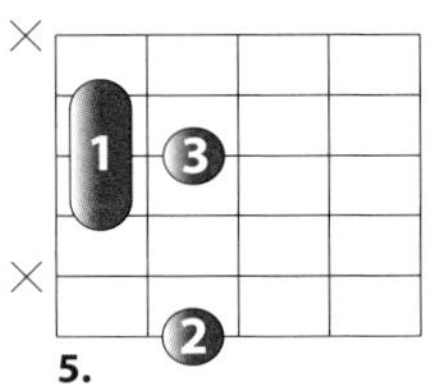

A# dim

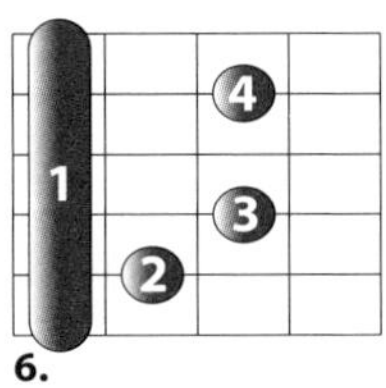

A# aug

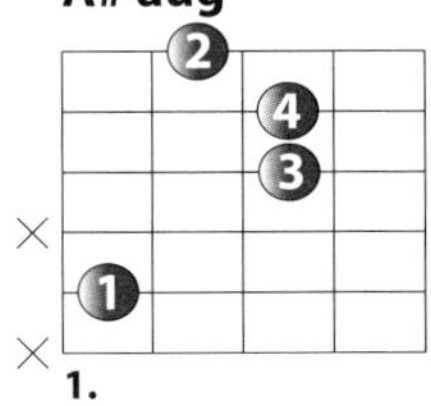

A# aug
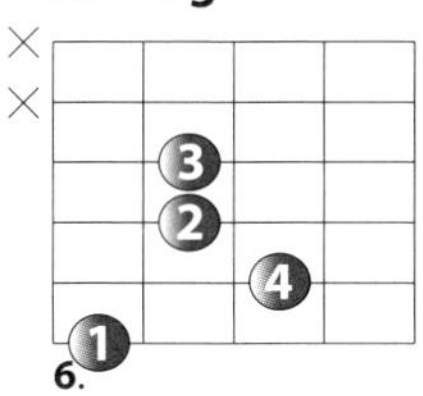

A# aug
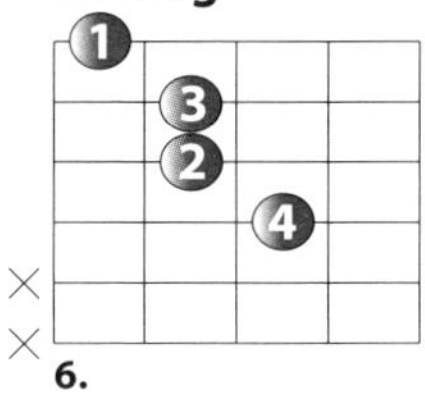

A# aug
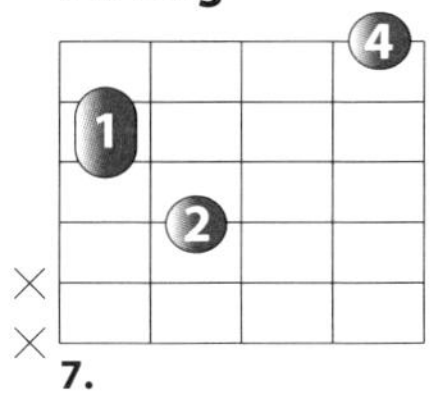

A# 6/9
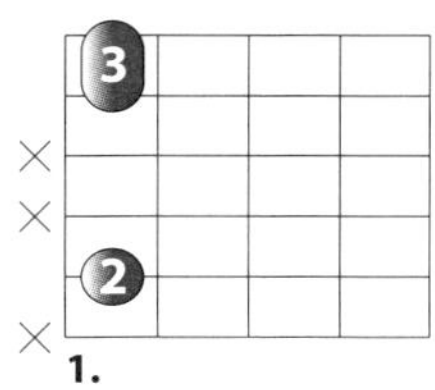

A# 6/9
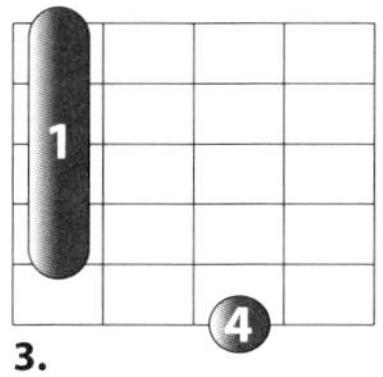

A# 6/9
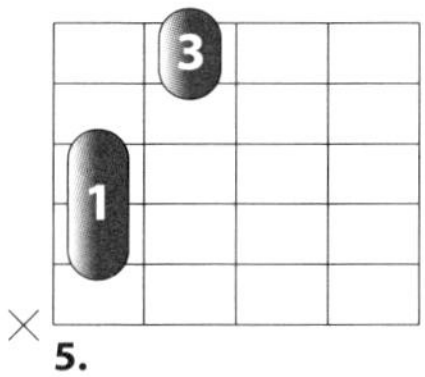

A# 6/9
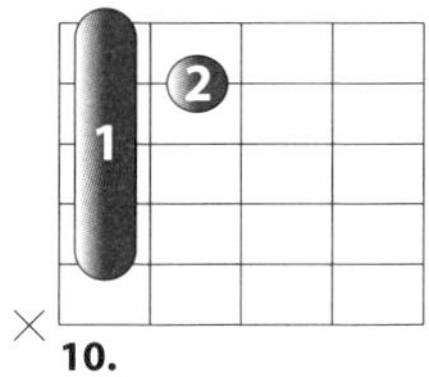

A# 7sus4
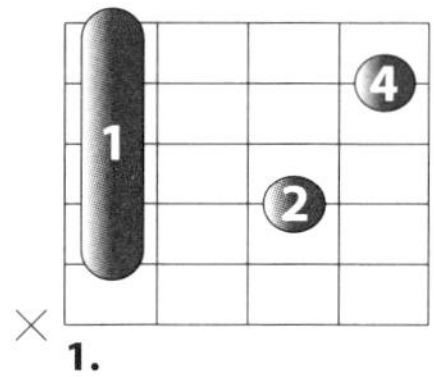

A# 7sus4
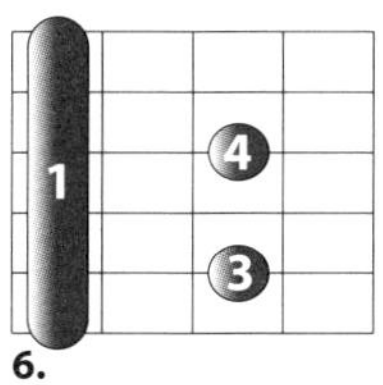

A# 7b5
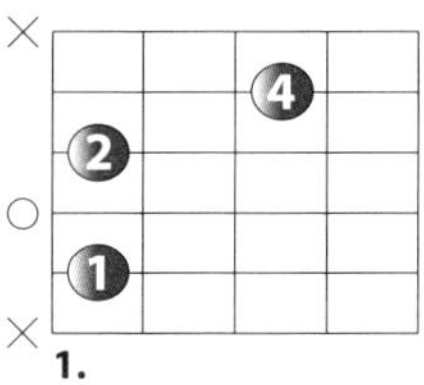

A# 7b5
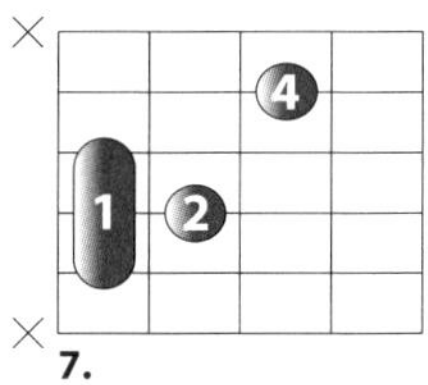

A# 7b9
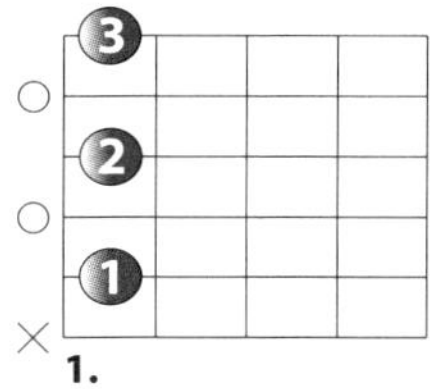

A# 7b9
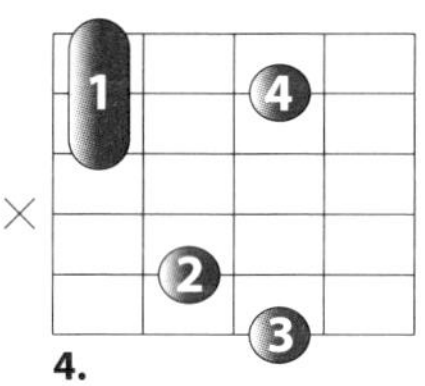

A# 7b9
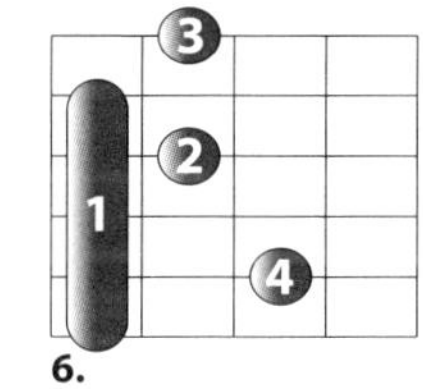

A# 7b9
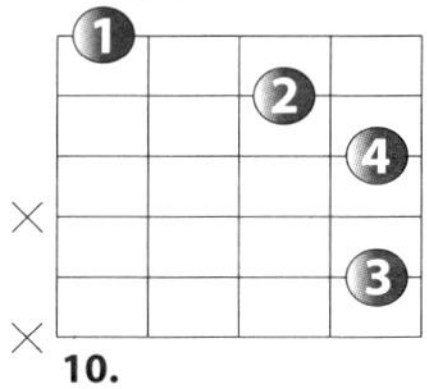

A# 9sus4
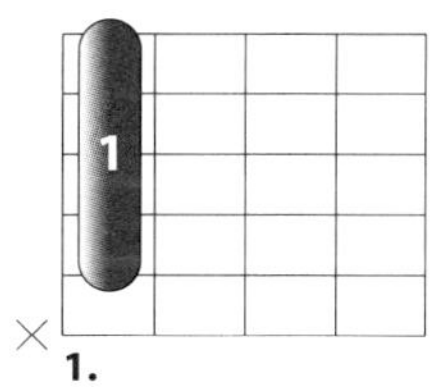

A# 9sus4
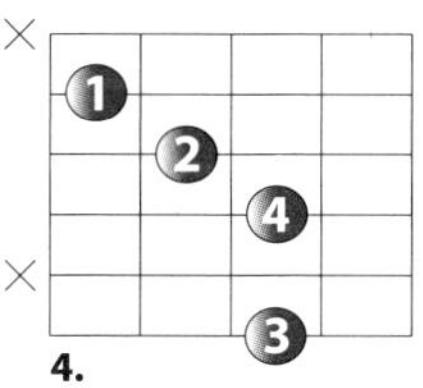

A# 9sus4
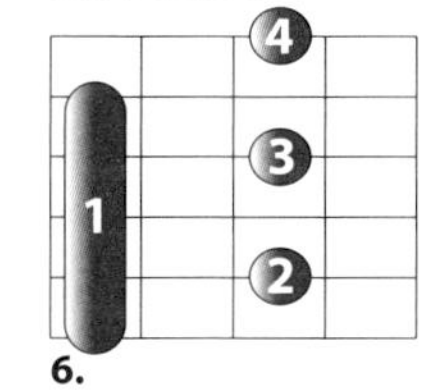

A# 9sus4
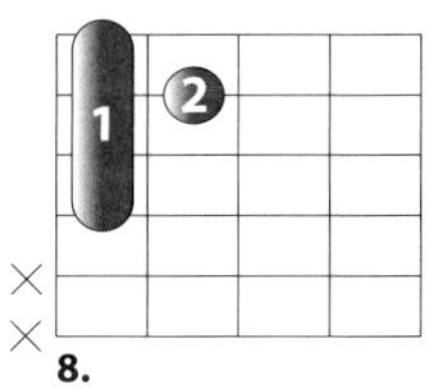

A# add9
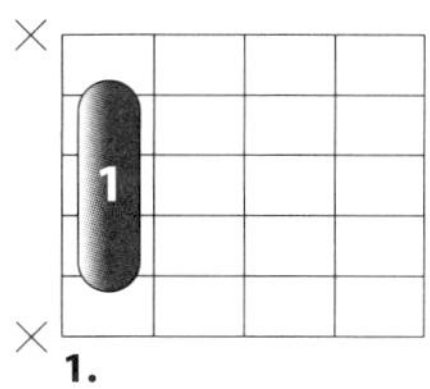

A# add9
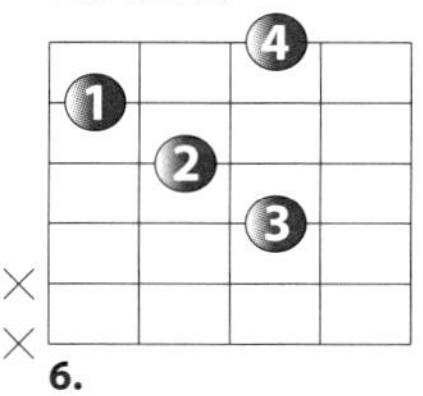

A# add9
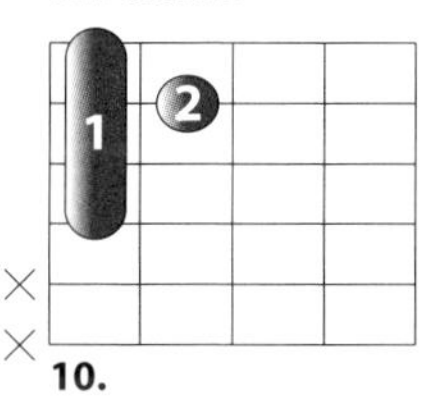

A# add9
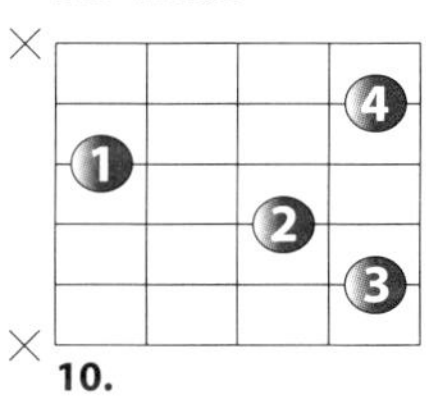

A# aug9
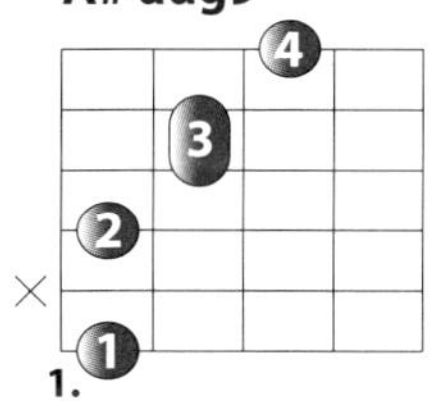

A# aug9

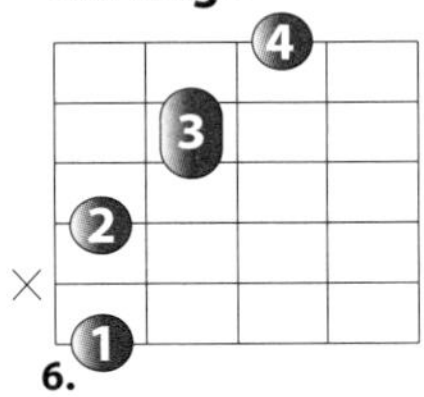

B

Akkorde

B

B
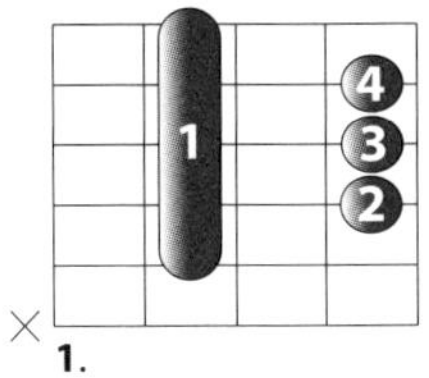

B
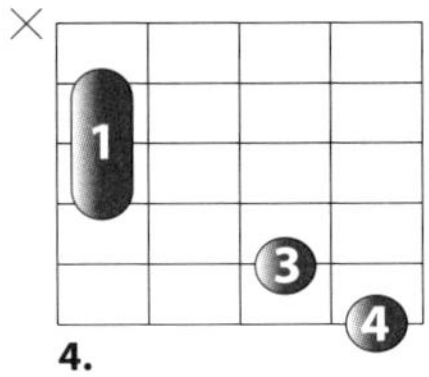

B
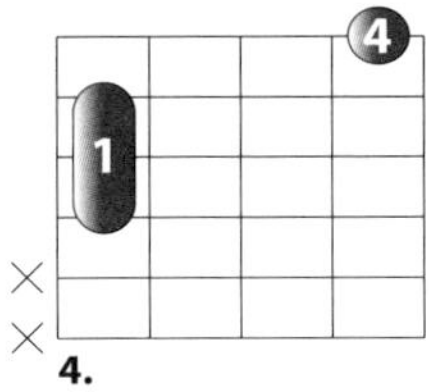

B
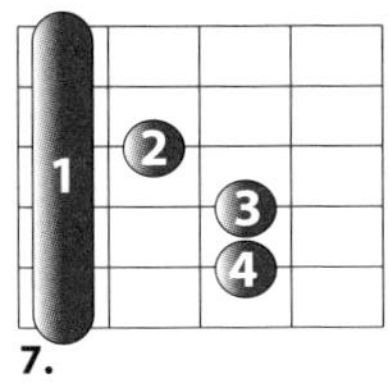

B
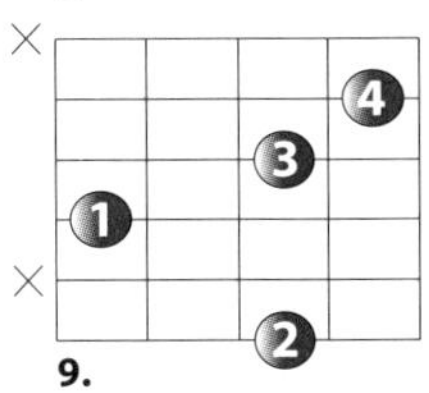

B
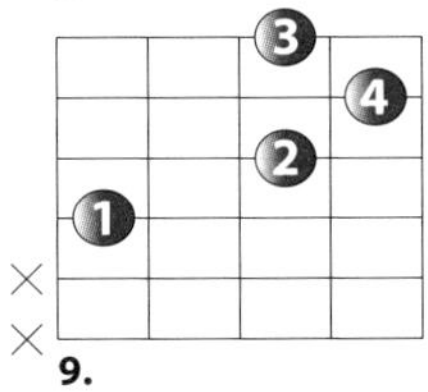

B 5
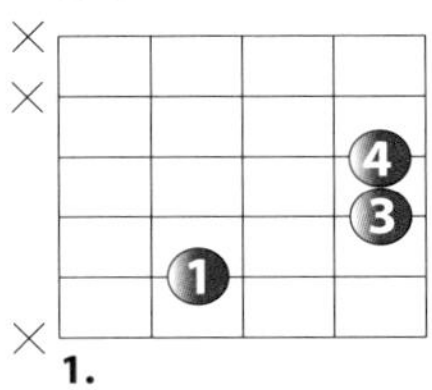

B 5
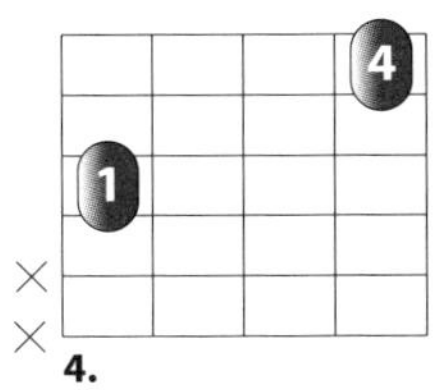

B 5
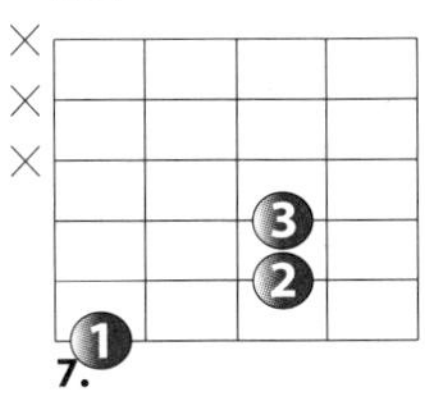

B 5
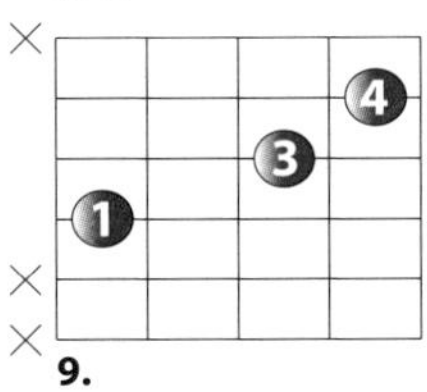

B 6
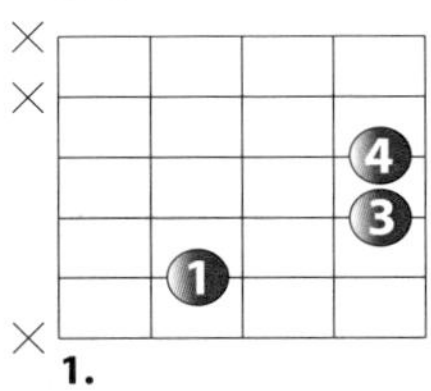

B 6
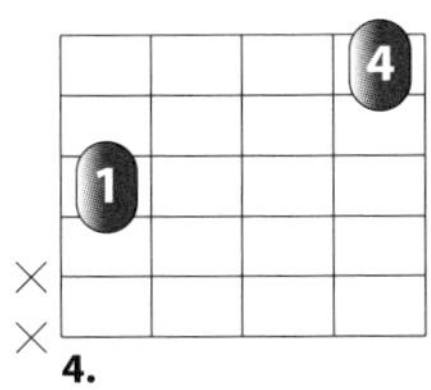

B 6
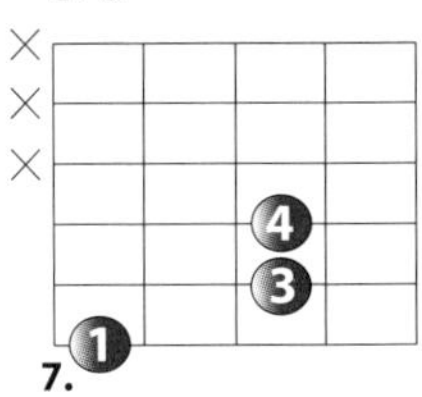

B 6
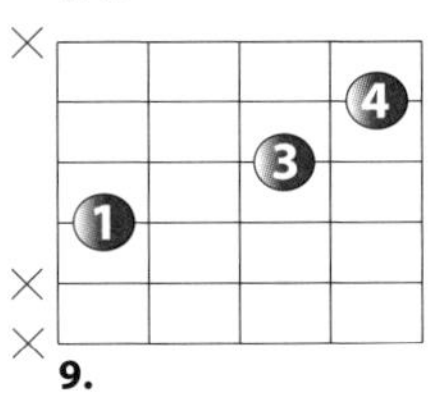

B 7
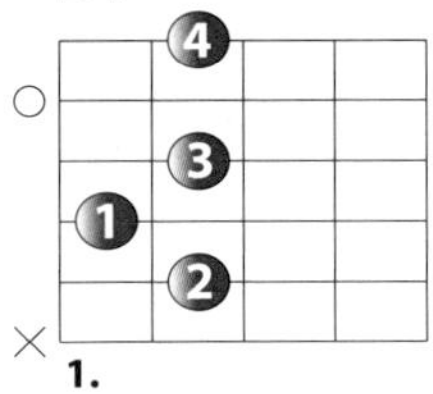

B 7
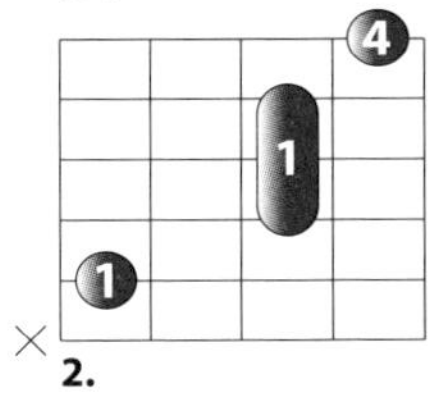

B 7
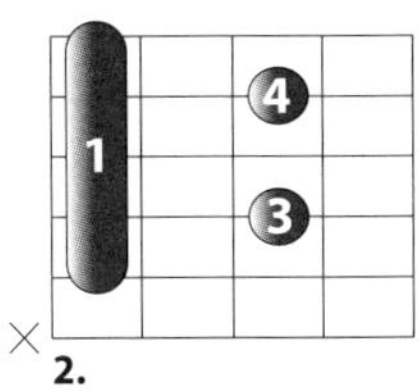

B 7
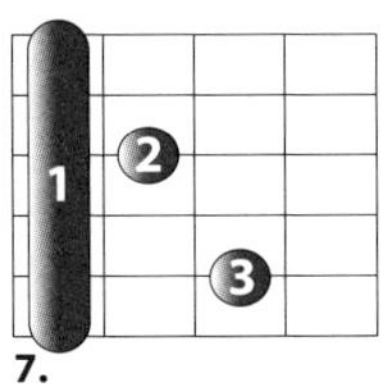

B 7
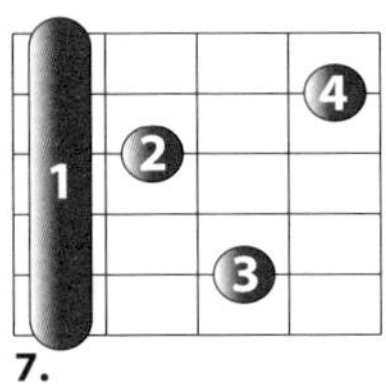

B 7
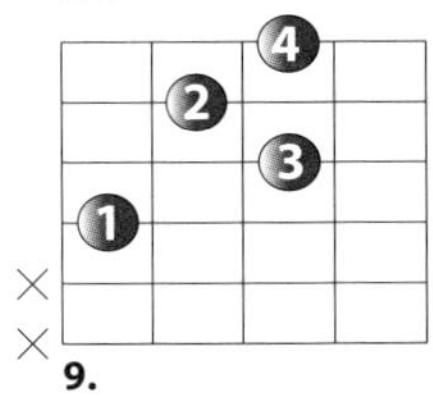

B maj7
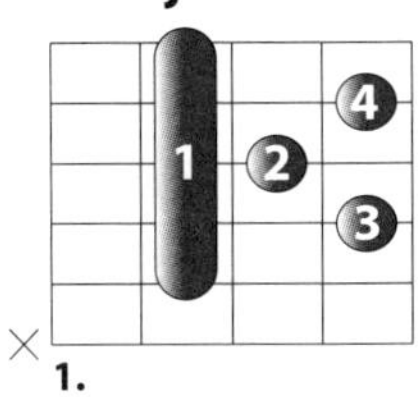

B maj7
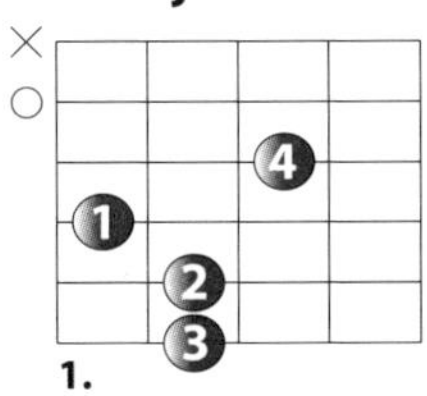

B maj7
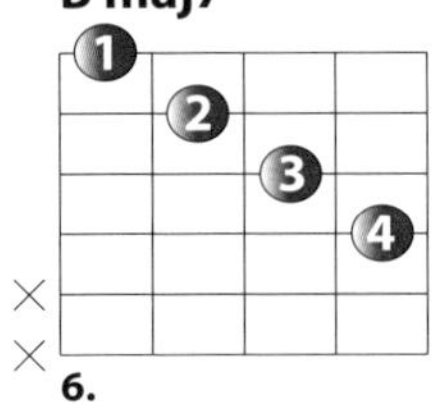

B maj7
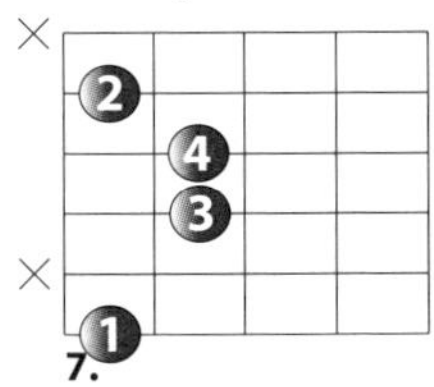

B 9

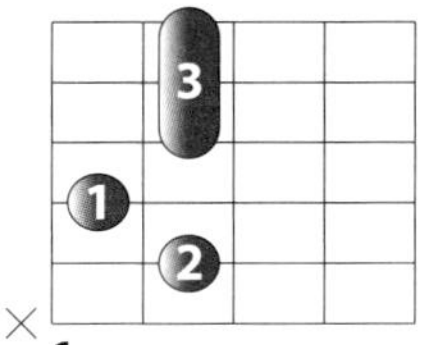

1.

B 9

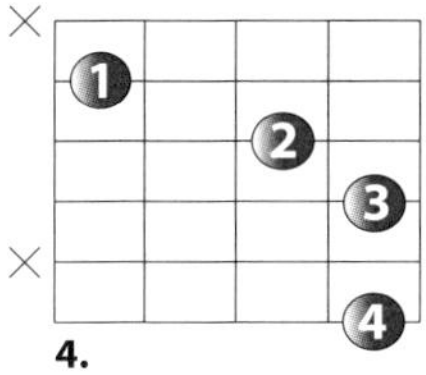

4.

B 9

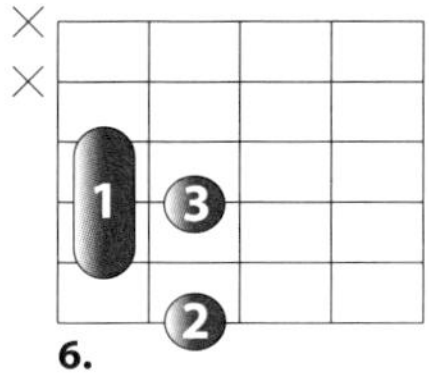

6.

B 9

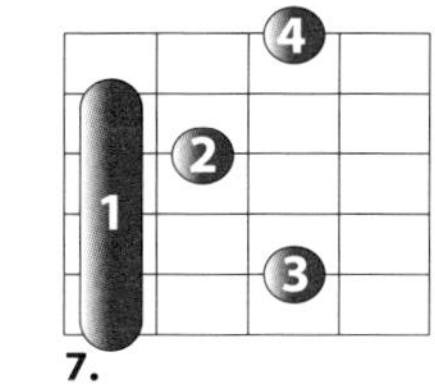

7.

B maj9

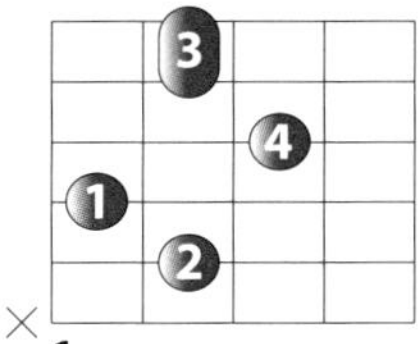

1.

B maj9

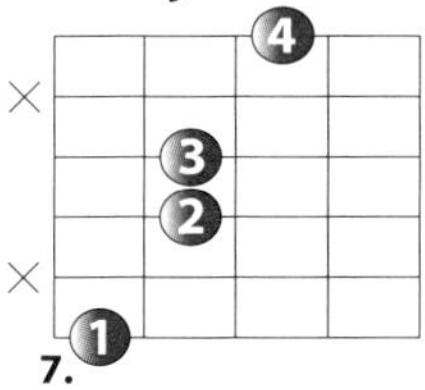

7.

B 11

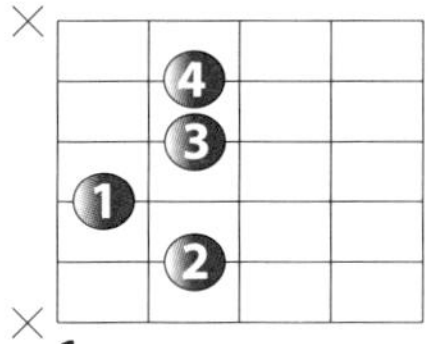

1.

B 11

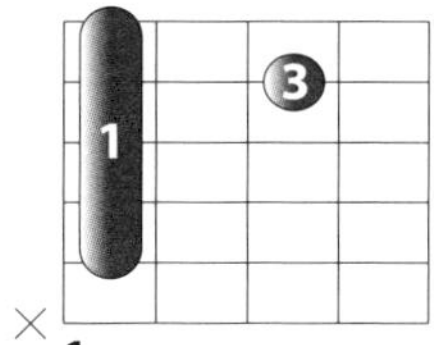

1.

B 11

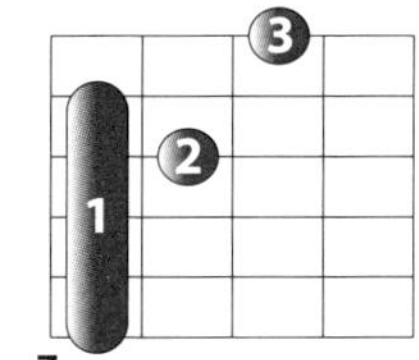

7.

B 11

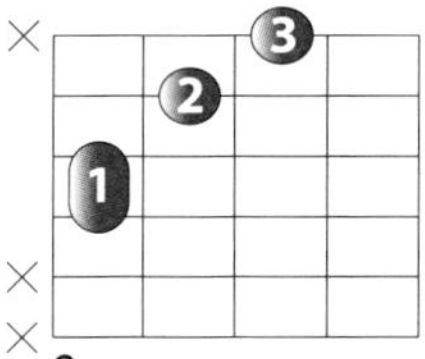

9.

B 13

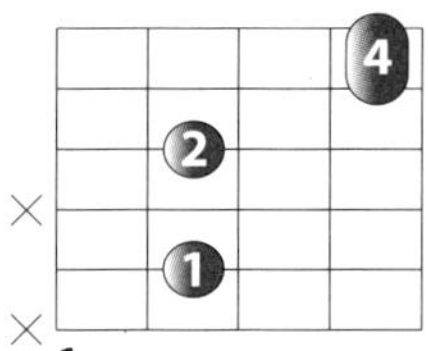

1.

B 13

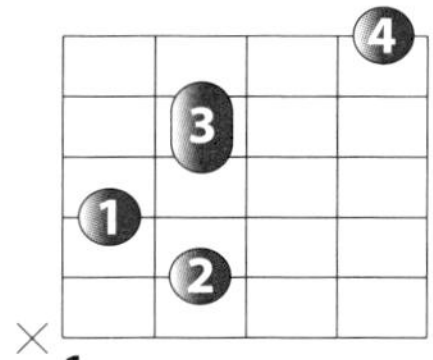

1.

B 13

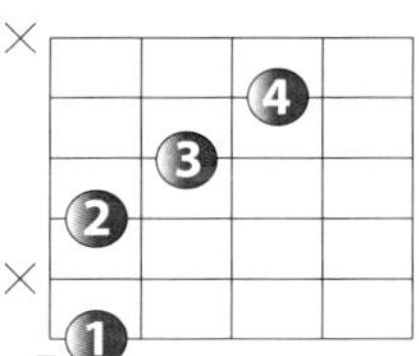

7.

B 13

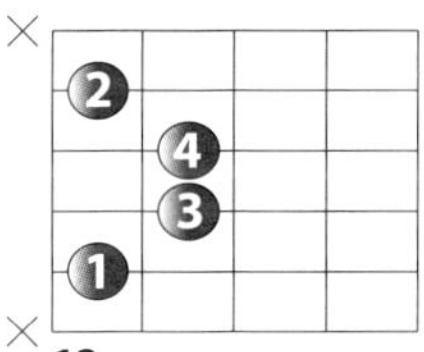

12.

B maj13

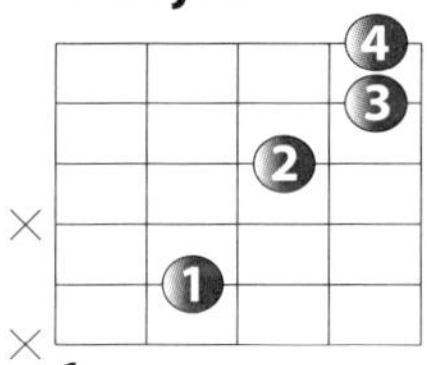

1.

B maj13

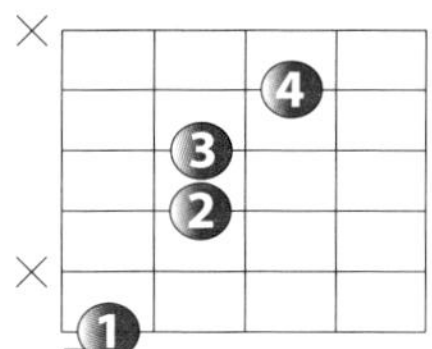

7.

B m

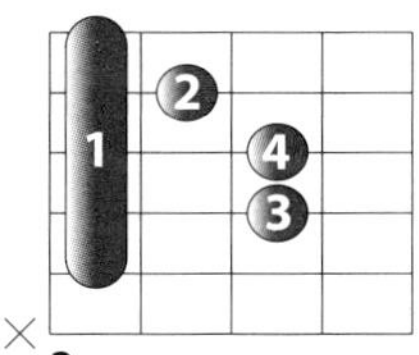

2.

B m

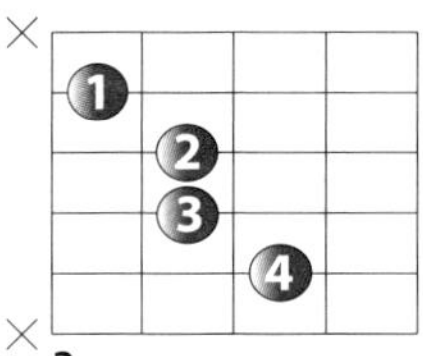

3.

B m

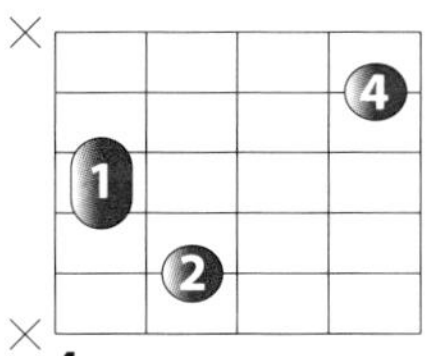

4.

B m

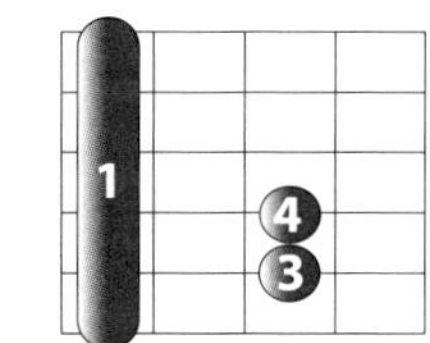

7.

B m

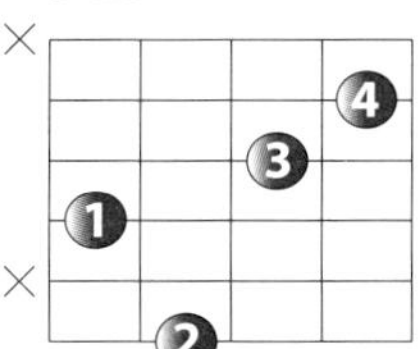

9.

B m

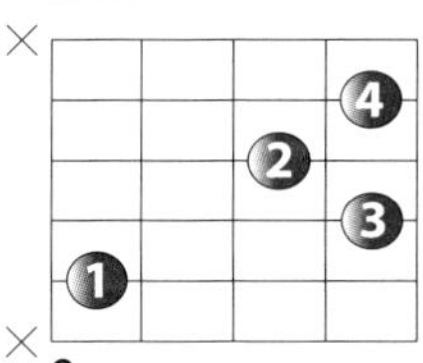

9.

B m

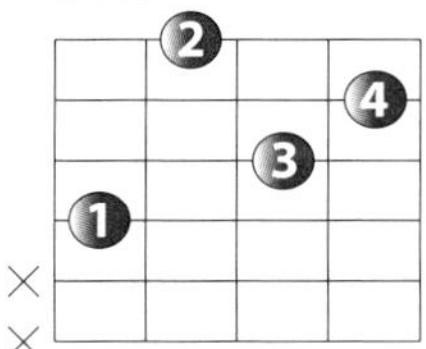

9.

B m6

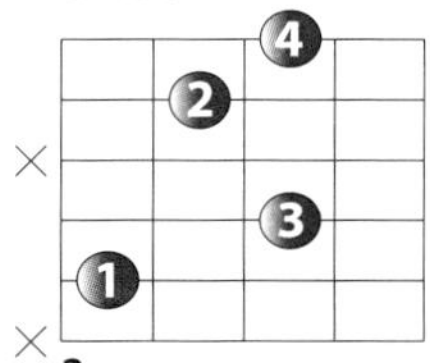

2.

B

B m6

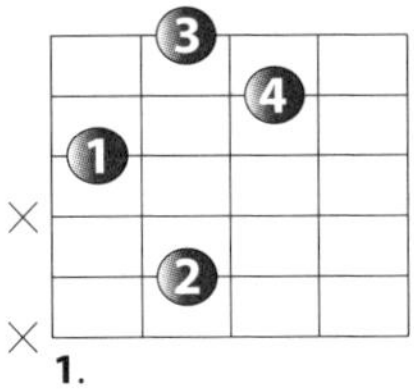

B m6

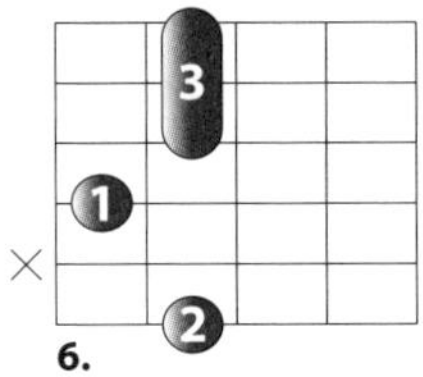

B m6

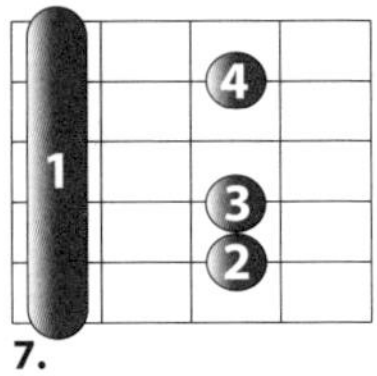

B m7

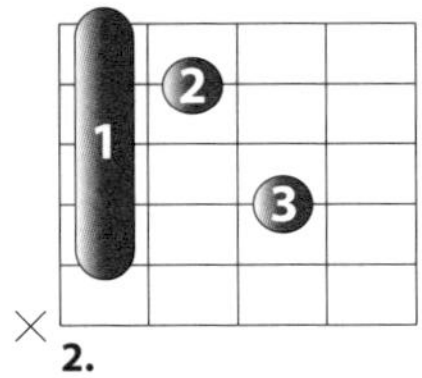

B m7

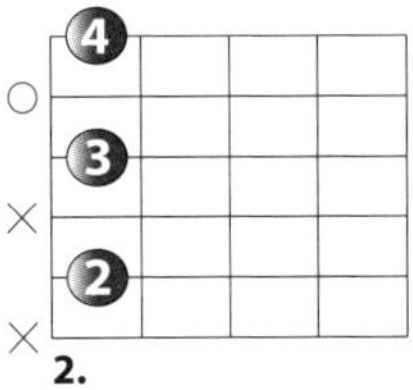

B m7

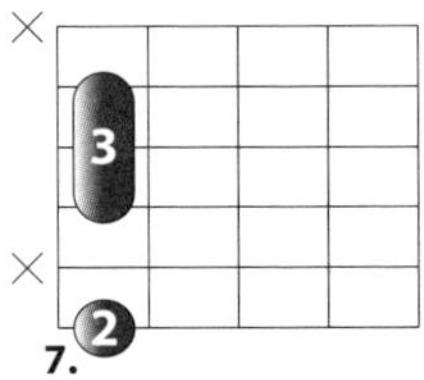

B m7

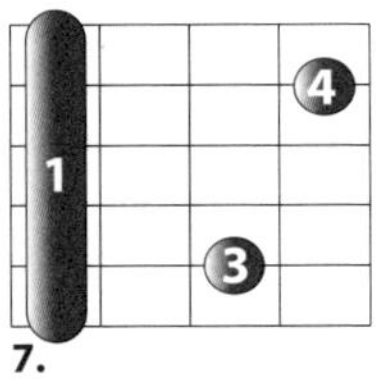

B m9

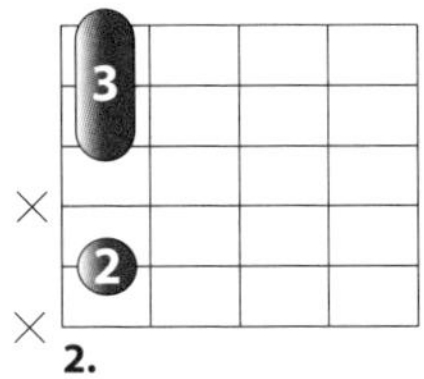

B m9

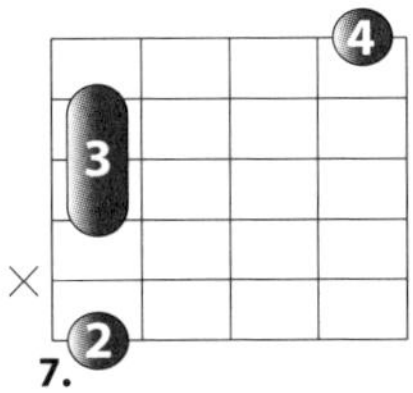

B m11

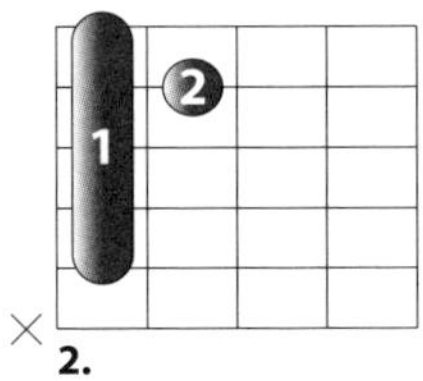

B m11

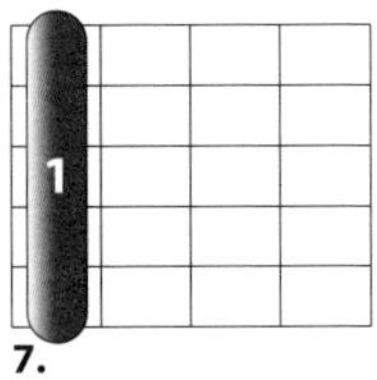

B m13

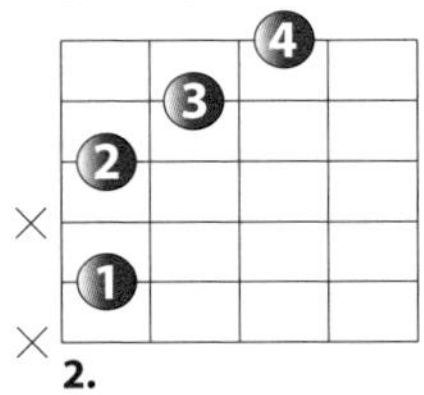

B

B m13

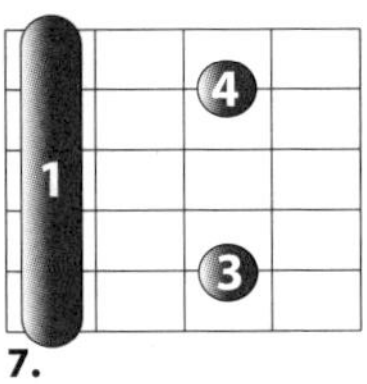

B m(maj7)

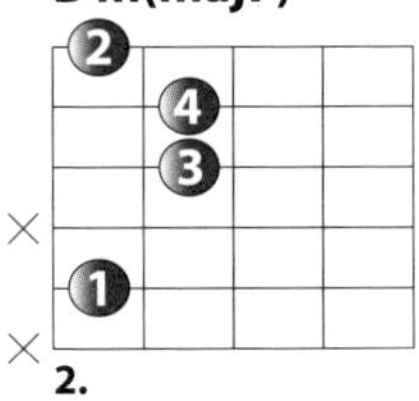

B m(maj7)

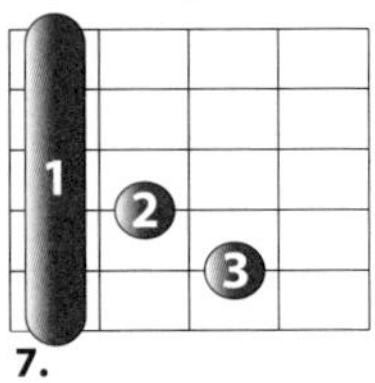

B sus2

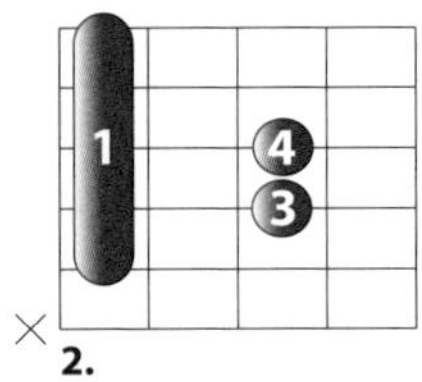

B sus2

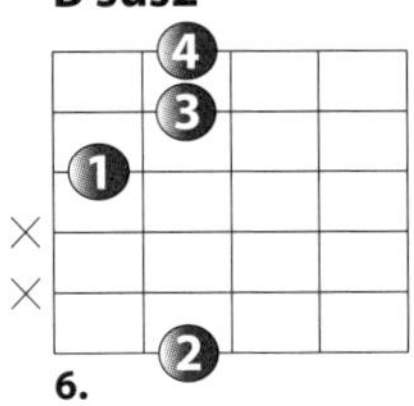

B sus2

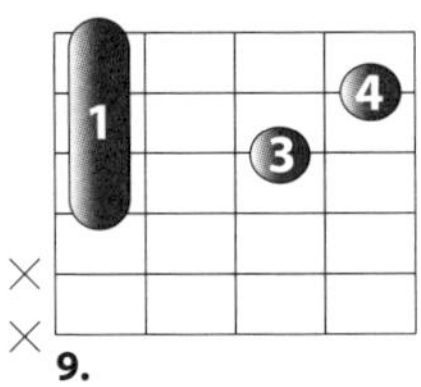

B sus2

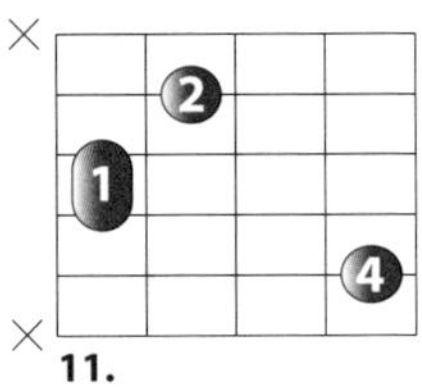

B sus4

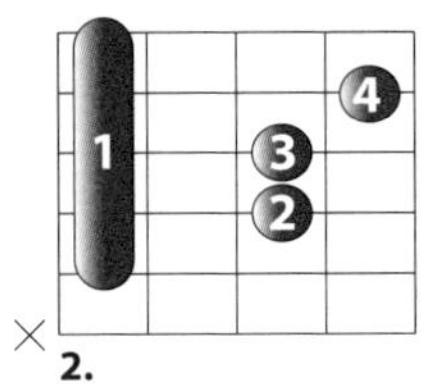

B sus4

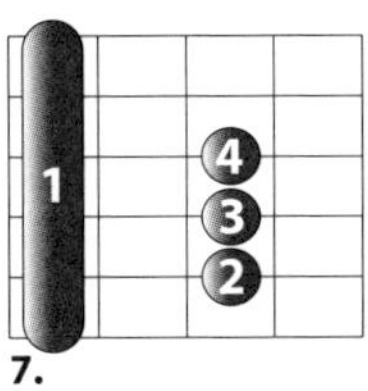

B sus4

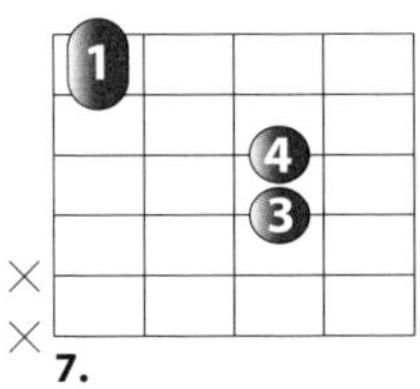

B sus4

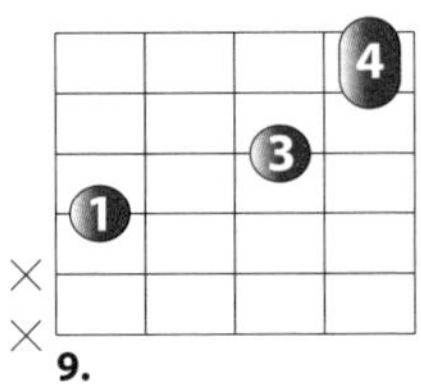

B dim

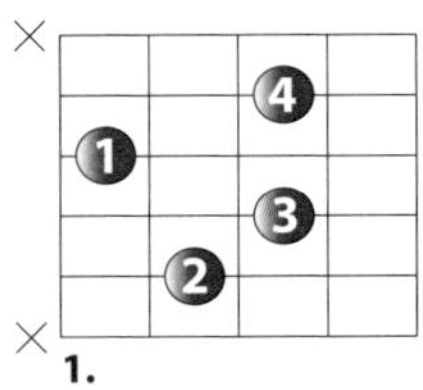

B dim

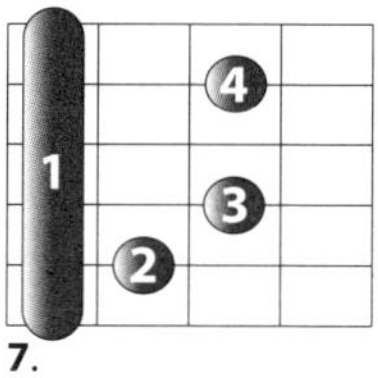

B aug

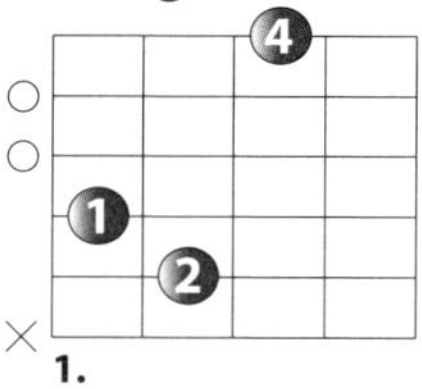

B aug

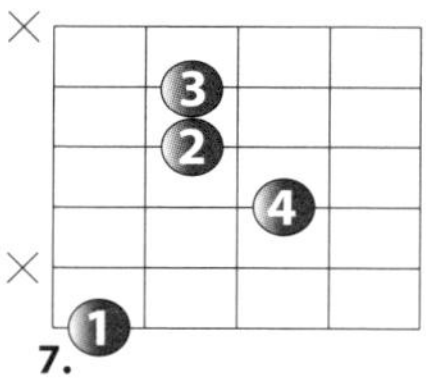

B aug

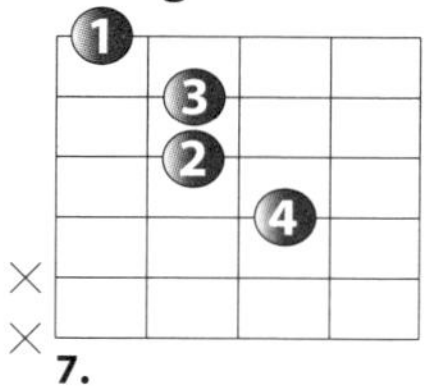

B aug

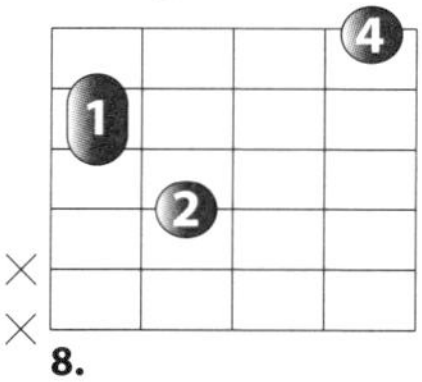

B 6/9

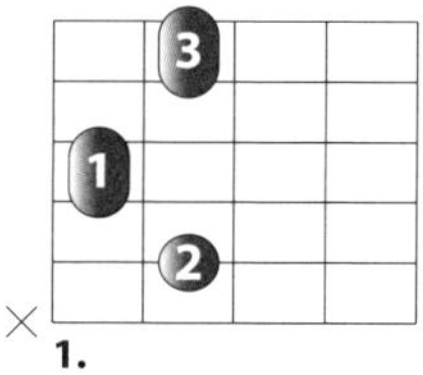

B 6/9

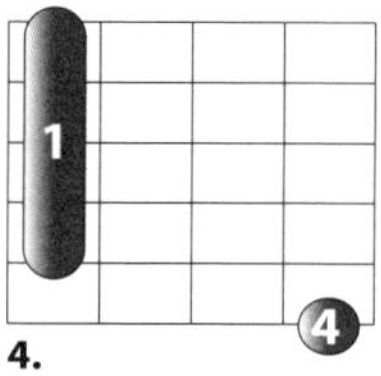

B 6/9

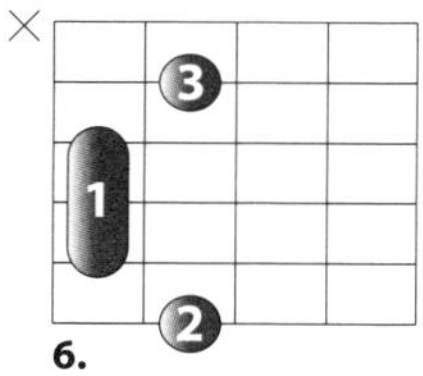

B 6/9

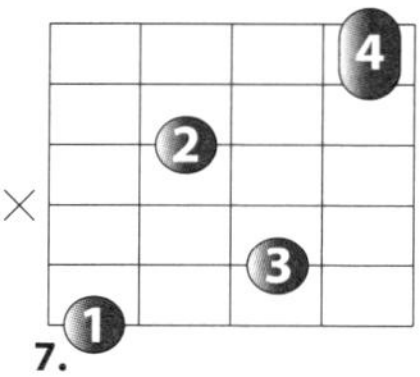

B 7sus4

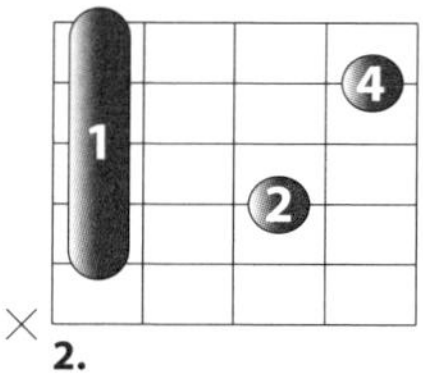

B 7sus4

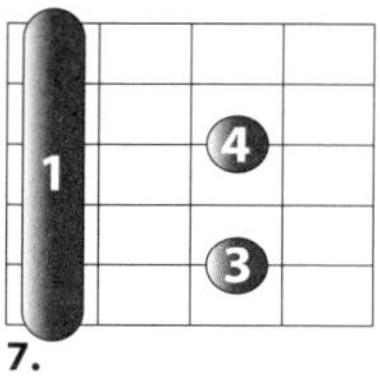

B 7b5

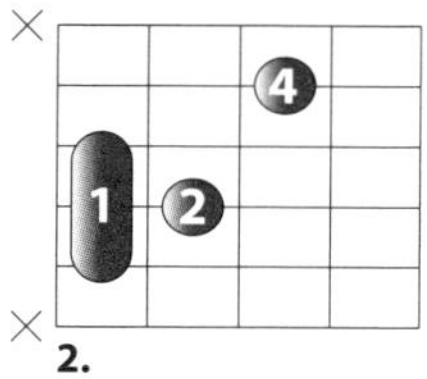

B 7b5

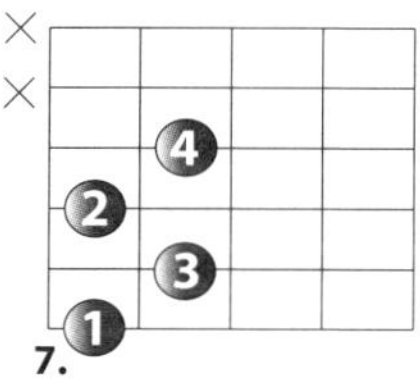

B 7b9

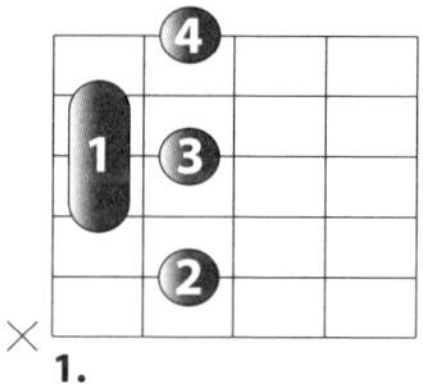

B 7b9

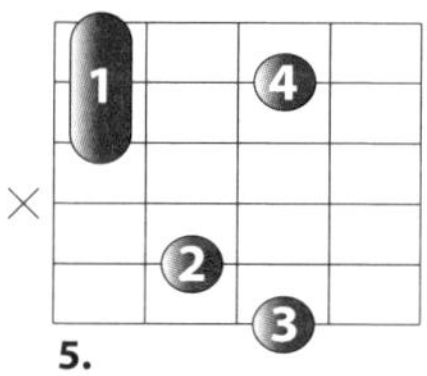

B 7b9

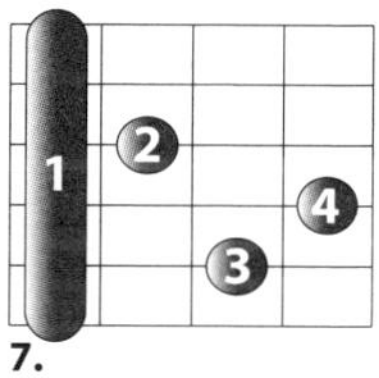

B 7b9

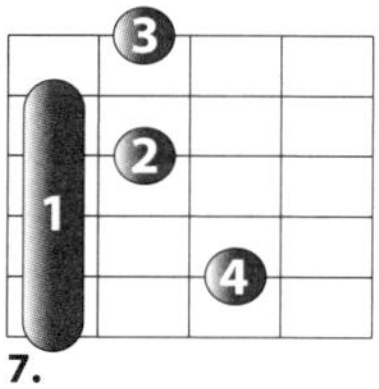

B 9sus4

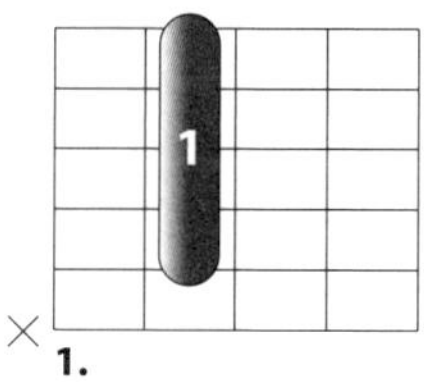

B 9sus4

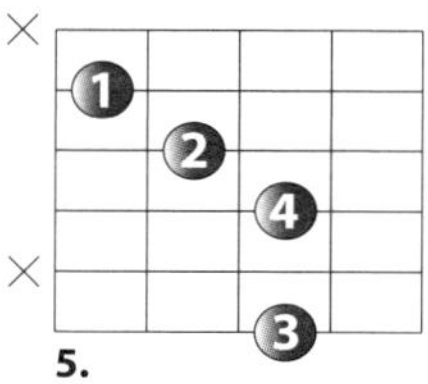

B 9sus4

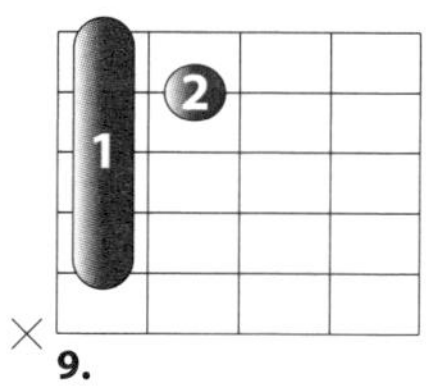

B add9

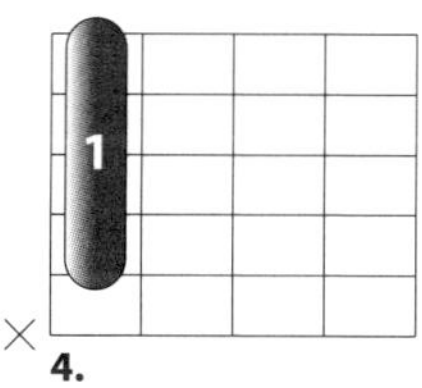

B add9

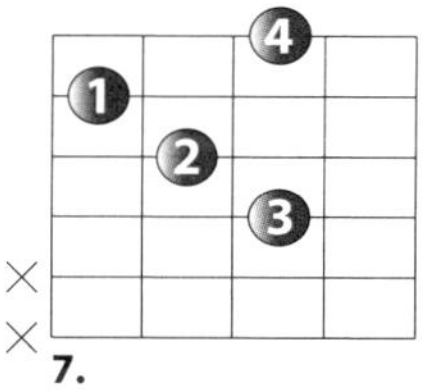

B add9

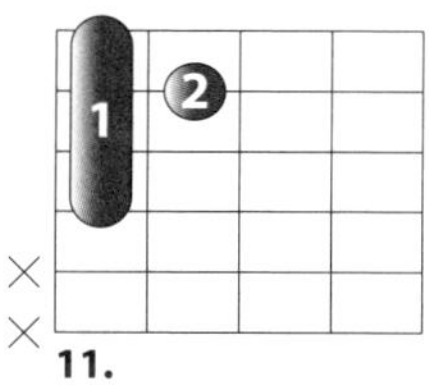

B aug9

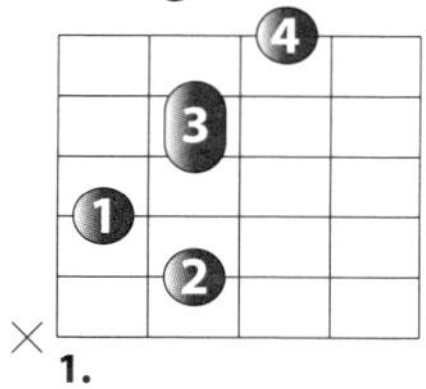

B aug9

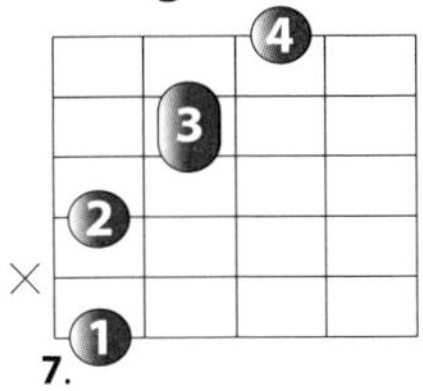

Open Tunings

Open Tuning

Open Tuning, oder auch „offene Stimmung“ genannt, ist die Möglichkeit die Gitarre in einer anderen Grundstimmung zu spielen.

Die ersten Versuche kamen ab dem 19. Jahrhundert aus Hawaii und der amerikanischen Bluesszene. Meist verwendet man bei Open Tunings ein „Slide“ oder ein „Bottleneck“, ein abgerundetes Glas- oder Metallröhren, welches über einen Finger der Spielhand aufgezogen wird. Durch das „Gleiten“ über die Saiten hört man den Übergang der einzelnen Bundstäbchen nicht mehr und es entsteht dieser „singende“ Sound.

In den nachfolgenden Beispielen habe ich jeweils diverse Stimmungen aufgeführt. Oben rechts auf den entsprechenden Seiten stehen die Diagramme um die jeweiligen Saiten zu stimmen.

Wie zum einem Open Tuning umgestimmt wird, erkläre ich am folgenden Beispiel:

OPEN C TUNING

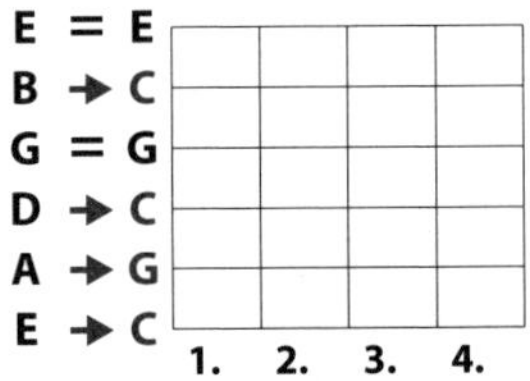

1. Die tiefe „E“-Saite wird auf „C“ runtergestimmt.
2. Die „A“-Saite wird auf „G“ runtergestimmt.
3. Die „D“-Saite wird auf „C“ runtergestmmt.
4. Die „B“-Saite wird auf „D“ runtergestimmt.

Die Stimmung „Dropped D“, die ich hier anführe, ist eigentlich keine richtige OpenTuning-Stimmung. Die einzige Saite die „runtergestimmt“ wird, ist die tiefe „E“- Saite zu einem „D“. Der D-PowerChord aus der „A“ +“D“-Saite erhält durch das runtergestimmte „D“ noch einen oktavierten Grundton.

Meist wird das „Dropped D“ Tuning bevorzugt benutzt von der PowerChord-Gemeinde.

Open A Tuning

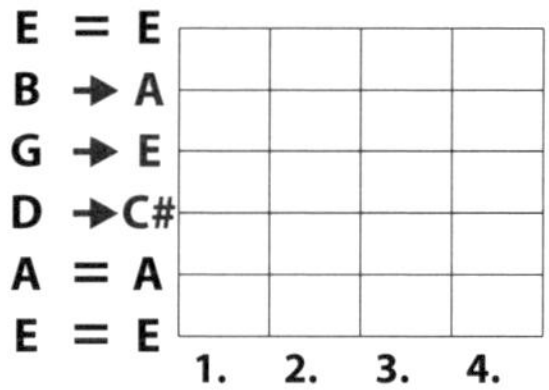

Beispielakkorde:

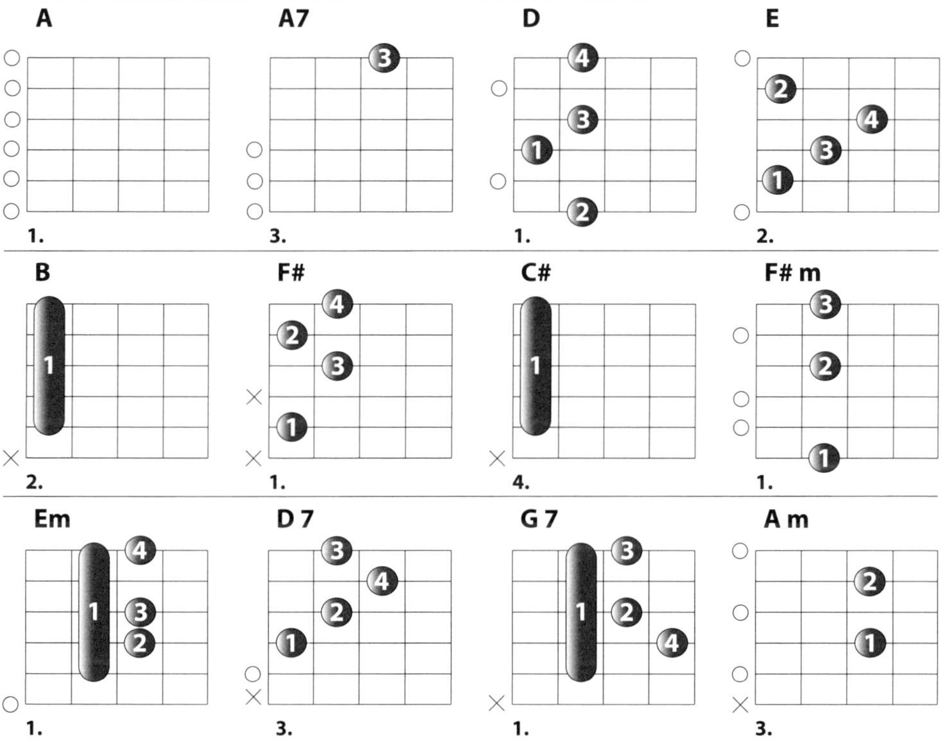

OPEN Tune

Open C Tuning

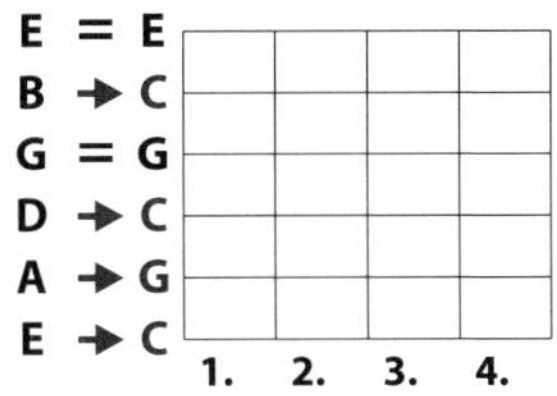

Beispielakkorde:

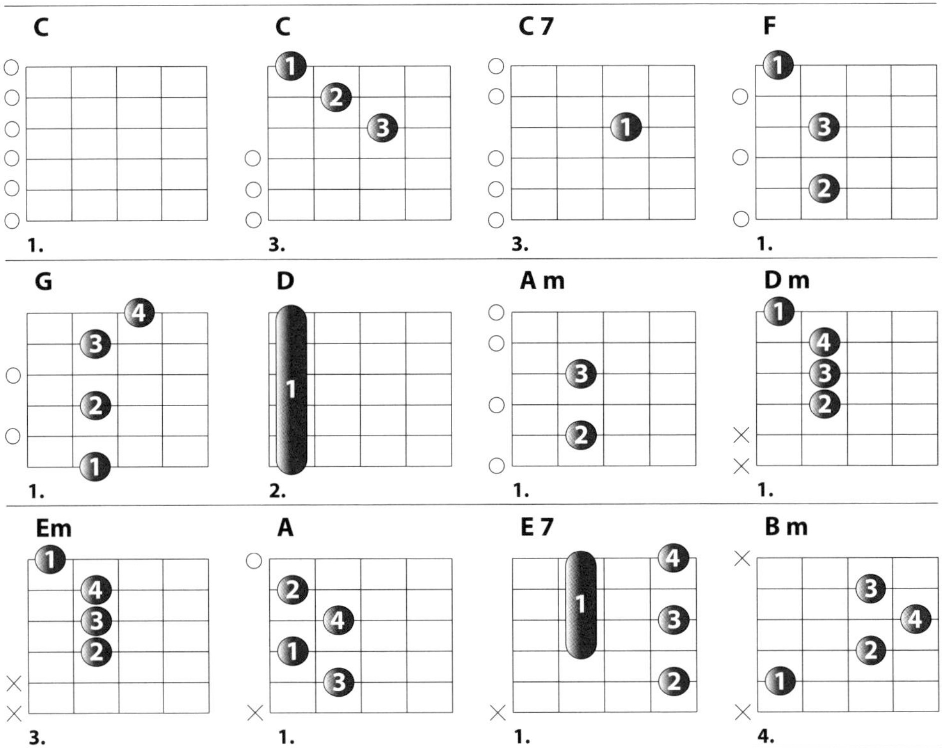

OPEN Tune

Open D Tuning

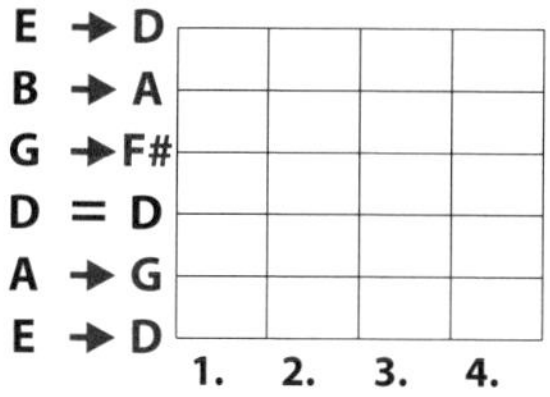

Beispielakkorde:

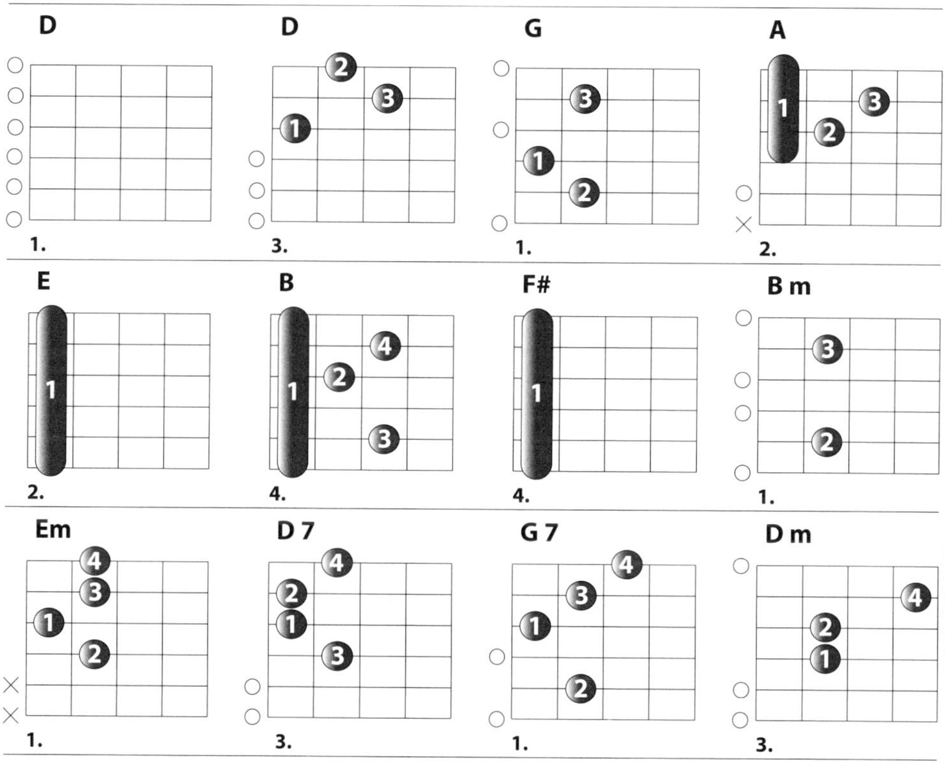

Modal D Tuning

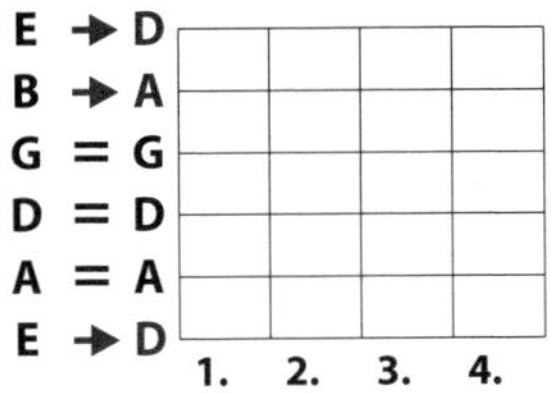

Beispielakkorde:

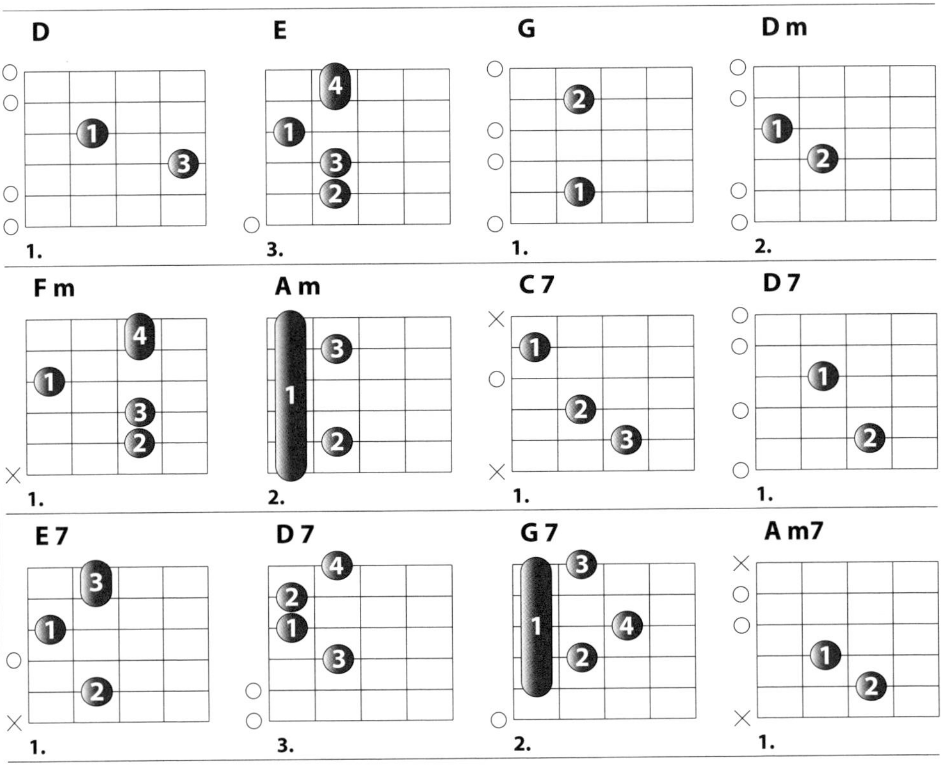

OPEN Tune

Open Dm Tuning

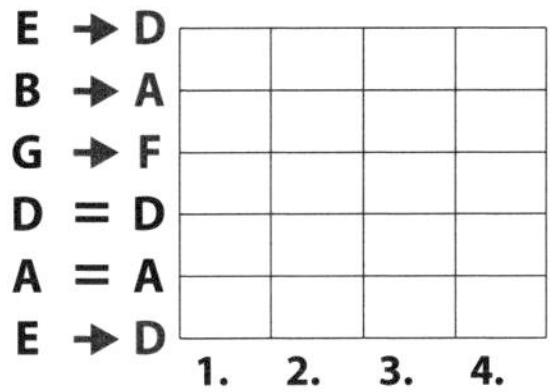

Beispielakkorde:

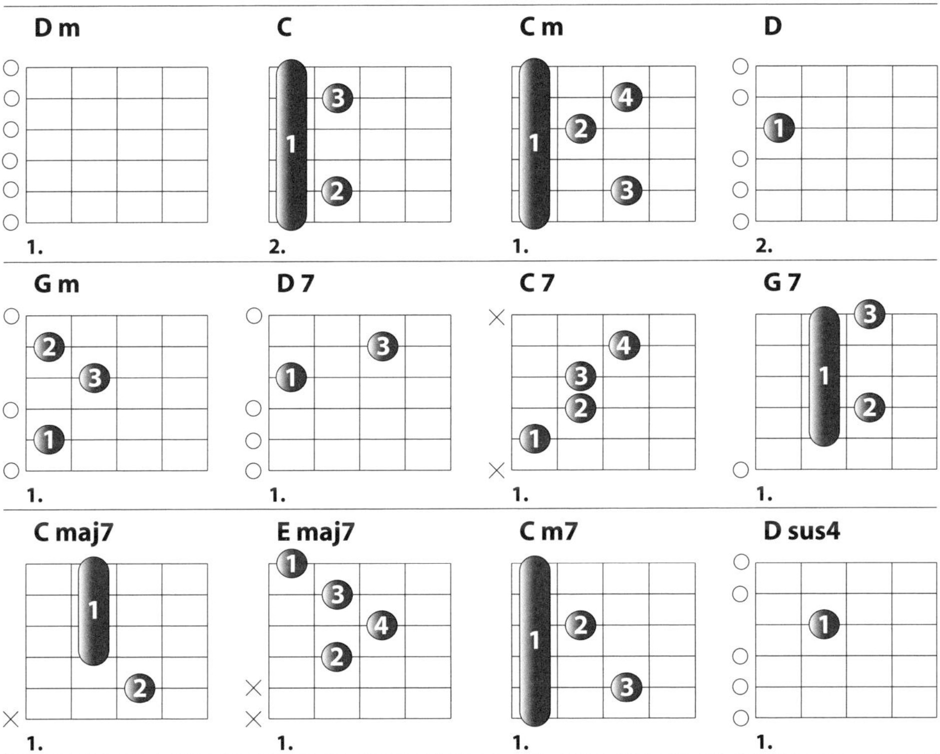

Dropped D Tuning

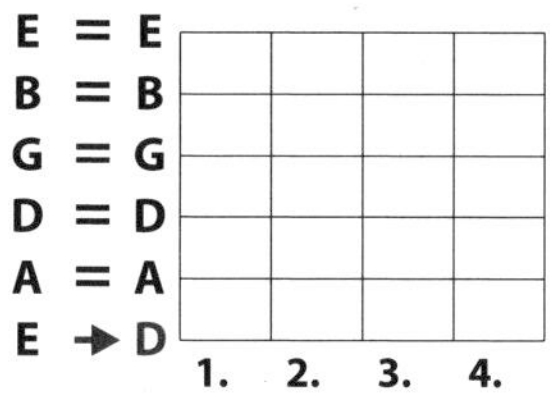

Beispielakkorde:

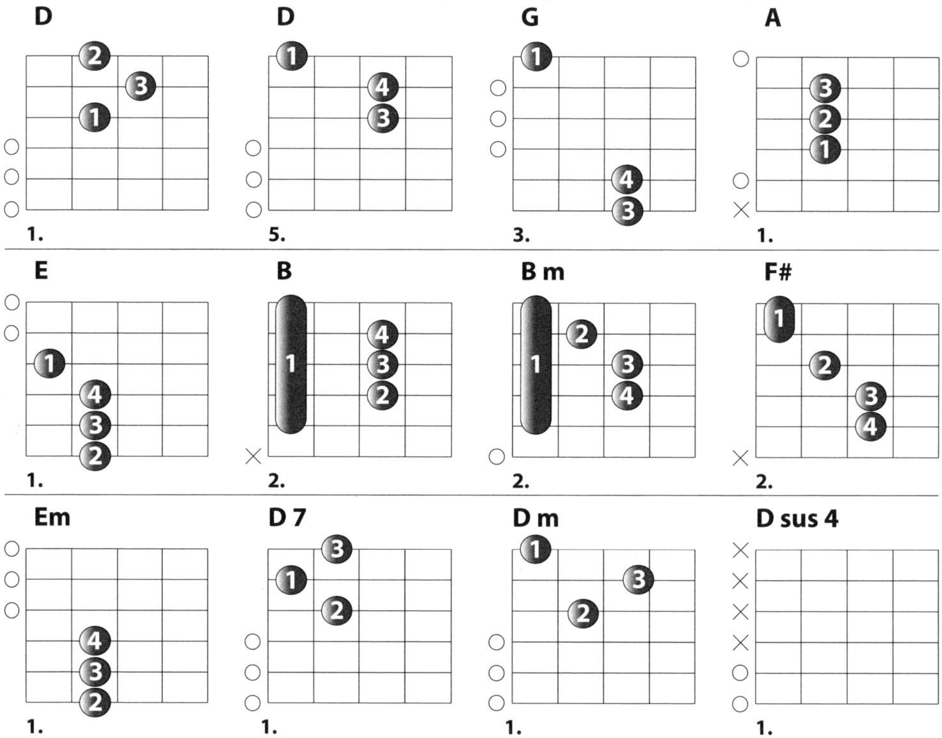

Open E Tuning

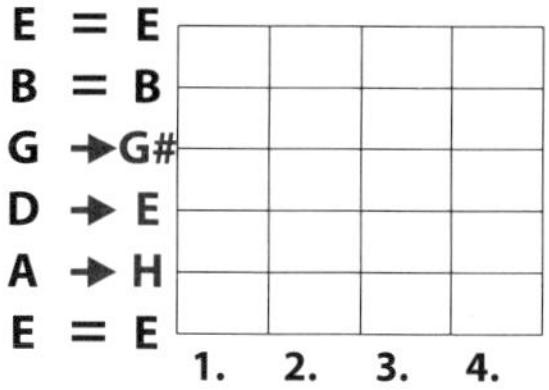

Beispielakkorde:

E

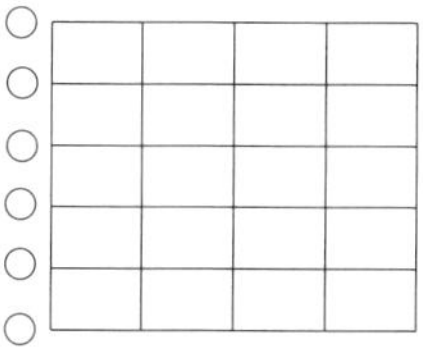

1.

E

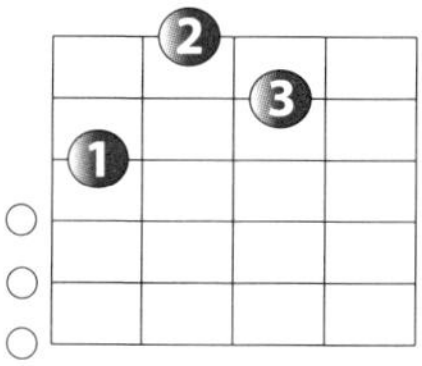

3.

E 7

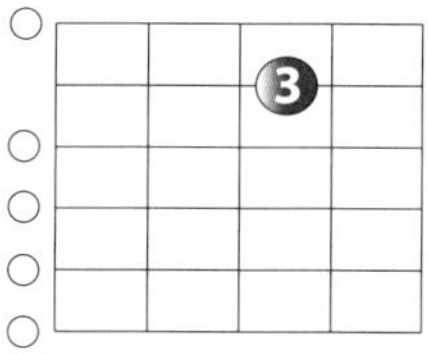

1.

A

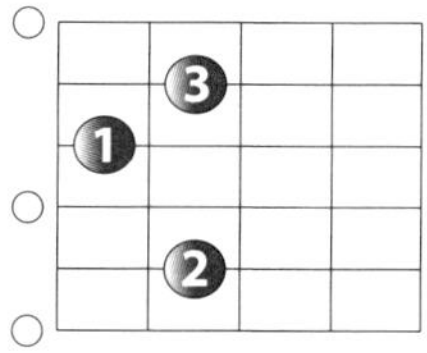

1.

B

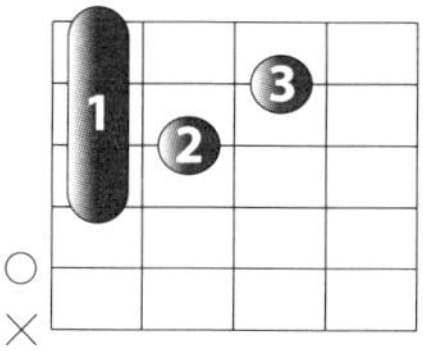

2.

B 7

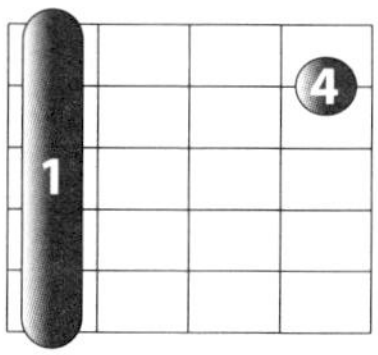

7.

C#

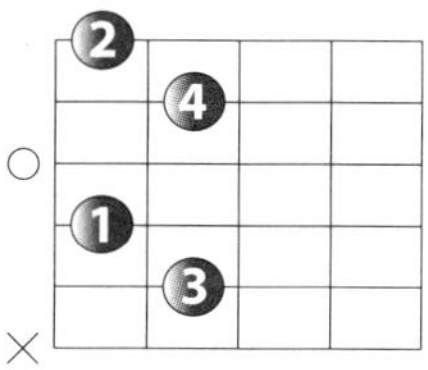

1.

C# m

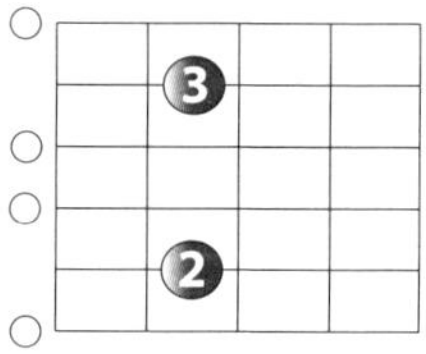

1.

G

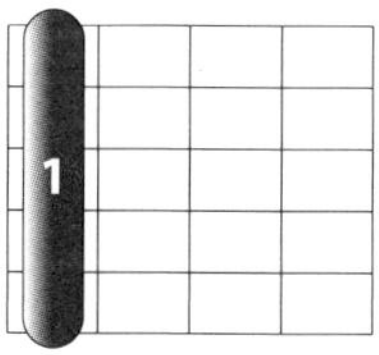

3.

C 7

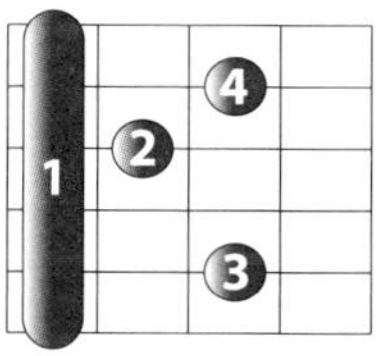

3.

C m

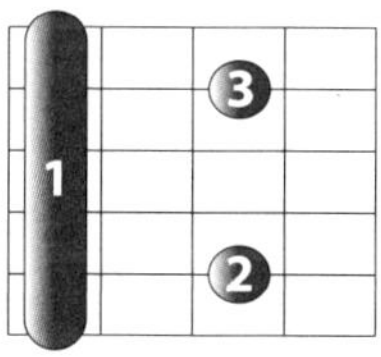

3.

A 7

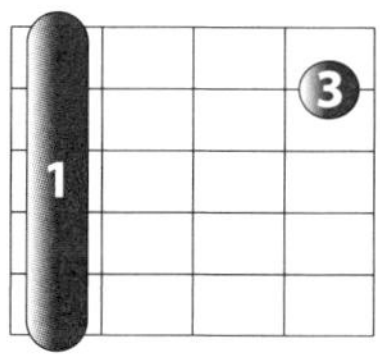

5.

OPEN Tune

Open Em Tuning

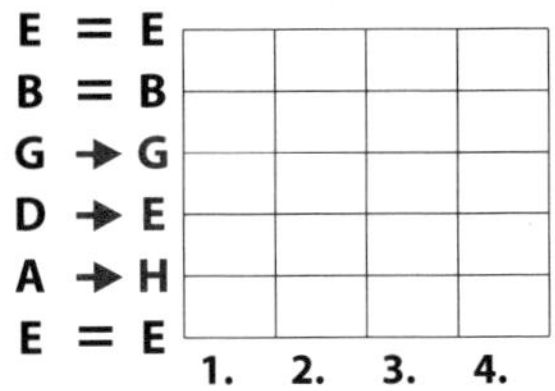

Beispielakkorde:

E m

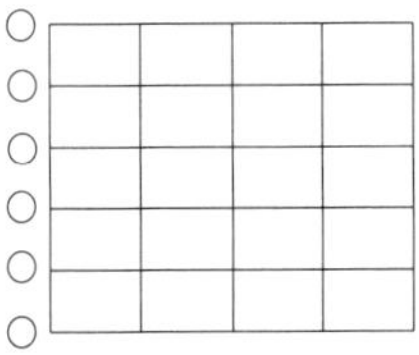

1.

E m

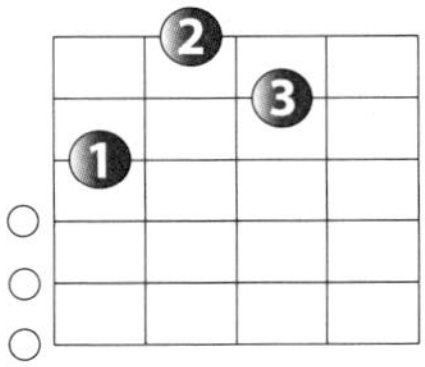

3.

E m7

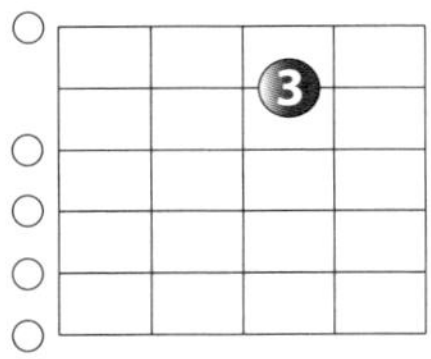

1.

A m

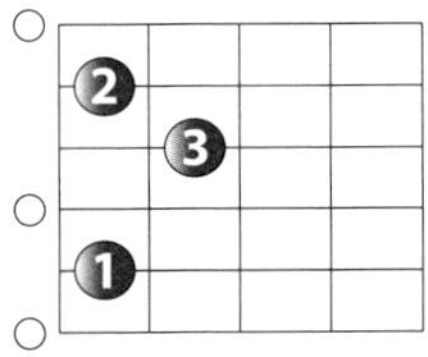

1.

B

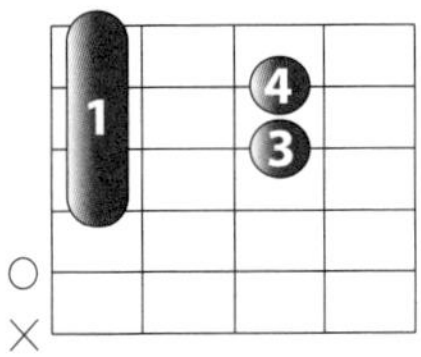

2.

B 7

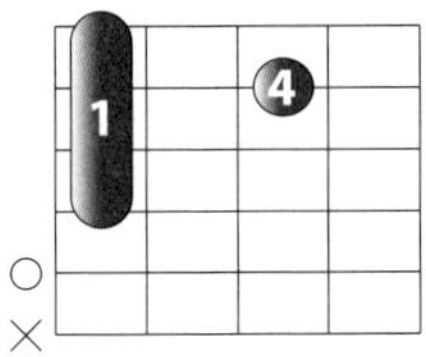

2.

F#

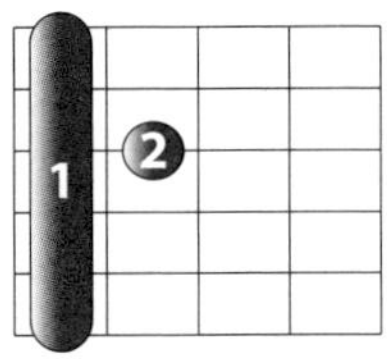

2.

C

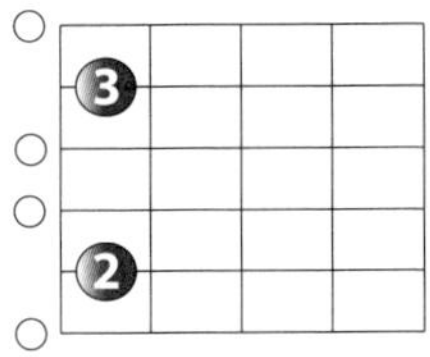

1.

G

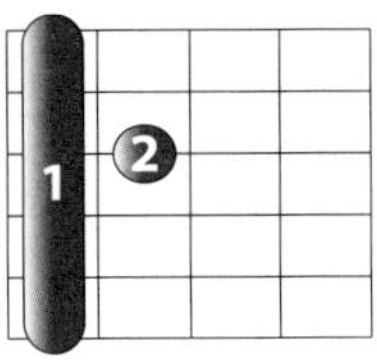

3.

A

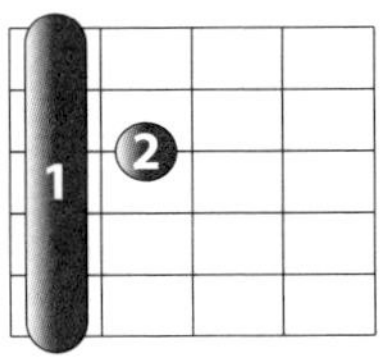

5.

G m7

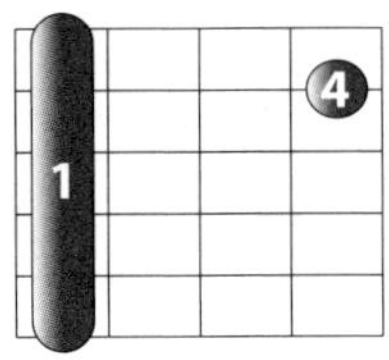

3.

A m7

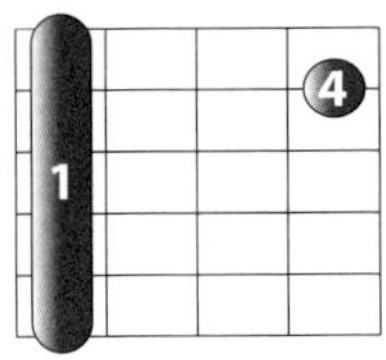

5.

Open G Tuning

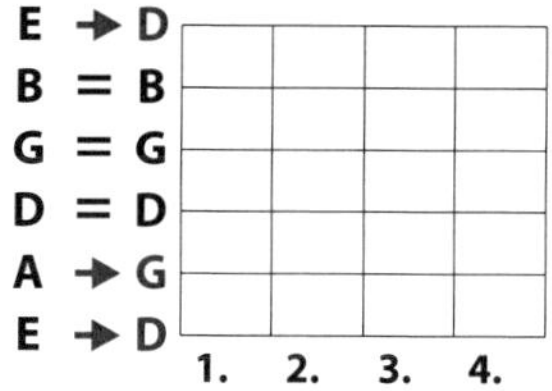

Beispielakkorde:

G

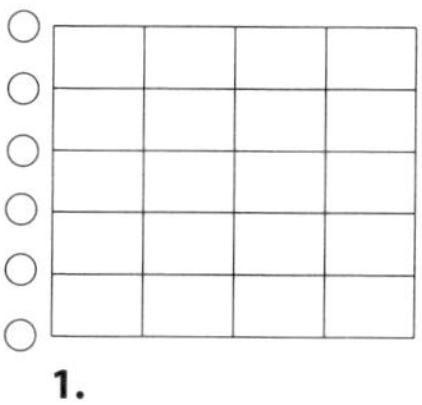

G

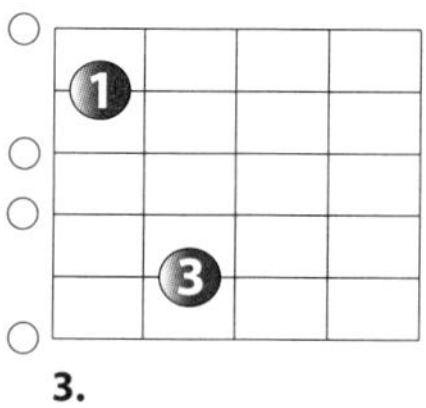

C

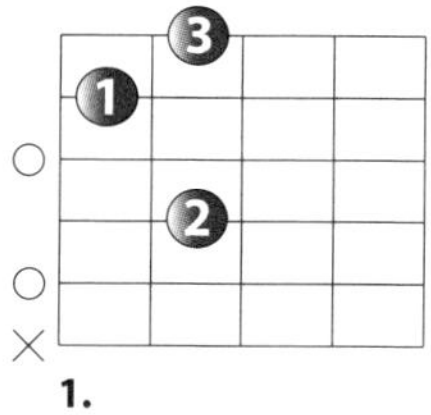

D

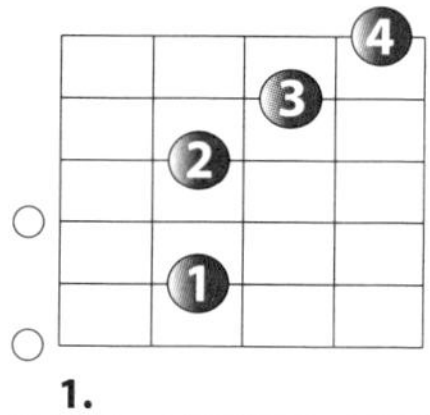

A m7

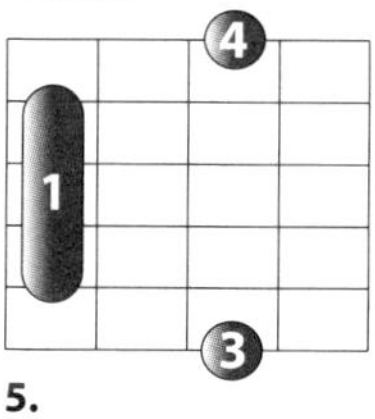

E m

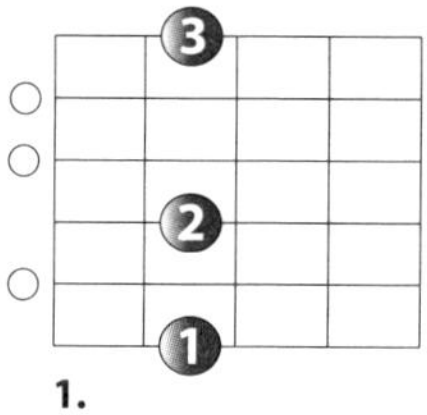

B m

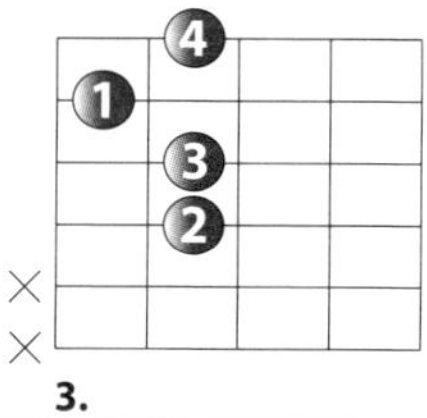

G 7

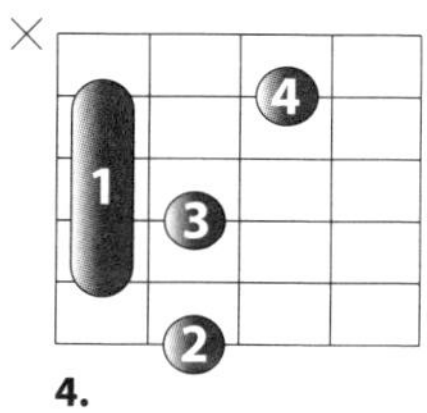

C 7

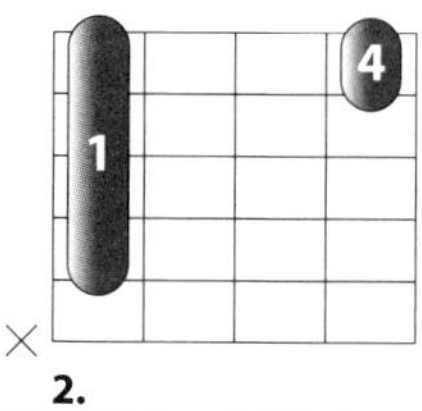

A m

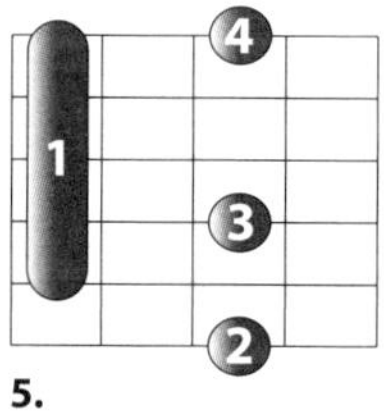

G7 sus4

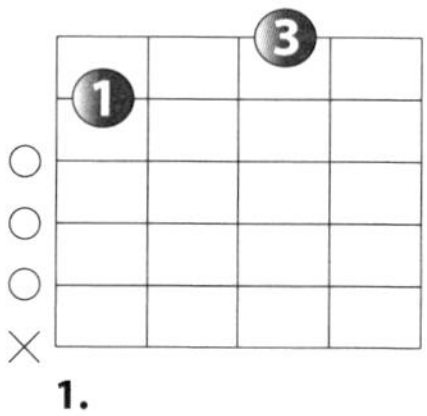

C maj7

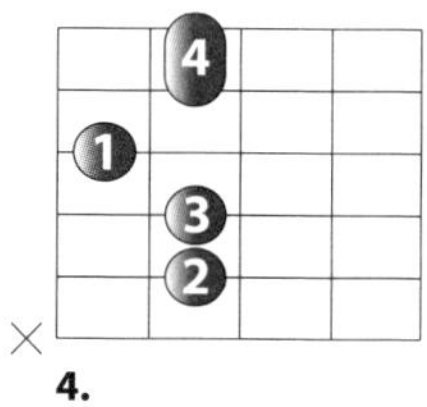

Modal G Tuning

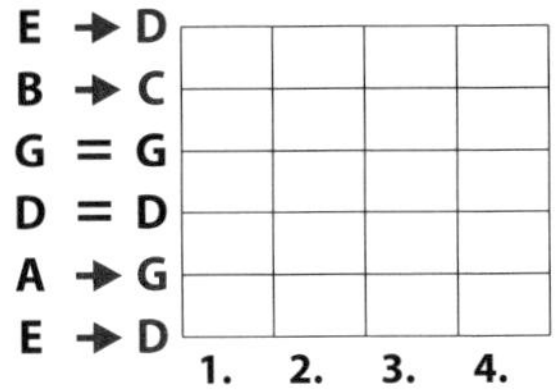

Beispielakkorde:

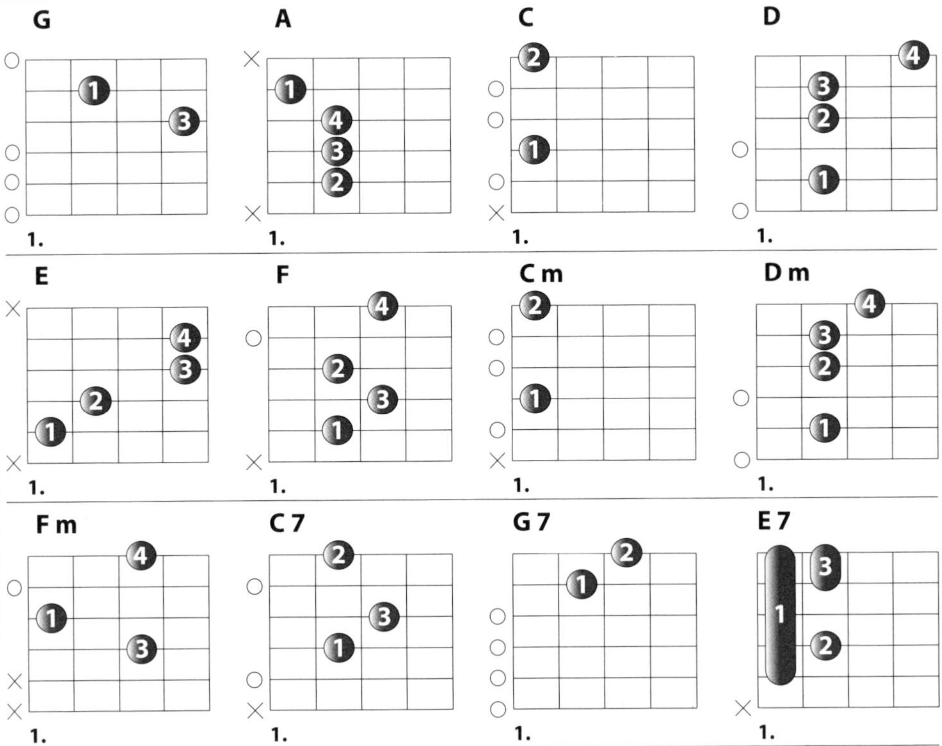

Open Gm Tuning

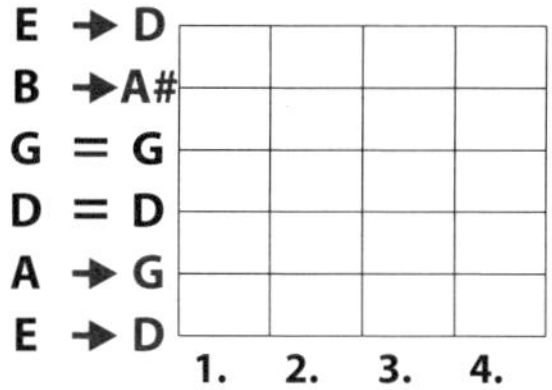

Beispielakkorde:

G m

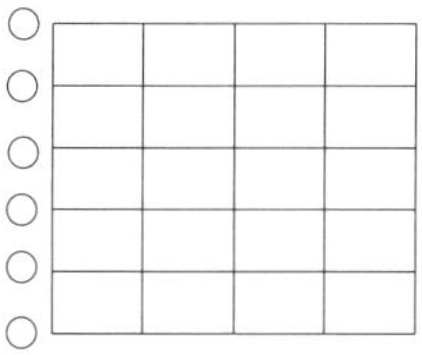

1.

A

2.

D

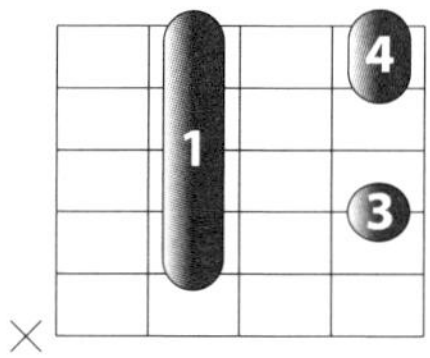

1.

E

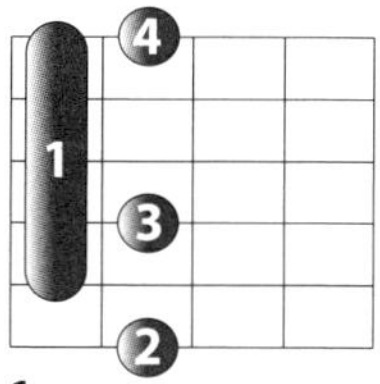

1.

E m

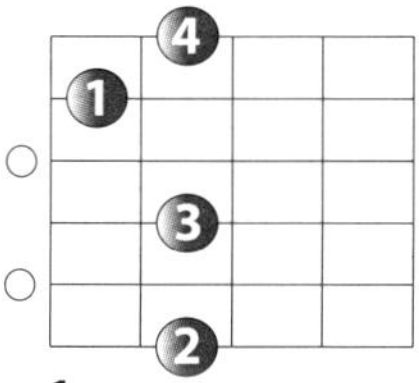

1.

D m

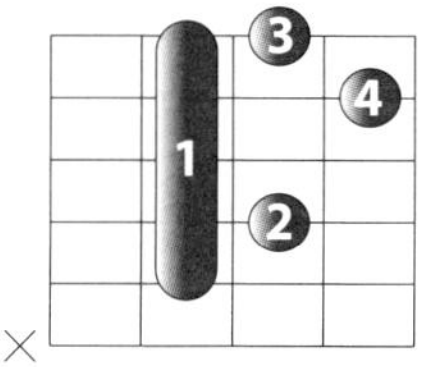

1.

A m

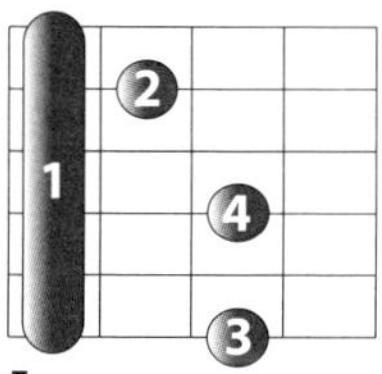

5.

D 7

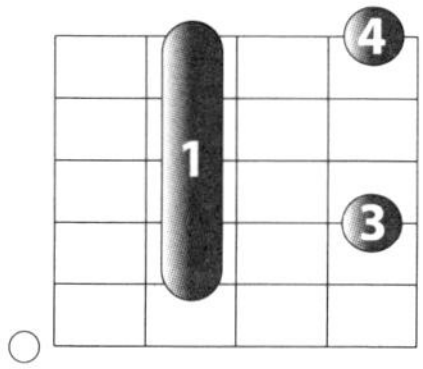

1.

D m7

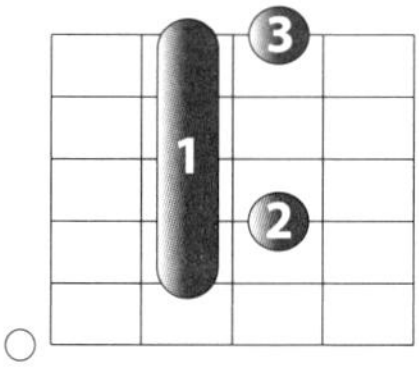

1.

E m7

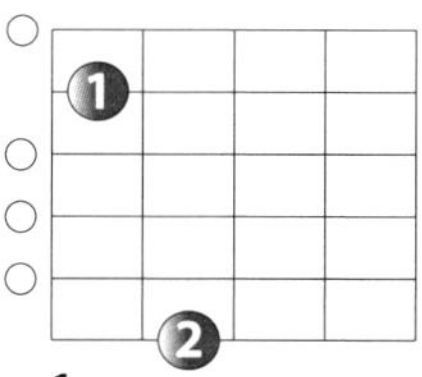

1.

G m7

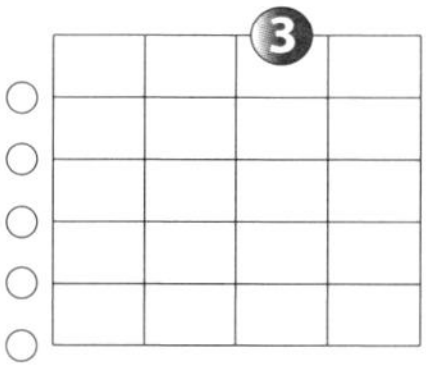

1.

E 7

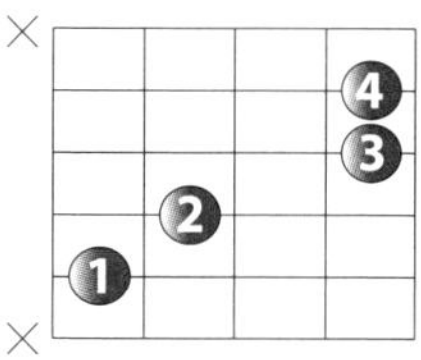

1.

OPEN Tune

Eigenes Open Tuning

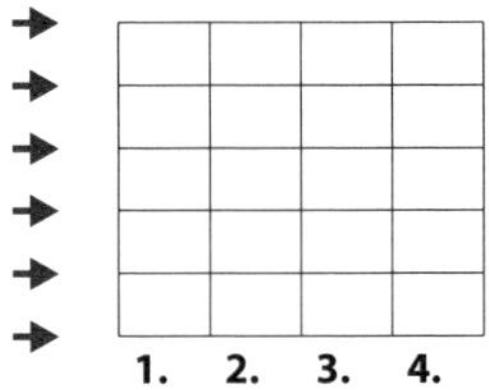

Beispielakkorde:

Power Chords

PowerChords

PowerChords sind die Vereinfachung aller Akkorde bezogen auf den Grundton und die Quinte, bzw der Quarte im Regelfall. Sie werden hauptsächlich im Rock, Hard & Heavy, Metal, also der härteren Gangart verwendet und kommen eigentlich aus dem RocknRoll.

Jedoch sollte man sich auch mal im cleanen Bereich der E-Gitarre oder auch auf der Acoustic-Gitarre mit PowerChords beschäftigen. Durch die dementsprechende Zupftechnik, meist mit Plec gespielt, können da ganz gute Pattern rauskommen.

Man unterscheidet zwischen Simple Powerchords und Full PowerChords. Ich habe auf den folgenden Seiten zu jedem Grundton einige Beispiele angeführt.

Hier seht Ihr ein Beispiel eines Simple PowerChords in der Tonart „H“ bzw. „B“, also ein „B5“ - Akkord.
Von dem „B“ ausgehend auf dem 2.Bund der „A“-Seite zählt Ihr einfach 5 Töne weiter, also C - D - E - F - **F#**
(Ich habe in diesem Fall das „F#“ symbolisch über das 3er-Dot gelegt) und Ihr erhaltet dann auf dem 4.Bund der D-Saite die Quinte zu „B“, nämlich das „F#“

Simple Powerchord

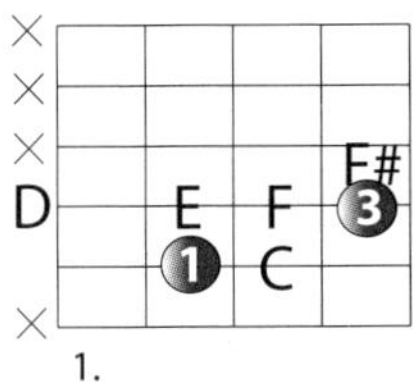

Beim Full PowerChord schließe ich dann wieder den Kreis indem ich auf der G-Saite auf dem 4.Bund die Oktave zu meinem „B“ wieder habe. Das Ganze klingt dann noch fetter.

Full Powerchord

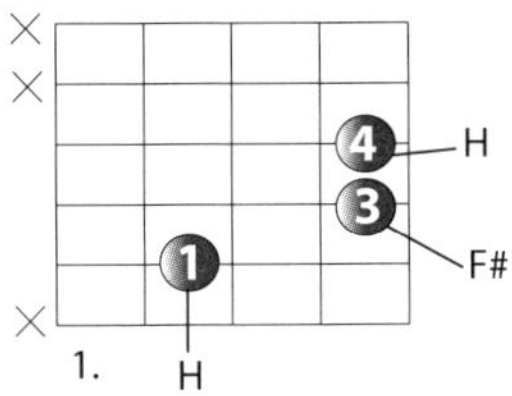

POWER Chord

PowerChords A

Beispielakkorde:

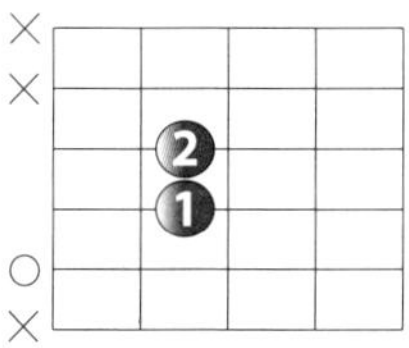
1.

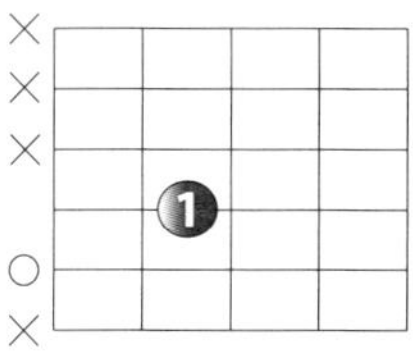
1.

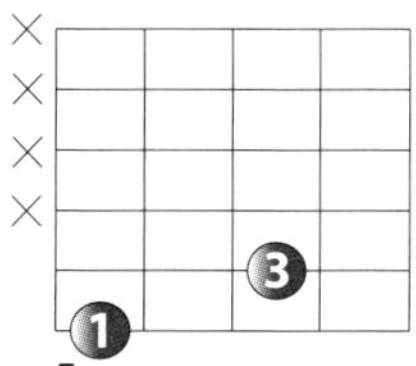
5.

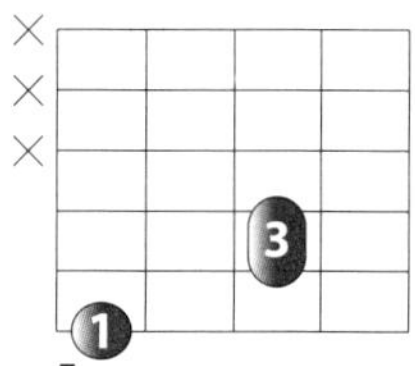
5.

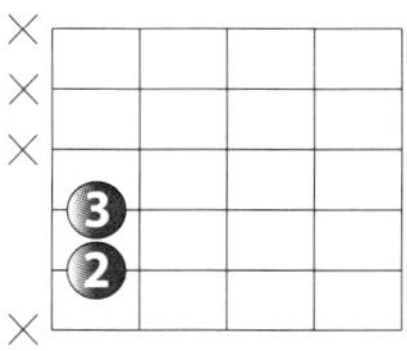
7.

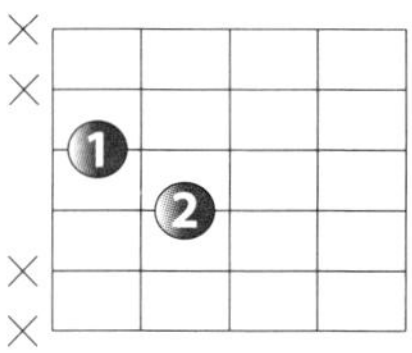
6.

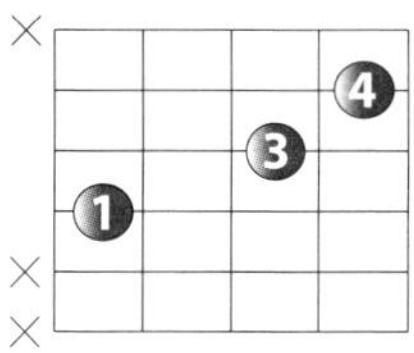
7.

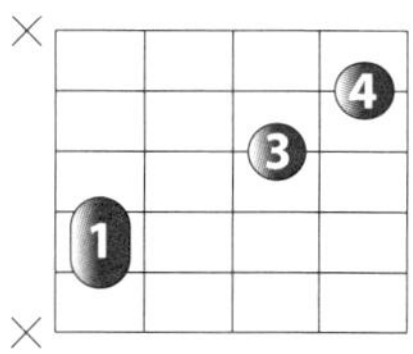
7.

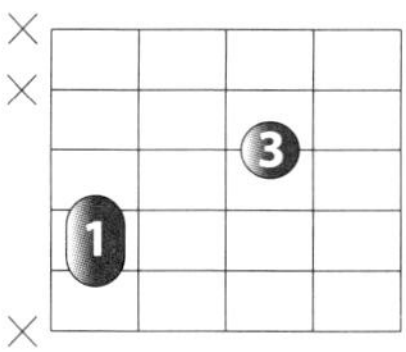
7.

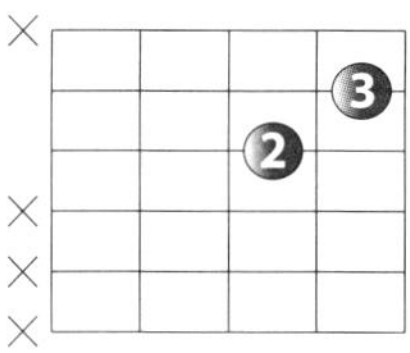
9.

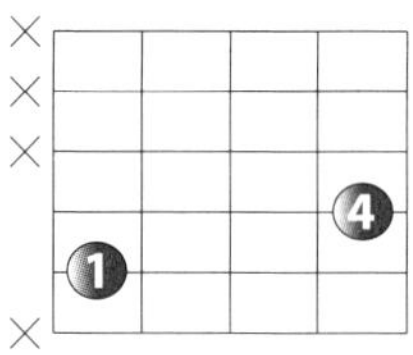
4.

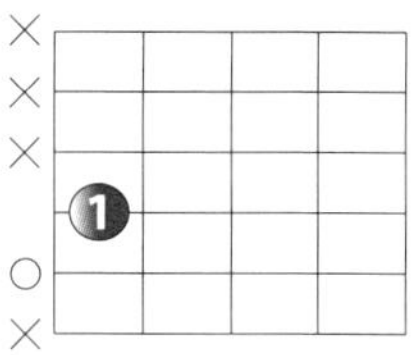
1.

PowerChords A#

Beispielakkorde:

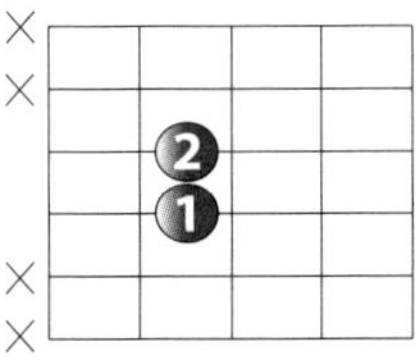
2.

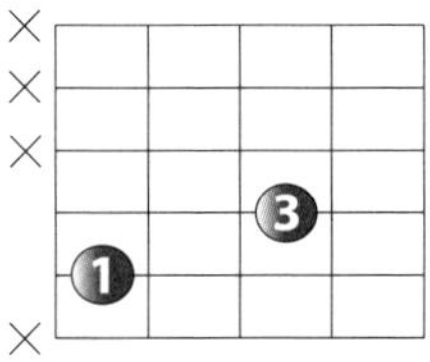
1.

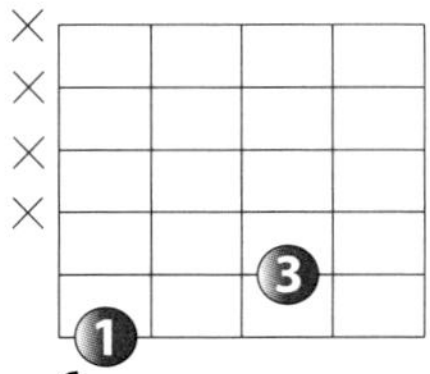
6.

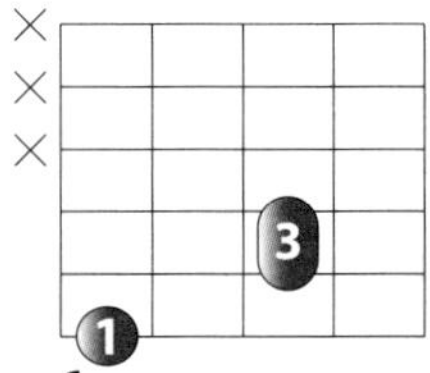
6.

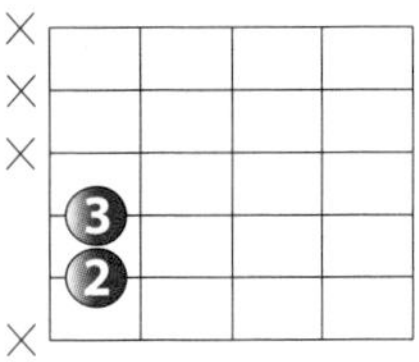
8.

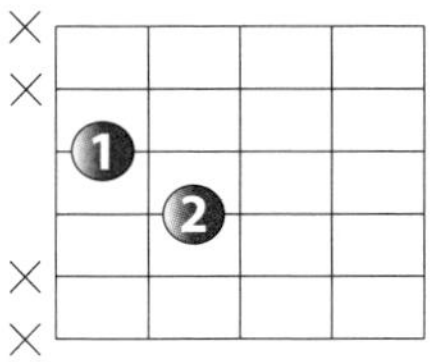
7.

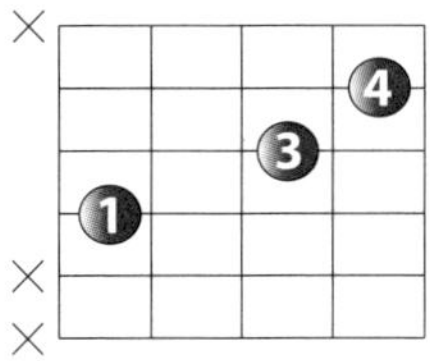
8.

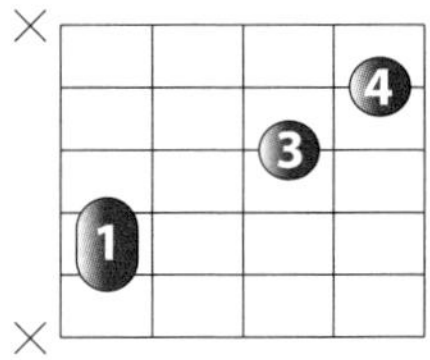
8.

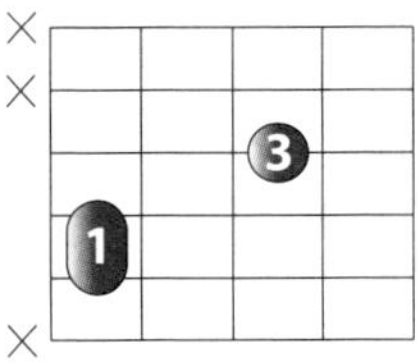
8.

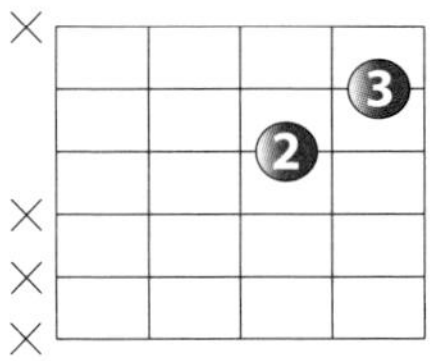
10.

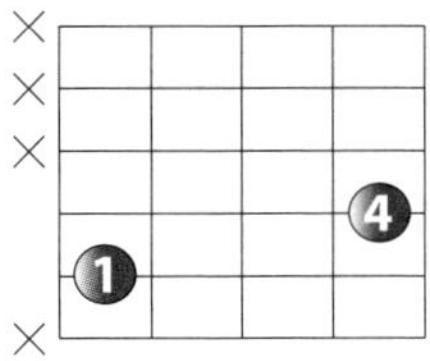
5.

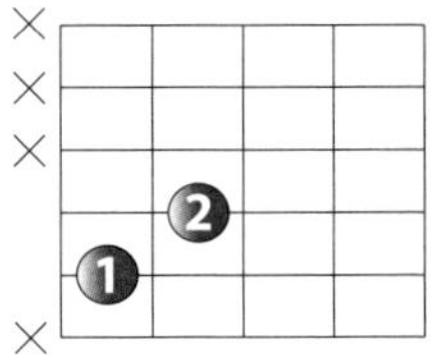
1.

PowerChords B

Beispielakkorde:

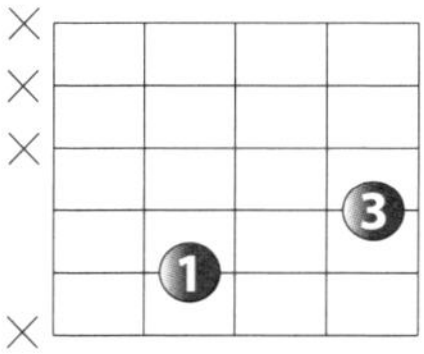

1.

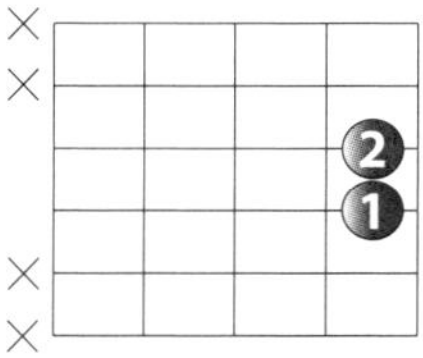

1.

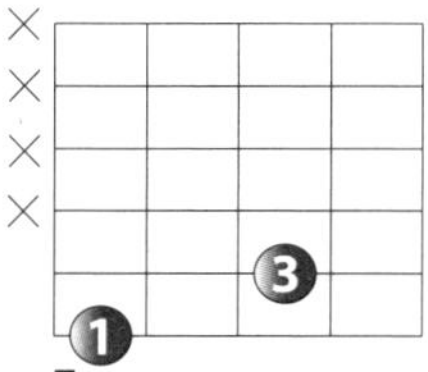

7.

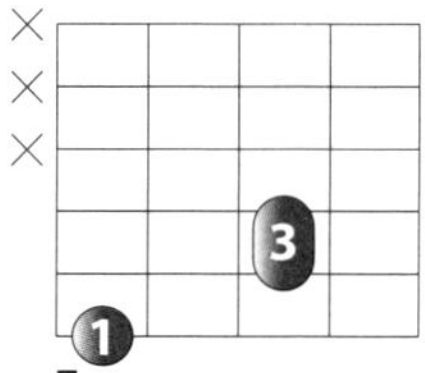

7.

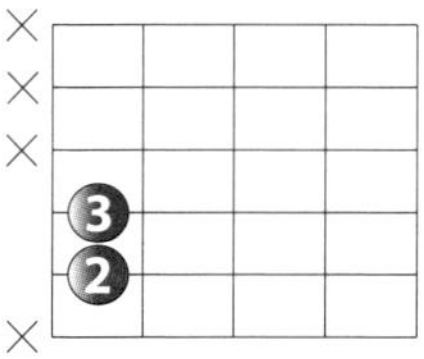

9.

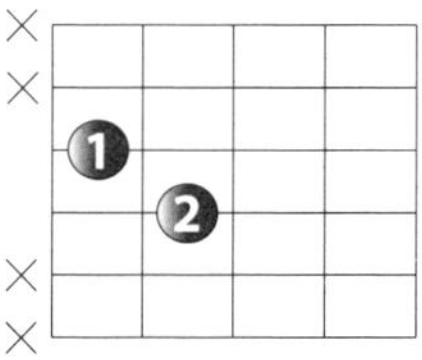

8.

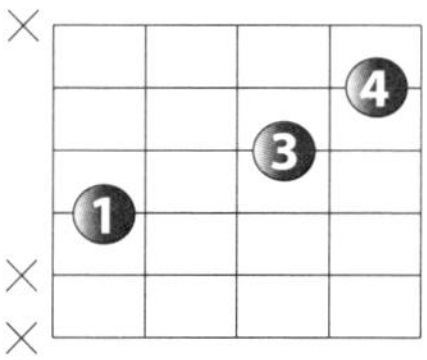

9.

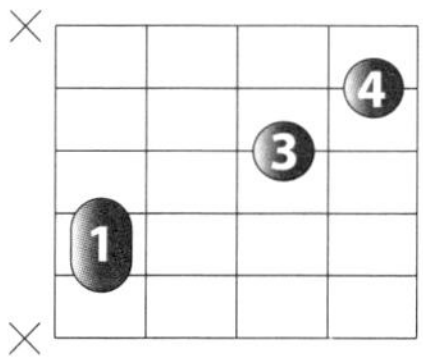

9.

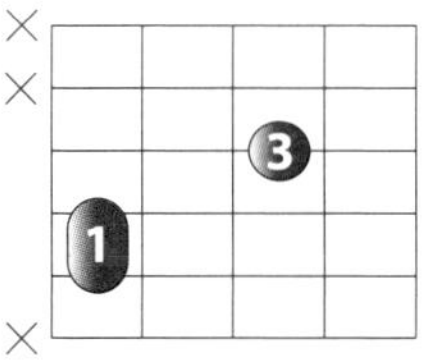

9.

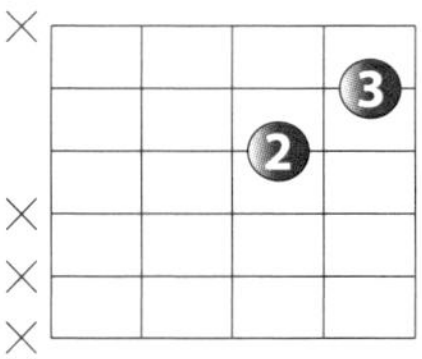

11.

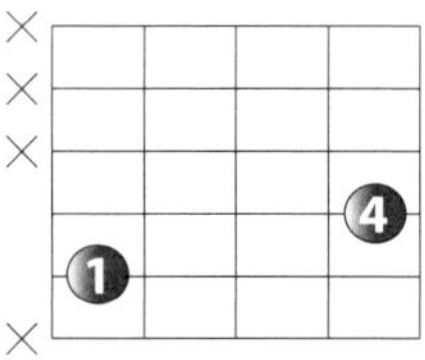

5.

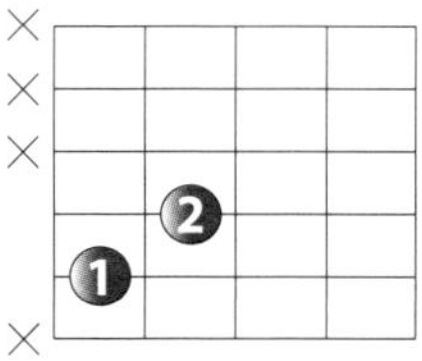

2.

PowerChords C

Beispielakkorde:

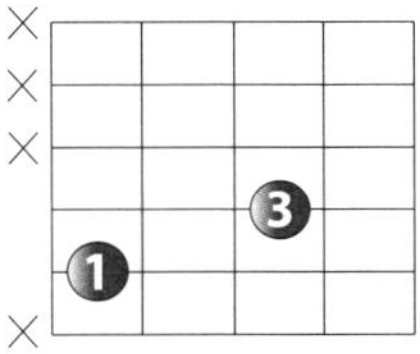

3.

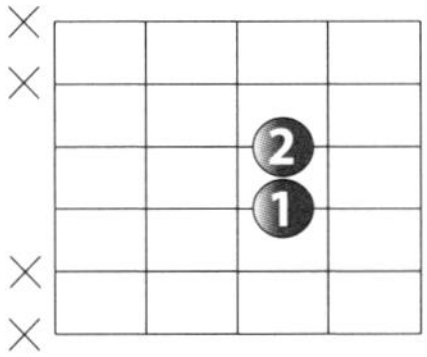

3.

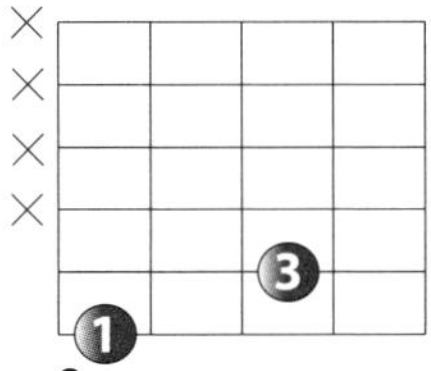

8.

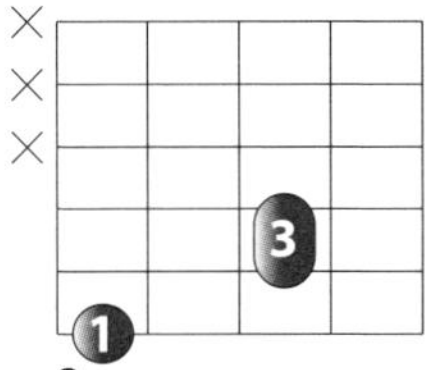

8.

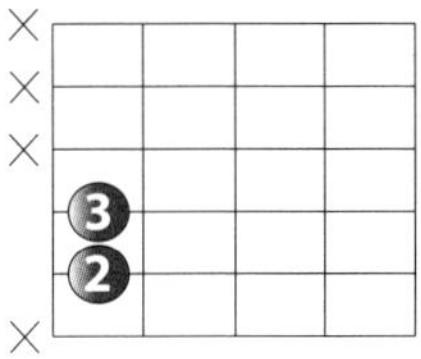

10.

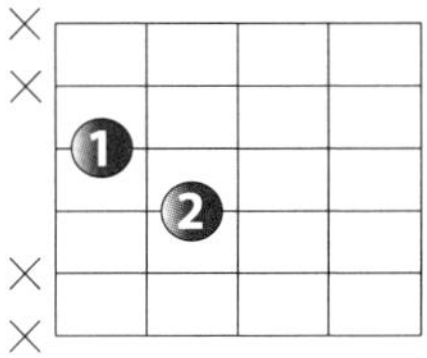

9.

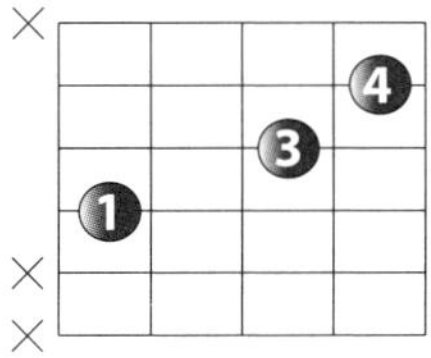

10.

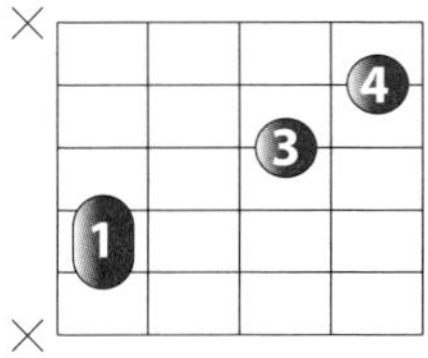

10.

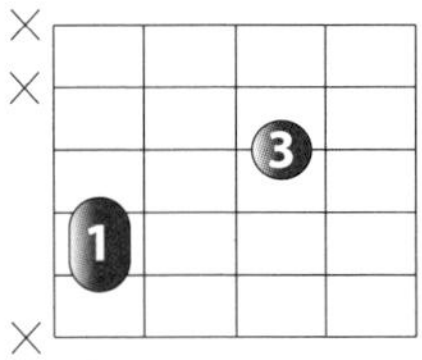

10.

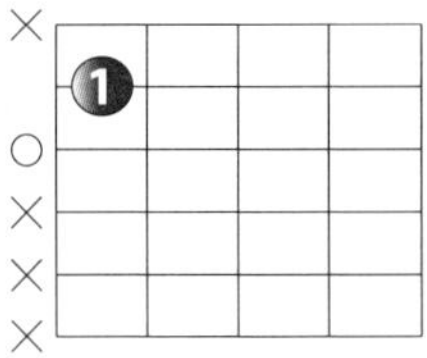

1.

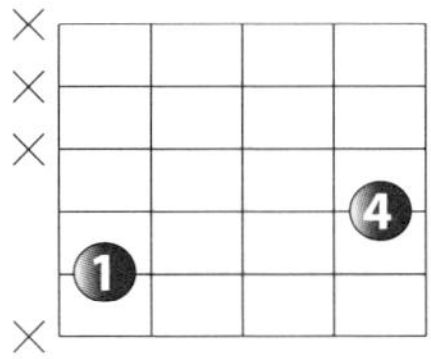

6.

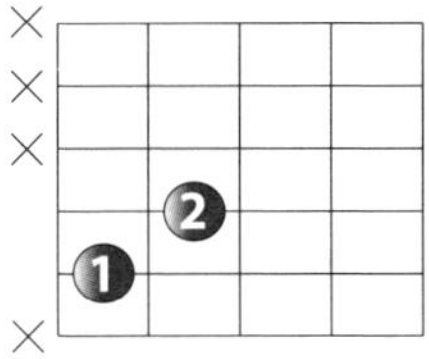

3.

POWER Chord

PowerChords C#

Beispielakkorde:

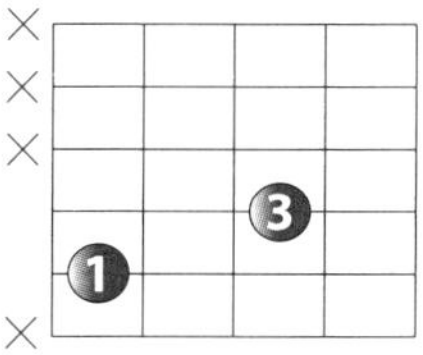

4.

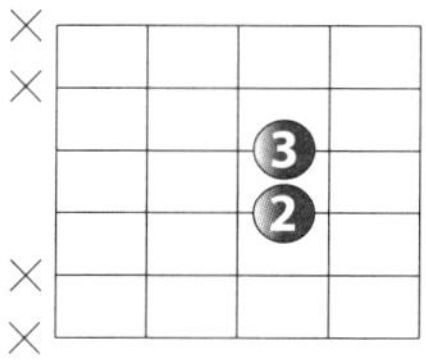

4.

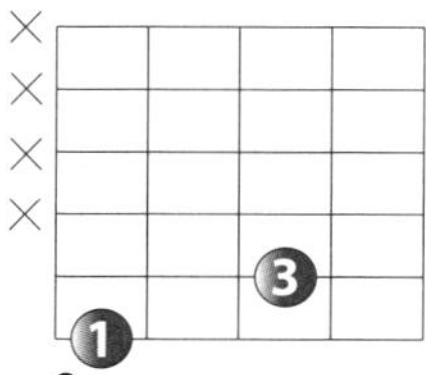

9.

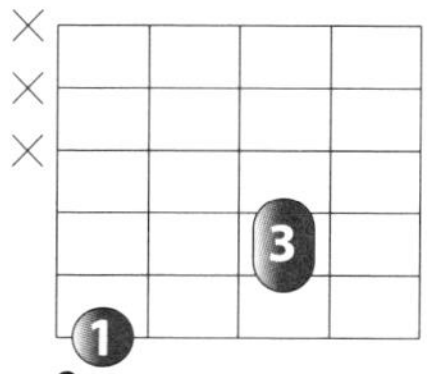

9.

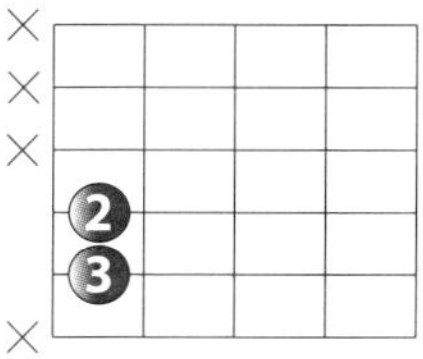

11.

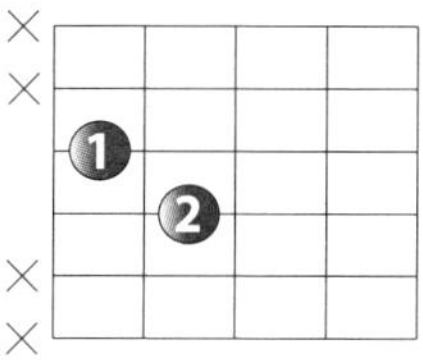

10.

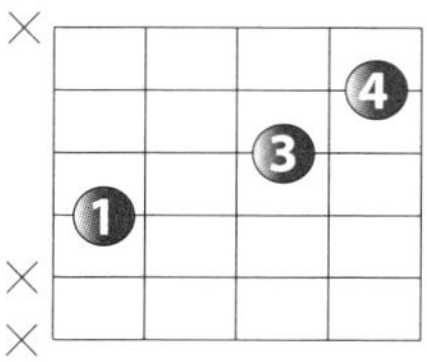

11.

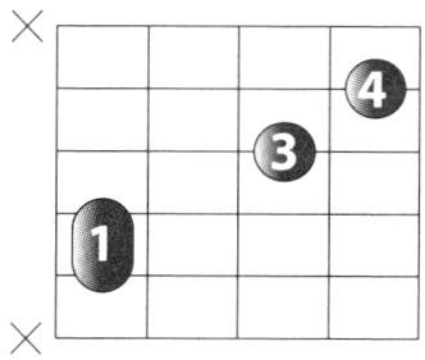

11.

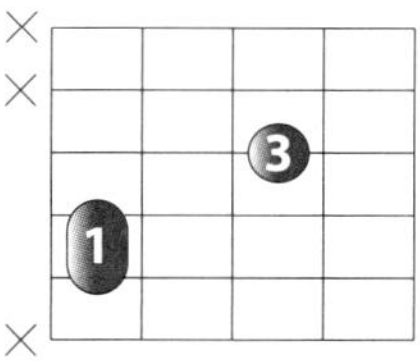

11.

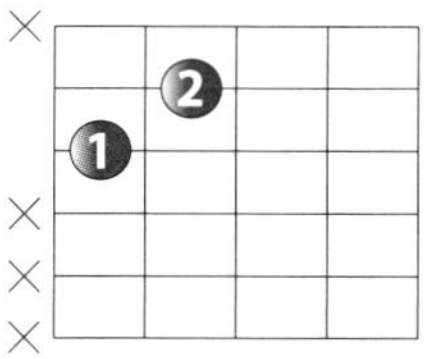

1.

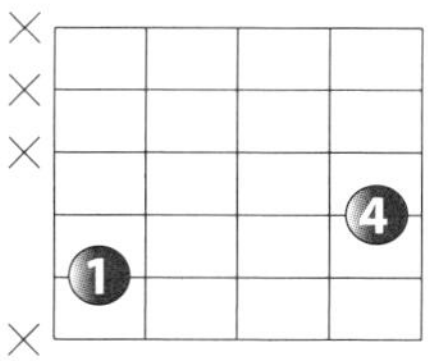

7.

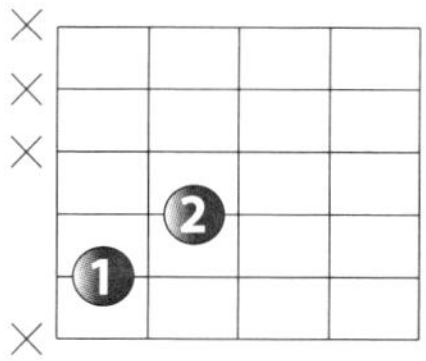

4.

PowerChords D

Beispielakkorde:

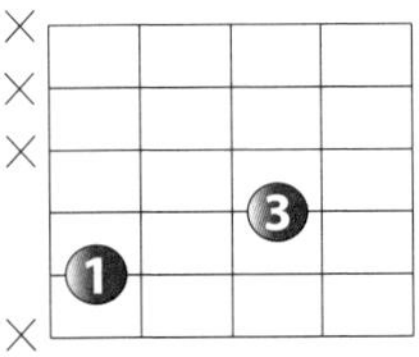

5.

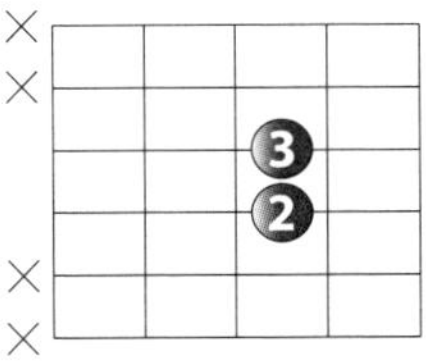

5.

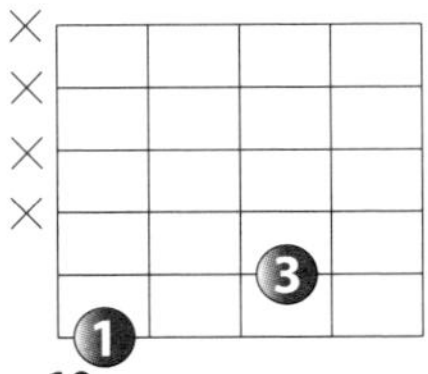

10.

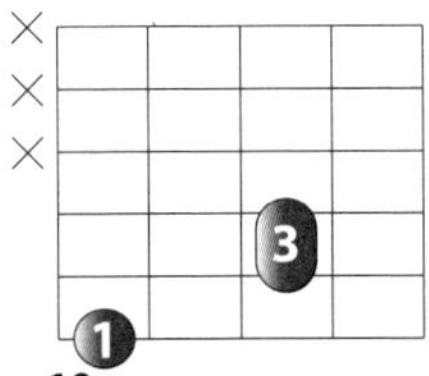

10.

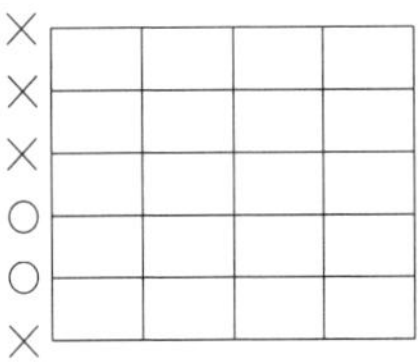

1.

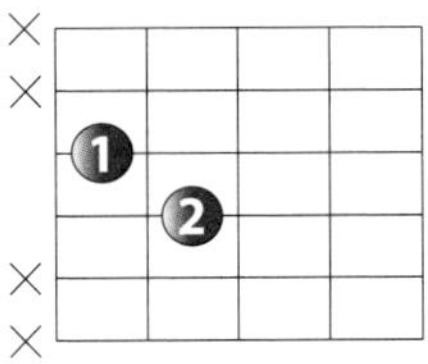

11.

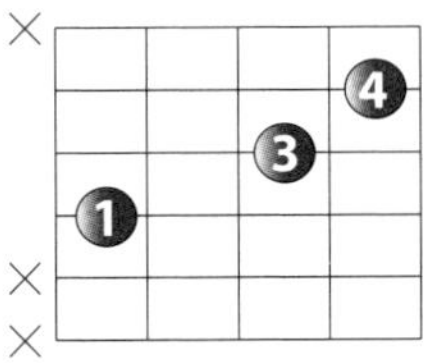

12.

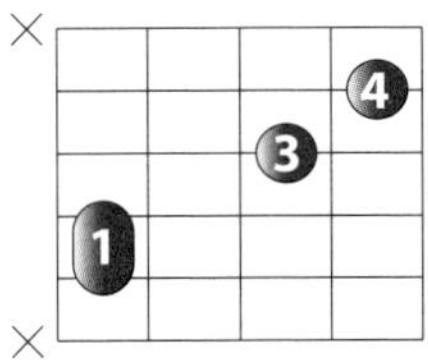

12.

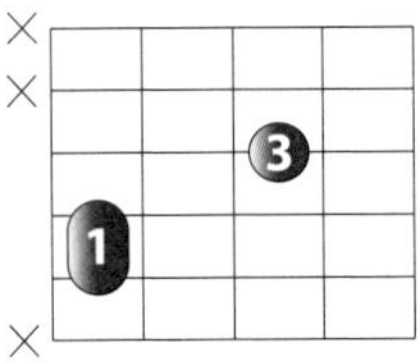

12.

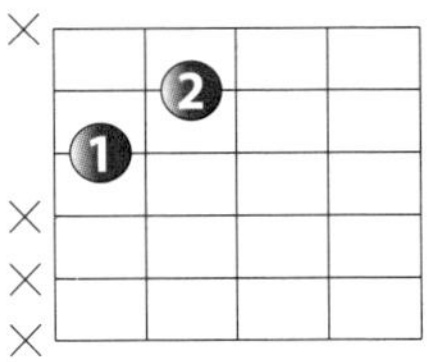

2.

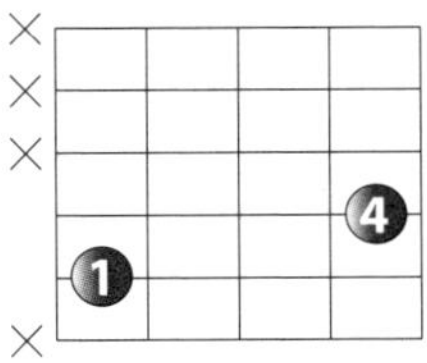

8.

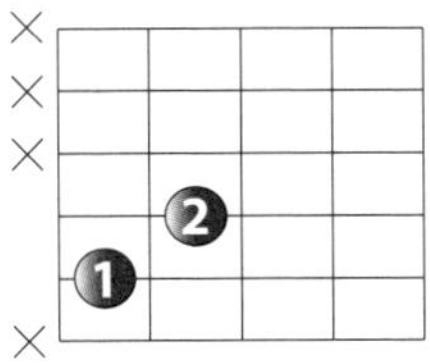

5.

P O W E R Chord

PowerChords D#

Beispielakkorde:

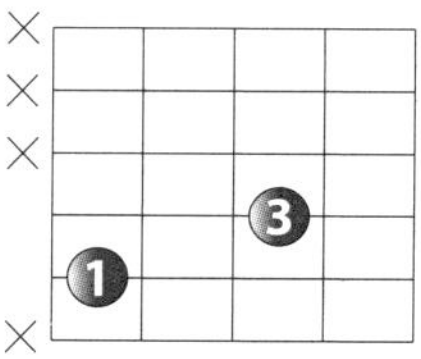

6.

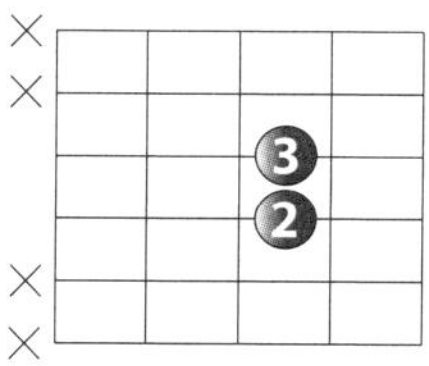

6.

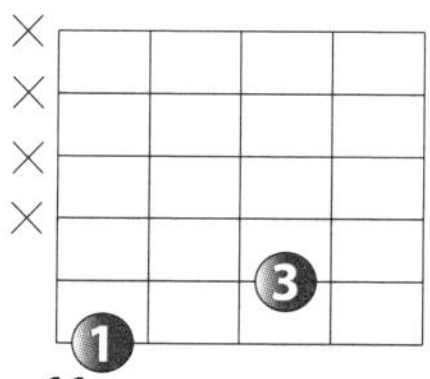

11.

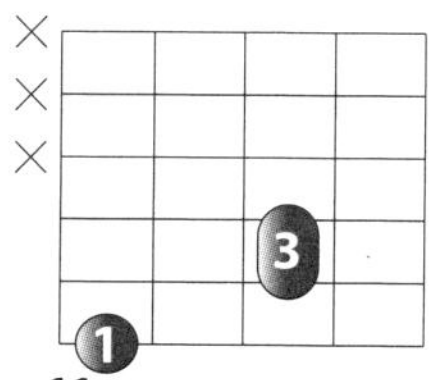

11.

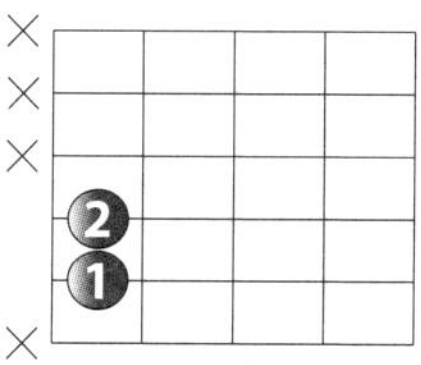

1.

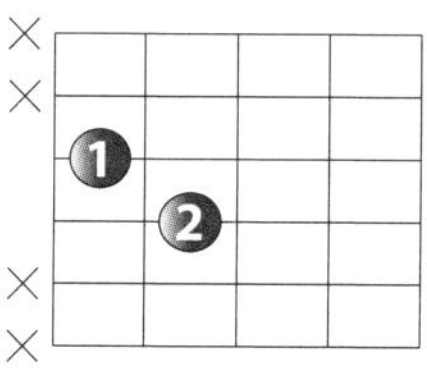

12.

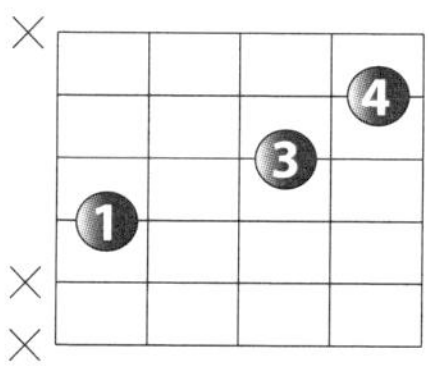

11.

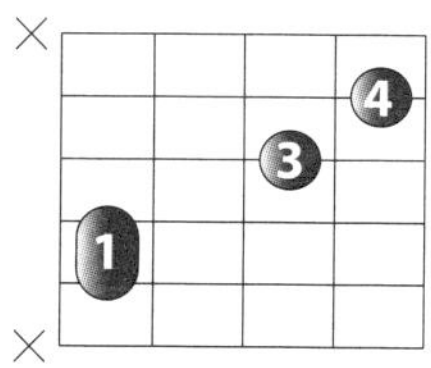

1.

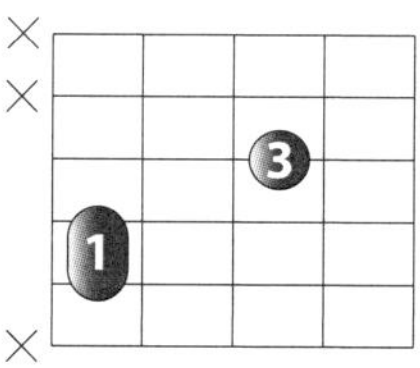

1.

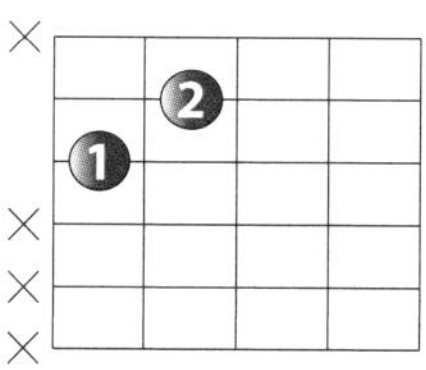

3.

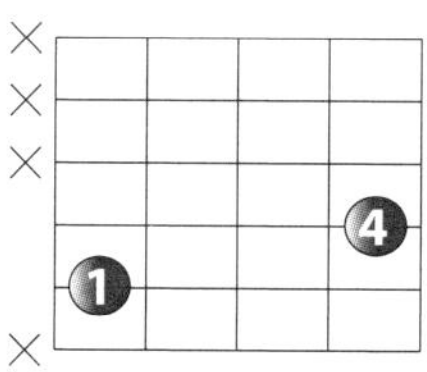

9.

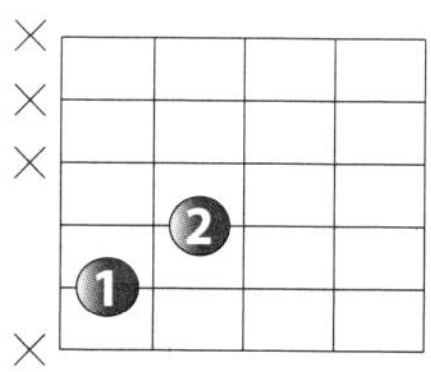

6.

PowerChords E

Beispielakkorde:

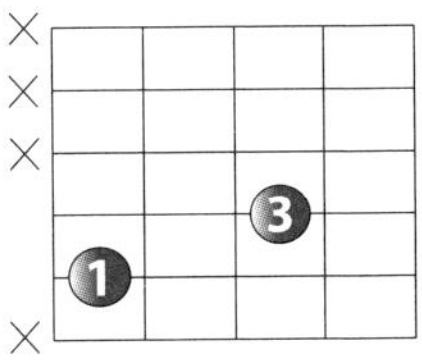

7.

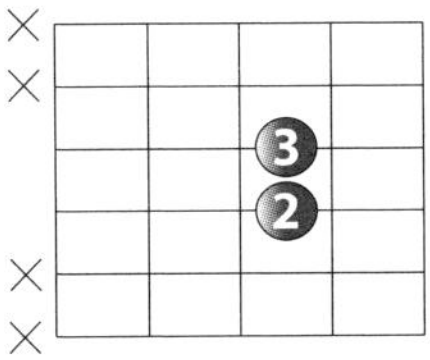

7.

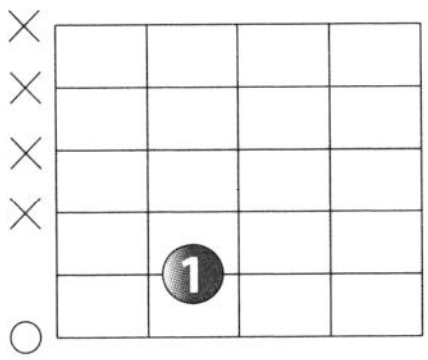

1.

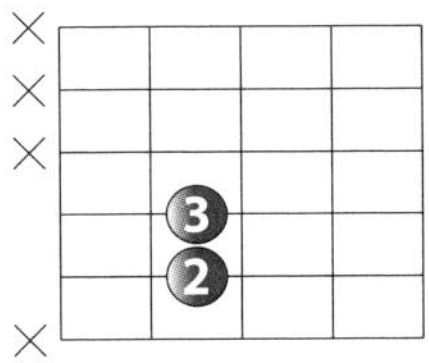

1.

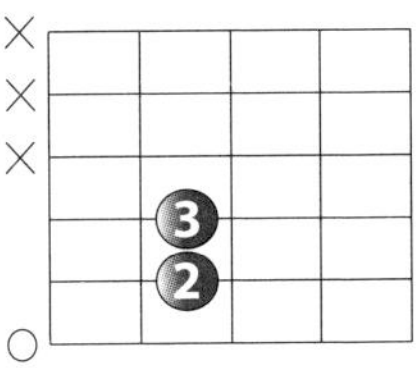

1.

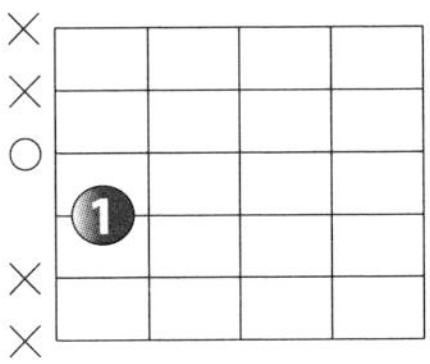

1.

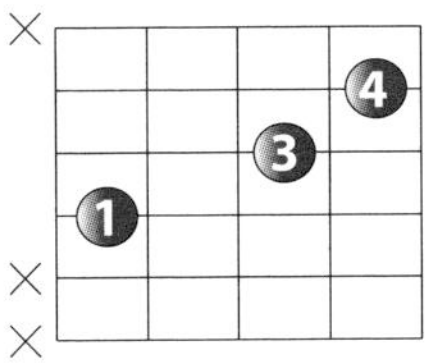

2.

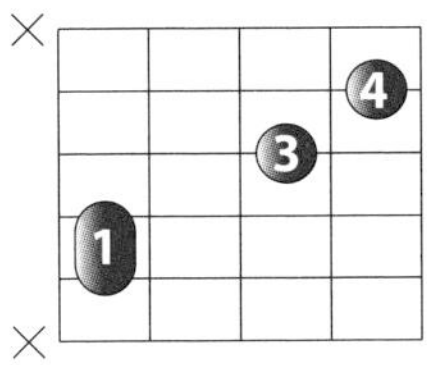

2.

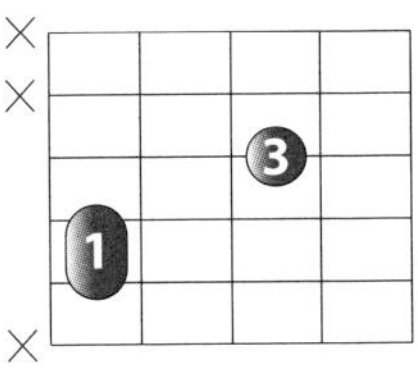

2.

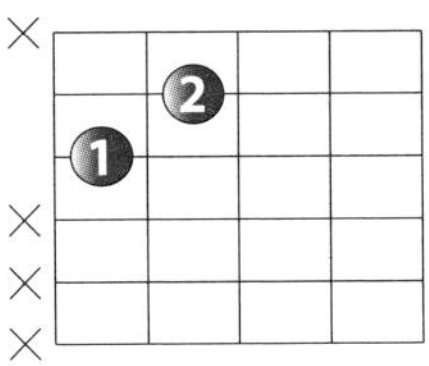

4.

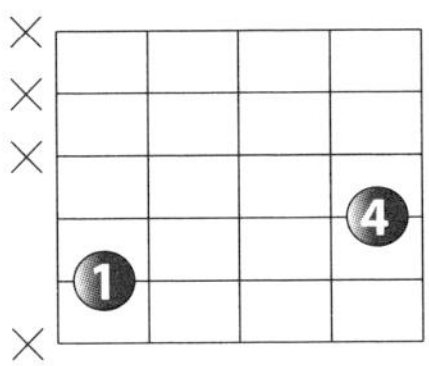

11.

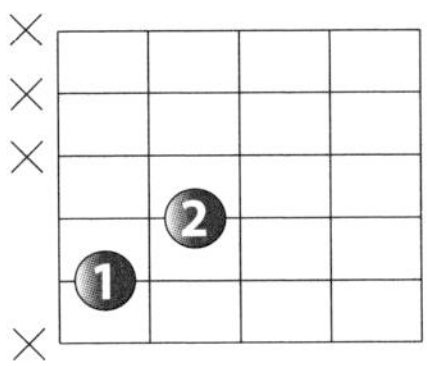

7.

P O W E R Chord

PowerChords F

Beispielakkorde:

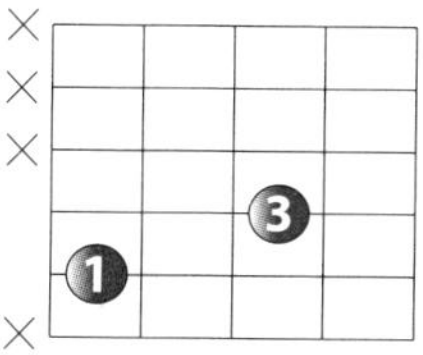

8.

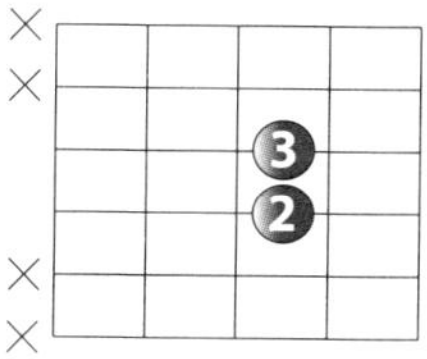

8.

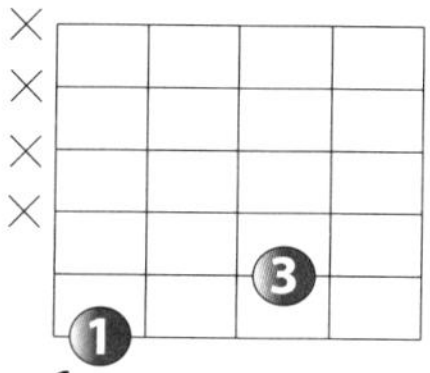

1.

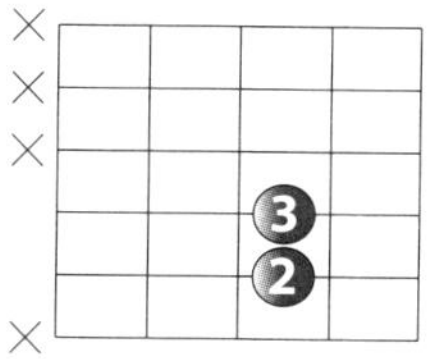

1.

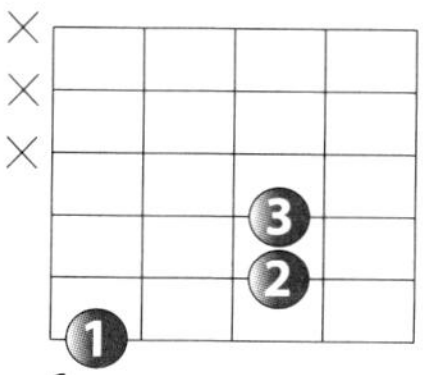

1.

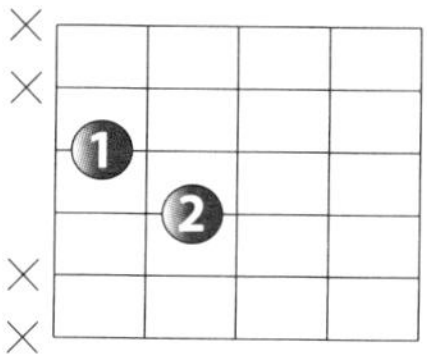

1.

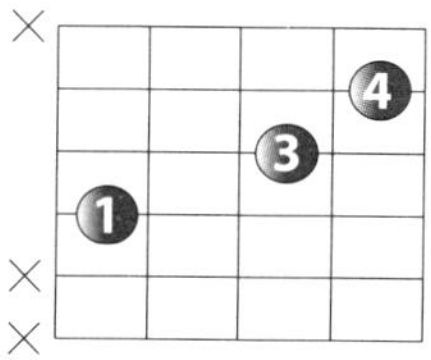

3.

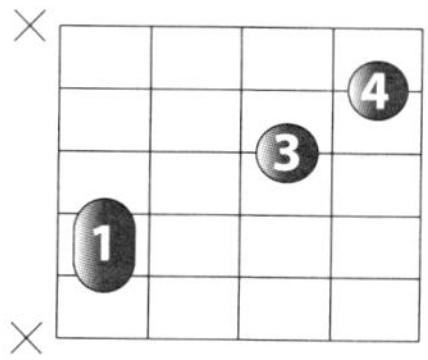

3.

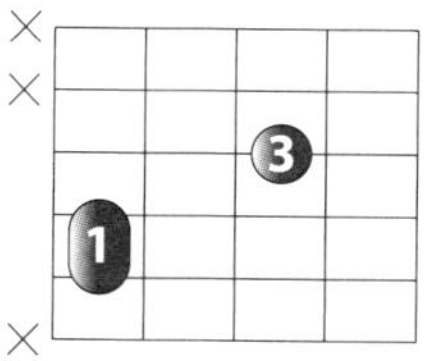

3.

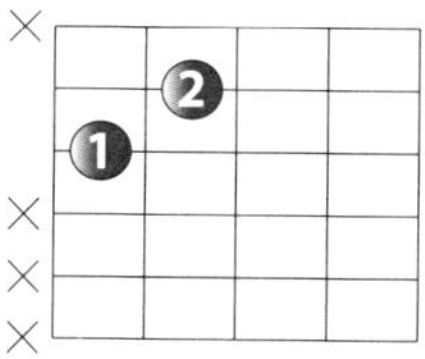

5.

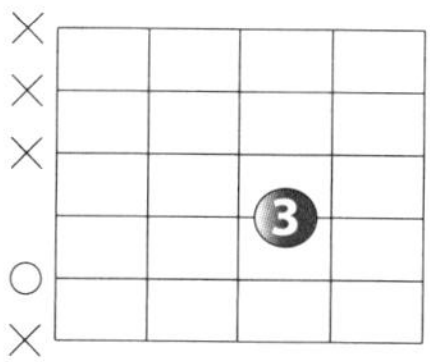

1.

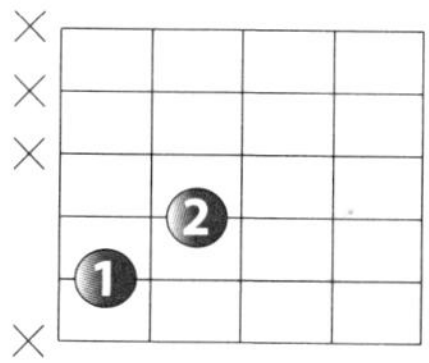

8.

POWER Chord

PowerChords F#

Beispielakkorde:

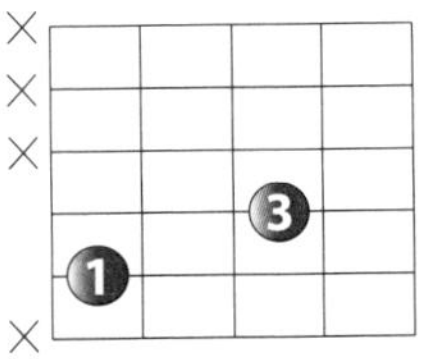

9.

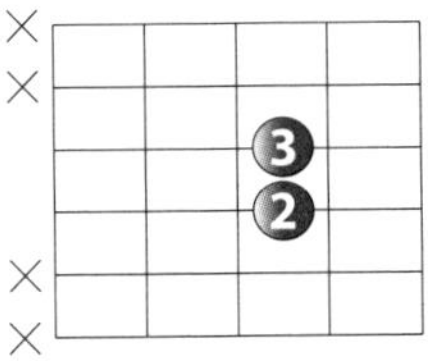

9.

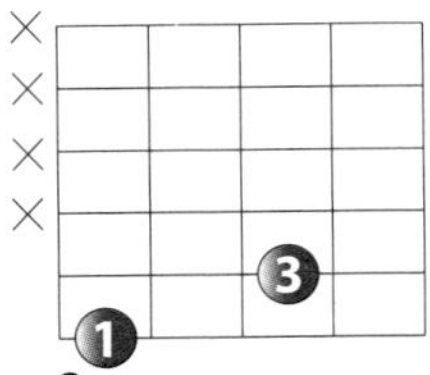

2.

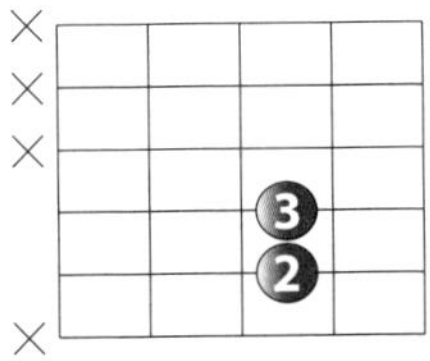

2.

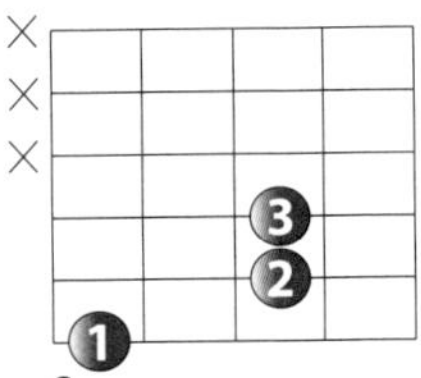

2.

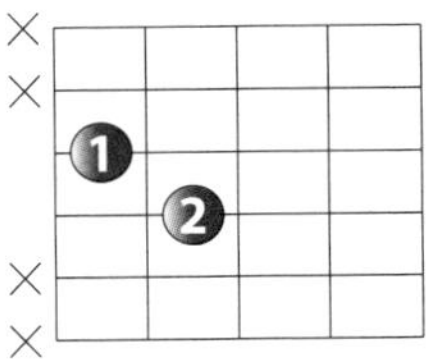

2.

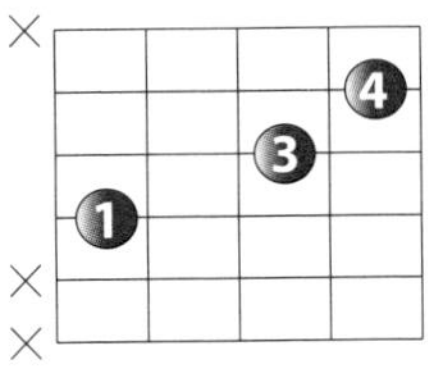

4.

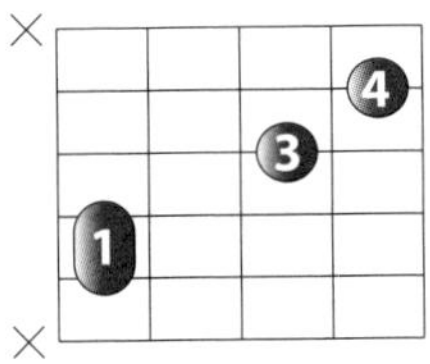

4.

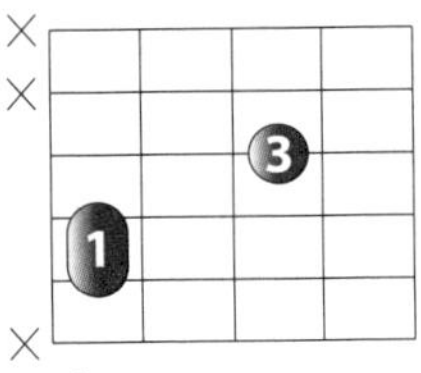

4.

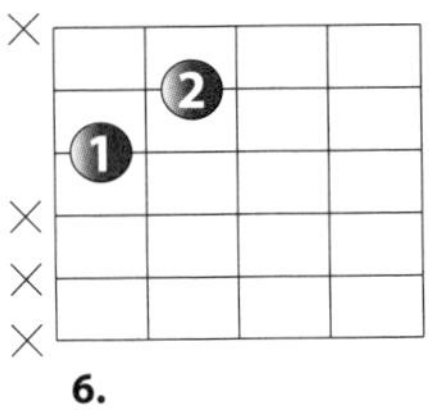

6.

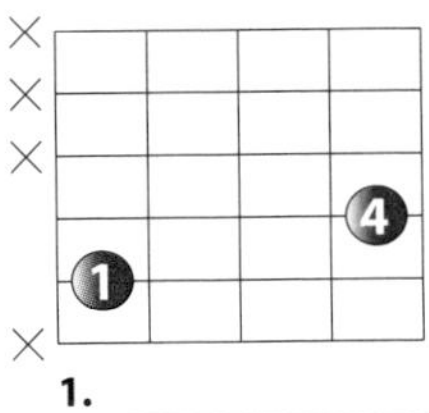

1.

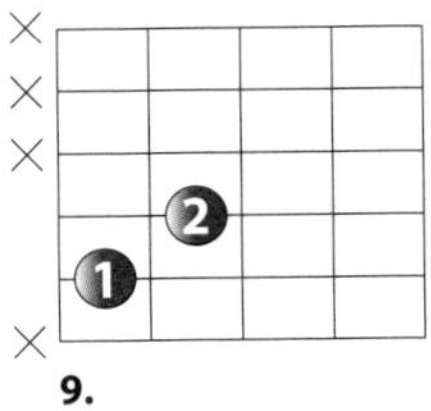

9.

PowerChords G

Beispielakkorde:

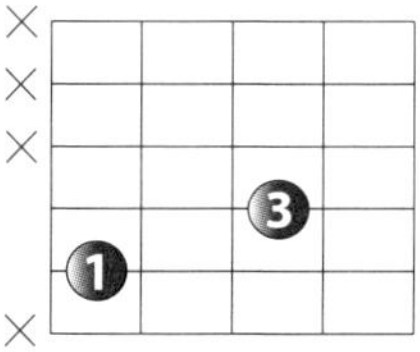

10.

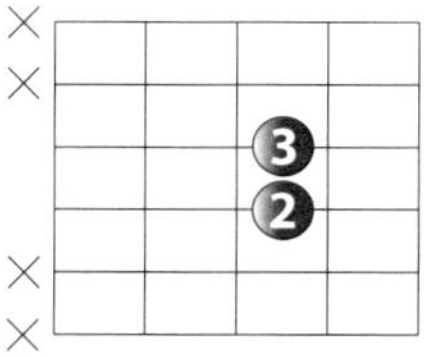

10.

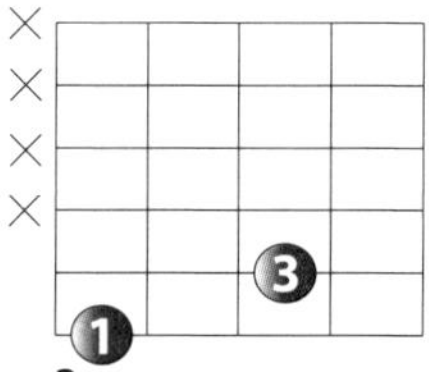

3.

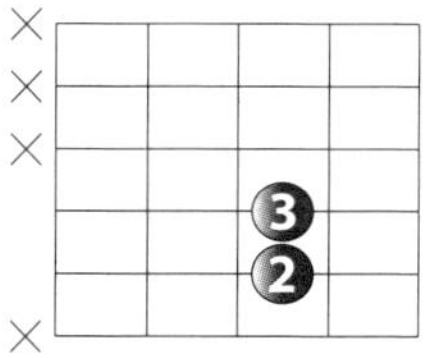

3.

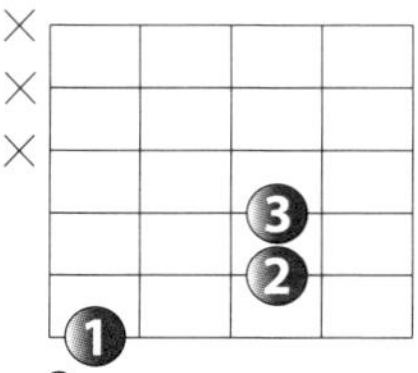

3.

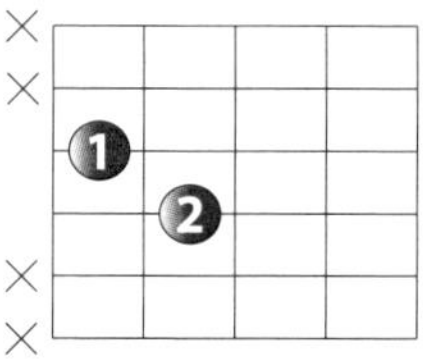

3.

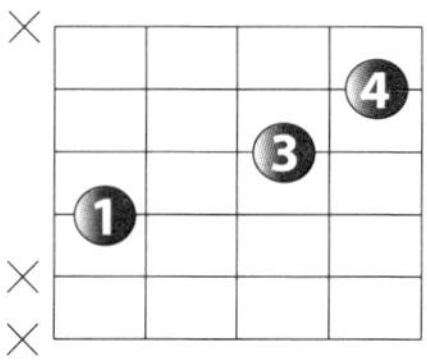

5.

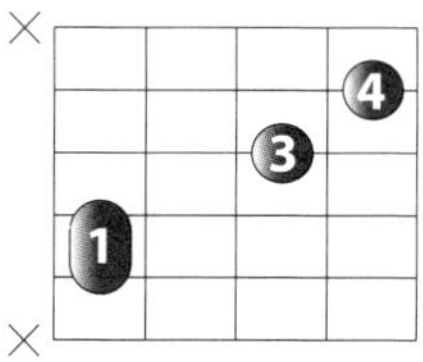

5.

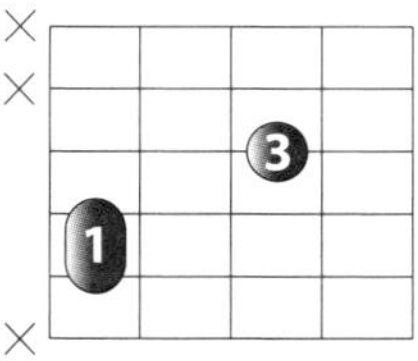

5.

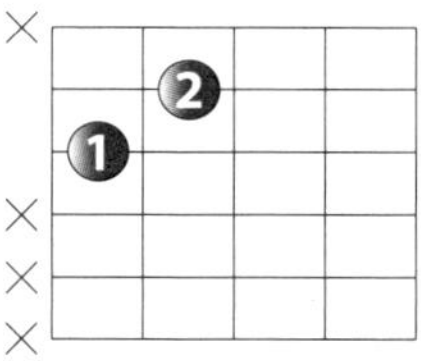

7.

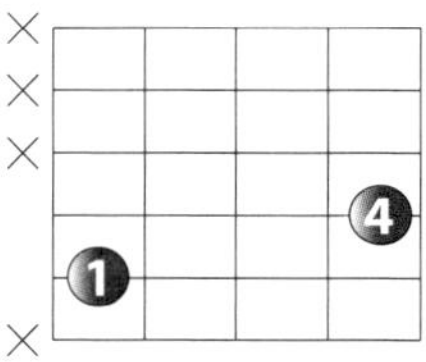

2.

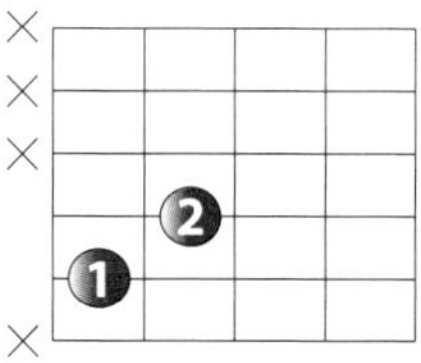

10.

POWER Chord

PowerChords G#

Beispielakkorde:

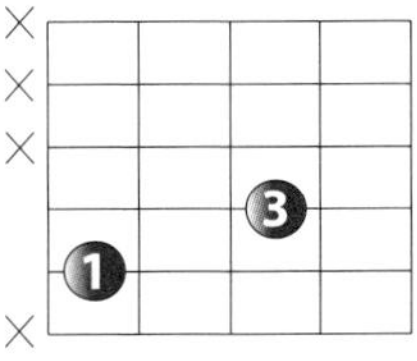

11.

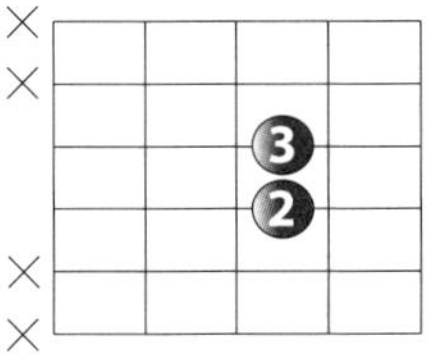

11.

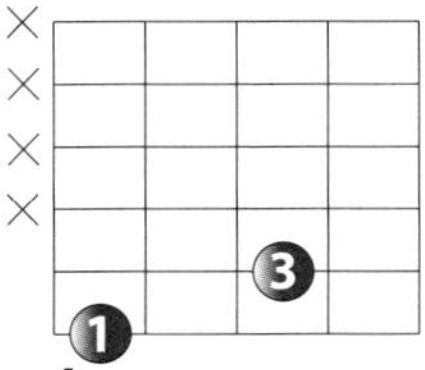

4.

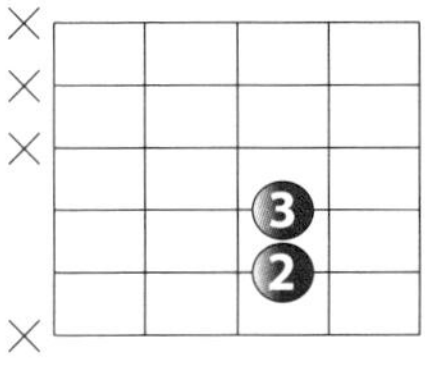

4.

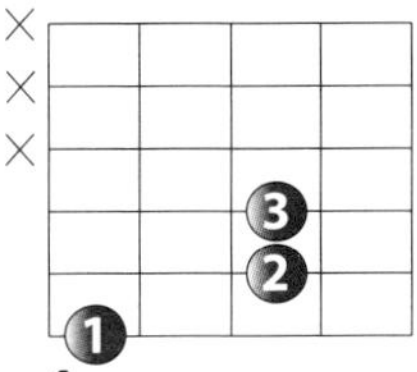

4.

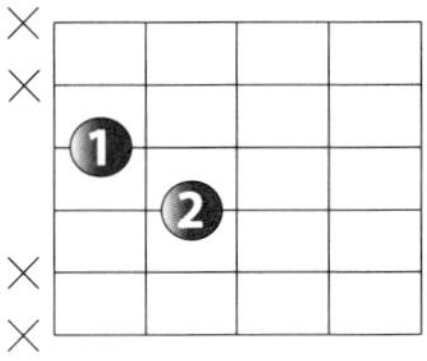

4.

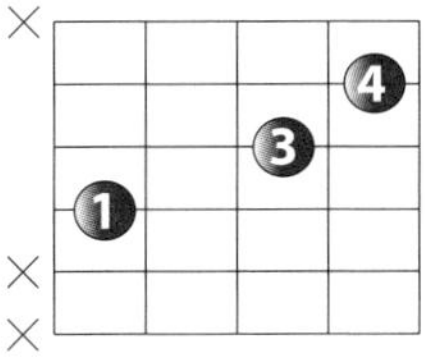

6.

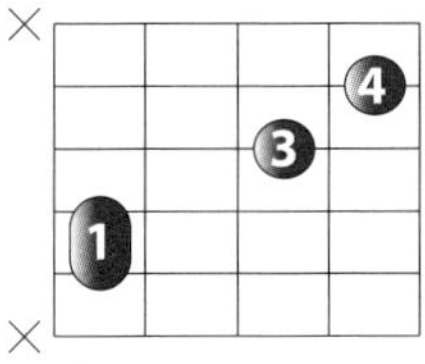

6.

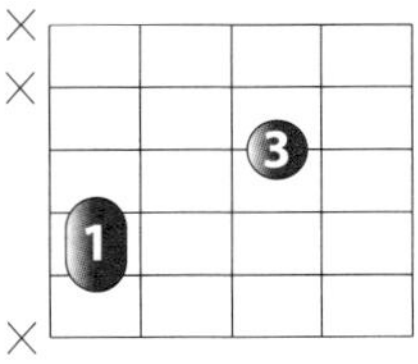

6.

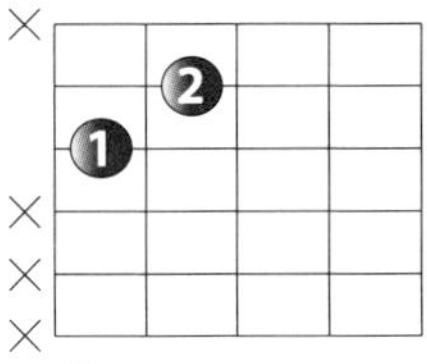

8.

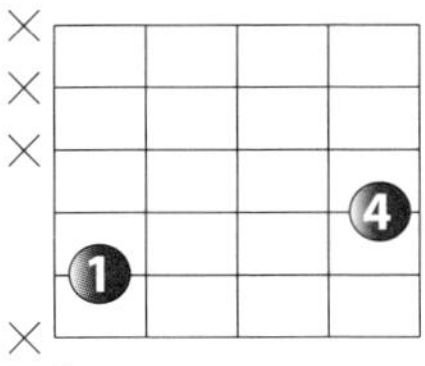

3.

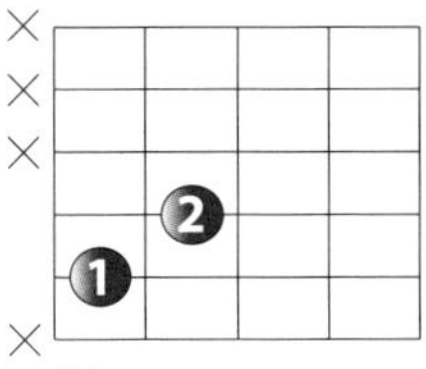

11.

Slash / Chords

SlashChords

SlashChords sind eine Mischung aus einem Akkord und einem akkordfremden Basston. Der Name „Slash" kommt aus dem Englischen und bedeutet „Schrägstrich". Wenn ich also wie im folgenden Beispiel einen C-Dur Akkord mit einem „G" als Basston spielen möchte, sieht das dann so aus:

Slash C / G

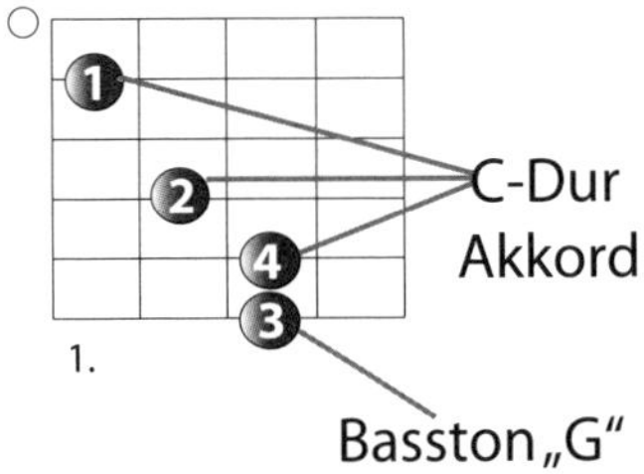

Wir sehen hier also einen normalen C-Dur Akkord und mit dem 3.Finger wird auf der „E"-Saite im 3. Bund ein „G" zusätzlich als Basston dazu gegriffen.

Was ist der Sinn eines Slash-Chords?
In diesem Fall kann der Bassist oder ein anderes Instrument nicht nur den Grundton spielen, sondern einen anderen Ton, der halt in diesem Slash-Chord angegeben wird. Das Ganze kann man natürlich bis ins Unendliche ausbauen. Schaut Euch mal Leadsheets an und Ihr werdet bei vielen Stücken diese Slash-Chords wieder finden. Auf den nachfolgenden Seiten habe ich zu jedem Grundton einige Beispiele für SlashChords angegeben.

Als weiteres Beispiel für einen SlashChord habe ich einen F-Dur Akkord mit einem „C", also einen „F/C" angegeben:

Slash F / C

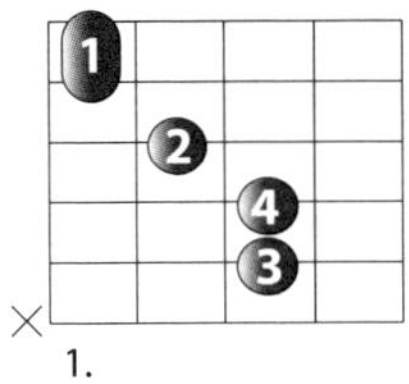

Besonders für „Wechselbass Techniken" bei Pickings sind solche SlashChords bestens geeignet.

SlashChord - Beispiele für A-Dur

A/C

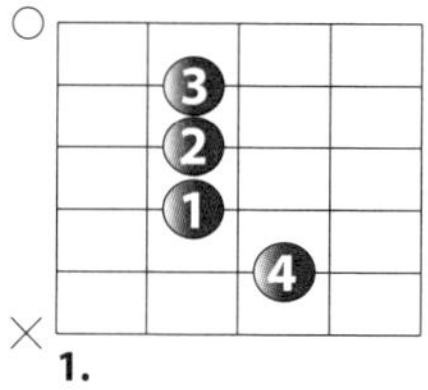

A/D

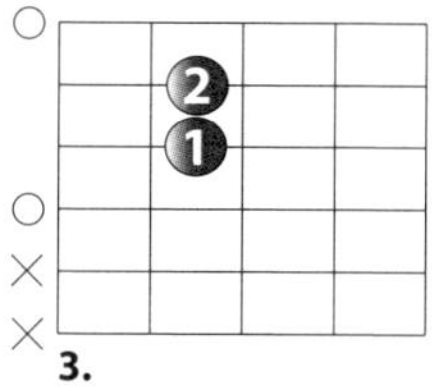

A/E

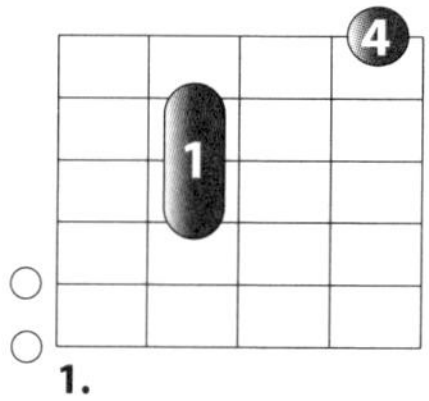

A/F

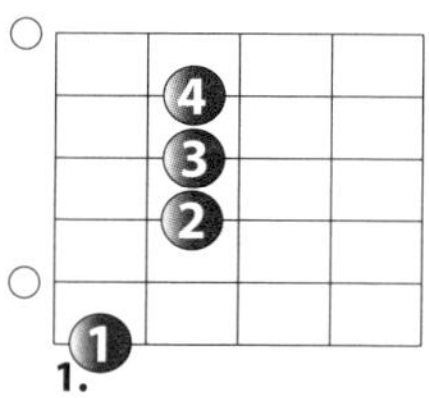

A/G

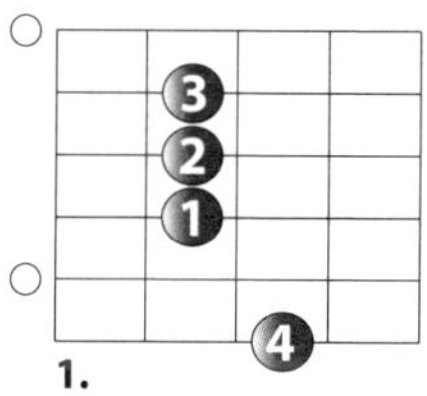

A/A

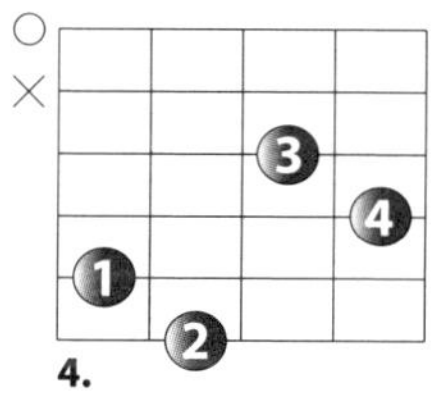

A/B

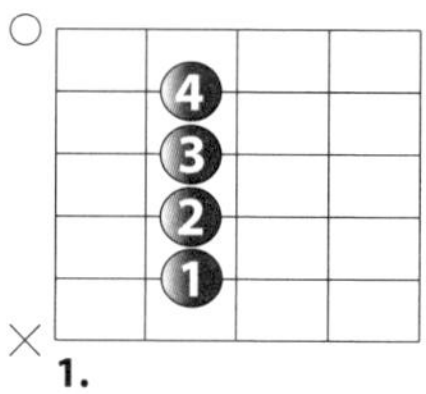

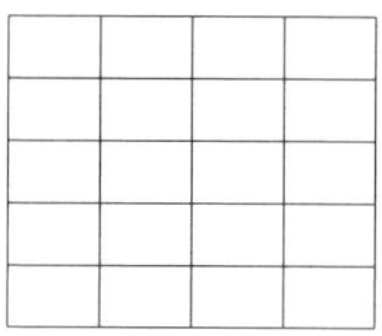

SLASH Chord

SlashChord - Beispiele für A#-Dur

A#/C

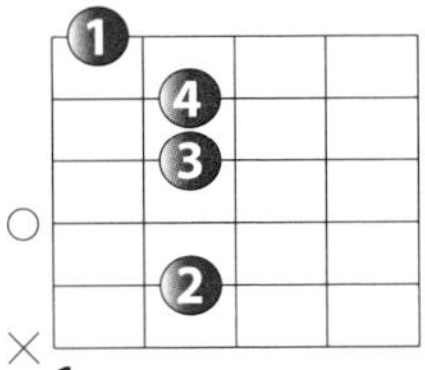

1.

A#/D

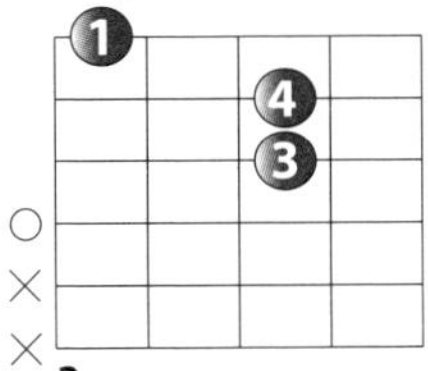

3.

A#/E

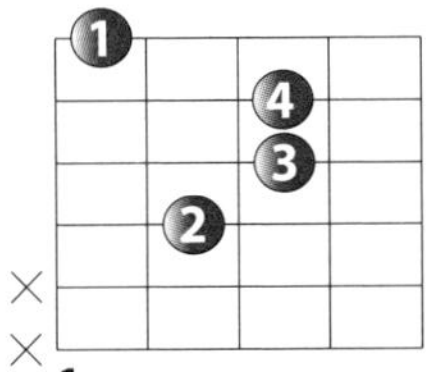

1.

A#/F

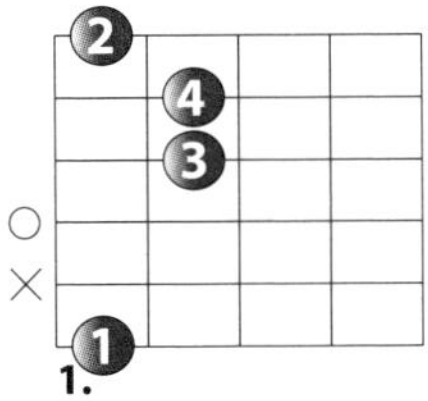

1.

A#/G

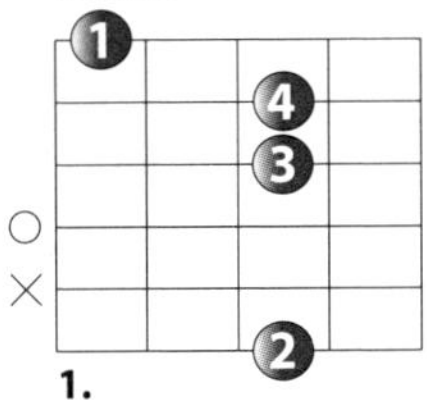

1.

A#/A

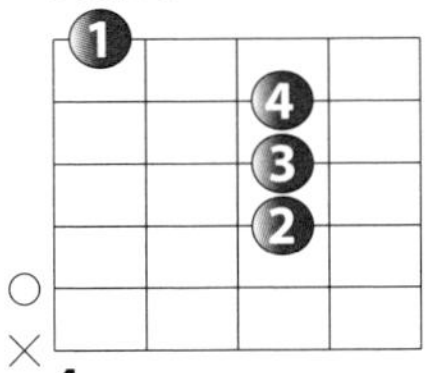

4.

A#/B

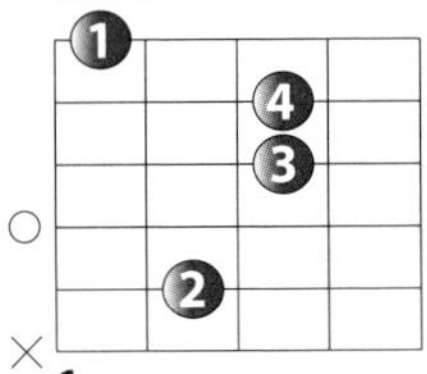

1.

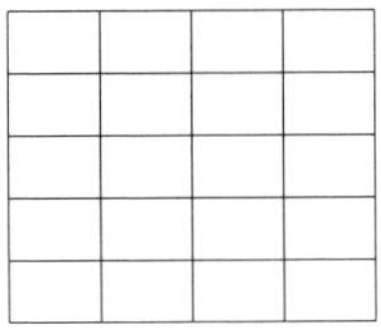

SlashChord - Beispiele für B-Dur

B/C

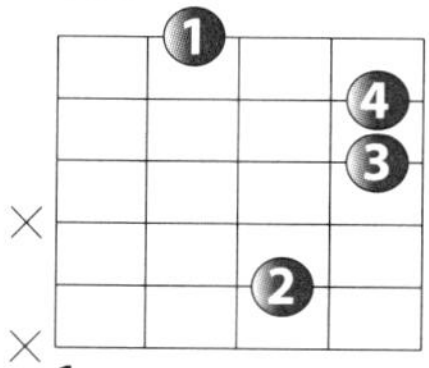

1.

B/D

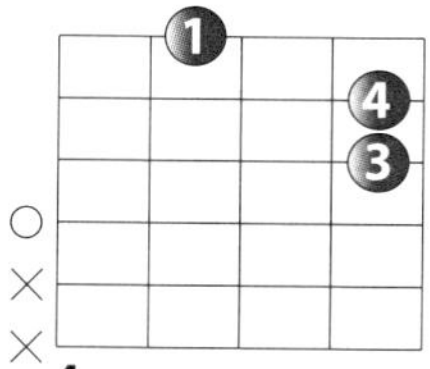

4.

B/E

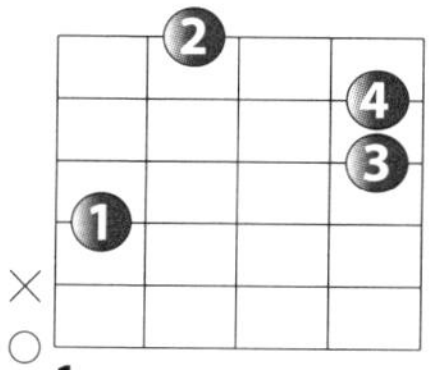

1.

B/F

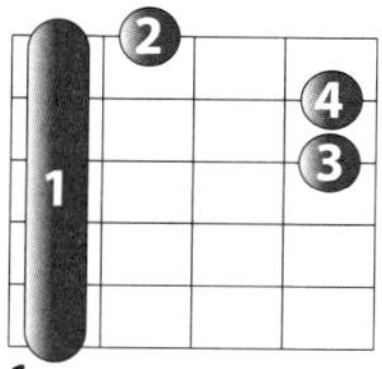

1.

B/G

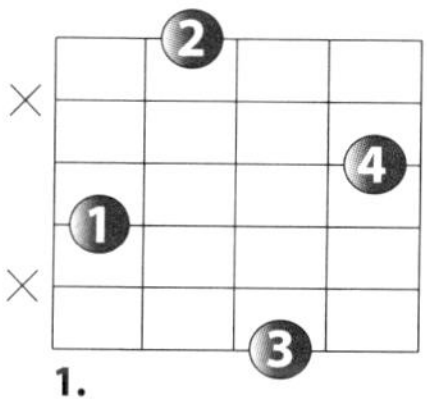

1.

B/A

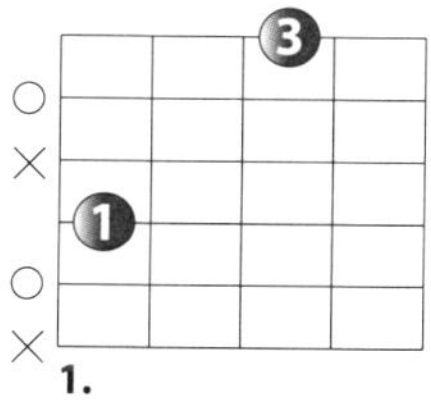

1.

B/B

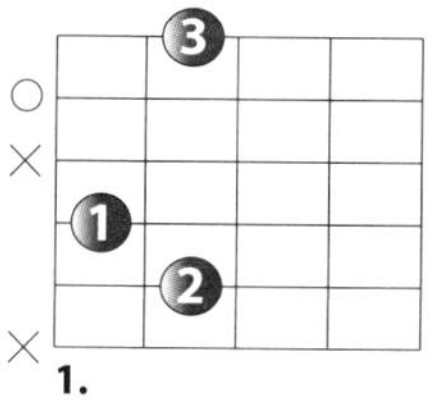

1.

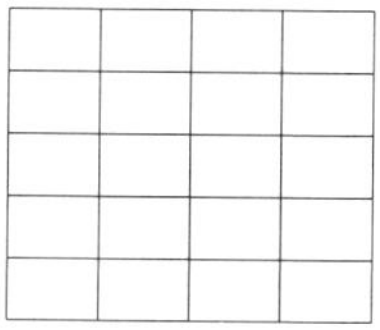

SlashChord - Beispiele für C-Dur

C/C

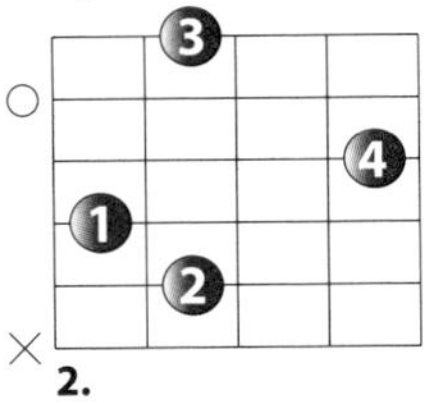

C/D

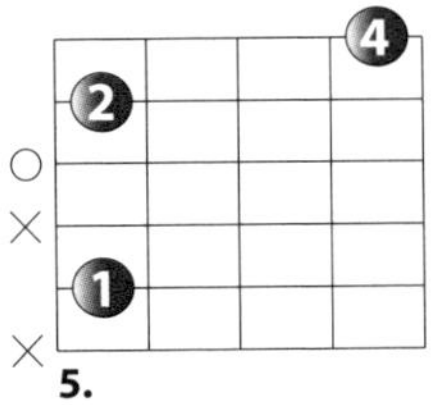

C/E

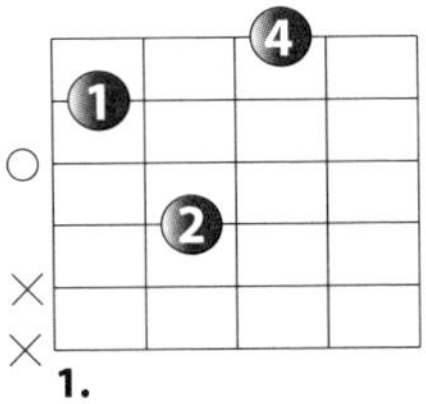

C/F

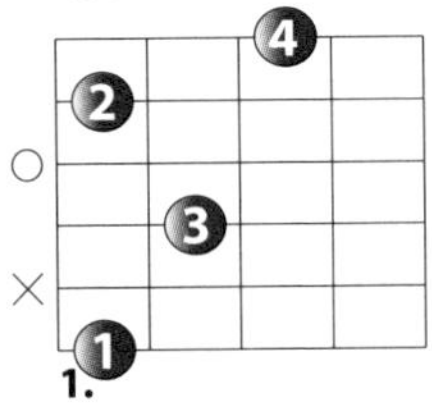

C/G

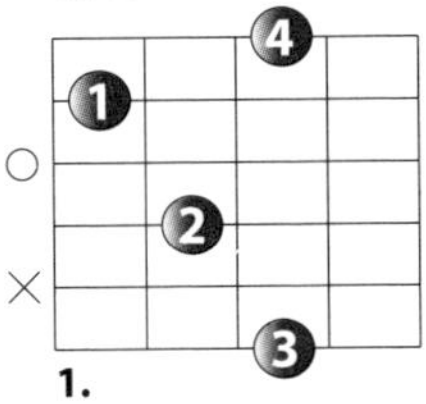

C/A

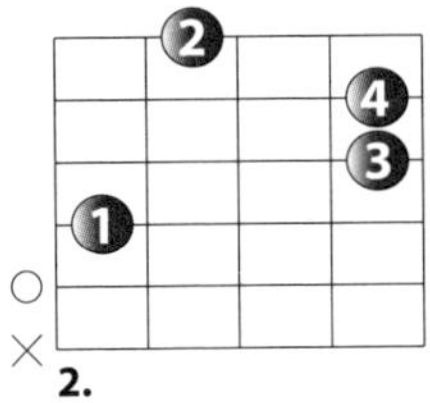

C/B

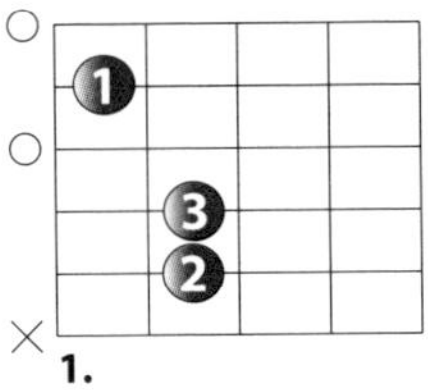

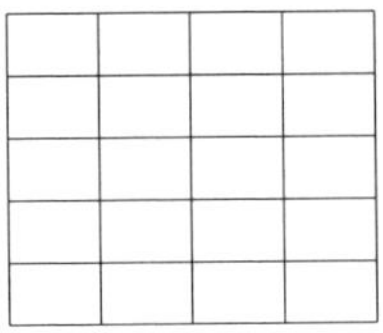

SlashChord - Beispiele für C#-Dur

C#/C

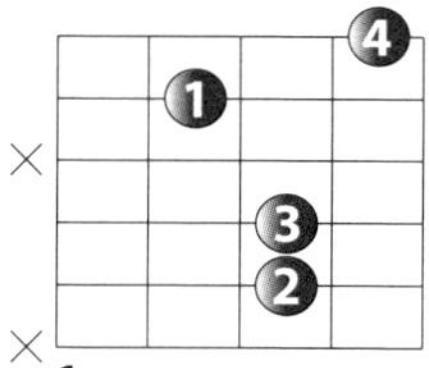

1.

C#/D

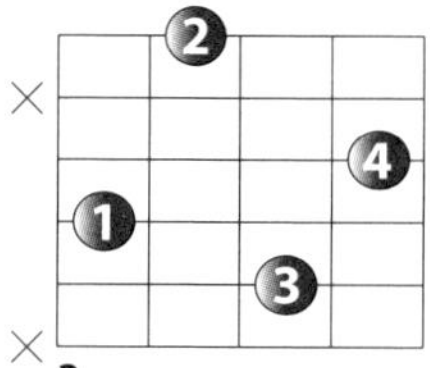

3.

C#/E

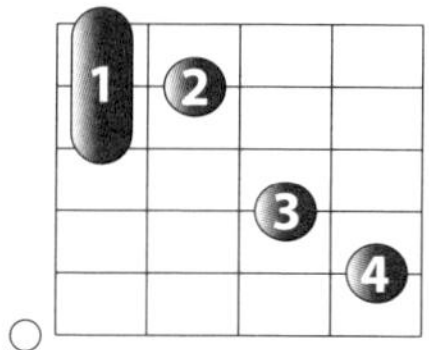

1.

C#/F

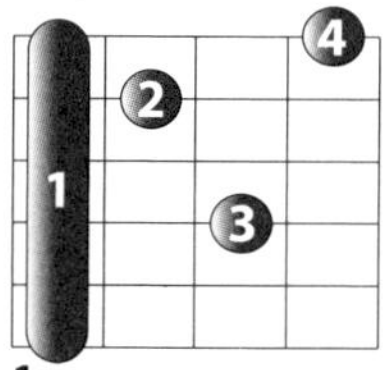

1.

C#/G

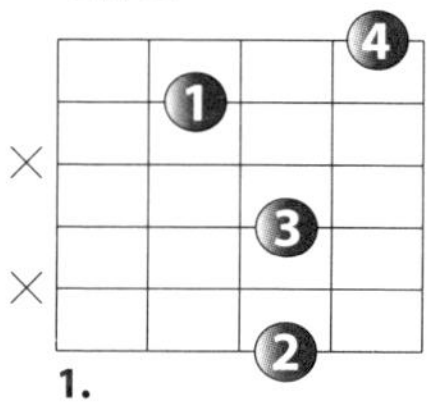

1.

C#/A

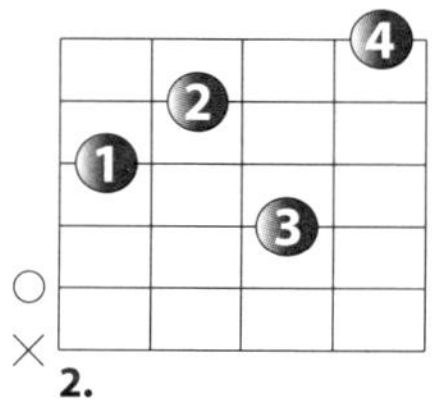

2.

C#/B

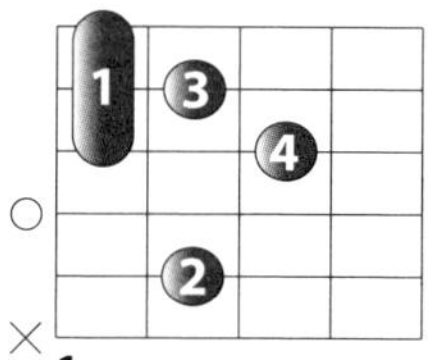

1.

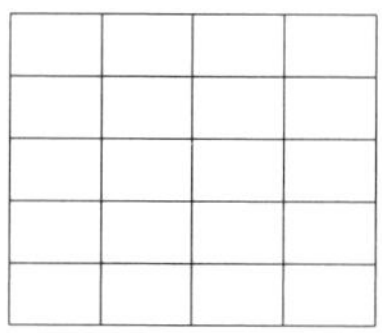

SlashChord - Beispiele für D-Dur

D/C

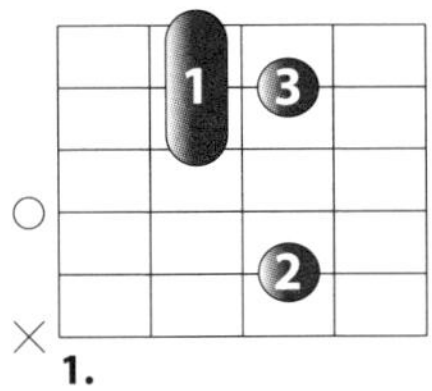

D/D

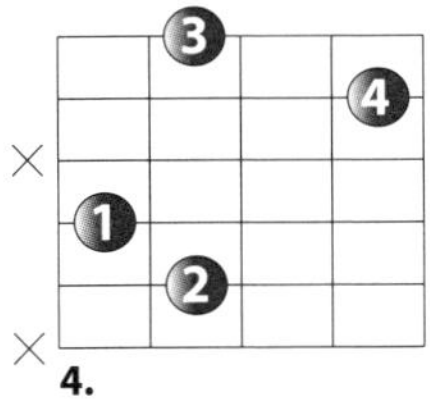

D/E

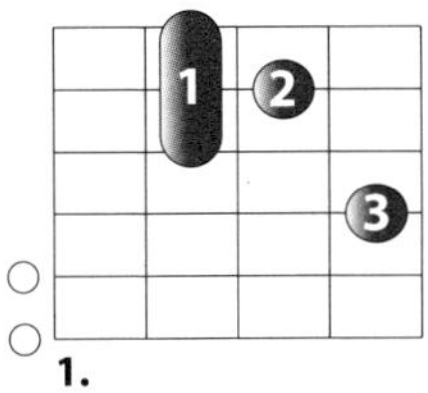

D/F

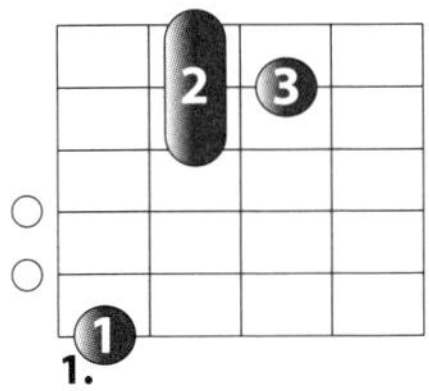

D/G

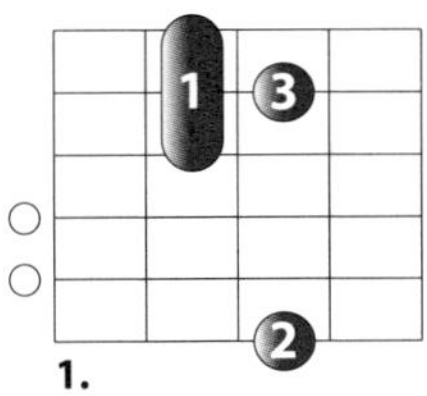

D/A

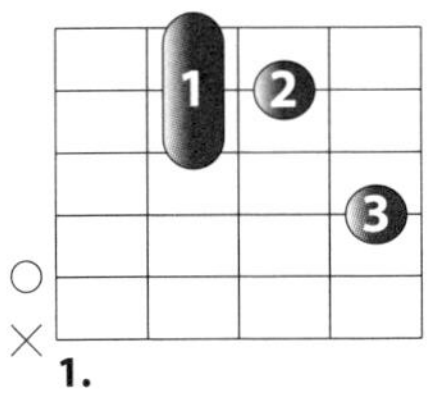

D/B

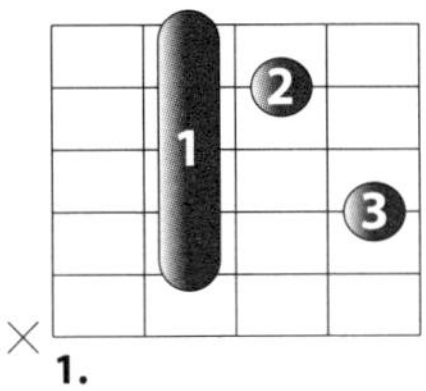

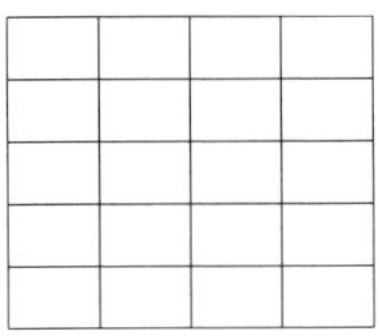

S
L
A
S
H
Chord

SlashChord - Beispiele für D#-Dur

D#/C

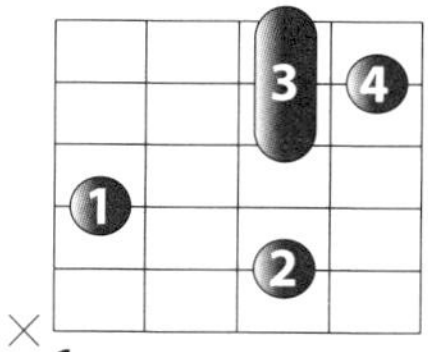

1.

D#/D

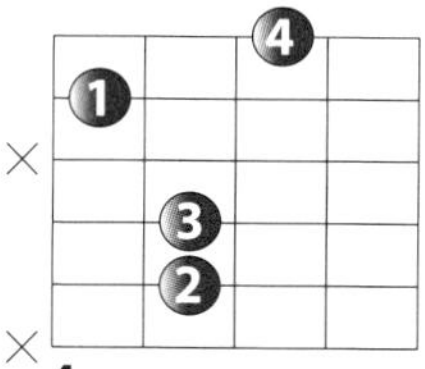

4.

D#/E

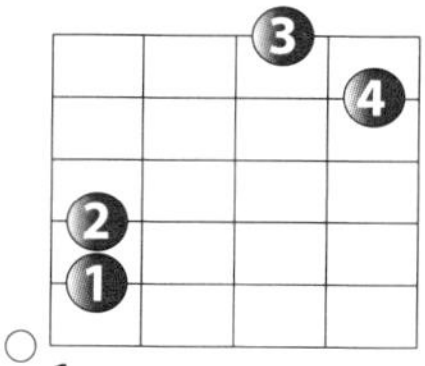

1.

D#/F

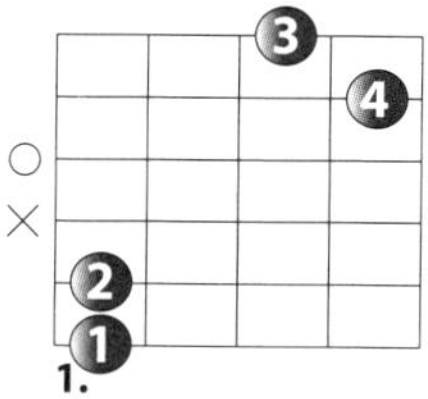

1.

D#/G

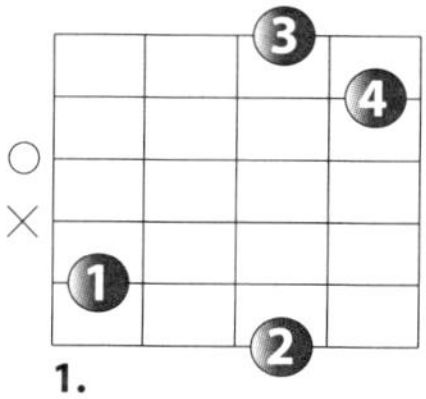

1.

D#/A

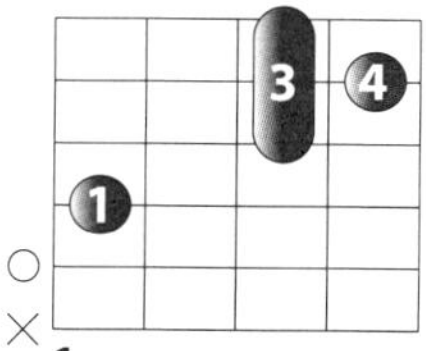

1.

D#/B

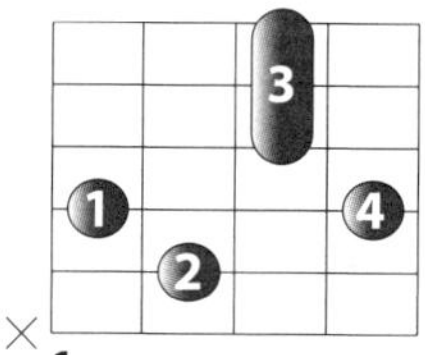

1.

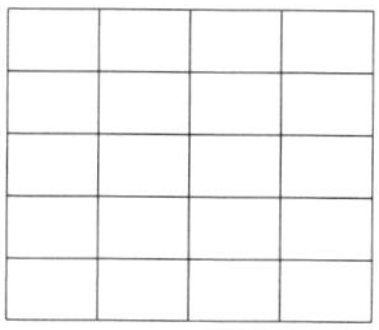

SlashChord - Beispiele für E-Dur

E/C

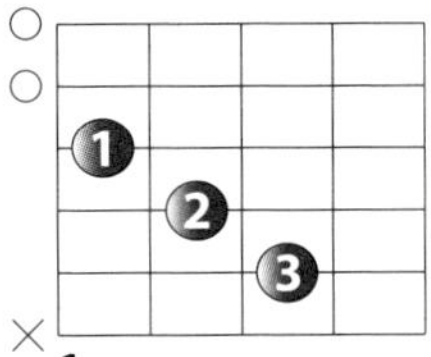

1.

E/D

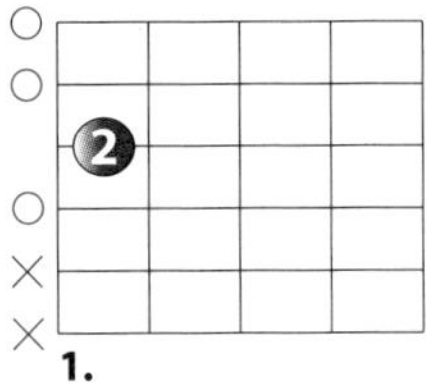

1.

E/E

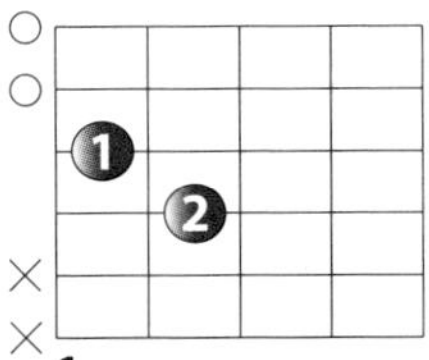

1.

E/F

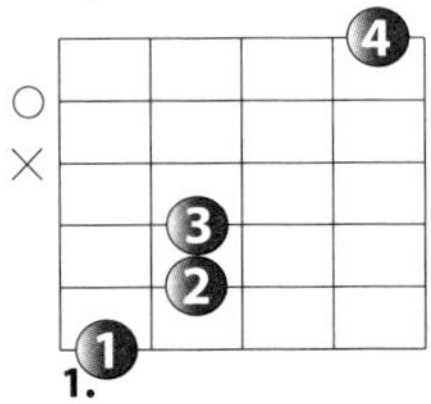

1.

E/G

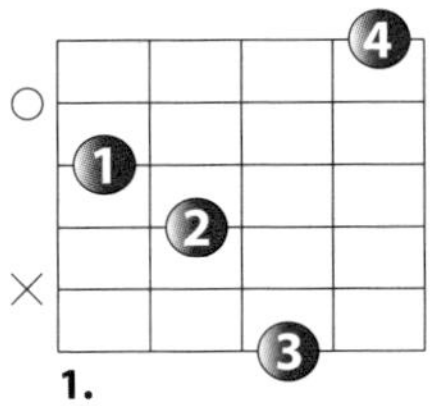

1.

E/A

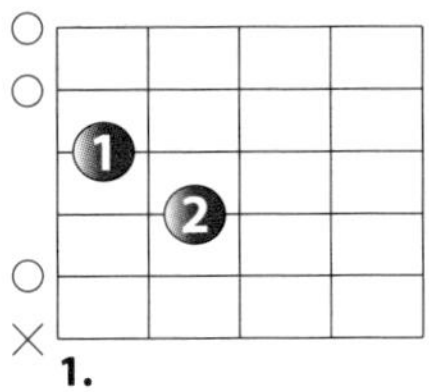

1.

E/B

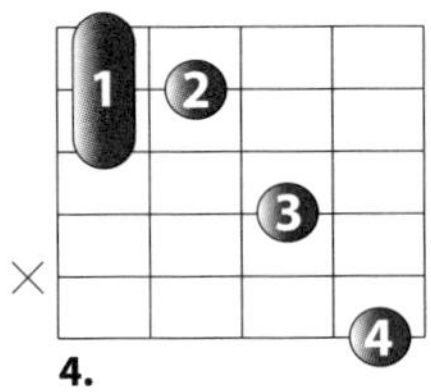

4.

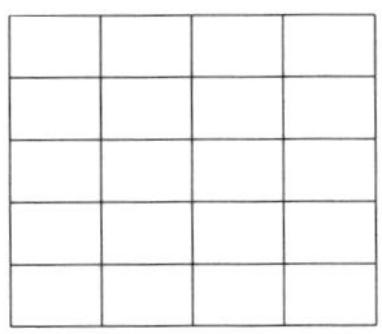

S L A S H Chord

SlashChord - Beispiele für F-Dur

F/C

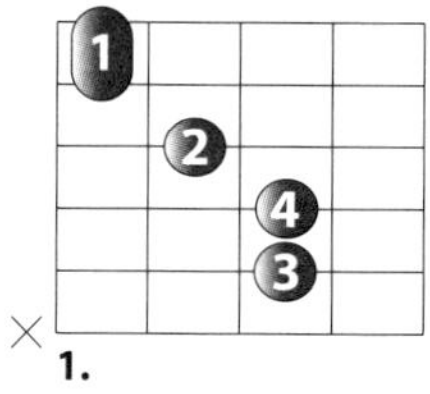

F/D

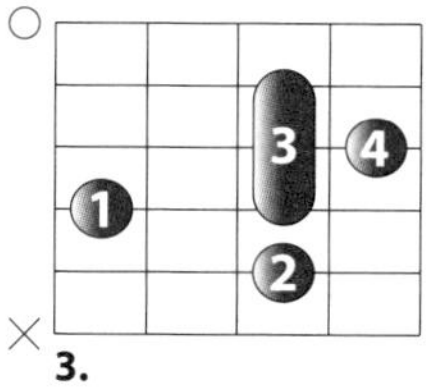

F/E

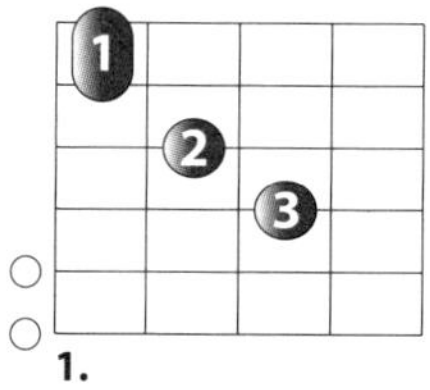

F/F

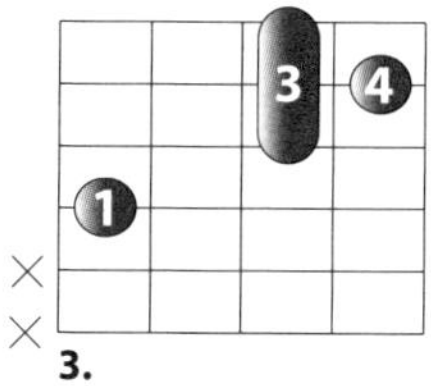

F/G

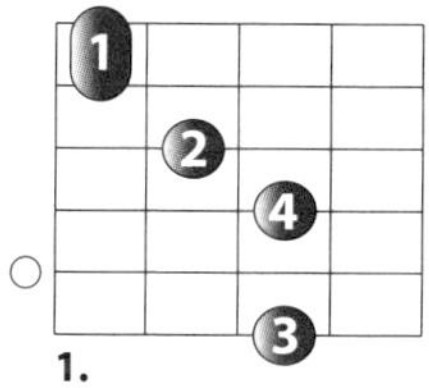

F/A

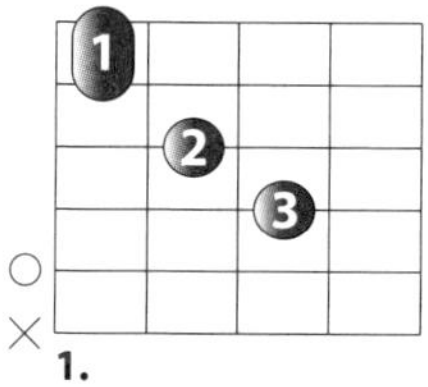

F/B

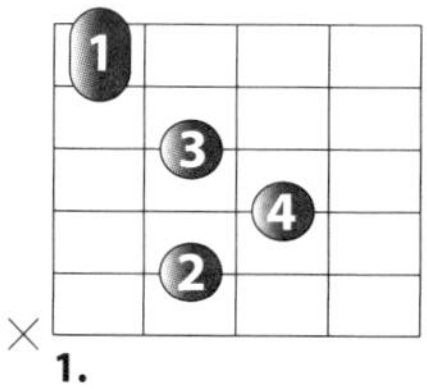

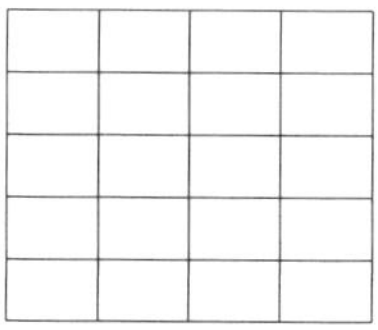

SlashChord - Beispiele für F#-Dur

F#/C

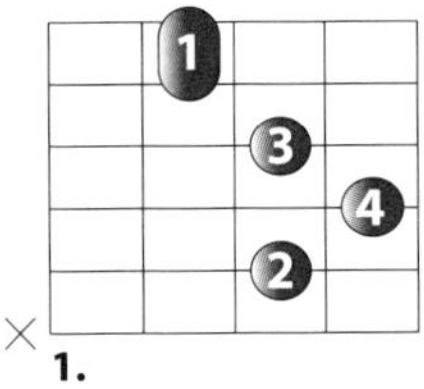

F#/D

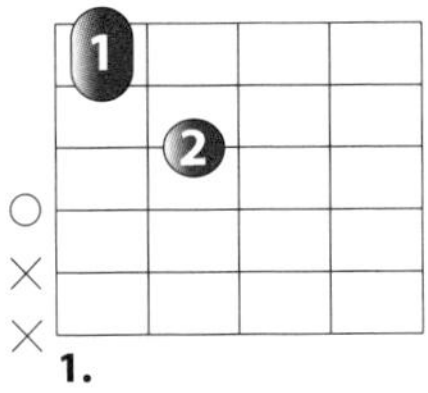

F#/E

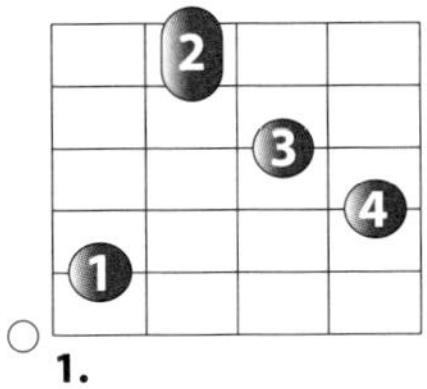

F#/F

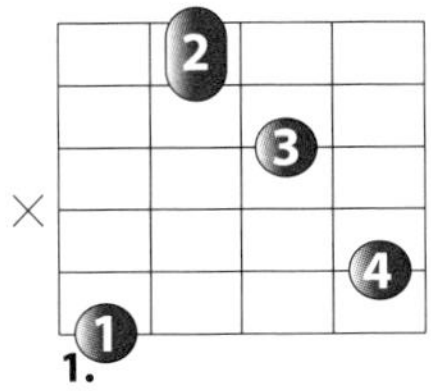

F#/G

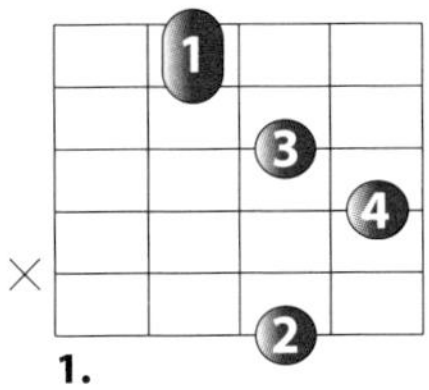

F#/A

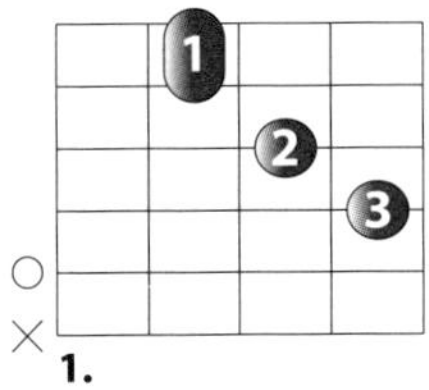

F#/B

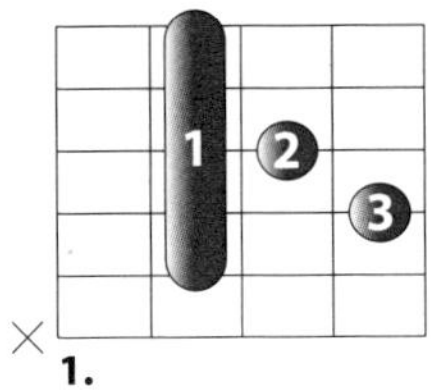

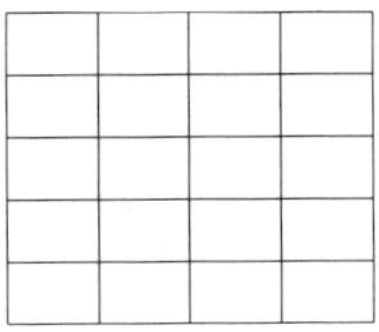

SlashChord - Beispiele für G-Dur

G/C

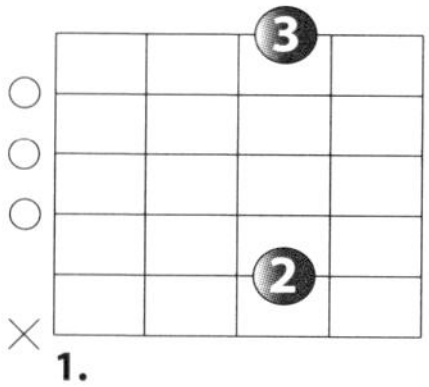

G/D

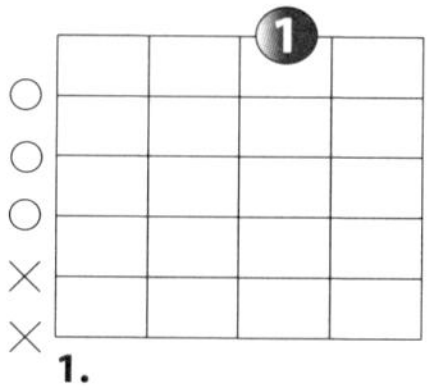

G/E

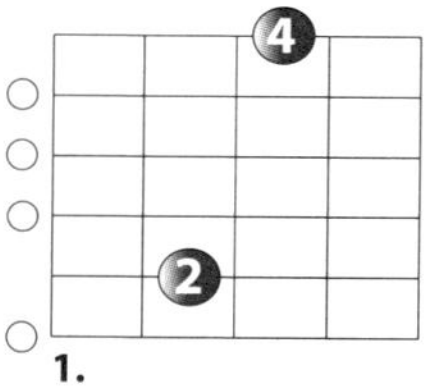

G/F

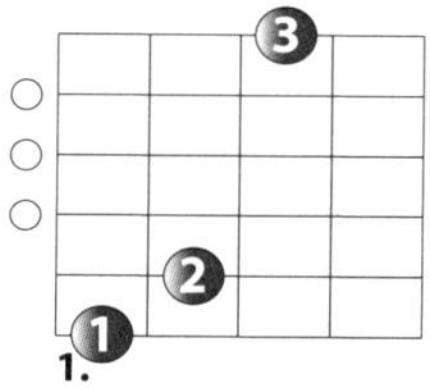

G/G

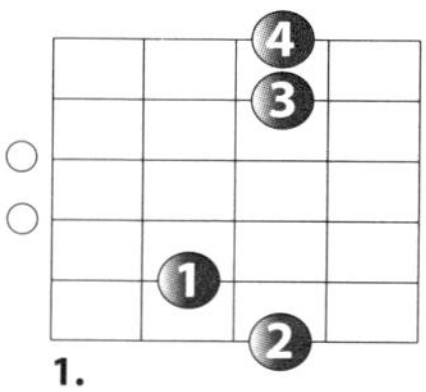

G/A

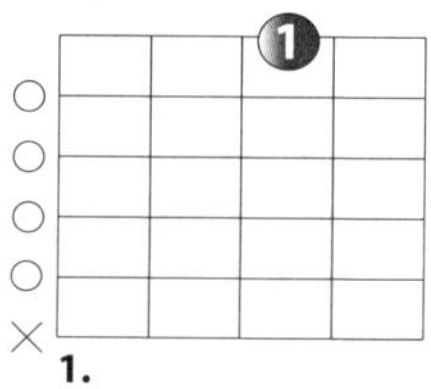

G/B

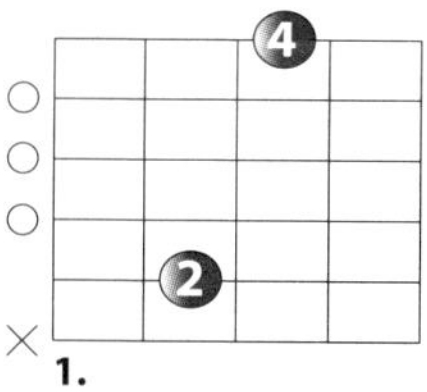

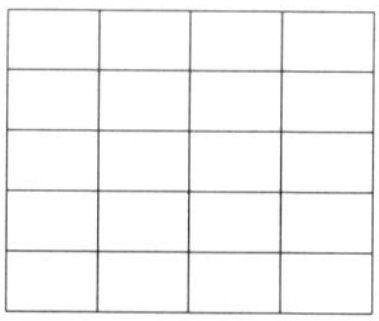

SlashChord - Beispiele für G#-Dur

G#/C

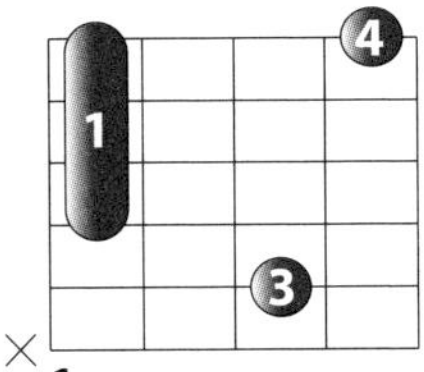

1.

G#/D

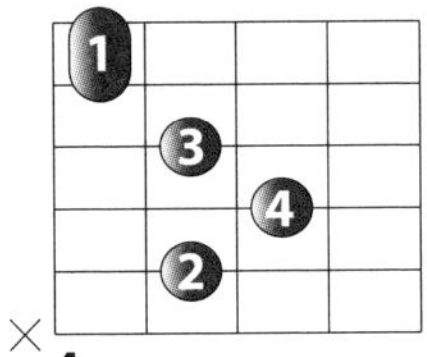

4.

G#/E

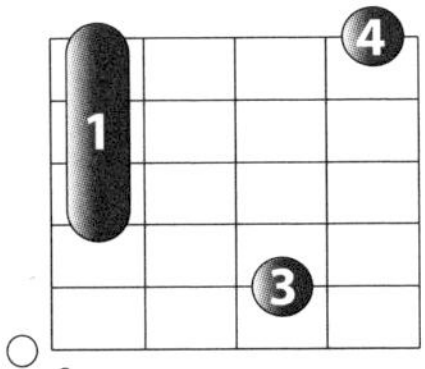

1.

G#/F

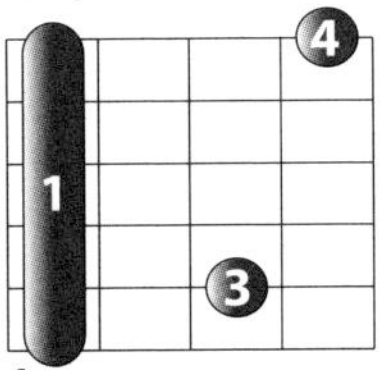

1.

G#/G

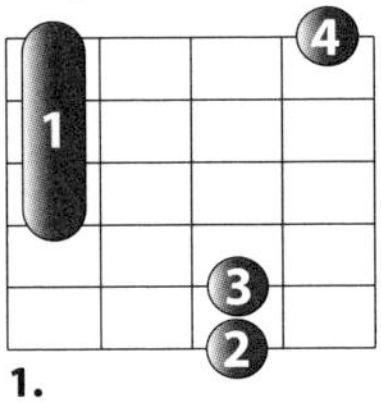

1.

G#/A

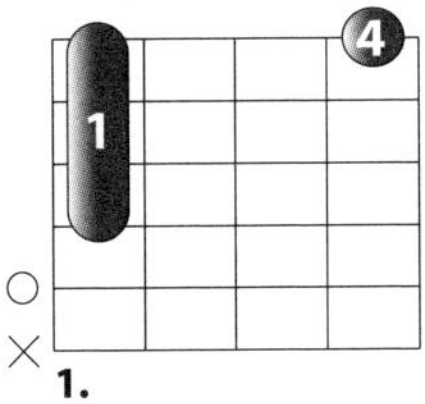

1.

G#/B

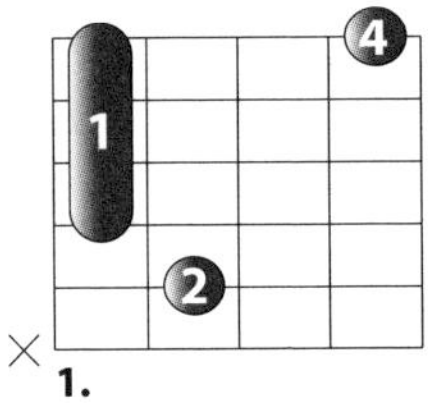

1.

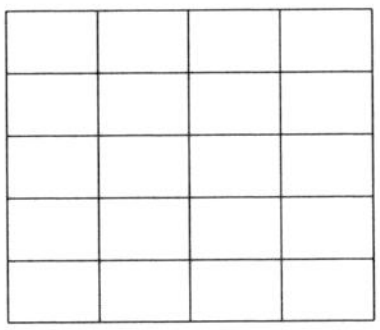

Nachwort

Liebe Leute,

ich habe mir sehr viel Mühe gegeben um dieses kleine Werk fertig zu stellen. Ich würde mich freuen wenn Ihr die Grifftabelle beim Musizieren immer „Griff-bereit" habt und auch benutzt. Die letzten Seiten enthalten einige leere Vorlagen, in die ihr euch eigene Akkorde reinschreiben könnt.

Sollte sich jedoch irgendwo der Fehlerteufel eingeschlichen haben oder ihr entdeckt sonstige Fehler oder habt Verbesserungsvorschläge, so laßt es mich wissen.

Ich bin unter folgender Email zu erreichen: rt@bluemark.de

Alles Liebe und Gute, viel Spass und vor allem viel Erfolg für Euren musikalischen Werdegang wünsche ich Euch allen.

Ralf Tzschoppe

im August 2006